Groëhe KACI

LAND

1. BIZERTLAND

LUNA EDITIONS

Luna Editions, 13127 Vitrolles
Graphisme : Couthenx Hugo - Rokin World (BIX CO)
Illustrations : Labidi Mohamed
Imprimé en France par CLIP, 13740 Le Rove
Achevé d'imprimer en mai 2024
ISBN : 978-2-494745-02-5
Dépôt légal : 2ème trimestre 2024

« Pour celle à qui j'ai dit les premiers mots de ma vie. »

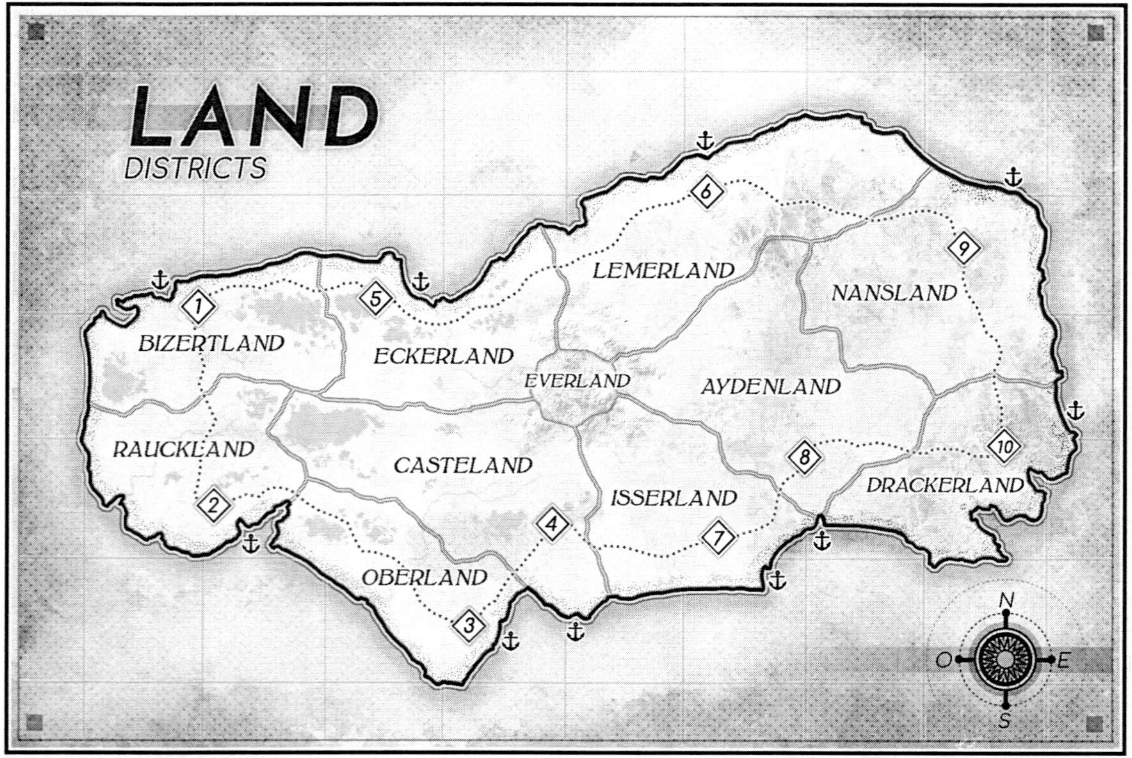
LAND
DISTRICTS
BIZERTLAND
RAUCKLAND
ECKERLAND
CASTELAND
OBERLAND
EVERLAND
LEMERLAND
ISSERLAND
AYDENLAND
NANSLAND
DRACKERLAND
1
2
3
4
5
6
7
8
9
10
N
O
E
S

1

Sur les dix districts qui composaient Land, Bizertland était le premier. Séfan, âgé de seize ans, ne l'avait jamais quitté. Pourquoi l'aurait-il fait d'ailleurs ? Ses parents vivaient ici depuis toujours sans aucune autre famille connue ailleurs, même lointaine. Né dans le quartier numéro cinq, un des plus anciens, son père siégeait au parlement en tant que membre de la Haute Autorité Morale, la HAM, et sa mère enseignait la morale landienne dans les écoles secondaires.
Bizertland était un district, mais également son unique ville, comme partout ailleurs sur Land. Au fil des années, le prélat en place et l'assemblée ajoutaient des quartiers, si bien que cette année on en comptait un cinquantième. Malgré la politique de l'enfant unique, la population augmentait dangereusement. Le seul continent de la planète vivait de fait en autarcie avec des ressources limitées depuis des milliers d'années.
Ses parents se dévouaient entièrement à leur profession. La vie à la maison s'écoulait monotone et austère. Le principe de la morale landienne reposait sur le précepte de l'ECO : Égalité, Civisme, Obéissance et le dévouement à son prélat. Enseignés dès le plus jeune âge, ces préceptes accompagnaient chacun tout au long de son existence. La vie sur Land imposait strictement le respect des lois. Toute religion et vénération étaient prohibées et la tolérance de mise dans la limite de la bienséance. La police représentait la seule force de l'ordre, faisant appliquer les lois et réprimant les délits. La grande délinquance restait très rare et les

quelques crimes perpétrés, sévèrement punis de la peine de mort. Au quotidien, les policiers géraient seulement quelques délits mineurs. La notion d'armée n'existait pas. Les dix districts siégeaient au sein d'une assemblée qui régissait les lois et l'économie landiennes, évitant ainsi les guerres, les conflits, la famine. Un prélat et dix membres composant l'assemblée de la HAM gouvernaient chaque région.

En se levant ce lundi matin-là, Séfan savait qu'une rude semaine s'annonçait. Durant cinq jours, il devrait, lui et tous les jeunes de son âge se confronter aux épreuves du brevet du prélat. Ces épreuves marquaient la fin du cycle secondaire et l'entrée dans une école supérieure ou à l'académie prélastique pour les plus doués ou encore l'arrêt brutal des études pour ceux qui échouaient. Ceux-là se verraient attribuer des métiers plus manuels ou ingrats. Le travail était réparti selon les capacités des individus. Tout le monde participait à l'économie de la société, chacun recevant une rétribution en fonction du poste qu'il occupait. Bien que la morale landienne vantât l'égalité, des écarts de rémunération existaient, mais personne ne manquait de rien et Land ne comptait aucun démuni.

Séfan passa en revue les différentes épreuves de la semaine. Lundi serait consacré à la littérature et à la morale landienne, mardi aux mathématiques, mercredi à l'histoire et la géographie, -avec un seul continent connu sur la planète, il suffisait de bien connaître Land-, jeudi à la philosophie et enfin les épreuves physiques termineraient la semaine du brevet. Il se sentait très à l'aise sur la morale landienne. Ses parents en faisaient leur quotidien. Il y baignait depuis son enfance et en maîtrisait tous les principes.

Les épreuves sportives ne lui poseraient pas de problème non plus, le jeune homme de taille moyenne étant athlétique. Malgré son tempérament plutôt taciturne, il se transfigurait lors de la pratique du Circle Ball, le sport national. Sélectionné dans l'équipe junior des Comètes du cinquième quartier, il en était le capitaine et un des atouts majeurs. Le Circle Ball se jouait sur un terrain carré composé de trois cercles : un petit entouré d'un moyen, entouré d'un plus grand avec au centre un poteau et trois paniers placés à des hauteurs différentes. Chaque équipe de huit joueurs devait marquer des points en faisant passer un ballon dans l'un des trois paniers. Plus le panier était haut et le cercle loin et plus les points élevés : réussir un panier du troisième cercle dans le troisième panier revenait à gagner trois fois trois donc neuf points, un panier du deuxième cercle dans le premier panier deux fois un donc deux points, ainsi de suite. Le match se jouait en trois tiers-temps de vingt minutes.
Plus qu'un sport d'adresse, il requérait aussi vélocité et puissance physique avec des contacts souvent rudes. Séfan possédait à la fois la force, l'agilité et l'adresse pour exceller à ce sport. Chaque quartier possédait son terrain de Circle Ball et un grand stade construit hors de la ville accueillait les événements importants comme la coupe landienne qui opposait une fois tous les deux ans les dix districts. L'équipe de Bizertland n'était pas reconnue comme l'une des meilleures. En cinquante ans de compétition, elle n'avait remporté la coupe que trois fois et la dernière victoire remontait à dix-sept ans.
Séfan devait chasser ses idées de Circle Ball pour se consacrer toute la semaine durant au brevet du prélat. Le centre des épreuves se situait dans le premier quartier dans

la grande salle de l'assemblée aménagée pour l'occasion en une vaste salle d'examens. Pour s'y rendre, Il emprunta le convoyeur, sorte de tramway composé de trois voitures tractées sur rail par une locomotive qui sillonnait la ville.
Il aurait également pu s'y rendre à pied. Du cinquième quartier où il résidait, trente minutes de marche suffisaient. Mais il préféra ce moyen de transport qui lui permettrait d'observer les voyageurs dans le train et d'imaginer leurs métiers. Assis en face d'un grand gaillard aux cheveux grisonnants, il le catalogua immédiatement parmi les travailleurs manuels. Avec ses larges mains abîmées par des tâches physiques et sa carrure impressionnante, il pouvait être charpentier ou maçon mais en aucun cas il n'appartenait à la classe administrative. Cela motiva Séfan à faire de son mieux lors des épreuves car s'il échouait, c'en serait fini de ses études supérieures et de sa possible admission à l'académie prélastique pour tenter de devenir le prochain dirigeant de Bizertland.
Ces études imposaient un cursus très strict : les dix meilleurs élèves au concours, puis une sélection finale par la HAM de deux candidats, une fille et un garçon et enfin cinq ans d'études dont six mois dans chaque district à l'issue desquels l'un des deux serait nommé. L'origine des pouvoirs que recevaient les dix élus demeurait un mystère pour le commun des mortels. D'après la rumeur populaire, chacun d'entre eux conservait secrètement et transmettait à son successeur une « rune », en l'occurrence un rectangle de verre de dix centimètres sur cinq gravé de symboles. Elle représentait la source de leur pouvoir. À Bizertland, ceux qui gouvernaient recevaient le don de divination : la capacité de voir des événements qui allaient ou qui pourraient se

produire. Les cinq années d'études permettraient aux futurs prélats de maîtriser leur pouvoir, le plus difficile étant d'interpréter les présages.
Les épreuves de mercredi, consacrées à l'histoire et à la géographie, seraient l'occasion de démontrer que Séfan connaissait son district aussi bien que les neuf autres. Il refit pour la énième fois la liste et les pouvoirs qui y étaient associés. De loin, il préférait celui d'Eckerland : la précision. Son détenteur pouvait accomplir des exploits avec ce don. Si les chances, par exemple, de lancer une pièce en l'air et qu'elle retombe sur la tranche étaient d'une sur plusieurs millions, lui réussissait d'un simple geste désinvolte. Séfan imaginait souvent se servir de ce don lors d'un match de Circle Ball.
En un, Bizertland et la divination, deux Rauckland et la force surhumaine, trois Oberland et la vitesse, quatre Castleland et la télékinésie, cinq Eckerland et la précision, six Lemerland et la super mémoire, sept Isserland et la projection d'éclairs, huit Aydenland et le maniement des armes, neuf Nansland et la projection astrale, dix Drackerland et l'influence. Le « onzième » district, Everland, demeurait une terre interdite sauf au grand conseil des prélats. Nul n'avait l'autorisation ou même l'envie de s'y rendre. Les rumeurs les plus folles couraient sur ce territoire sauvage. Les rares témoignages décrivaient un paysage lunaire et une citadelle nichée au plus haut d'une falaise. Bizarrement, ces témoins disparaissaient peu après et nul n'entendait plus jamais parler d'eux.
Il faisait déjà presque jour ce matin de printemps lorsque Séfan descendit du convoyeur pour se diriger vers l'assemblée bizertlandienne où les épreuves devaient débuter à huit heures précises. Il salua ses compagnons de promotion et

alla directement rejoindre son meilleur ami Théry alias Petit Pas. Il l'avait surnommé ainsi à cause de son déplacement sur un terrain de Circle Ball. Théry ajustait sa course et ses placements dans un ballet de petits pas qui lui permettaient selon lui d'être le plus précis possible lors du lancer au panier.
— Prêt pour cette semaine d'enfer ?
— Un enfer qui pourrait bien se transformer en paradis, répliqua Séfan.
— Parle pour toi, moi je ne me fais aucune illusion sur la suite de mes études. Je suis quasiment nul en mathématiques et la morale landienne n'est pas mon domaine de prédilection.
— Tu finiras dans les champs de patates.
La cloche de l'assemblée annonça l'ouverture des portes de la salle où se dérouleraient les épreuves. Le moment était venu de se confronter à son destin et d'écrire son avenir. Le brevet du prélat restait un événement assez rare puisqu'il n'avait lieu qu'une fois tous les quinze ans. Seule condition pour le passer : avoir terminé son cycle d'études secondaires.
Puisque les prélats gouvernaient quinze ans et qu'il fallait cinq ans pour former leurs remplaçants, on organisait donc leur succession au début de leur dixième année de mandat. Ils prenaient leur fonction à vingt-et-un ans et géraient leur district jusqu'à trente-six ans en pleine possession de leurs facultés physiques et mentales. L'assemblée, quant à elle, se renouvelait en décalage de façon à ne pas laisser une région entre les mains d'un dirigeant et d'une assemblée novices.
La grande salle avec ses cent cinquante pupitres alignés était très impressionnante. Séfan consulta pour la dixième fois sa lettre de convocation pour revoir son numéro de

siège : le soixante-trois, très loin de Petit Pas qui poserait ses fesses sur le deuxième banc en face du bureau du grand précepteur, le maître de cérémonie du brevet. Celui-ci et dix professeurs déambuleraient dans la salle tout au long des épreuves pour surveiller les candidats.
Les sujets de littérature furent distribués à huit heures précises quand la cloche de l'assemblée retentit. Quatre heures plus tard Séfan sortait avec un grand sourire. Lorsque Théry le rejoignit, il comprit à sa mine déconfite que le thème du jour sur la poésie landienne ne l'avait guère inspiré, contrairement à lui, fervent admirateur du poète bizertlandien Néophraste, thème principal du sujet de la matinée. Sa mère lui avait inculqué année après année cet art littéraire qui lui permettait de s'échapper du quotidien un peu ennuyeux de la vie à Bizertland. La culture sous quelque forme que ce fût n'était pas dans les gènes des Landiens. La littérature, la poésie, la philosophie, la musique intéressaient avant tout l'élite, les personnes proches du pouvoir ou occupant des postes à responsabilités. Le peuple préférait se distraire à l'occasion d'une rencontre de Circle Ball ou d'une foire quelconque. Il en existait une par saison. L'occasion de voir des stands de marchands ambulants s'installer sur la grande place de la ville durant une semaine. Tout au long de l'année, on retrouvait des maraîchers en été, des artisans en automne, des tisseurs en hiver et au printemps la grande foire au bétail.
— Ça commence plutôt mal, lâcha Petit Pas.
— Tu penses vraiment que c'est catastrophique ?
Si tu as un mot pour définir plus que catastrophique je veux bien le connaître !
— Bon allez viens, on va rejoindre les autres au réfectoire,

une pause déjeuner nous fera le plus grand bien, conclut Séfan.

Les autorités avaient mis à disposition des élèves et des professeurs le réfectoire du personnel de l'assemblée. Le système éducatif landien prenait tout en charge : restauration et frais de scolarité. Cela n'empêchait pas les plus favorisés de payer des cours privés à leur progéniture après les cours officiels. La haute autorité morale fermait les yeux depuis longtemps sur ce dispositif parallèle de formation contraire au principe d'égalité. En tant que parents, ils souhaitaient évidemment le meilleur pour leur propre enfant.

2

Âgée de quinze ans, Erié, se trouvait de fait la plus jeune à passer les épreuves cette année-là. Ses résultats scolaires hors normes l'avaient propulsée dans la classe supérieure l'avant-dernière année du lycée. Land ne discriminait pas les genres. Les filles et les garçons étaient traités de la même manière et les coquetteries féminines se faisaient plutôt rares. Dès le début de leur scolarité, tous les enfants portaient la même tenue : pantalon et vareuse.

Cette première matinée démarrait très bien pour elle. Inspirée par les épreuves de littérature, la jeune fille avait noirci des pages et des pages d'une seule traite, confiante sur le contenu de son devoir. Elle ambitionnait de terminer première de la promotion et sa motivation pour devenir la prochaine cheffe du gouvernement demeurait sans faille. L'égalité scolaire permettait à quiconque d'accéder à de hautes fonctions au sein de chaque district. Le prélat et l'assemblée jugeaient uniquement sur les capacités de chacun à tenir le poste le mieux adapté. Cela apportait de la stabilité à la société landienne. Même si parfois on accordait des postes par complaisance, ce n'était jamais des fonctions à hautes responsabilités.
Erié attendait avec impatience les épreuves de l'après-midi et même toutes les autres d'ailleurs. Elle avait travaillé dur ces dernières années et ne comptait pas exclusivement sur ses capacités intellectuelles pour réussir. Excepté peut-être les épreuves sportives, elle maîtrisait toutes les

autres. Erié habitait dans un des quartiers les plus récents de Bizertland, le quartier quarante-huit. La seule chose qui changeait d'un quartier à l'autre se voyait dans la modernité des constructions. Toutes conçues sur le même modèle : des immeubles alignés en briques rouges de dix entrées et de cinq étages. En général, le standard était une habitation de trois pièces : deux chambres, une salle à manger, une cuisine et une salle de bains. Côté rue, on trouvait les entrées numérotées de un à dix et côté cour, chaque immeuble possédait son espace vert et un jardin potager communautaire.
Enfant, Erié aidait sa mère à entretenir le potager quand son tour venait, une fois tous les quinze jours. Bien sûr, les récoltes des jardins communs ne suffisaient pas à nourrir toute la population, mais cela contribuait d'une part au ravitaillement de chaque immeuble et également au travail collectif, en créant un lien social.
Il existait une véritable agriculture en dehors de la ville dans les terrains les plus fertiles ainsi que l'élevage de bétails. Quelques fermes constituaient les autres rares habitations situées sur les terres de cultures et destinées aux travailleurs qui approvisionnaient le district en produits frais.
Erié finit son repas et se dirigea d'un pas décidé vers la salle d'examen pour la deuxième partie des épreuves de la journée.
Le matin, Séfan n'avait tout d'abord pas prêté attention à la personne assise au pupitre d'à côté. Mais, à la reprise, en arrivant après elle, il la découvrit assise au siège soixante-quatre. Ils échangèrent un sourire. Elle lui souhaita bonne chance et il la remercia d'un signe de tête.
Ils ne se connaissaient pas. Bizertland comptait plusieurs

écoles secondaires et en général ses habitants fréquentaient principalement leur quartier. Les rares occasions de voir toute la population réunie restaient les quatre foires annuelles et les matchs de Circle Ball : le championnat annuel des quartiers et la coupe des districts une fois tous les deux ans.

Séfan fut troublé par le regard déterminé et le physique plutôt agréable d'Erié. Ses longs cheveux bruns tombaient sur ses épaules et une mèche rebelle lui barrait les yeux. D'un geste rapide, elle la fit passer derrière son oreille. Il essaya le temps de la distribution des sujets de deviner qui elle était : son histoire, ses parents, son quartier. Il dut renoncer, car rien de concret ne lui vint à l'esprit et il devait se concentrer sur l'épreuve de l'après-midi : la morale landienne. Un jeu d'enfant pour lui. Avec une mère professeure et un père membre de la haute autorité morale, il avait plutôt intérêt à réussir sa composition.

Le temps de rédaction était fixé à deux heures. À quinze heures trente, Séfan avait relu pour la deuxième fois son devoir et très satisfait, visait un dix-huit ou un dix-neuf sur vingt, sa modestie lui interdisant de prétendre à la note maximale. Un bref regard vers le pupitre soixante-quatre lui apprit que sa camarade de droite avait également terminé. Ils se levèrent en même temps et allèrent déposer leur copie sur le bureau du grand précepteur.

Finir l'épreuve aussi en avance relevait de l'exploit et tous les yeux se posèrent sur les deux candidats quand ils sortirent de la salle. Petit Pas semblait peiner sur son devoir et Séfan lui adressa un sourire d'encouragement au passage qui semblait dire « allez vas-y ! ».

Dès qu'ils furent sortis, Erié engagea la conversation sur le

sujet de l’après-midi.
— Quel est ton avis sur le principe d’égalité ?
— C’est l’un des trois préceptes de base de la morale landienne. Il enseigne que tout être humain doit être traité de la même façon. Aucun individu ou groupe d’individus ne doit donc avoir de privilèges garantis par la loi, répondit Séfan.
— Oui, ça, c’est dans les livres, mais toi qu’en penses-tu en tant que ? Au fait, comment t’appelles-tu ?
— Séfan.
— Moi, c’est Erié. J’habite dans le quarante-huit.
— Moi dans le cinq.
— Alors ?
— Alors quoi ?
— L’égalité selon Séfan ?
— Tous les individus sont égaux ?
— Tu penses vraiment ça ?
— Eh bien, euh… J’imagine qu’il doit y avoir quelques nuances. Mais il me semble que ce principe est plutôt bien appliqué sur Bizertland.
— C’est sûr, quand on habite dans le cinquième ça doit être plus facile.
— Pourquoi dis-tu ça ?
— Oh ! Pour rien. Tu m’accompagnes au convoyeur ?
— J’aimerais beaucoup, mais j’attends mon ami, on doit aller faire quelques paniers au stade.
— Bon Séfan à demain pour la suite des épreuves.
— À demain.
Petit Pas sortit le dernier de la salle d’examen avec une mine dépitée et une énorme envie de se défouler. Sa première phrase fut :

— Ne me parle plus de morale landienne ! Allez, on file direct au stade pour une séance ! Pas d'objection ?
Séfan n'en émit aucune et les deux amis rejoignirent à pied le terrain de Circle Ball situé dans le quartier quinze sans prononcer la moindre parole.
À seize heures trente, le stade était vide, le reste des étudiants et des écoliers terminaient à dix-sept heures. Seuls les candidats à l'épreuve du prélat se trouvaient dispensés de cours pendant la semaine d'examen. Cela laissait aux deux amis environ trente minutes de tranquillité avant que le terrain ne soit envahi par une foule de jeunes gens braillant et gesticulant autour des paniers.
— Il faut absolument travailler des combinaisons de jeu, proposa Séfan.
— Pfff ! J'ai plutôt envie de me défouler en tentant des paniers à neuf points. C'est pas drôle tes combinaisons !
— Je sais, mais on doit pouvoir surprendre nos adversaires et ne pas rester dans le jeu classique. Je te rappelle qu'on joue la finale junior début juillet.
— Oui tu as raison, mais on a déjà un coach dans l'équipe et c'est à lui de définir la stratégie. C'est pour ça qu'on a deux entraînements par semaine. Tu te souviens coach Séfan ?
Après une demi-heure de lancer, une foule bruyante envahit le terrain. C'en était fini de leur entraînement solitaire.

3

Les jours suivants, les épreuves défilèrent à une allure vertigineuse. Souvent Séfan et Erié sortaient les premiers et échangeaient sur le sujet du jour. Ces deux-là étaient des candidats sérieux au poste de prélat. Il aimait la franchise de la jeune fille et son tempérament un peu contestataire et Erié appréciait sa lucidité et son calme. La composition de philosophie constituerait la dernière épreuve en salle de la semaine, de huit heures à midi. Ensuite les candidats en auraient fini avec les matières écrites et enchaineraient avec les épreuves physiques. Les dés seraient alors lancés et plus rien ne pourrait modifier les résultats.

Séfan avait convaincu Erié de venir s'entraîner au Circle Ball après la pause déjeuner. Petit Pas eut l'air surpris de voir Erié s'engager avec eux sur le chemin du stade. Il fit donc les présentations et parut gêné de l'air réjoui de son ami, chargé de sous-entendus. Toute la semaine, en sortant invariablement en dernier de la salle d'examen Théry n'avait pas eu l'occasion de les voir ensemble et de remarquer leur petit manège.

— Alors Théry, comment s'est passée cette semaine d'examen ? demanda Erié.

— Oh ! Tu sais, je n'ai aucune prétention au poste de prélat, je vous le laisse volontiers. J'aimerais déjà faire des études supérieures.

Petit Pas avait l'air très à l'aise avec leur nouvelle amie. C'était son caractère sociable et sa grande capacité d'adaptation que Séfan admirait le plus chez lui. Il changea

aussitôt de conversation pour questionner la jeune fille sur ses aptitudes au Circle Ball.
— Et toi, tu joues dans quelle équipe ? Je ne t'ai jamais vue dans un stade ?
— Et pour cause ! Jamais sélectionnée par aucun club ! Je manque d'adresse certainement.
Petit Pas parut un peu déçu mais enchaîna :
— Ne t'inquiète pas. Avec Séfan et moi pour t'apprendre les subtilités de cet art, tu seras dès l'année prochaine une pièce maîtresse de ton équipe de quartier.
Tous les deux éclatèrent de rire en voyant la mine dépitée d'Erié.

4

Vendredi matin en se levant, Séfan sentit comme une boule au ventre qui l'empêcha de terminer son petit déjeuner. Avec le dernier jour des examens, la pression se faisait de plus en plus forte. Tout allait se jouer là. Les épreuves physiques consistaient en une succession de plusieurs tests d'endurance et de précision. La force brute n'entrait pas en jeu. Le matin, il faudrait franchir un parcours semé d'embûches, puis démontrer son habileté au tir à l'arc et enfin l'après-midi se terminerait par un parcours de dix kilomètres en pleine nature.

Il fallait donc pas mal d'énergie pour terminer toutes ces épreuves et là, tout de suite, il se sentait vidé.

Les épreuves du matin auraient lieu au stade du quinzième quartier où les amis avaient l'habitude de s'entraîner au Circle Ball après les cours.

Petit Pas retrouva Séfan et Erié aux abords du quatorzième quartier et ils finirent le trajet ensemble. Malgré le nombre de participants l'ambiance était plutôt calme. Les professeurs chargés de contrôler les épreuves donnaient des consignes scrupuleusement respectées. Selon les doctrines landiennes chacun se devait d'obéir à l'autorité quelle qu'elle fut.

Cent cinquante élèves en tenue de sport attendaient nerveusement le début des épreuves. Bizertland fournissait les tenues et le matériel : short blanc, maillot kaki et chaussures de sport, que chaque participant pourrait conserver après les épreuves. Toujours ça de gagné avait déclaré Petit Pas, très pragmatique. On avait alterné les épreuves d'endurance et celle de précision pour garder aux

élèves un semblant de fraîcheur.
À huit heures trente précises, le parcours commença. Les participants s'élancèrent par groupes de quinze espacés chacun de trois minutes. Le temps moyen du parcours était de vingt minutes. Il fallait franchir des obstacles en hauteur, ramper, escalader des murets en un temps record.
Séfan arriva dixième, Petit Pas troisième et Erié dut se reprendre à quatre fois pour franchir le muret, ce qui la classa parmi les dernières. Il y eut dès le début plusieurs blessés qui ne purent terminer. C'en était donc fini pour eux. Les règles très strictes imposaient que toutes les épreuves devaient être terminées sans exception. À onze heures le groupe ne comptait plus que cent quarante-et-un candidats. Le tir à l'arc leur permit de récupérer et de reprendre des forces. Chaque candidat disposait de cinq flèches pour obtenir le meilleur score en visant une cible à cinquante mètres le plus rapidement possible. Il fallait donc faire preuve de précision, mais aussi de calme et de concentration. Petit Pas décocha ses cinq flèches en vingt-cinq secondes avec un score de cent cinquante et se plaça premier du concours sur cette épreuve. Séfan mit plus de temps, mais il atteignit le très bon score de cent trente en trente-cinq secondes. Il prit la huitième place. Quant à Erié avec soixante-cinq points en quarante secondes, elle termina en milieu de tableau, mais ne sembla pas trop déçue. Consciente de ses capacités sportives en général, elle ne comptait pas sur les épreuves physiques pour réussir l'examen.
Après une pause déjeuner durant laquelle chacun débriefa ses performances, le trio se réunit sous un pin pour prendre un peu de repos. En ce début avril, le beau temps était enfin revenu. Le soleil brillait et les conditions semblaient idéales

pour l'ultime test sportif de la journée.
— Nous sommes dans la dernière ligne droite, déclara Erié.
— J'ai hâte que tout ça soit terminé. Hélas ! Il nous restera encore deux mois de cours avant d'être fixés sur les résultats et de profiter des vacances d'été, soupira Petit Pas.
Les cours continueraient après le concours prélastique. Cette semaine, aussi intense fut-elle, ne représentait qu'un bref répit avant la reprise. Officiellement toutes les classes, quel que soit le niveau, se terminaient fin juin. Les résultats seraient alors proclamés pendant une cérémonie officielle le dernier jour du mois. C'est à ce moment-là qu'on annoncerait la liste des dix candidats retenus. Dans la foulée, la HAM les recevrait pour un dernier entretien et retiendrait les deux élus.
Séfan fixait l'horizon. Au-delà du stade de Circle Ball s'étendaient de vastes plaines et des champs cultivés. Treize heures trente. L'air embaumait des odeurs de printemps : herbe fraîchement coupée et parfums de fleurs. Il aurait voulu que le temps se fige sur la douceur de ce moment tant il se sentait apaisé. Petit Pas reprit la parole :
— Séf ! Tu es avec nous ? Le dernier parcours démarre dans trente minutes. Il faut se préparer !
Chaque participant revêtit son dossard portant le même numéro que sa table d'examen.
Séfan le soixante-trois, Erié le soixante-quatre et Petit Pas le deux. Pour cette épreuve cela n'avait aucune importance, car le départ s'effectuait groupé. La durée moyenne de la course était de deux heures. Un départ rapide permettrait juste de ne pas piétiner avec le reste des concurrents.
Les trois amis avaient décidé que, stratégiquement, il valait mieux partir dans les premiers. À quatorze heures, au coup

de sifflet, ils se positionnèrent en tête du peloton.
Le parcours serpentait au départ du stade sur une grande route qui menait tout droit entre les champs de blé. Ce n'était pas la partie la plus difficile, mais en prenant de l'avance, ils aborderaient la suite dans de meilleures conditions. La route continuait aux abords de la forêt de Min qu'il fallait traverser. Le trajet commençait alors à se corser avec des dénivelés, des arbres coupés en travers du chemin, un ruisseau à traverser, des montées et descentes incessantes sur des chemins boueux et abrupts. Erié décrocha dès les premières difficultés et tenta de réduire son allure pour terminer l'épreuve. C'était là le plus essentiel, car un abandon la disqualifierait et alors adieu le concours.
Séfan et Petit Pas, toujours dans le peloton de tête, géraient au mieux leurs efforts. Au sortir de la forêt, la dernière partie menait les participants sur une longue ligne droite qui conduisait vers le stade. Tout au long du parcours des examinateurs contrôlaient le bon déroulement de la course et portaient secours aux candidats en difficulté. À mi-parcours, dix participants avaient abandonné pour des blessures légères, essentiellement des entorses et des jeunes gens en pleurs complètement épuisés.
Il restait donc cent trente-et-un candidats potentiels. Intérieurement tout élève restant tenait le décompte, car il fallait bien avouer que sans vraiment souhaiter du mal aux autres, moins il y avait de postulants plus les chances de chacun augmentaient. Évidemment personne ne se réjouissait publiquement et tout le monde déplorait diplomatiquement l'abandon de leurs camarades.
Aux trois derniers kilomètres un groupe de huit coureurs s'était largement détaché du reste du peloton. Séfan et Petit

Pas en faisaient partie. Tour à tour ils se relayaient pour ne pas s'épuiser à mener le train. Un gars efflanqué faisait figure de grand favori tant il avait l'air de commencer seulement la course : foulées fluides, souffle régulier. Il n'avait pas du tout l'air de peiner. Séfan essaya de calquer non sans mal son allure sur lui. Au détour du dernier virage on aperçut l'entrée du stade et les premiers signes de la ville. Les quartiers avec leurs maisons de briques rouges se trouvaient à la lisière des champs de blé. La ligne droite finale équivalait aux derniers kilomètres. C'est à ce moment-là que le grand gars accéléra le rythme d'une façon si intense que tout le monde décrocha sauf Petit Pas, dont le surnom n'était pour le coup plus approprié. Il n'aurait jamais cru que son meilleur ami puisse faire preuve d'autant de volonté. Il en fallait à Théry pour pouvoir prétendre continuer ses études. Secrètement il rêvait d'entrer à l'école de police landienne et il savait que réussir les épreuves physiques comptait plus que tout. Il n'en avait jamais parlé à Séfan de peur de le décevoir dans le cas où il échouerait à l'examen.

À trois cents mètres de l'arrivée, le podium se dessinait clairement. Le grand gars efflanqué passa la ligne d'arrivée avec dix mètres d'avance sur Petit Pas qui s'écroula dès celle-ci franchie. En troisième position une fille brune toute menue. Séfan ferma la marche du groupe des huit.

Une fois son souffle repris, il vint féliciter chaleureusement son ami.

— Je ne t'aurais jamais cru capable d'une telle énergie ! Comment doit-on t'appeler maintenant « Grand Pas » ?

Petit Pas aurait voulu éclater de rire, mais le souffle lui manquait encore.

— Il faut que je t'avoue quelque chose…

— Tu t'es dopé, c'est ça ? Plaisanta Séfan.
— Oui, à la motivation.
— Je ne comprends pas.
— Tu sais que les épreuves écrites ne sont pas mon fort, mais que je suis plutôt doué pour le sport. Avec un peu de chance, je pourrai peut-être entrer à l'académie de police landienne. Tu en penses quoi ? Bredouilla Petit Pas.
— Si c'est ton choix et que tu y seras heureux, ça me va très bien. Mais mon avis ne compte pas.
— Au contraire, j'ai besoin d'un allié, car déjà mes parents voudraient me voir mécanicien de convoyeur. Mon père est persuadé que j'échouerai au concours et il a déjà presque organisé mon arrivée comme apprenti à son atelier de mécanique.
Il lut dans le regard de son ami un grand désarroi et voulut le consoler :
— Tu as fait un parcours formidable aujourd'hui, nul doute que les points des épreuves physiques feront remonter ta moyenne générale. Et je sais, par mon père, que les examinateurs regardent de très près les candidats ayant obtenu de très bons scores en sport pour les repêcher.
— Il faudra patienter jusqu'à fin juin pour le savoir, gémit Petit Pas.
— Tu pourras à ce moment faire tes vœux et choisir l'académie de police. Allez, ne t'inquiète pas. Allons retrouver Erié.
Le temps de la discussion ne suffit pas pour voir arriver les autres participants. Dix minutes plus tard, des coureurs apparurent en une file égrenée qui s'étendit pendant encore vingt minutes. Les deux amis étaient à présent très inquiets, car presque tous les concurrents avaient fini leur parcours et

toujours pas d'Erié en vue. Avait-elle abandonné en route ? Séfan en doutait fort, car elle aurait pu finir en rampant tellement elle voulait réussir ce concours.
Était-elle blessée ? Possible. Dans ce cas, ce serait un cataclysme dans la vie de la jeune fille qui ne s'en remettrait pas. L'occasion de repasser le concours ne se représenterait pas.
Au bout de la ligne droite, Séfan aperçut enfin un petit groupe d'une quinzaine de personnes déboucher sur le dernier virage.
Il crut reconnaître la silhouette d'Erié et Petit Pas lui confirma qu'elle faisait bien partie du dernier wagon. Ils décidèrent d'avancer sur le bas-côté de la route pour l'encourager. Les voir gesticuler et hurler provoqua une montée d'adrénaline et elle accéléra l'allure comme jamais elle ne s'en serait crue capable. Plantant là, tous les autres coureurs, elle franchit la ligne d'arrivée en deux heures et trente-sept minutes et à la cent huitième place. Au cours des derniers kilomètres, neuf candidats avaient encore abandonné. Le classement final toutes épreuves écrites et physiques confondues se jouerait sur une liste de cent vingt-deux candidats, soit vingt-huit de moins qu'au départ. Les résultats seraient annoncés fin juin et chacun pourrait alors faire ses vœux, c'est-à-dire choisir en fonction de son rang les écoles proposées et adaptées à son niveau. Les dix premiers du concours pourraient prétendre au cursus de prélat. Mais avant tout, il fallait passer la toute dernière épreuve : l'entretien avec la HAM. Le choix des deux derniers candidats à cette fonction était basé sur les résultats du concours, mais aussi sur leur valeur morale et leur capacité à faire face à la pression, au changement, à prendre des décisions importantes. La HAM s'attacherait

lors de l'entretien à évaluer par un questionnement la présence ou l'absence des capacités nécessaires à exercer la plus haute fonction. Le père de Séfan en ferait partie, mais cela ne conférait à son fils aucun privilège, -bien au contraire- et il n'était pas certain de figurer dans la liste finale des dix noms.

Pendant cinq longues années, on leur enseignerait la gestion, la politique, l'économie, les relations diplomatiques et surtout l'utilisation du pouvoir attaché à leur district. Depuis des générations, nul ne pouvait dire d'où provenaient ces étranges capacités et comment elles étaient apparues sur Land.

À l'issue de leurs études, un grand conseil composé de tous les professeurs de l'académie prélastique, des dix HAM et des dix prélats, se réunirait pour débattre et élire les dix nouveaux chefs de régions en tenant compte de leurs résultats scolaires, mais aussi de leurs attitudes, leur personnalité, leur morale, leurs aptitudes à se servir de leur pouvoir. Les dix candidats élus seraient alors nommés avec effet au premier janvier de l'année suivante, soit trois mois après la fin des études, permettant ainsi d'organiser leur arrivée et la passation de pouvoir. Les dix autres malheureux candidats hériteraient malgré tout d'une fonction honorifique puisqu'on les nommerait ambassadeurs, mais leurs pouvoirs leur seraient retirés. Leur rôle consisterait alors à établir de bonnes relations diplomatiques et d'affaires avec les autres districts et à promouvoir le leur à travers tout le continent.

Land investissait cinq ans de ressources et d'efforts pour former vingt apprentis. Il n'était pas raisonnable de se séparer des dix non retenus, car ils possédaient, eux aussi, de grandes capacités. Souvent le choix ultime demeurait très difficile tant les écarts entre eux s'avéraient minimes. Certes tout candidat aspirait à devenir le prochain chef de sa région, mais la fonction d'ambassadeur constituait un très beau lot de consolation. Sans vraiment gouverner, il participait malgré tout à la gestion et avait une place de choix dans la société landienne.

— J'ai cru ne jamais te voir franchir la ligne d'arrivée, déclara Séfan en félicitant son amie d'une tape dans le dos.

— Tu nous as fait une de ces peurs ! On a même vu un escargot arriver avant toi, se moqua Petit Pas.

— Oui je sais, j'étais vraiment à l'agonie et je songeais même à abandonner, puis j'ai repensé à tous ces sacrifices pour en arriver là et quand je vous ai vus au bord de la route, j'ai reçu comme une décharge qui m'a propulsée sur la ligne d'arrivée. Merci les garçons !

— Voilà, c'est terminé ! Ça fait drôle de se dire qu'on vient de passer une semaine d'examens, depuis le temps qu'on s'y prépare.

— Tu sais Séfan, je dirais que ça ne fait que commencer ! Nous avons encore deux mois à nous morfondre avant de connaître les résultats, puis ce sera le grand oral, remarqua Erié.

— Je ne veux plus y penser, déclara Petit Pas. Quelques paniers de Circle Ball ça vous tente ?

5

La dame Hanaé gérait Bizertland. Âgée maintenant de trente-et-un ans, elle avait obtenu la distinction à l'âge de vingt-et-un ans et gouvernait de façon stricte, mais équitable depuis dix ans. Le système faisait que tous les prélats en poste avaient le même âge puisque nommés le même jour de la même année. Dans le cas où l'un d'eux venait à mourir, la Haute Autorité Morale le remplaçait sur-le-champ par l'ambassadeur en place et organisait une cérémonie de remise du pouvoir à Everland. L'événement restait assez rare, mais deux ans auparavant, Magnus d'Eckerland avait trouvé la mort lors d'un déraillement d'un convoyeur, le tuant sur le coup ainsi que les cinq membres de son conseil qui l'accompagnaient. Un tel accident alimenta les conversations durant des semaines. Certains y voyaient un complot ou un attentat perpétré par le groupe de dissidents appelé « les Bannis », bien qu'il n'y eût aucune revendication. Les ragots et les légendes urbaines définissaient les Bannis comme un groupe révolutionnaire dont l'objectif était de nommer à la tête de Land un seul dirigeant à qui reviendraient tous les pouvoirs des runes. Ce libérateur devait les affranchir du despotisme des prélats, réunir tous les districts en un seul pays et permettre ainsi à tous les landiens d'être égaux et de profiter de toutes les ressources disponibles, sans privilèges.
Le modèle économique et sociétal qui régissait Land pouvait paraître bien établi et exempt de failles, mais ceux qui partageaient le pouvoir pensaient tout autrement. Le grand conseil des dix gérait les relations sur le continent, mais

des tensions existaient. Tous ne bénéficiant pas des mêmes ressources naturelles, cela ne facilitait pas les échanges.
Land se composait de montagnes, de prairies, de grandes plaines et d'un accès à la mer pour tous. La pêche ne devenait plus alors un moyen d'échange. Les régions dépourvues d'agriculture ou de mines se plaçaient parmi les moins influentes et les plus démunies.
Personne ne mourait de faim, mais des différences existaient selon l'endroit où l'on habitait. Les HAM avaient établi par décret un niveau d'échanges ou de dons afin que les territoires les moins favorisés par les ressources naturelles puissent bénéficier sans contrepartie d'un minimum de denrées alimentaires de base fournies par les plus riches. Cela générait malgré tout une hiérarchie au sein même des districts. Bizertland, grâce à son agriculture florissante, comptait parmi les plus influents avec Aydenland qui par sa situation géographique profitait d'immenses mines de charbon et de fer. D'une manière générale, les cinq premiers situés à l'ouest du continent profitaient d'un climat plutôt clément et de larges terres agricoles. Toute la partie rocheuse était située au centre de Land où Everland et ses hautes montagnes formaient une frontière naturelle avec Casteland, Eckerland, Lemerland et Isserland. Ceux de l'est, Nansland et Drackerland, se situaient sur la côte la plus sauvage et la plus aride du continent. Souvent balayées par des vents violents, leurs terres n'offraient que peu de possibilités de développer une agriculture pérenne. Les principales ressources se concentraient sur l'élevage des moutons et la filière textile.
À l'époque, après une enquête de plusieurs semaines, s'appuyant sur des témoignages, Hanaé, en recoupant toutes

les données, avait rédigé un rapport confidentiel destiné au grand conseil sur la mort de Magnus.
« *En ce jour du premier avril, vers neuf heures trente le prélat Magnus se rend à la gare d'Eckerland accompagné de cinq membres de sa HAM et de deux policiers. Une fois à bord du convoyeur ces derniers regagnent leur caserne, cette visite diplomatique à Drackerland ayant pour but de consolider les relations commerciales entre les deux districts mises à mal par le comportement de son ambassadeur Diker. Celui-ci aurait volontairement omis de faire figurer dans un accord écrit des clauses promises à l'oral. De fait, il ne participera pas à la rencontre pour ne pas attiser les tensions. Le train démarre à dix heures comme prévu. Rien d'anormal ne se passe pendant les premières heures du trajet. Les six voyageurs sont installés dans un compartiment privé verrouillé de l'intérieur d'où ils ne sont jamais ressortis. Une demi-heure après la frontière entre Nansland et Drackerland, le convoyeur se met soudainement à freiner très fort, puis une explosion retentit et les voitures sortent des rails, provoquant la mort de Magnus, de ses conseillers et de vingt autres passagers. Le conducteur s'en sort indemne et mentionne un objet volumineux sur la voie. Il est sommé de garder cette information secrète sous peine de poursuites. Des débris d'une bombe artisanale sont retrouvés, éparpillés alentour. La piste de l'attentat est validée. Celui-ci n'est pas revendiqué, mais on entend prononcer le nom des « Bannis ». Un mouvement dissident revendiquant la réunification des dix districts. Ce même mouvement est à l'origine de dizaines de lettres anonymes et d'affiches publiques présentant sa cause et dénonçant notre politique. Aucun indice permettant d'identifier ses membres*

n'est retrouvé. Pour étouffer l'affaire, les autorités locales prétextent un déraillement dû à un arbre tombé en travers des rails et fournissent à la presse des détails qui le prouve. L'unique agent de notre police secrète infiltré parmi les Bannis évoque pour la première fois le nom de Zhardo III, présenté comme le chef de la contestation. Alors que depuis des années, ce mouvement se veut collectif, aujourd'hui il revendique un leader. En choisissant le nom du dernier empereur destitué par les sages, il remet au goût du jour l'empire et son pouvoir totalitaire en tirant les ficelles de l'égalité pour tous et la fin des privilèges. Ce discours populaire et démagogue va attirer à lui bon nombre de nos concitoyens rêvant d'abattre notre système. Avant la mort de Magnus, nous pouvions les considérer comme des illuminés, mais à présent nous devons les prendre au sérieux et nous organiser pour les combattre. Je préconise un partage d'informations entre toutes nos polices secrètes et une réunion extraordinaire entre nous pour établir une riposte. »

Le rapport continuait sur plusieurs pages, précisant les mesures qui pourraient être prises collectivement ainsi que les échéances de leurs actions. Chacun des dix prélats en reçut une copie. Certains y prêtèrent attention, mais la grande majorité l'ignora et les recommandations d'Hanaé restèrent lettre morte.

6

Étant féru d'histoire, il connaissait parfaitement la période de l'empire, de son tout premier dirigeant au dernier destitué par une bande de lâches se prétendant « sages ». Ceux-ci s'appropriant le pouvoir, avaient créé les districts et réparti les runes entre eux. Les manuels scolaires présentaient Zhardo II, le dernier empereur, comme un despote et occultaient toutes les mesures qu'il avait prises pour le bien de son peuple. Heureusement d'autres ouvrages traitaient du sujet plus objectivement. Bien que leur diffusion soit interdite, ceux-ci circulaient clandestinement. En s'en procurant quelques exemplaires, il en apprit bien plus sur son idole que durant toutes ses années d'études. Lui savait que cet homme extraordinaire, destiné à accomplir de grandes choses, aurait pu marquer de son empreinte l'histoire de Land. Peu de ses sujets comprenaient ses rêves de gloire et de découvertes. Il fut en son temps le premier à vouloir explorer le reste du monde, mais ses rêves de conquête prirent fin avec son règne, laissant les Landiens inexorablement seuls sur la planète. La gestion par les prélats ne favorisait aucunement la recherche de nouvelles terres. L'unique tentative avait échoué au siècle dernier. Depuis, bien à l'abri, ils géraient leur région en bons pères de famille, davantage soucieux de leur bien être personnel que de celui de leurs concitoyens.
À la fin de ses études prélastiques, dix ans plus tôt, déjà ce sentiment de dégoût envers le système en place le rongeait. Dès lors, il se mit à haïr ce Land timoré, sans ambition, gouverné par une soi-disant « élite » incapable de rendre au

continent sa gloire passée. Quand le choix final lui accorda le titre d'ambassadeur, il en fut malade. Ne voyaient-ils pas que lui seul pourrait réaliser de grandes choses ? Patiemment, année après année, il échafauda un plan à long terme qui le conduirait sur le trône de Land, ressuscitant ainsi l'empire. Quel plus bel hommage que de choisir le nom de Zhardo III pour accomplir son destin !
Pour l'heure, la situation requérait toute son attention. Bientôt il connaitrait le nom des vingt apprentis et une date d'investiture serait alors planifiée à la citadelle de la monotonie. Voilà l'occasion qu'il attendait depuis une décennie. Il n'aurait pas de deuxième chance. Maintenant ou plus jamais ! Il se sentait confiant. Son organisation clandestine prenait de l'ampleur, le peuple commençait à le suivre en s'intéressant à sa propagande sociale. Il rencontrait un écho favorable des classes populaires, mais aussi des plus hautes strates du pouvoir, avides de partager son règne dans un ordre nouveau. L'ambition ! Ce désir ardent de gloire, d'honneur, de réussite sociale faisait tourner la tête des hommes depuis la nuit des temps. Une petite étincelle suffisait à le ranimer. La mèche venait de s'allumer. Elle brûlerait encore un certain temps, puis l'explosion finale mettrait un terme à des siècles d'obscurantisme.
Il posa sa tasse de thé, tira sur les plis de sa veste et quitta son bureau de l'assemblée pour rejoindre le conseil de la HAM. Dans quelques minutes, il reprendrait son rôle d'ambassadeur. Zhardo III devait pour l'heure se tapir au plus profond de son subconscient. Son heure arriverait bientôt…

7

Les dernières semaines avant la remise de diplômes pour certains ou une grande déception pour d'autres, parurent interminables aux trois amis inséparables à présent. Bien qu'Erié ne fût pas dans la même école que Séfan et Petit Pas, ils se retrouvaient tous les jours après les cours au stade de Circle Ball du quinzième quartier. Erié, sur les conseils de ses amis, avait nettement progressé, suffisament selon Petit Pas pour qu'elle intègre une équipe amateure de Circle Ball, au grand désespoir de la jeune fille qui ne pouvait supporter les « moyens » ou « suffisants » exigeant d'elle-même le meilleur niveau possible. Entre eux, un petit jeu de moquerie amicale s'était installé. Séfan se rangeait tantôt derrière Erié, tantôt derrière Théry selon son humeur ou son envie de provoquer l'un ou l'autre et se régalait de les voir argumenter pour démontrer qu'ils avaient raison. La fin du printemps s'écoula paisiblement, chacun rentrant chez soi après leur séance.
Les professeurs avaient nettement ralenti leur niveau d'exigence à l'approche de la fin des cours et ne donnaient plus de devoirs à la maison, ce qui laissait aux amis de longues fins d'après-midis pour traîner au stade et aux abords de la forêt de Min.
Ce matin-là, en se rendant à l'école, Petit Pas se demandait comment ils allaient vivre ces derniers jours de leur cycle scolaire.
— 'Jour Séf.
— Tu as l'air soit songeur ou tu es triste ?
— Ben, c'est notre dernière semaine ici. On ne reviendra

plus jamais et les années qui arrivent vont forcément nous séparer quel que soit le résultat du concours.
— Oui, c'est vrai. J'y ai pensé moi aussi. On a passé six ans ici, tu te rends compte ! Tu te souviens de la première fois où je t'ai parlé ?
— Oh que oui ! Au premier entraînement de Circle Ball. J'avais loupé mon tir et le ballon a atterri direct sur ta tête.
— Un joli tir ! Au moins il nous a permis de devenir les meilleurs amis du monde.
— Si tu es admis à l'académie prélastique et notre prochain dirigeant, que se passera-t-il ?
— On est amis pour la vie Théry, peu importe ce que l'avenir nous réserve.
Petit Pas se contenta de cette réponse, toujours pas rassuré. Séfan décida de changer de conversation :
— J'ai eu une super idée cette nuit dans mon lit !
— Allons bon, qu'est-ce que tu as imaginé dans ta tête de futur prélat ?
—Au lieu d'aller au stade faire des lancers, si nous refaisions le parcours de l'examen ? Deux heures de course dans les bois. Avec ce temps, ce sera comme une balade non ?
— Moi je suis partant bien sûr, mais Erié risque de ne pas apprécier.
— On essaie de refaire le parcours tous ensemble à son rythme. On pourra s'arrêter s'il le faut. J'ai vraiment envie de me défouler. Je compte sur toi pour m'aider à la convaincre !
Le cours d'histoire qui clôturait la matinée leur parut interminable au début puis, le professeur dériva lentement sur les origines de Land, sujet qui ne figurait pas du tout au programme, mais qui passionnait apparemment monsieur

Vork qui se lança dans un long monologue :
— Un seul district a osé organiser une expédition maritime pour tenter de découvrir de nouvelles terres, c'est Drackerland. Ils possédaient une flotte de trois bateaux capables de naviguer sur de longues distances et des équipages de marins aguerris. Ils se sont lancés il y a cent ans dans une vaste opération d'exploration. Avec comme objectif de démontrer que Land était bien le seul continent de la planète. Ils sont partis tous les trois un matin de printemps avec chacun un itinéraire différent et un cap à suivre. Vous connaissez l'histoire des trois « E » ?
Devant le silence de la classe, il poursuivit :
— Les noms des trois vaisseaux : Espoir, Étoile et Exploreur. Espoir mit le cap au Sud, Étoile au Nord et Exploreur devait faire une boucle d'Est en Ouest.

Séfan n'avait jamais entendu ce récit, ni lu quoi que ce soit dans aucun manuel scolaire. Il se demandait si leur professeur ne leur racontait pas une jolie fable pour occuper l'heure de cours qu'il ne semblait pas vouloir faire. On leur avait enseigné dès le début de leur scolarité que Land était le seul continent de la planète, mais finalement cette théorie ne reposait sur rien de concret, ni témoignages, ni preuves scientifiques. Monsieur Vork, continua :
— Vous ne trouverez ce récit dans aucun manuel d'histoire et je vais vous dire pourquoi. Les navires, une fois levée l'ancre, n'avaient aucun moyen de communiquer avec le continent. Avec une réserve de nourriture et d'eau suffisante, on avait estimé qu'ils pourraient vivre en autonomie six mois sans compter la pêche à bord et la récupération d'eau de pluie qui pourraient leur permettre de tenir un peu plus

longtemps. Chaque bateau prit la mer avec à son bord un équipage de quinze hommes pour réduire les ressources alimentaires et le stockage : un capitaine, son second, un cartographe, un scientifique, un médecin et dix hommes d'équipage pour la navigation et les tâches à bord. Cela constituait le strict minimum. Évidemment, nul ne s'était aventuré auparavant à plus de six cents milles marins des côtes de Land, sachant que le diamètre de la planète est estimé à six mille huit cent quatre-vingts milles marins, vous voyez le chemin qu'il leur restait à parcourir et à explorer.

Petit Pas semblait passionné par le récit du professeur. À plusieurs reprises Séfan voulut capter son regard, mais son ami buvait littéralement les paroles de l'enseignant. Il eut même un sursaut quand la cloche sonna la fin des cours à midi tapante. Vork haussa la voix pour conclure :
— Sachez que sur les trois navires, Espoir est rentré au bout de six mois sans jamais avoir aperçu le moindre morceau de terre, Étoile sept mois plus tard avec le même résultat et Exploreur n'est jamais revenu. Bonnes vacances et bonne chance dans vos futures études !

Petit Pas, frustré devant sa conclusion bâclée, voulait en savoir plus. Il intercepta monsieur Vork avant qu'il ne sorte de la salle de classe, mais ce dernier l'éconduisit d'un geste de la main et fila directement dans la salle des professeurs.
— Tu te rends compte Séfan ! Quelle histoire incroyable ! À ton avis qu'est-il arrivé à Exploreur ?
— Il aura sans doute été victime d'une tempête ou une épidémie à bord a décimé l'équipage ou que sais-je ? En tout cas ce n'est pas maintenant qu'il va revenir, conclut-il

en ricanant.
— Très drôle ! Tout ça n'est pas très net. Pourquoi on occulte cette partie de l'histoire dans les manuels ?
— Parce que ça n'a aucun intérêt et que ça n'a rien démontré. Bon, allons déjeuner !

Le même sujet de conversation alimentait toutes les tables du réfectoire : les finales de Circle Ball. Certes, ce n'était pas la fièvre des grands jours de la coupe landienne qui voyaient tous les deux ans les districts s'affronter avec leur sélection, mais on s'enflammait quand même pour la coupe de Bizertland et ses deux catégories : les équipes séniors et les juniors dans lesquelles évoluaient Séfan et Petit Pas. Dans leur vie un peu monotone, ces deux finales constituaient un véritable événement, pour peu que l'on soit passionné par ce sport national. Elles auraient lieu le premier dimanche de juillet. Cela démarrerait le matin à onze heures avec la finale junior, puis à seize heures la finale senior représenterait le moment fort de la journée. Les marchands ambulants envahiraient les abords du grand stade proposant leurs produits dans de petits chalets en bois spécialement aménagés pour cette occasion ou dans des roulottes. On pourrait y trouver essentiellement de la nourriture et des boissons, mais aussi de l'artisanat et des équipements sportifs aux couleurs des équipes du championnat. Les affiches plutôt alléchantes annonçaient : pour les juniors « les Comètes » du cinquième quartier, contre « les Aiglons » du dix-neuvième, tenant du titre. Pour les seniors on verrait s'affronter les super favoris « les Aigles » du dix-neuvième contre « les Éclairs » du onzième quartier.
Le dix-neuvième régnait en maître absolu sur le Circle

Ball bizertlandien depuis une décennie. Les dirigeants bénévoles, très impliqués, assuraient la gestion des équipes, le recrutement, la formation et l'entraînement. Il n'y avait aucune notion de professionnels ou d'amateurs. Tous les joueurs et joueuses exerçaient un métier en dehors du stade et jouer au Circle Ball restait un sport et non une profession. Chaque quartier pouvait recruter ses joueurs dans tout Bizertland, il n'y avait pas de restrictions. Certains clubs n'hésitaient pas à proposer des avantages en nature aux familles pour s'enrichir de nouveaux talents dans la ligue des cadets ou des juniors. On tolérait cette pratique, car on ne parlait pas vraiment de rétribution. De plus le Circle Ball garantissait au pouvoir en place une certaine stabilité du peuple qui trouvait là un loisir et une échappatoire à la monotonie de la vie sur Land.
Ce midi-là, Séfan et Petit Pas étaient le centre de l'attention de leur tablée. Ils évoluaient dans l'équipe qui disputerait la finale dans moins de deux semaines. Petit Pas en éprouvait une certaine fierté et ne pouvait s'empêcher malgré lui de fanfaronner :
— Si je fais un match solide et même si nous perdons, j'ai une chance de me faire recruter par les Aigles.
— Quoi ! Tu serais capable de laisser tomber le club qui t'a formé ? S'étonna Séfan.
— Tu ne te rends pas compte Séf, on parle des Aigles du dix-neuvième quartier, c'est un mythe ! Ils ont le record du nombre de coupes à Bizertland et trois joueurs du club sont dans l'équipe nationale ! Tu vois où je veux en venir ?
Berty, un jeune garçon chétif surenchérit :
— Théry a raison. S'il veut devenir un champion et avoir une vie meilleure, il doit tenter sa chance !

Séfan en fut contrarié. Il n'avait jamais discuté de leur avenir au Circle Ball et il n'appréciait pas que son meilleur ami puisse quitter le club où ils s'étaient connus plus jeunes. Il rembarra Berty assez froidement :
— Berty, tu n'y connais rien au Circle Ball ! Rappelle-moi dans quel club tu joues ? Aucun. Tu pourras donner ton avis quand tu sauras de quoi on parle !

La conversation reprit de plus belle jusqu'à la sonnerie qui annonça la reprise des cours. L'après-midi s'écoulait à une telle lenteur que Séfan bouillait littéralement sur place. D'une humeur massacrante, il en voulait beaucoup à son ami de lui avoir caché ses intentions. En y réfléchissant bien, cela faisait deux fois en peu de temps que Théry lui annonçait des projets dont ils n'avaient jamais parlé ensemble. D'abord son envie d'intégrer l'académie de police landienne et maintenant son souhait de rejoindre les Aigles du dix-neuvième quartier. Il se confiait sans restriction à son ami. Il lui avait avoué que son entrée à l'académie prélastique était surtout un projet de ses parents et que pour ne pas les décevoir il avait fait semblant d'y adhérer avec enthousiasme. En réalité, il rêvait d'enseigner la littérature et la philosophie et bien sûr de jouer dans l'équipe senior des Comètes. Pourquoi Théry ne lui disait-il pas tout ? N'était-il pas son meilleur ami ? Il ressassa durant les trois heures suivantes les mêmes idées et fut soulagé quand la cloche annonça la fin des cours pour la journée.
— Toujours partant pour le parcours dans la forêt Séf ?
— Désolé je ne me sens pas bien, je rentre. À demain.
Séfan planta là Petit Pas qui resta interloqué.
— Ça va ? Tu veux que je t'accompagne chez toi ?

— Non, non ça ira. À demain.

8

Petit Pas sentit un malaise entre lui et son ami, mais ne voulait pas s'expliquer maintenant, cela n'aurait servi à rien. Une bonne nuit de sommeil et il retrouverait son objectivité. Ils pourraient alors discuter.
Comme toutes les fins d'après-midis, à l'exception du mercredi où Séfan et Théry suivaient leur entraînement de Circle Ball à leur club, les trois amis avaient pris l'habitude de se retrouver au stade du quinzième quartier.
Il se trouvait à vingt minutes de marche de l'école. Sur le chemin Petit Pas se demandait comment il allait annoncer à Erié que son ami le « boudait » et si elle pourrait le conseiller.
Elle l'attendait, déjà installée sur un carré d'herbe sous un arbre aux abords du stade, et surprise de le voir arriver seul, lui demanda :
— Où est notre futur prélat ?
— Il ne viendra pas, il est indisposé.
— Rien de grave j'espère ?
— Ben…
Petit Pas ne savait comment expliquer la situation à Erié. Il ne voulait pas passer pour un ingrat en lui annonçant son projet de changer de club. Les réflexions de Séfan l'avaient contrarié, car il n'envisageait pas son départ des Comètes comme une trahison, mais plutôt comme une promotion.
— Vas-y, crache le morceau, s'impatienta Erié.
— Bon voilà, j'ai annoncé ce midi devant tout le monde mon souhait d'être repéré et engagé par les Aigles du dix-neuvième quartier pendant la finale.
— Et tu n'en avais jamais parlé avec lui?

— Euh… c'est ça. Tu aurais dû voir sa tête, je ne l'avais jamais vu comme ça. Qu'est-ce que je peux faire pour arranger les choses ? Pitié aide-moi !
— Il faut évidemment que tu lui parles. Explique-lui que pour toi, c'est un rêve d'enfant qui pourrait se réaliser un peu comme si lui devenait prélat.
— Justement, c'est le problème. Cette fonction ne l'intéresse pas. Il veut juste ne pas décevoir ses parents qui lui ont tracé la route. Tu connais leur situation professionnelle…
— Ah ! Je l'ignorais.
— Surtout ne lui dis pas que tu le sais, déjà qu'il m'en veut, ce serait une catastrophe et je perdrais son amitié.
— Ne t'inquiète pas. Bon écoute, parle-lui librement, ne lui cache plus rien. En fait je pense qu'il est plutôt furieux que tu ne te sois pas confié à lui sur tes projets ou tes rêves alors que lui te dit tout.
— Quand ton meilleur ami t'annonce qu'il pourrait devenir prélat, qu'y a-t-il de plus important que ça après ? Mon envie de faire partie de la police ? Ou de jouer au Circle Ball chez les Aigles ? Ça ne fait pas le poids…
— Tu dis n'importe quoi ! Chacun a ses propres rêves et ils sont tous égaux, même les plus modestes.

Erié et Théry passèrent encore une heure à discuter de leur avenir, de leurs projets, de leur amitié. Son objectif était clair : prendre la succession d'Hanaé. Elle affichait ouvertement son choix. Son propre choix. Pour cela, elle avait étudié seule l'économie, les finances, la politique, bref tous les domaines susceptibles de lui apporter des connaissances sur la fonction qu'elle convoitait. Cela lui permettait en même temps de se préparer au grand oral de

sélection et tenter de rejoindre l'académie prélastique. Petit Pas était épaté ! Autant de volonté et de détermination chez une personne qui semblait si fragile le laissait admiratif.
— Je crois que je vais passer le voir, il doit être plus calme maintenant et je lui dois une explication.
— Oui bonne idée, acquiesça Erié. Parle-lui avec ton cœur, il comprendra j'en suis sûre.
Petit Pas salua son amie et prit la direction du cinquième quartier. Il lui fallut presque quarante-cinq minutes pour arriver enfin devant le domicile de son ami. Il traînait un peu, car il redoutait le face-à-face avec lui. Il frappa à la porte.Sa mère ouvrit.
— Bonjour madame Kerry, est-ce que Séfan est là ?
— Bonjour Théry. Oui il est rentré plus tôt et n'avait pas l'air bien. Il s'est passé quelque chose ?
— Oh ! Non, vous savez la pression des examens… Je pense qu'il a un petit coup de mou !
— Il est dans sa chambre, tu peux y aller.
— Merci.
Petit Pas connaissait parfaitement les lieux. Si le précepte d'égalité était bien respecté, c'est-à-dire que chaque famille landienne bénéficiait de la même habitation : un appartement avec deux chambres, une salle à manger, une cuisine et une salle de bains, la qualité des matériaux et de l'ameublement pouvait faire toute la différence, comme chez les Kerry. Les meubles de grande valeur, la décoration raffinée et la fraîcheur des peintures laissaient penser qu'ils venaient d'emménager dans un appartement neuf. Pourtant, le cinquième quartier restait l'un des plus anciens de Bizertland, réservé le plus souvent aux fonctionnaires de haut rang.

La politique de l'enfant unique limitait le nombre de naissances. Avec une économie en complète autarcie et un seul continent sur la planète, il fallait maîtriser les ressources naturelles et les rendre pérennes. Une famille type se composait de trois personnes : le père, la mère et un enfant. Il existait malgré tout quelques rares exceptions, certaines mères ayant donné naissance à des jumeaux. Si un deuxième enfant était conçu, la HAM exigeait un avortement immédiat. Les enfants nés dans l'illégalité mettaient tout le système en péril et les parents sévèrement punis s'exposaient par la suite à des critiques de leurs concitoyens. Rejetés par leur entourage, leur vie sociale en pâtissait.
Une personne seule - célibataire, veuf, veuve - devait déménager pour un appartement plus petit avec une chambre de moins. La loi exigeait que les enfants ne vivant pas en couple demeurent chez leurs parents.
Petit Pas frappa deux coups à la porte de la chambre de son ami.
— Entre maman.
— C'est moi, bredouilla Petit Pas.
Séfan allongé sur son lit, un livre entre les mains, parut surpris de le voir.
— Théry ? Qu'est-ce que tu fais là ?
— Écoute, je voulais te parler et je tenais à m'excuser. Je ne veux pas que l'on soit fâché.
— Je croyais qu'on se disait tout, répliqua-t-il.
— Oui c'est vrai. J'ai eu tort. Toi, tu pourrais devenir le prochain prélat et moi juste un policier et un joueur de Circle Ball. Tu crois que ça se vaut ? J'étais gêné de te parler de mes rêves. Ils sont tellement insignifiants par rapport aux

tiens, tu comprends ?
Il se sentit tout à coup honteux et triste à la fois de ne pas avoir compris l'attitude de son ami et, pire encore, de ne pas s'être intéressé à ses projets.
— Non Théry c'est moi qui suis désolé, je viens de réaliser mon égoïsme. Je ne t'ai jamais vraiment incité à me parler de ton avenir. Je suis tellement obnubilé par cet examen que j'en oublie mon meilleur ami. Tu me pardonnes ?
— Dire que je suis venu m'excuser et c'est toi qui me demandes pardon. Bon on fait quoi ? On n'a qu'à dire qu'on se pardonne mutuellement. Ça te va ?
— D'accord et tu sais, je suis encore loin d'être sélectionné et je finirai peut-être agriculteur dans un champ de patates ! Conclut Séfan avec une moue tellement drôle que les deux amis partirent d'un même rire, exutoire à la pression des dernières semaines, au stress et à leur dispute.
Intriguée, madame Kerry passa la tête dans la chambre pour constater que son fils allait beaucoup mieux :
— On a l'air de bien s'amuser ici. Tu sembles avoir retrouvé la forme mon chéri ?
— Tu savais que Théry voulait devenir policier ?
— Séfan ! Gémit Petit Pas qui avait le plus grand respect pour les parents de son ami et se sentait toujours mal à l'aise d'engager la conversation avec eux.
—Vraiment ? Dit madame Kerry. Voilà un projet intéressant et une noble contribution au quotidien de tous les Bizertlandiens.
— Il est tard, je dois filer. Au revoir madame Kerry. À demain Séf. N'oublie pas l'entraînement au stade, ce sera l'un des derniers avant la finale.
— Aucun risque, j'ai vraiment envie de me défouler.

Nous étions mercredi et la semaine suivante sonnerait la fin de l'année scolaire. Les professeurs essayaient de maintenir un semblant d'autorité et de cours, mais il fallait bien avouer que pour les classes de dernière année, plus rien ne comptait. Les élèves attendaient la cérémonie officielle des résultats. Ensuite ils disposeraient de quarante-huit heures en fonction de leur classement pour émettre leurs vœux : choisir la suite de leurs études. Tout irait alors très vite, les universités et les différentes écoles d'apprentissage répondraient en deux jours et chacun, fixé sur son sort, pourrait alors partir en vacances.
Pour les dix premiers du concours, les examens ne s'arrêtaient pas là. L'ultime épreuve, le grand oral devant la HAM, se tiendrait une semaine après l'annonce des résultats. Les deux candidats sélectionnés finalement intégreraient l'académie prélastique pour cinq ans, les huit autres seraient inscrits dans la meilleure université et feraient partie tôt ou tard de la prochaine HAM ou se verraient confier des postes à hautes responsabilités. Encore beaucoup de stress et de pression pour Séfan. S'il était retenu, il devrait préparer son oral et la même semaine affronter les Aiglons du dix-neuvième quartier en finale junior de Circle Ball.
Les pauses entre les cours devenaient de plus en plus longues, si bien que certains cours ne duraient que trente minutes. La plupart du temps, les professeurs engageaient une discussion libre sur un thème choisi et la classe débattait avec plus ou moins d'intérêt sur le sujet. Cette journée passa finalement très vite, les deux amis étaient pressés de retrouver leur équipe de Circle Ball et de préparer leur finale.

À dix-sept heures, ils quittèrent leur lycée pour rejoindre le stade des Comètes du cinquième quartier situé non loin de chez Séfan. En fait de stade, il s'agissait d'un grand gymnase avec quelques tribunes d'une centaine de places. Le stade officiel avait été construit presque à la sortie de la ville, là où il restait suffisamment d'espace pour y installer un complexe sportif d'une capacité de trente mille places. Plutôt d'aspect vieillot, le stade des Comètes bénéficiait malgré tout de bonnes infrastructures : de grands vestiaires avec des douches, un magasin contenant tout l'équipement nécessaire, et pour diriger l'équipe, un entraîneur qui rendait des comptes au président du club. Chaque joueur ou joueuse était entièrement équipé gratuitement. Il existait autant de clubs que de quartiers soit cinquante à Bizertland. Chaque club possédait trois équipes : les cadets entre dix et treize ans, les juniors de quatorze à dix-sept ans et les seniors. Les équipes mixtes de huit joueurs se composaient de quatre filles et quatre garçons. La coupe bizertlandienne se tenait tout au long de l'année et mi-juin il ne devait rester en lice que deux équipes finalistes par catégorie. La finale cadet se jouait le premier samedi de juillet dans le deuxième plus grand stade, celui du dix-neuvième quartier. L'événement que tout le monde attendait restait évidemment la finale senior le dimanche après-midi. Pour autant, celle des juniors constituait une bonne mise en bouche pour les amateurs de Circle Ball. C'est souvent là que l'on découvrait les talents de demain. Petit Pas le savait bien et il donnerait le maximum dans trois semaines pour qu'on le remarque sur le terrain.

Les deux garçons rejoignirent leurs camarades dans les vestiaires où les conversations allaient bon train, chacun

donnant son pronostic. Ceux qui détestaient les Aigles pour leur arrogance et ceux qui les admiraient pour leur palmarès, comme Petit Pas. Tout en enfilant sa tenue d'entraînement, pantalon court à mi-cuisse, maillot à manches courtes, chaussettes longues et chaussures de sport en cuir, Petit Pas donnait son avis :
— Les Éclairs du onzième quartier n'ont aucune chance devant la puissance de feu des Aigles du dix-neuvième.
— Les Aigles sont trop arrogants, ça pourrait leur jouer des tours, répliqua Tandy, la meneuse de leur équipe, une grande fille blonde et joviale.
— Tandy, Tandy, Tandy, tu confonds arrogance et confiance en soi ! Les Aigles n'ont aucun doute sur leurs capacités.
— C'est de l'arrogance et c'est pour ça que tu veux les rejoindre, conclut Tandy.
Tout le vestiaire se mit alors à huer Petit Pas qui devint écarlate. À ce moment-là, l'entraîneur fit irruption dans le vestiaire :
— Allez ! Tout le monde sur le terrain, on commence avec un entraînement musculaire !
La phase de l'entraînement que les joueurs détestaient le plus ! Cela signifiait peu de jeu lors de cette séance. Évidemment, lancer des ballons dans les paniers et faire des dribbles s'avéraient beaucoup plus ludique pour eux. Au lieu de ça ils auraient droit à de la musculation sur des appareils. Seule la dernière demi-heure serait consacrée à des phases de jeu et de la tactique. Un entraînement ennuyeux selon Petit Pas.

9

Everland n'était pas à proprement parler un district, mais un territoire neutre, sans habitant coincé en plein milieu du continent, géré par la plus haute autorité connue, l'assemblée des dix prélats de Land. La grande majorité de ses terres se composait de sols arides et désertiques, de montagnes et de sommets vertigineux. Quelques rares arbustes et une végétation clairsemée complétaient le paysage. Depuis la gare de Casteland, la plus proche, il fallait cheminer une demi-journée à cheval pour atteindre la citadelle. Aucun autre moyen de locomotion ne permettait d'y accéder, même pas le convoyeur express qui faisait plusieurs fois par semaine le tour de Land, en reliant toutes les régions.

La citadelle de la monotonie, comme l'appelaient les Landiens, sorte de forteresse de pierre grise se nichait sur une haute falaise à laquelle on accédait par un chemin se terminant par une centaine de larges marches, une place imprenable, avec des murs d'enceinte hauts de quinze mètres. On comprenait mal son utilité puisqu'aucune guerre ou invasion extérieure n'était possible. La gestion par district le garantissait depuis des siècles. Dès les premières marches franchies, une atmosphère pesante vous envahissait. Le vent s'engouffrait sur le chemin et semblait vous accompagner tout au long de l'ascension. Un silence absolu régnait, aucun chant d'oiseau ne venant le rompre. Le plus souvent, des nuages gris et froids que le soleil ne parvenait pas à traverser restaient accrochés à la montagne, donnant à la citadelle une couleur gris acier qui plongeait

les visiteurs dans une profonde mélancolie.
Une fois gravies les marches, on y pénétrait par une immense porte de bois plaquée de cuivre, avec en son centre des symboles identiques à ceux des runes. Au fil des siècles le métal avait pris une teinte gris-vert qui renforçait l'ambiance sinistre des lieux. L'enceinte passée, la citadelle se composait d'une grande place pavée entourée de bâtiments de cinq étages qui servaient de lieu de vie. Dans le fond se dressait une tour carrée semblable à un donjon.
L'édifice était surveillé toute l'année par un détachement de cinquante hommes, la garde Alpha. Constituée de cinq policiers d'élite de chaque district et commandée par un officier, elle rendait des comptes à l'assemblée des dix prélats. Son renouvellement intervenait tous les trois ans, ce qui pouvait paraître interminable pour certains. Lors de ses rares interventions, elle avait déjà écarté quelques curieux qui osaient s'aventurer aux abords de la citadelle, mais aucun danger réel ne venait perturber le silence et la monotonie de la vie sur les hauteurs d'Everland.
La nomination des nouveaux dirigeants restait un des événements majeurs qui remettait un peu de vie au sein de la citadelle. Une fois tous les trois ans, on célébrait en grande pompe la relève de la garde en présence des dix prélats, des dix ambassadeurs, d'une délégation chaque HAM, de quelques notables, des chefs de toutes les polices landiennes, bref une centaine de personnes investissaient les lieux pendant cinq jours. Sans compter le personnel nécessaire au bon fonctionnement de la citadelle et au bien-être de ses invités. Les délégations débattaient sur l'avenir, sur l'économie, la culture, la pêche, l'industrie, les échanges, mais aussi dressaient le bilan des trois dernières années.

Les discussions étaient souvent hoûleuses, chacun essayant de tirer le maximum pour lui-même tout en répétant le fameux ECO : égalité, civisme, obéissance. Personne ne s'y trompait, mais la diplomatie exigeait cette mascarade. Les districts les plus influents grâce à leur économie écrasaient de leur puissance les plus démunis tels ceux de l'Est qui devaient se contenter d'accords minimums garantissant à peine la survie de leurs populations.

En cette fin juin, il régnait au sein de la citadelle un remue-ménage inhabituel. La garde Alpha avait été renouvelée dix-huit mois plus tôt. Le capitaine Offens, officier de la police de Nansland, commandait la garnison pour trois ans. Il avait reçu l'ordre de préparer d'un point de vue militaire et logistique la cérémonie des runes qui devait permettre aux vingt élèves de l'académie prélastique de prendre possession de leur pouvoir. Celle-ci aurait lieu en septembre et durerait trois jours. Celà lui laissait à peine deux mois pour remettre en état les quartiers d'habitation où seraient hébergés la plupart des invités. Tout le ravitaillement et le matériel ne pouvaient être acheminés qu'à dos de mulets ou de chevaux, il fallait donc prévoir un certain délai lors des commandes passées aux différents fournisseurs.
Depuis la citadelle, les moyens de communication avec les districts étaient plutôt limités. Pour les correspondances ordinaires, on détachait un émissaire qui se rendait à la gare la plus proche pour envoyer un message télégraphique ou une simple lettre. En cas d'urgence ou de messages classés secrets, le capitaine Offens utilisait le réseau des runes. Ces petites tablettes de verre interconnectées s'activaient au contact du détenteur du don associé et leur permettaient

de communiquer entre eux. Il suffisait ensuite de choisir le symbole de la personne que l'on voulait contacter et d'écrire avec son doigt un message manuscrit que le destinataire voyait en temps réel.
La prochaine cérémonie accueillerait uniquement quelques élus : les dix prélats accompagnés de trois représentants de leur HAM, les vingt élèves retenus et le grand recteur de l'académie prélastique qui supervisait leurs études.
Pour enseigner, on faisait appel aux personnes ayant détenu le don : anciens chefs de gouvernement ou ambassadeurs, qui à l'issue de leur mandat, demeuraient encore jeunes et en pleine possession de leurs moyens pour assumer cette mission. Trente-et-un ans pour ceux en place, la génération d'avant quarante-six ans et la précédente soixante-et-un. Les ambassadeurs assuraient l'intérim pendant cette courte période cérémoniale.
La citadelle serait bouclée et en état d'alerte maximum. Devant l'importance de l'assemblée il ne fallait prendre aucun risque pour garantir la sécurité des participants. Bien que pour le commun des mortels, les Bannis puissent passer pour un mythe, les opposants au pouvoir existaient bel et bien. Suite au rapport d'Hanaé, l'assemblée des dix avait classé « Confidentiel défense » l'attentat qui avait coûté la vie au prélat d'Eckerland lors du déraillement du convoyeur express.
Pour l'instant l'heure était aux préparatifs et à la remise en état de la citadelle pour la cérémonie des runes. Le capitaine Offens avait missionné plusieurs de ses hommes pour s'occuper du ravitaillement alimentaire. On acheminerait les denrées périssables à la dernière minute, mais il fallait d'ores et déjà stocker tout ce qui pouvait l'être. L'accès

difficile à la forteresse ne permettait pas de grands convois et le chargement sur les mules limitait grandement la quantité de marchandises livrées. Pendant les deux mois à venir, un flot incessant de caravanes viendrait les alimenter en produits de toutes sortes provenant des quatre coins de Land.

Une fois les élèves candidats dotés de leur don, on les confinerait dans la citadelle. D'abord pour des raisons sanitaires, les effets des runes pouvaient provoquer des réactions secondaires, ensuite pour les familiariser avec ce nouveau pouvoir et le maîtriser un minimum. Certaines capacités s'avéraient très dangereuses si son détenteur commettait la moindre erreur d'appréciation. Les dons de télékinésie, de force décuplée ou de projection d'éclairs constituaient trois pouvoirs potentiellement mortels. À l'abri derrière la forteresse, nul ne craignait qu'ils soient mal exploités ou qu'un innocent soit blessé à part bien entendu les habitants de la citadelle eux-mêmes. Le capitaine Offens avec son mètre quatre-vingt-dix et sa carrure impressionnante ne ferait pas le poids contre un détenteur du don.

La question ne se posait pas. Il n'y avait aucune raison pour que cela arrive un jour. D'ailleurs Offens ne comprenait pas bien l'utilité de ces pouvoirs destinés à se défendre. Contre qui ? Le seul continent sur la planète ne risquait aucune invasion extérieure ! En divisant en dix le pouvoir des runes, les anciens dans leur infinie sagesse avaient fait en sorte qu'il ne soit pas détenu dans sa globalité par une seule personne. Telles étaient les choses.

La rune qui lui permettait de communiquer avec tous les prélats se trouvait bien à l'abri dans ses quartiers. Depuis

son arrivée, il y a dix-huit mois de cela, il ne l'avait jamais vue s'activer et ne s'en était pas servi, ce qui était plutôt bon signe, se disait-il. À deux mois de la cérémonie, il gardait le contrôle, mais les agissements récents des Bannis pouvaient encore troubler cet événement majeur de la vie sur Land. Le renouvellement des dix dirigeants constituait un véritable bouleversement qui impacterait le quotidien de tous les landiens. Le principe de l'ECO, égalité, civisme, obéissance, serait toujours respecté, mais à des niveaux différents selon les nouveaux élus. On observait déjà dans la gouvernance actuelle des écarts de liberté ou des dérives qui creusaient davantage le fossé entre les différents districts, ceux de l'Ouest et ceux de l'Est. Un nouvel élu, plus revendicatif pouvait semer le trouble et la discorde et fragiliser l'harmonie déjà bancale de Land. Tout était question de diplomatie et de négociation. Parfois, certains traités commerciaux se signaient avec à la clef un enrichissement personnel.
Ces tractations se situaient à un tel niveau que le Landien du peuple ne pouvait même pas les imaginer. Les beaux préceptes et la morale volaient en éclats. Les prélats en place anticipaient déjà la fin de leur mandat. Il fallait penser à la suite. Une demeure leur était réservée dans le premier quartier et ils recevaient une pension qui les mettait à l'abri du besoin jusqu'à leur mort. Être à la retraite à trente-six ans offrait de nombreux avantages, d'autant plus avec une fortune personnelle et énormément de temps libre pour en profiter.
Le capitaine Offens ignorait les détails de la cérémonie. Il ne maîtrisait que la partie sécurité des personnes et des biens. Son rôle, dans un premier temps, serait d'escorter

les invités depuis la gare et de les amener sains et saufs à la citadelle. Puis, lui et ses hommes accompagneraient les prélats et les élèves au pied de la tour et nul ne savait ce qu'il se passerait ensuite. Il aurait alors à cœur de protéger la citadelle et ses occupants de toutes agressions extérieures. Les jeunes gens en ressortiraient dotés de pouvoirs surnaturels. L'origine des pouvoirs donnait lieu à plusieurs théories lors des discussions entre membres de la garde Alpha. Certains imaginaient les acquérir en buvant une potion, d'autres avançaient l'hypothèse que le contact avec les runes déclenchait les pouvoirs. Dans tous les cas très peu de personnes pouvaient en témoigner et ceux qui savaient, s'engageaient par un serment sur leur vie à ne jamais divulguer le secret.

Une fois les apprentis investis de leurs nouvelles capacités, les dix prélats quitteraient la citadelle et commenceraient alors leur formation selon un programme bien défini. Un périple de cinq ans conduirait les élèves, leurs professeurs, le recteur et une garde rapprochée de dix hommes à travers le continent. Pour une meilleure connaissance de Land, le cursus prévoyait de passer six mois dans chaque région afin d'appréhender les coutumes et traditions, la vie en société, l'économie, les ressources naturelles, bref de créer un lien fort entre toute la promotion qui devait contribuer à une meilleure gouvernance de Land. L'université nomade serait accueillie au sein même des locaux de l'assemblée de chaque district, d'où l'assurance d'une vie plus confortable et l'accès à de grandes bibliothèques, des salles de cours théoriques et d'autres d'entraînements physiques.

Originaire de Nansland, à Est du continent, Offens était habitué à un climat rigoureux et aux tempêtes hivernales qui s'abattaient sur ses côtes. Mais au moins les saisons existaient et le soleil brillait généreusement en été. Depuis dix-huit mois, il avait l'impression de vivre sous un toit nuageux et gris toute l'année. Invariablement les journées se ressemblaient. Tôt le matin les montagnes étaient dégagées et le soleil brillait une heure ou deux, puis vers le milieu de la matinée, de lourds nuages sombres investissaient le sommet des pics pour y rester accrochés, générant de temps à autre de violents orages, qui, portés par d'énormes bourrasques, lessivaient littéralement la cour pavée de la citadelle. À mi-parcours de sa mission, le capitaine prenait son mal en patience et se disait que cette expérience dans la garde Alpha le propulserait à de hautes fonctions une fois revenu dans son district natal.

10

Pour les élèves de dernière année, le jour tant attendu de la proclamation des résultats était arrivé en ce vendredi de juin. La veille, ils avaient suivi l'ultime journée de cours et toute la classe de Séfan et Théry se quitta avec beaucoup d'émotion. Bien sûr, certains se reverraient, peut-être dans la même université ou professionnellement ou encore plus intimement, mais la plupart prendraient des voies différentes. Un problème pour Petit Pas, car si son meilleur ami poursuivait ses études à l'académie prélastique, une longue période de cinq ans les séparerait. Durant ces semaines, il avait noué des liens d'amitiés avec Erié. Elle lui manquerait certainement aussi.
Séfan finissait de se préparer et nouait sa cravate. Pour cette occasion, le district fournissait aux candidats une tenue officielle. Filles et garçons devraient la porter lors de la cérémonie : pantalon bleu marine, veste assortie, chemise bleu ciel, cravate rayée rouge et bleue et chaussures de cuir noir. Il avait passé une nuit agitée, ne trouvant le sommeil qu'au petit matin, se levant avec une mine affreuse. Dans ses rêves remplis d'histoires grotesques, il devenait tour à tour fermier, récoltant des pommes de terre en tenue de cérémonie ou prélat despotique faisant emprisonner ses meilleurs amis. Il avait tenté de retrouver un peu d'énergie en se forçant à prendre une douche presque froide, mais cela n'avait pas suffi à le sortir de sa torpeur.
— Séfan, il faut y aller maintenant, tu vas être en retard.
— Cette fichue cravate ne se laisse pas faire ! Regarde ça, j'ai l'air de quoi ?

— En effet… laisse-moi t'aider.
Madame Kerry dénoua la cravate et d'un geste expérimenté refit un nœud parfait.
— Voilà, tu es très beau, mais hélas ce critère ne rentre pas en compte pour obtenir ta place à l'académie.
— Est-ce que père sera présent à la cérémonie ?
— Tu sais bien que non. La haute autorité morale se réunit ce matin avec la dame prélat pour statuer sur un dossier prioritaire, mais je n'en sais pas plus.
Les dernières menaces des Bannis avaient jeté le trouble sur la sécurité des femmes et des hommes d'État. Après l'attentat du convoyeur, dissimulé au peuple, les HAM devaient prendre des mesures de protection renforcées. La cérémonie serait placée sous haute surveillance, avec des forces de l'ordre en civil éparpillées dans la foule pour ne pas inquiéter les participants.
Tous les élèves seraient cités par ordre décroissant du classement, comme un compte à rebours fatal, jusqu'à la dixième place synonyme de la poursuite de l'aventure.
Les trois amis se retrouvèrent aux abords de l'assemblée bizertlandienne. La cérémonie aurait lieu à l'extérieur dans le parc où l'on avait dressé des tribunes pour accueillir les élèves, leur famille et une délégation prélastique. L'ambassadeur présiderait, ce qui donnait à la cérémonie un caractère officiel et solennel.
— La grande classe, n'est-ce pas ? Fanfaronna Petit Pas en faisant un tour sur lui-même.
Plutôt grand et de carrure athlétique, cette tenue mettait en valeur le jeune garçon. Dans ce costume parfaitement taillé, Erié voyait son ami sous un nouveau jour, comme si elle découvrait la beauté de son visage anguleux et sa

chevelure blonde bien trop longue à son goût.
— Pas trop mal, en effet, confirma-t-elle. Par contre Séfan, tu n'as pas l'air dans ton assiette…
— J'ai très mal dormi, j'ai fait un cauchemar. Vivement que tout ça se termine.
— C'est tout le contraire, ça commence maintenant ! Répliqua-t-elle.
En effet, à l'issue de la cérémonie chacun serait plus ou moins fixé sur son avenir. Théry espérait une place à l'académie de police, Erié rêvait de rejoindre l'académie prélastique, seul Séfan restait indécis, partagé entre ses envies secrètes et son désir de ne pas décevoir ses parents. Il ne se posait plus de questions et avait fini par admettre que les dés étaient jetés. Dans tous les cas le destin choisirait pour lui et il accepterait l'une ou l'autre des alternatives.
— Allons nous installer dans les tribunes, proposa Erié.
Ce dernier jour de juin très ensoleillé marquait quasiment le début de l'été. Un été chaud, sans l'ombre d'un nuage pour des semaines. Bizertland bénéficiait d'un climat idéal, assez doux l'hiver, la neige étant rarissime, seules quelques gelées matinales blanchissaient parfois les champs absents de toutes cultures. Les saisons se succédaient tout en douceur et sans contraste flagrant.
Les officiels s'installeraient sur le premier rang : l'ambassadeur et les membres de l'académie scolaire. Puis les cent cinquante élèves seraient regroupés sur la même estrade et enfin les rangées du haut accueilleraient les familles. On avait dressé un pupitre surélevé en face des tribunes afin que les orateurs puissent être vus et entendus de toute l'assemblée.
Bien que les épreuves physiques aient décimé une partie

des candidats, ces derniers obtiendraient malgré tout un classement en fonction de leur moyenne générale. Il fallait obligatoirement terminer les trois épreuves sportives : parcours, tir à l'arc et course à pied, faute de quoi on s'exposait à une note nulle et à une moyenne générale toutes matières confondues en forte baisse. Les trois amis avaient fort heureusement fini l'intégralité des épreuves. Théry avait tout misé sur la dernière journée. Son avenir en dépendait. Avec un peu de chance, il pourrait intégrer l'académie de police et ainsi s'assurer un avenir plutôt serein au sein d'une congrégation pas vraiment sollicitée. Avec un taux de délinquance et de criminalité quasiment nul, la police rassurait les Landiens par sa présence. Elle représentait la seule force de l'ordre de Land puisqu'il n'existait aucune armée et que la mission de la prestigieuse garde Alpha se cantonnait à la surveillance de la citadelle de la monotonie à Everland.
Petit à petit toutes les tribunes se remplissaient. La discipline étant un trait de caractère commun à tout le peuple, la cérémonie commencerait à neuf heures trente précises sous l'égide de l'ambassadeur de Bizertland. La cloche de l'assemblée annonça l'arrivée sur scène du grand recteur de l'académie scolaire.
— Monsieur l'ambassadeur, mesdames, messieurs les membres de l'académie, mesdames, messieurs, chers parents, mes chers élèves, j'ai la lourde tâche et l'immense honneur de déclarer ouverte la cérémonie des résultats du brevet prélastique.
Le grand recteur, un petit homme rond et chauve, parlait avec emphase d'une voix forte en détachant chaque syllabe comme pour se faire comprendre de tous. Il vivait cet instant

comme sa minute de gloire semblait-il.
— Je laisse à présent la parole à monsieur l'ambassadeur Greyge.
Celui-ci s'avança sur l'estrade en grande tenue d'apparat, pantalon rouge écarlate, chemise blanche à jabot, veste queue-de-pie noire brodée de fil d'or et hautes cuissardes noires. Il portait le collier des ambassadeurs, une lourde breloque dorée avec dix médaillons représentants les dix districts. Il déclara d'un ton solennel :
— Nous vivons là un évènement rare qui ne se produit qu'une fois tous les quinze ans et qui aura forcément un impact sur nos vies à tous. Le choix d'un nouveau prélat est une étape cruciale de la vie locale et de Land. L'élu sera choisi pour ses capacités à poursuivre le chemin tracé par ses prédécesseurs et n'aura de cesse de rendre les Bizertlandiens heureux et accomplis selon nos préceptes et selon l'ECO.
Un murmure s'éleva alors dans l'assemblée : « Égalité, civisme, obéissance ». Telle une litanie, tout le monde avait repris en chœur ces trois mots gravés à jamais dans la mémoire des Landiens. Le discours se prolongea encore pendant une demi-heure, ponctué de références à la morale landienne et de grandes phrases destinées à galvaniser l'auditoire.
— Mais il est temps de repasser la parole à monsieur le recteur de l'académie qui va procéder à la lecture du classement, finit-il par conclure, au grand soulagement de tous les élèves.
Dans une atmosphère très tendue, on entendait des murmures monter de la tribune des jeunes gens qui attendaient de savoir si leurs efforts seraient récompensés ou non.

Le recteur monta sur l'estrade et se racla la gorge :
— Procédons maintenant à la déclaration officielle des résultats. Je vais nommer un par un chaque candidat et son classement en partant du cent cinquantième. À votre nom, vous vous lèverez en restant à votre place, puis vous pourrez vous rasseoir. Je rappelle qu'à l'issue de la cérémonie et à partir de quinze heures, chaque candidat devra se rendre par ordre croissant au bureau des inscriptions pour déposer ses vœux.
Il rappela ensuite la dernière épreuve orale qui déterminerait le binôme d'apprentis prélats ainsi que le cursus de l'académie prélastique.
— Quand va-t-il cracher le morceau ? C'est insoutenable, s'insurgea Petit Pas.
— On dirait qu'il prend plaisir à nous torturer en n'annonçant pas les résultats, renchérit Erié.
— Détendez-vous, nous n'avons jamais été aussi près de les connaître, conclut Séfan, visiblement pas pressé de se confronter à son destin, quel qu'il fût.
La cérémonie durait depuis une heure trente. Le recteur reprit la parole, après avoir avalé une gorgée d'eau :
— Ne faisons pas durer le suspense plus longtemps. Après corrections et analyses de toutes les épreuves, voici le classement final :
— Cent cinquantième Ana Petric.
La jeune fille, rouge écarlate, se leva de son siège sous les applaudissements de l'auditoire.
— Cent quarante-neuvième Jon Betervan.
À raison d'une minute par candidat, une heure venait de passer. À midi, il appela le numéro quatre-vingt-dix et toujours aucun des trois amis n'avait été cité, ce qui pour

Théry constituait un exploit selon lui. À tel point qu'il chuchota à l'oreille de Séfan :
— Je pense qu'ils m'ont oublié ou que le recteur a sauté une ligne.
— Mais non Théry, tu as performé aux épreuves physiques. Crois-moi, tu seras au minimum en milieu de classement, ce qui sera largement suffisant pour intégrer l'académie de police.
— Quatre-vingt-neuvième Lucy Werner.

La liste continuait sa lente décroissance jusqu'au numéro soixante-trois :
— Soixante-troisième Théry Ashmor.
Théry demeura pétrifié sur son siège, Séfan dut lui donner un coup de coude dans les côtes pour le faire réagir et se lèver enfin. Ses amis l'applaudirent plus que de raison et il se tourna vers la tribune des parents pour les saluer. Il entrevit furtivement sa mère essuyer quelques larmes et son père bombant le torse et semblant dire « c'est mon fils ». Rentré en apprentissage dès sa seizième année, monsieur Ashmor n'avait jamais fait d'études supérieures. Il avait sous-estimé les capacités de son rejeton et n'imaginait pas que celui-ci puisse intégrer un jour les rangs de la police landienne.
— Théry, Théry c'est formidable, je suis tellement content pour toi, dit Séfan.
— Tu t'es bien fichu de nous, continua Erié. Tu devais finir dans les derniers selon tes dires et te voilà soixante-troisième sur cent cinquante !
— Eh ! Tu es soixante-troisième, c'est mon numéro de table d'examen ! S'étonna Séfan.

— Merci les amis, je ne sais plus quoi dire, je suis tellement heureux. Mais chut ! Le décompte continue, à votre tour !
Le temps commençait à sembler long, pour les élèves déjà appelés. Le seul suspense à présent consistait à connaître la liste des dix derniers candidats. Après plus de deux heures d'une longue litanie de noms égrenés les uns derrière les autres, nous étions arrivés à la quinzième place et les noms de Séfan et Erié n'avaient toujours pas été prononcés. Erié surexcitée, n'arrêtait pas de s'agiter sur son siège, le cœur battant à l'appel de chaque nouveau nom. Elle ne pouvait pas ne pas finir dans la liste des dix, ce serait tellement injuste, pensa-t-elle.
— Quinzième Frenk Gernon.
— Quatorzième Poli Merkle.
— Treizième Filipe Sanssi.
— Douzième IganWernier.
Puis le recteur interrompit son décompte pour une mise au point :
— À ce stade, après l'annonce du onzième tous les autres candidats seront considérés comme admis au grand oral du concours prélastique, sans précision de leur classement final. Donc je demande aux derniers élèves qui n'ont pas encore été appelés de se lever. Quand je nommerai le onzième, il s'assiéra et les dix candidats restants devront me rejoindre sur la scène. Éparpillés parmi les cent cinquante, onze jeunes gens se levèrent et le public put enfin découvrir les visages des promus.
Le recteur prenait tout son temps pour annoncer la onzième place et des chuchotements commençaient à monter des tribunes. Il savait qu'une fois le nom prononcé, s'ensuivrait un grand remue-ménage, des applaudissements, des pleurs,

des embrassades et une grande cohue dans le parc de l'assemblée. Le chahut couvrirait sa voix et il ne pourrait plus annoncer officiellement les noms des dix candidats retenus.

— Onzième Berty Forey.

Berty s'écroula en sanglots sur son siège tandis que Séfan, Erié et Petit Pas se sautèrent dans les bras en se donnant de grandes tapes dans le dos :

— On l'a fait Séfan, on l'a fait ! Hurlait Erié.

— Je n'en reviens pas ! Mes deux meilleurs amis dans la liste finale.

— Ne nous emballons pas, intervint Séfan, il reste une ultime épreuve.

— Tu gâches notre plaisir, savourons déjà cet instant, dit Erié en incitant son ami à se diriger vers l'estrade pour rejoindre le recteur et les huit autres élus.

Toute l'assemblée commentait les derniers résultats et un grand brouhaha résonnait dans le parc malgré les rappels à l'ordre du grand recteur qui finalement abandonna pour féliciter un par un les candidats qui venaient se présenter à lui.

— Rapprochez-vous mes chers élèves, nous allons maintenant faire une pause déjeuner et après quoi, vous viendrez dans mon bureau pour recevoir votre convocation à l'oral. Je vous attends donc toutes et tous à quinze heures. D'ici là, allez rejoindre vos parents et amis et profitez de ces moments de bonheur.

Le district avait organisé un grand buffet champêtre dans le parc où parents, élèves et professeurs étaient conviés. Les conversations autour des tables remplies de nourriture allaient bon train, chacun commentant son classement, ses

vœux et ses projets d'avenir. Les dix nommés félicités en permanence, répétaient à l'infini que rien n'était encore joué et qu'il faudrait attendre la semaine prochaine pour enfin se réjouir ou être très déçus. Dans le dernier cas ils auraient malgré tout accès aux meilleures universités de Bizertland, mais rien de comparable au destin fabuleux qui attendait le prochain prélat.
Le parc se viderait en milieu d'après-midi, après que chaque élève ait consigné ses trois vœux dans le bureau du jury. Parents et élèves auraient vécu une journée nerveusement éprouvante et chacun voudrait retrouver la tranquillité de son foyer pour y partager bonheur ou larmes. Chaque classement ouvrait un choix d'écoles universitaires ou d'apprentissages. Le nombre de places étant limité, les meilleurs rejoindraient l'établissement choisi en cas de trop forte demande. Selon une règle stricte, un élève très bien classé ne pouvait pas postuler à une école d'apprentissage. Pour le bien du collectif, il n'était pas question de gâcher la matière grise de Bizertland dans des tâches manuelles ou basiques. Chacun devait contribuer par ses aptitudes au développement et à la pérennité de Land, ce qui avait pour conséquence de créer malgré tout des communautés ou des niveaux sociaux naturels contraires à l'ECO.
Le « club des dix » n'avait aucun vœu à formuler, leur classement leur ouvrant d'office l'école administrative. Les huit candidats restants intégreraient un cursus universitaire de cinq ans visant à faire d'eux les futurs membres de la Haute Autorité Morale ou à tenir un rôle de premier rang auprès du prélat. C'est le parcours qu'avait suivi en son temps le père de Séfan, et celui-ci comprenait mieux pourquoi il incitait son fils, voire lui imposait de suivre

ses traces sans se soucier de ses propres orientations. Ce concours se tenait tous les ans. Il permettait aux meilleurs de choisir leur voie et seulement une fois tous les quinze ans on l'utilisait comme vivier de prélats.
Land croyait à sa jeunesse et façonnait les talents pour une meilleure gestion. L'histoire de Land avait démontré qu'un pouvoir unique et une gouvernance par une seule lignée étaient voués à l'échec. Des siècles auparavant lorsque les grandes révolutions landiennes éclatèrent sous le joug de Zhardo II l'empereur despote de Land, un conseil de sages prit la décision de le destituer, de créer dix districts et de séparer les pouvoirs des runes. Ce système antidémocratique offrait une chance à quiconque de gérer, sur une période définie, une région grâce à ses capacités intellectuelles et non plus grâce à sa naissance. Donner le pouvoir aux jeunes permettait de les formater et de leur inculquer très tôt les doctrines et préceptes qui permettaient à Land de se développer dans la paix et l'harmonie.
Hélas, tout système basé sur l'idéalisme possède ses propres failles et au fil du temps les dérives, les abus et les compromis véroleraient ce beau concept jusqu'à la révolution suivante qui remettrait à la tête du pays un monarque tyrannique. L'homme était condamné, semble-t-il, à reproduire éternellement les mêmes erreurs. La quête du pouvoir, l'intolérance, les inégalités servaient de terreau aux révolutions futures. C'est ce qui couvait depuis quelques années sur le continent. Les Bannis se chargeaient de cette révolution-là. Les prélats et le peuple sentaient insidieusement le souffle de la contestation se répandre sur le continent, sans pouvoir malgré tout identifier les contestataires ce qui rendait le malaise encore plus sournois.

Quand on ne savait pas contre qui se battre, comment établir une stratégie de défense ?
Les dix étaient réunis dans le bureau du grand recteur. Face à lui, la ou le remplaçant d'Hanaé, mais également la future élite de Bizertland. Il mesurait ses propos et faisait montre d'une grande bienveillance.
— Mes chers élèves, afin d'évaluer votre potentiel à devenir notre futur chef de gouvernement, vous serez soumis à un entretien d'une heure avec un jury composé de cinq membres de la HAM. Vous ne recevrez aucune consigne pour préparer cet oral. Les questions seront libres et aucun thème ne sera imposé. À vous de répondre avec la plus grande honnêteté en vous inspirant de nos préceptes. L'épreuve se tiendra ce mercredi selon l'ordre de passage suivant. Il dévoila un tableau avec les noms des candidats, les horaires et les membres du jury.
Le père de Séfan ne faisait pas partie du sien, cela pour respecter la notion de neutralité. Il savait que même s'il se retrouvait face à lui, ce dernier le traiterait comme un simple candidat et aurait même tendance à le juger plus sévèrement. Ses relations avec lui relevaient plus de la hiérarchie et du respect que de l'affection et de la tendresse. Monsieur Kerry aimait son fils mais n'exprimait jamais ses sentiments envers lui, laissant ce rôle à son épouse qui le jouait à merveille.
— Vous bénéficiez donc de quatre jours pour vous détendre, réfléchir à votre avenir, passer du temps avec votre famille et vos amis afin d'arriver ce mercredi dans un état d'esprit de conquête. Je compte sur vous. Allez, filez maintenant !
Les dix saluèrent respectueusement le grand recteur et s'éparpillèrent telle une volée de moineaux. La journée

avait été longue. Le stress accumulé depuis des semaines et la perspective de la dernière épreuve avaient pesé sur le physique et le moral de tous. Chacun aspirait au calme et au repos.
Les trois amis se retrouvèrent dans le parc pour se dire au revoir et commenter les récents événements. Séfan et Erié connaissaient à présent la date et l'heure de leur épreuve finale et Petit Pas avait rédigé sa liste de vœux. Une fois sa demande validée, il se considérerait en vacances pour deux mois.
— Quelle journée ! commenta Théry.
— Ce compte à rebours était mortel, mon cœur s'emballait à chaque nom prononcé, poursuivit Erié.
— Encore une dure semaine qui s'annonce, avec l'oral mercredi et la finale de Circle Ball dimanche, dit Séfan.
— Tu viendras quand même au dernier entraînement mercredi ? Questionna Petit Pas.
— Mon épreuve se tiendra le matin. Oh que oui je viendrai ! J'aurai besoin de me défouler !
— Les amis, je suppose que tout le monde veut passer un dimanche tranquille en famille, mais nous pourrions nous retrouver lundi après-midi aux abords de la forêt de Min, qu'en pensez-vous ? proposa Erié.
— Parfait !
Tout le monde prit des directions différentes et chacun rejoignit sa famille.

11

Pour les trois amis, ce fut effectivement un dimanche en famille où chacun débriefa sa journée. Excepté monsieur Kerry, tous les autres parents avaient participé à la cérémonie des résultats. Chez les Ashmor, pour célébrer la soixante-troisième place de son fils, la mère de Théry avait invité sa meilleure amie, son mari et leur fille plus jeune d'une année. Théry monopolisait la conversation lors du repas et enchaînait les anecdotes sur les épreuves les unes derrière les autres. Racontant comment il avait décoché ses cinq flèches en un temps record de vingt-cinq secondes avec une précision redoutable et un score de cent cinquante points. Il prodiguait des conseils et des astuces à la jeune fille, qui passerait le concours l'année suivante. Cette fois pas de place de prélat à la clef puisqu'il faudrait attendre quinze ans pour la prochaine nomination. Monsieur Ashmor ne tarissait pas d'éloges sur les capacités physiques de son fils, son adresse, sa force, son endurance. Cela amusait son fils dans un sens car son père ne l'avait jamais encouragé dans la voie du sport lui répétant que ce n'était pas un débouché professionnel. Maintenant Théry aux portes de l'académie de police, son père tenait un tout autre discours. Il ne lui en voulait pas tant il semblait fier de lui. Au moment de déposer ses vœux dans le bureau des professeurs, il avait récupéré son bulletin de notes et son classement par épreuves. À la lecture de ses résultats, il avait éprouvé une fierté sans nom en constatant qu'il finissait premier des épreuves physiques : premier au tir à l'arc, troisième au parcours et deuxième à la course à pied. Nul doute que ce serait un argument de poids pour postuler dans l'équipe des Aigles du dix-neuvième district qu'il vénérait plus que tout, malgré la désapprobation de Séfan. Par contre, pas de quoi pavoiser du côté des épreuves écrites...Ses notes en philosophie et en morale landienne frôlaient le médiocre. Il avait tiré son épingle du jeu en géographie, histoire et mathématiques. Finalement, il devait sa soixante-troisième place et sa candidature à l'école de police au sport ! Il se disait que connaître la vie du poète Théophraste ne lui servirait à rien pour devenir un bon policier. Posséder d'excellentes aptitudes physiques, voilà ce qui primait avant tout. Elles lui seraient utiles lorsqu'il postulerait à la garde Alpha. Son premier rêve concrétisé, Petit Pas avait déjà tracé son chemin. Il se sentait confiant en l'avenir en envisageant sa carrière : L'école de police, puis un poste à Bizertland, la formation de sous-officier, la garde Alpha et enfin une nomination en tant qu'officier.

Le repas s'étira jusqu'en fin d'après-midi dans une ambiance joyeuse et détendue. Théry savourait son heure de gloire. C'est seulement le soir, quand il se retrouva seul dans sa chambre, qu'il éprouva le contrecoup de ces semaines de stress et de tension. En pensant à la séparation possible avec son ami, l'image d'Erié lui vint en tête. Il aimait bien cette fille. Il n'arrivait pas à définir comment il l'aimait bien. Comme une amie pour sa franchise, son caractère bien trempé ou comme une jolie brune attirante ? Il chassa ces idées de son esprit et tomba dans une profonde mélancolie. Après les deux mois d'été qui approchaient, chacun prendrait une route différente. Il resterait ici tandis qu'Erié et Séfan s'ils réussissaient leur grand oral, partiraient pour cinq ans de formation sur les routes de Land. C'en serait alors fini de

leur trio. Séfan ne reviendrait que six mois à Bizertland avec son académie nomade. Oui mais quand ? Théry l'ignorait pour l'instant. Et lorsqu'il reviendrait, qu'adviendra-t-il de leur amitié ? Seraient-ils toujours aussi proches ?
Tout s'embrouillait dans son esprit : la peur de l'avenir, la police, ses études, Erié. Il passa une nuit agitée, sommeillant par à coups, se réveillant brusquement trempé de sueur dans ses sous-vêtements.
Quatre heures du matin, il s'assit sur son lit et pensa qu'un verre d'eau fraîche lui ferait le plus grand bien. En se dirigeant vers la cuisine, il remarqua son père dans le noir sur le petit fauteuil du salon.
— Tu ne dors pas fils ?
— Je n'y arrive pas.
—Moi non plus. Tu m'as rendu tellement fier aujourd'hui.
— Pa…
— Si, c'est vrai fiston. Et moi qui voulais t'embaucher dans mon atelier de mécanique ! Quel idiot ! Je n'ai pas cru en tes capacités. Tu sais, je voulais que ton avenir soit assuré. Et même avec un travail manuel, tu aurais vécu une vie modeste mais sûre. Je n'ai pas tenu compte de tes rêves et de tes envies. Mais regarde-toi ! Tu n'es plus mon petit gars, mais un beau jeune homme sportif. Je suis tellement fier ! Il se leva très ému et prit son fils dans ses bras.
Théry n'avait pas l'habitude d'une telle démonstration d'affection. Il fut surpris mais apprécia ce rare moment d'intimité père-fils. Issu d'un milieu modeste, on avait toujours enseigné à monsieur Ashmor qu'un enfant d'ouvrier deviendrait lui-même ouvrier et ainsi de suite. Aujourd'hui, son fils avait brisé cette spirale et défié la destinée. Certes

encore à un faible niveau, mais cela présageait un avenir meilleur pour sa descendance.
Petit Pas avala son verre d'eau et se recoucha. Apaisé, il se rendormit d'un profond sommeil jusqu'au lendemain midi.
Erié, de son côté, avait aussi passé une mauvaise nuit, l'esprit en effervescence, recherchant les bons arguments et la bonne attitude qui la démarqueraient des autres candidats lors de l'épreuve orale de mercredi face au jury. Celui-ci serait composé de membres imminents de la HAM. Pas question pour elle de leur servir des banalités ou des lieux communs qui ne démontreraient en rien ses aptitudes à la fonction tant convoitée de prélat. Épuisée, elle n'avait trouvé le sommeil qu'au petit matin mais le jeu en valait la chandelle puisqu'elle avait griffonné, à la lueur de la lune, quelques phrases d'accroche et des mots-clefs qu'elle comptait utiliser face au jury.
Quand elle se leva ce lundi matin vers neuf heures, ses parents avaient déjà quitté le domicile. Fille de commerçants, elle se débrouillait seule dès son plus jeune âge, préparant elle-même ses repas et gérant tous les autres aspects domestiques du quotidien. Ils tenaient un commerce d'alimentation dans le dixième quartier et ne comptaient pas leurs heures pour satisfaire leur clientèle. Aussi, régulièrement, ils s'absentaient de sept heures du matin à dix-neuf heures. En période scolaire, cela ne gênait pas trop Erié, mais le reste du temps elle éprouvait un sentiment profond de solitude et un manque affectif certain. Ses parents étaient de bonnes personnes, mais leur présence restreinte au domicile ne leur permettait pas de partager des moments de complicité avec leur fille.

Pour combler ce manque, Erié avait trouvé refuge dès son plus jeune âge dans la lecture. Avide de connaissances, elle dévorait aussi bien des ouvrages d'aventure et de fiction que des recueils de poésie, de géographie ou de politique. Elle s'identifiait aux personnages de ses romans comme pour y trouver une deuxième famille. Au fil du temps elle avait inventé « le jeu de pouvoir » qui consistait en fonction de l'actualité à gérer virtuellement Bizertland à sa façon. À l'âge de treize ans, elle s'était auto proclamée dame prélat Erié. Elle avait établi une liste d'actions prioritaires et rédigé des décrets pour les mettre en œuvre. Par exemple, lors de la « crise du blé », quand une tempête détruisit cinquante pour cent des récoltes, les districts qui faisaient office de grenier de Land, tels que Bizertland, Rauckland et Oberland avaient pénalisé tous les autres en décrétant un embargo sur cette céréale. En conservant pour leur propre usage les maigres récoltes, ils privèrent pour toute une saison le continent entier de produits à base de blé. Erié avait alors réuni sa HAM virtuelle pour décréter que désormais une réserve équivalente à six mois de consommation serait constituée et conservée dans des silos à grains des trois régions productrices. Ce faisant, elle avait anticipé une prochaine catastrophe tout en participant activement au bien-être de tous les Landiens conformément à leur doctrine. Pour l'heure, Erié terminait son petit déjeuner. Sa seule préoccupation du jour serait de se préparer et rejoindre ses amis aux abords de la forêt de Min. Ils se baladeraient à la fraîcheur des sous-bois en retraçant le parcours effectué lors des épreuves physiques du brevet. Cette fois, pas de stress, ni de pression. Il s'agirait d'une simple promenade et de parler une fois de plus de leur avenir.

Séfan arriva le premier à l'entrée du chemin balisé qui servait de point de départ aux nombreuses randonnées. Les gardes forestiers avaient aménagé cet espace en un lieu accueillant pour les visiteurs. Une grande cabane en bois servait à la fois d'abri et donnait aussi des indications sur les sentiers à suivre, le temps moyen de randonnée, ainsi que des conseils de sécurité. Cette forêt, vaste de plusieurs hectares, constituait le poumon de Bizertland. Si l'on ne suivait pas les balises, il était facile de s'y perdre. Ces dernières années, le personnel forestier avait recensé plusieurs disparitions et on avait retrouvé l'été dernier un corps en décomposition au cœur de la forêt. Le malheureux avait été identifié. Il s'agissait d'un promeneur aperçu au départ du sentier et jamais revu par la suite. Il avait dû errer pendant des jours avant de mourir de faim puis d'être dévoré par des bêtes sauvages. Évidemment, la découverte de son corps alimenta les ragots les plus délirants, comme la présence d'une créature mi-homme mi-loup qui chassait au plus profond de la forêt, dans des zones encore inconnues. Hélas, ce pauvre homme aurait croisé son chemin…

Séfan aimait raconter cette histoire à Erié pour l'effrayer. Elle prétendait ne pas y croire mais refusait catégoriquement de s'éloigner des chemins balisés. Elle apparut à ce moment-là en compagnie de Petit Pas en pleine conversation. Il faisait de grands gestes et Erié semblait s'en amuser. Sûrement une anecdote de Circle Ball à en croire les mouvements qu'il décrivait. Il était heureux que son meilleur ami ait accepté que la jeune fille s'immisce intimement dans leur relation. Ils formaient à présent un trio inséparable. Qu'en serait-il de l'avenir ? Tout pouvait rester ainsi, si Erié et lui

échouaient à l'oral. Lui s'en remettrait facilement mais Erié ne supporterait certainement pas l'échec et cela pourrait affecter leur belle amitié. Et si l'un ou l'autre réussissaient ou par miracle les deux ? Ils abandonneraient pour cinq ans Théry à Bizertland. Dans tous les cas aucune situation ne leur permettrait de poursuivre ce qu'ils vivaient à l'instant présent.
Séfan chassa ces idées noires de son esprit et accueillit ses amis.
— Je parie que tu viens de lui raconter notre première rencontre au Circle Ball ?
— Parfaitement ! Elle en a beaucoup ri et a constaté que depuis j'avais énormément progressé !
— Oui, au point d'accéder à la finale junior, confirma-t-elle.
— Nous pourrons nous considérer comme définitivement en vacances pour deux mois à compter de dimanche quatorze heures, fit remarquer Petit Pas.
— Vous avez des projets pour cet été, questionna Erié ? Pour ma part je vais travailler trois jours par semaine dans la boutique de mes parents.
Elle constata rapidement que cette nouvelle avait refroidi ses amis, et rajouta :
— Ne vous inquiétez pas, ce ne sera que les vendredis, samedis et lundis, donc nous aurons tous les autres jours pour nous voir et traîner ensemble.
— Tu as intérêt ! Nous allons te faire découvrir tous nos endroits secrets. À commencer par le lac de Min en plein cœur de la forêt interdite, plaisanta Petit Pas.
— Si tu n'as pas peur de te baigner dans le repaire du monstre du lac, c'est un endroit magnifique, renchérit Séfan.
— Encore vos histoires de créatures bizarres ! Je ne suis pas

si naïve les garçons.
— Et pourquoi pas ? Nos prélats possèdent bien des capacités extraordinaires et tu seras peut-être la prochaine à prédire l'avenir.
— Ou toi, si tu es l'heureux élu. Ne tardons pas trop pour cette balade, j'aimerais rentrer avant la nuit si possible pour éviter de me faire dévorer par l'un ou l'autre de vos monstres.
En cette chaude journée de juillet, les trois amis décidèrent finalement d'emprunter le parcours qui menait au lac de Min. Ce serait l'occasion d'une jolie balade à l'abri des sous-bois et Erié pourrait ainsi découvrir cet endroit magnifique. S'ils étaient un tant soit peu discrets et silencieux, ils pourraient apercevoir au détour d'un sentier un habitant de la forêt : biche, lapin, écureuil ou autre. Petit Pas n'avait pas du tout l'intention de se taire et repassait en boucle toutes les hypothèses possibles de leur avenir. Une fois le sujet épuisé, il le relançait avec une nouvelle option sur laquelle ils n'avaient pas débattu.
Après une heure trente d'une marche facile, ils débouchèrent sur une immense clairière avec en son centre le fameux lac. Erié connaissait mal la forêt de Min et fut émerveillée par la beauté des lieux. Une large bande de verdure entourait le lac et de grands arbres apportaient de la fraîcheur en projetant leurs ombres sur les abords de la plage naturelle. Le soleil se reflétait dans l'eau calme du lac comme des milliers de diamants étincelants.
Erié inspira un grand coup et pour la première fois depuis des semaines se sentit apaisée et sereine. La présence de ses amis et la découverte de ce havre de paix lui apportaient enfin un moment de quiétude.

— Le dernier à l'eau portera tous les sacs au retour ! Lança Petit Pas en se débarrassant de ses vêtements si rapidement qu'Erié le découvrit en sous-vêtements, prêt à plonger.
— Euh ! Je n'avais pas prévu de me baigner et l'eau semble quand même assez froide, répondit-elle. Allez-y sans moi.
— Ne t'inquiète pas, je suis sûr qu'il ne va pas rester longtemps lui non plus, dit Séfan, en ôtant ses vêtements sans précipitation. Attention ! J'arrive !
Il plongea dans le lac.

Quel bonheur de voir les deux garçons chahuter dans l'eau ou faire semblant de se noyer. Au bout d'une demi-heure, ils ressortirent côte à côte en grelottant. Erié ne put s'empêcher de comparer le physique de ses amis. Séfan était un peu plus petit que Théry et moins épais avec des membres fins et une musculature bien dessinée. Quant à Petit Pas, il dégageait par sa stature, une impression de puissance et de force physique. Ils s'allongèrent de chaque côté d'Erié directement sur l'herbe épaisse pour profiter de la chaleur des rayons du soleil encore assez haut. Après avoir échangé quelques plaisanteries sur leur baignade dans le lac, chacun tomba dans une douce torpeur propice à la rêverie. Le calme d'une nature sauvage, le souffle léger du vent, la chaleur du soleil, ce moment était parfait. Plus rien ne comptait que cette sensation de quiétude et de bonheur béat. Ce n'est que lorsque le soleil disparut derrière un immense pin parasol, plus d'une heure après, que Séfan sonna l'heure du départ. Les garçons se rhabillèrent et les trois amis partagèrent quelques biscuits et de l'eau qu'Erié avait pris soin d'emporter avec elle, estimant que ses amis n'auraient pas eu l'idée d'un petit en-cas. Le chemin du retour fut plus paisible que l'aller, le trio s'arrêtant plusieurs fois pour observer un oiseau qui chantait à l'abri d'une futaie ou étudier des traces d'animaux traversant le sentier. Arrivés à une intersection, Séfan désigna à Erié un chemin dissimulé entre deux larges buissons d'épineux et un panneau qui indiquait un danger de mort.

— Tu vois, c'est un ancien sentier qui mène directement au cœur de la forêt. Depuis qu'un randonneur a été retrouvé mort, les gardes forestiers l'ont condamné. L'accès est strictement interdit et considéré comme très dangereux, expliqua Séfan.

— Je vois. C'est donc là que vit ton fameux loup-garou, plaisanta Erié.

— Certainement et si tu veux vérifier par toi-même je veux bien t'accompagner !

— Il est hors de question que j'y mette un pied !

Passé les épineux, on distinguait le tracé qui s'enfonçait dans la pénombre de la forêt d'arbres entrelacés qui ne laissaient passer aucun rayon de soleil. Tout ça n'avait rien de bien engageant. La jeune fille frissonna. Bien qu'elle fût très cartésienne, elle avait admis le pouvoir conféré au prélat par les runes. Pour le reste ce n'était que des contes et légendes.

— Brrr, filons d'ici avant de nous faire dévorer !

Une heure plus tard, ils débouchèrent enfin aux abords de la forêt à leur point de départ. La journée avait été parfaite et leur laissait présager un dernier été inoubliable. Ils firent ensemble le chemin retour vers la ville et se séparèrent au stade de Circle Ball où ils avaient l'habitude de traîner après les cours. Cette fois, c'était bien fini, plus de lycée, plus de Circle Ball ensemble, chacun allait prendre une direction différente. L’avenir semblait plus sérieux, le temps de l’insouciance révolu.

12

Le jour pointait à peine, pourtant assise au bord de son lit la dame Hanaé ne dormait pas, réveillée par un rêve étrange vers cinq heures du matin. Son pouvoir de divination s'était manifesté, lui révélant un avenir probable pour sa succession. Son don prémonitoire se déclenchait le plus souvent lors d'événements majeurs qui pouvaient influencer la vie locale ou plus généralement celle de Land. Par le passé, elle avait vu dans un rêve l'accident du convoyeur express mais n'avait pu déterminer le jour, le lieu, et les personnes impliquées. Elle s'en voulait terriblement de ne pas avoir pu empêcher la mort de son ami Magnus, dont elle se sentait très proche. Ils avaient noué des relations plus qu'amicales durant les cinq années passées ensemble lors de leur formation de prélat, dix ans plus tôt. Leur prise de fonction et leur dévouement à la gestion de leur district respectif avaient mis un terme à leur relation amoureuse.

Elle consignait sur un cahier en cuir rouge toutes ses prémonitions et tous les détails qui s'y rapportaient même si parfois elle ne pouvait les interpréter. Sa première vision des Bannis lui vint à la mort de Magnus. Elle décrivit dans son cahier un groupe d'une dizaine de personnes encapuchonnées et réunies secrètement dans une pièce éclairée par d'innombrables chandelles. Aucun visage ne lui était apparu. Elle savait d'expérience que cela ne présageait rien de bon. Elle sentait la noirceur et le mal émerger de cette scène.

Elle se reconcentra sur son dernier rêve qui concernait les

deux élus de Bizertland qui partiraient en formation. Elle avait clairement identifié le garçon, mais pour la fille, elle devait s'enquérir de son identité auprès de sa HAM. Elle ne connaissait pas tous ses concitoyens, loin de là, mais elle pourrait facilement l'identifier parmi les cinq candidates restantes. La fille était brune. Une très forte détermination ainsi qu'une grande intelligence émanaient d'elle.
La dame prélat réunissait sa HAM tous les mardis. Nous étions la veille du grand oral. Elle devait préparer son intervention et trouver les bons arguments pour convaincre ses conseillers que sa vision lui avait clairement désigné les deux candidats. Autrement dit, l'oral ne serait qu'un simulacre. Il faudrait malgré tout sauver les apparences en posant des questions pertinentes aux huit autres postulants, les pousser dans leurs derniers retranchements pour leur laisser croire que rien n'était joué. Confrontée aujourd'hui à cette situation, Hanaé se demandait si elle-même, en son temps, avait bénéficié d'une place à l'académie prélastique après être apparue dans le rêve de son prédécesseur. C'est donc ainsi que se faisait la sélection à Bizertland.
Le conseil se tiendrait à neuf heures, ce qui lui laissait largement le temps de se préparer. Ses appartements étaient situés au sein même de l'assemblée, dans un immense bâtiment blanc qui contrastait avec les briques rouges généralement utilisées pour les immeubles d'habitation classiques. Le bâtiment de cinq étages comportait une centaine de pièces, le cinquième étant réservé au prélat et quelques appartements privés destinés aux invités de haut rang. Le quatrième abritait les services spéciaux et la police secrète dont peu de Bizertlandiens connaissait l'existence. Dans les autres étages, on trouvait des bureaux destinés

au personnel de l'assemblée, aux différents ministères ou services en charge de la gestion du district. La grosse bâtisse trônait au cœur d'un parc boisé et clôturé, le tout sous la surveillance d'un bataillon de la police landienne. Le cœur administratif représentait un endroit stratégique et sensible. Pour anticiper une attaque possible ou un attentat perpétré par les Bannis, les postes de garde et les patrouilles avaient été renforcés. Pour ne pas attirer l'attention de la population et éveiller les soupçons, le gouvernement avait justifié ces renforts par des entraînements policiers. Inutile de donner davantage de crédit aux dissidents.

La dame Hanaé pénétra dans la salle de réunion à neuf heures précises, au premier coup de cloche de l'assemblée. Les dix membres de la HAM l'accueillirent en se levant.

— Mesdames et messieurs les conseillers, débuta-t-elle, cette nuit j'ai reçu un présage.

Ses prédictions se révélant assez rares, elle s'interrompit pour donner encore plus de poids à sa déclaration. Le système landien excluait tout conflit interne ou externe, source potentielle de prémonitions. Nul ne pouvait douter de la véracité de ses visions. Durant cette décade sous sa gouvernance, elle avait prédit avec succès quelques catastrophes naturelles ou des décès de membres imminents.

— Cela concerne ma succession. Le destin m'a désigné les deux élus. Avant de vous révéler leurs identités, vous comprendrez que cet oral avec les autres candidats ne pourra être qu'un leurre. Je vous demande de ne pas tenir compte de leurs réponses ou de leurs motivations et même si vous jugez que ces deux-là ne sont pas les meilleurs, faites-moi confiance ils le sont de toute évidence. J'attends vos questions.

La HAM n'avait pas l'habitude de la contredire, mais elle pouvait dans certains cas discuter ses décisions et la contraindre à modifier ses choix en faisant appel à un vote à la majorité des dix conseillers.
— Allons-nous connaître à présent les heureux élus ? demanda la conseillère Maxell.
— Conseiller Kerry, votre fils est le premier que j'ai vu dans mon rêve.
Le père de Séfan parut surpris puis satisfait et d'un ton neutre demanda :
— Vraiment dame Hanaé ? Et pour la fille ?
— Une jeune fille brune au caractère bien trempé, j'ignore son nom.
— Pour avoir vu les dix candidats, dit la conseillère Maxell, les cinq filles sont toutes brunes et très déterminées…
— Alors il me faudra les rencontrer avant l'examen. En sa présence, mon don me la révélera.
— Cela ne paraîtra t-il pas suspect ?
— Pas si je les vois tous ensemble sous prétexte d'un discours préalable à l'examen. À l'issue, je vous confirmerai son nom et les épreuves pourront commencer. Des objections ?
Elle avait prononcé ces derniers mots avec tellement d'autorité et de conviction, qu'il n'y en eut aucune. Le reste de la réunion fut consacré à la préparation du voyage à Everland pour la cérémonie des runes en septembre. On fit venir le chef de la police secrète pour l'entretenir des mesures de sécurité à prendre pour le voyage de la dame prélat, de la délégation bizertlandienne et des deux candidats. À présent, les districts prenaient au sérieux les mises en garde des Bannis. Ils craignaient que cet événement soit utilisé par les dissidents pour frapper

un grand coup et mettre à mal l'autorité landienne. Il fut décidé à l'unanimité qu'un train serait affrété spécialement et qu'il partirait un jour avant la date prévue pour déjouer un éventuel attentat. Un détachement de vingt policiers armés escorterait la délégation jusqu'à la gare de Casteland, la plus proche de la citadelle de la monotonie à Everland, puis la garde Alpha prendrait le relais. Seul un nombre restreint de personnes serait informé du plan de transport afin de limiter la possibilité de fuites. Le chef de la police secrète émit l'hypothèse d'une taupe au sein des employés de l'assemblée. Une vague d'indignation s'éléva parmi les conseillers, mais il fallait bien admettre qu'aucune piste ne devait être négligée. Il était impossible qu'un traître agissa au sein même de la HAM. Tous ses membres avaient prêté serment et se montraient dévoués corps et âme à servir le système. Cependant, à des échelons inférieurs cela restait possible.

Le soir même le capitaine Offens reçut pour la première fois un message d'Hanaé par l'intermédiaire des runes. Elle lui indiquait les dernières décisions prises lors du conseil et lui donnait des instructions précises pour leur arrivée en gare de Casteland. Cela contrariait ses plans. Il devrait accueillir dans un délai très court les dix délégations et idéalement il aurait souhaité que toutes arrivent le même jour. Un problème allait se poser s'ils modifiaient tous la date de leur voyage, puisqu'il fallait cinq heures pour rejoindre la citadelle et cinq autres pour revenir à la gare, que ses hommes ne pourraient pas chevaucher quinze heures d'affilée et qu'il y avait dix délégations. L'équation avait beaucoup trop d'inconnues. Tourner le problème dans tous les sens finit par lui donner une migraine atroce. Il se dit que la dame prélat aurait peut-être une autre prémonition d'ici la cérémonie des runes et que tout pouvait encore changer. Il abandonna ses conjectures et répondit simplement que tout serait prêt. Il était urgent d'attendre.

13

Les dix candidats étaient alignés devant la dame prélat. Aucun d'eux n'aurait imaginé qu'elle puisse s'adresser à eux le matin même de l'examen. Cela ne faisait pas partie du protocole. Selon l'usage, le grand recteur procédait à l'introduction de cette dernière épreuve. Présent ce matin-là, il se tenait à côté d'elle et apparemment ne prendrait pas la parole. Elle portait la tenue officielle d'été : un costume vert olive à col officier et un pantalon assorti. Les cheveux châtains noués en une tresse lui enserrant la tête, les traits fins et réguliers, elle paraissait bien moins jeune que ses trente et un ans. Les jeunes gens se lançaient des regards furtifs comme pour s'interroger sur la présence de la plus haute autorité du district. Séfan la trouva très belle, Erié, elle se demandait si pour une raison quelconque la dernière épreuve allait être annulée ou si une erreur avait faussé les résultats proclamés la semaine précédente. Elle fut rapidement fixée quand Hanaé s'adressa à eux :

— Rarement un prélat rencontre les candidats de l'épreuve finale, c'est en fait davantage une tradition qu'une règle. L'usage voudrait que je félicite les deux derniers élus, mais je pense que votre présence ici démontre d'ores et déjà votre valeur et votre foi en nos préceptes. Vous ferez partie, je n'en doute pas, des prochaines personnes qui compteront dans la gestion de Bizertland. Aussi, quel que soit le résultat final vous avez toutes et tous votre place dans le futur gouvernement. Je vous souhaite bonne chance.

Pendant qu'elle débitait son discours insipide destiné à capter l'attention des jeunes gens, comme elle l'avait

prévu, son pouvoir se manifesta. Elle visualisa au-dessus de la candidate élue un halo de lumière qu'elle seule voyait. Cela ne dura que quelques secondes mais cela lui suffit pour identifier la jeune fille. Elle ressentit la même détermination et la même clairvoyance émaner d'elle comme elle l'avait perçue dans son rêve la nuit dernière.
Elle tourna subitement les talons et quitta la pièce, laissant les dix candidats interloqués. Le grand recteur les ramena à la réalité du jour :
— Je vous invite à présent à vous préparer pour l'épreuve finale. Je vous rappelle qu'il y a deux jurys de cinq représentants de la HAM. Chacun de vous connaît son ordre de passage. Les autres attendent ici. Le moment venu, un professeur viendra vous chercher.
Même s'il n'en avait pas parlé avec son père, Séfan savait qu'il ne bénéficierait d'aucune faveur de la part des autres membres. Erié passerait en deuxième position dans son jury et lui en dernier dans l'autre, ce qui laissait aux deux amis une bonne heure pour échanger leurs impressions, essayer de se rassurer et de se motiver.
On appela les deux premiers candidats. On lisait sur leur visage un grand stress. Pour Séfan, une véritable tempête se déchaînait dans sa tête, partagé entre le désir de terminer cette épreuve au plus vite et celui de rester le plus longtemps possible dans la salle où personne ne viendrait le chercher.
Ils se tenaient à l'écart des autres assis sur deux fauteuils confortables dans le bureau des professeurs qui faisait office de salle d'attente aux candidats. Erié engagea la conversation :
— C'est quand même étrange.
— Quoi donc ?

— Eh bien ! La présence de la dame prélat, tu ne trouves pas ? Et son discours…
— Quoi son discours ?
— Séfan ! Qu'as-tu retenu ou appris de ses paroles ?
— Elle nous souhaite bonne chance !
— Et elle se déplace juste pour ça ? Tu sais quand même qu'elle détient le don de divination ?
— Évidemment ! Tu penses que je viens d'une autre planète ?
— Oublie ça. Comment l'as-tu trouvée ?
— Très belle…
— Indéniablement, mais elle a aussi une personnalité et une présence extraordinaires. C'est comme si elle rayonnait. Nous étions tous comme hypnotisés.
— Erié, on a seize ans et c'est la première fois qu'on se retrouve en face d'elle. Tu espérais quoi ? Qu'on soit blasés ?
— Mais enfin Séfan qu'est-ce que tu as ? Je te trouve très négatif ! Tu passes dans moins d'une heure. Tu as intérêt à retrouver un meilleur état d'esprit si tu veux t'en sortir.
— Tu as raison, excuse-moi.
Il n'était toujours pas sûr de vouloir devenir le prochain prélat ou du moins passer cinq ans loin de Bizertland à essayer de l'être. Ils se mêlèrent aux autres candidats pour parler de tout et de rien juste pour ne pas trop penser à l'instant décisif. La porte s'ouvrit et un professeur entra dans la salle :
— Erié Garet.
À l'appel de son nom, Erié sentit son cœur faire un bond dans sa poitrine. Elle lança un regard à Séfan et le vit prononcer quelque chose qu'elle ne comprit pas, submergée soudain par le stress. Elle suivit le professeur dans les longs couloirs de l'assemblée et se força à respirer lentement pour faire

redescendre son rythme cardiaque. Elle s'était préparée à ce jour précis et maintenant elle devait reprendre le contrôle de ses émotions pour réussir l'épreuve. Ils arrivèrent devant un bureau à la porte fermée. Le professeur frappa, attendit et entra en la présentant :
— Erié Garet.
Elle pénétra à son tour dans le bureau. Une grande table trônait en plein centre de la pièce. Le père de Séfan, assisté de cinq membres,présidait la séance.
Il prit la parole.
— Bonjour Erié, assieds-toi. Voici comment va se dérouler cette épreuve. Nous allons tour à tour nous présenter, puis ce sera à toi. Tu nous expliqueras ce qui te motive à suivre ce cursus, quelle est ta vision de Land et de nos préceptes et pourquoi tu veux devenir la prochaine dame prélat. Nous pourrons à tout moment t'interrompre pour te questionner plus précisément sur un sujet. Est-ce que c'est clair pour toi ?
Erié connaissait déjà les dix membres de la HAM et leurs fonctions spécifiques, chacun gérant un ministère. Cela faisait partie de sa préparation et de son jeu de rôle « le jeu de pouvoir » dans lequel elle gérait Bizertland virtuellement avec son propre gouvernement.
— Oui conseiller Kerry. Et si je ne me trompe pas à votre droite la conseillère Maxell et le conseiller George et à votre gauche la conseillère Jonkas et le conseiller Pierry.
— Je vois que tu nous connais déjà. Bien. Alors dans ce cas, c'est à toi, tu peux commencer.
Erié avait préparé son discours depuis des mois, le peaufinant de jour en jour pour trouver les bons mots, mettre en avant sa motivation, démontrer les compétences et les capacités

qu'elle avait acquises au cours de ses courtes expériences, vantant la morale landienne, le système, l'ECO. Tous les autres candidats tiendraient forcément le même. Le fond étant fondamentalement identique, il fallait se démarquer par la forme et l'enthousiasme mis à l'énoncer. Elle déroula son discours. C'était finalement davantage un jeu d'acteur. Il fallait convaincre. La conseillère Maxell la coupa dans son élan:
— Erié, tu sais que la dame prélat et la HAM sont amenées à prendre des décisions qui impactent fortement la vie de Bizertland. Que ferais-tu en cas de désaccord ?
Erié n'en revenait pas ! L'occasion était trop belle pour exposer sa solution dans la crise du blé, elle saisit la perche :
— Prenons l'exemple de la crise du blé, il y a deux ans. La pénurie de blé due à de violentes tempêtes qui ont détruit la moitié des récoltes a engendré de fortes tensions entre les districts producteurs et ceux consommateurs. Aucune solution acceptable n'a été trouvée ce qui a entraîné une dégradation des relations diplomatiques et privé une grande partie de Land d'une ressource alimentaire.
— Oui nous savons tout ça. Et qu'aurais-tu fait dame prélat Erié, répondit ironiquement la conseillère.
— Je pense que le travail de la HAM est d'anticiper ce genre d'incident. J'aurais depuis des années constitué des réserves de blé de façon à nous prémunir d'une éventuelle pénurie.
Erié déroula avec précision tous les accords et décrets qu'elle avait déjà rédigés dans son jeu de pouvoir en justifiant par des données chiffrées toutes ses décisions, éveillant l'interêt du jury. Ils débattirent durant les trente dernières minutes. C'était si passionnant qu'Erié voulait

continuer le débat. En s'identifiant à la dame prélat, elle défendait son projet avec force arguments. Elle pensait même avoir convaincu certains membres. Le conseiller Kerry l'interrompit brutalement :
— Merci Erié. C'est terminé. Demain matin tu recevras un message à ton domicile par un porteur spécial t'annonçant ton classement final. Tu peux te retirer.
Elle salua le jury et quitta la pièce. Un professeur l'attendait derrière la porte et la raccompagna directement à la sortie. Elle ne pourrait pas rejoindre Séfan et serait obligée d'attendre le début d'après-midi pour échanger sur le déroulement de leur prestation orale. Elle fut surprise et très contente de découvrir devant les grilles de l'assemblée Théry qui semblait l'attendre :
— Alors dame prélat Erié ?
— Justement, nous avons eu l'honneur de voir Hanaé qui est venue nous encourager.
— C'est plutôt inhabituel non ?
— C'est ce que je m'évertue à dire à Séfan, mais lui cela ne le choque pas.
— Tu penses qu'il y a une raison particulière à sa présence ?
— Certainement, mais je n'ai pas encore le pouvoir de divination pour dire laquelle.
— Tu es contente de ta prestation ?
— Oui plutôt. Tout a commencé comme je l'imaginais. J'ai déroulé mon discours, le même baratin que tous les autres ont dû débiter, mais qui demeure incontournable pour démontrer que l'on adhère aux principes de Land et qu'il vaut mieux connaître.
— Qu'est ce qui va te démarquer des autres alors ?
— Un coup de chance ! La conseillère Maxell a cru me

piéger en me posant une question sur la gestion de crise et là j'ai sorti ma botte secrète. Je pense avoir marqué des points.
— Le père de Séfan présidait dans ton jury ?
— Oui ! Et je peux te dire qu'il est plutôt glacial. Je ne sais pas si je l'ai convaincu. Les chances d'être retenue sont d'une sur cinq, ce qui n'est déjà pas si mal. Tous les candidats connaîtront leur sort demain avant midi. Théry, j'aimerais l'attendre. Il devrait sortir d'ici trois heures, ça ne te dérange pas ?
— Au contraire, j'avais prévu ça. Regarde, j'ai un pique-nique pour nous deux. Allons-nous installer dans le parc.
Petit Pas étendit un plaid sur un carré d'herbe à l'ombre d'un peuplier. Cette première semaine de juillet laissait présager un été chaud et ensoleillé. Erié avait pour l'occasion revêtu une tenue assez stricte. N'ayant pas prévu de déjeuner sur l'herbe, elle enleva sa veste blazer dans laquelle elle étouffait. Elle portait en dessous un chemisier blanc à manches courtes.
— Tous ces mois de préparation, je n'arrive pas à croire que ce soit fini. Nous serons fixés demain matin et quels que soient les résultats il faudra bien les accepter et poursuivre sa route, dit-elle.
— Si rien ne va demain, nous aurons au moins gagné quelque chose.
— Et quoi donc ?
— Séfan, toi et moi, un trio d'enfer !
— Oui tu as raison. Je suis une ingrate ! Votre amitié compte beaucoup pour moi et j'espère sincèrement qu'elle va durer quelle que soit la suite de l'aventure.
— J'ai du thé, tu en veux ?
— Volontiers, je n'ai rien avalé depuis ce matin, ça me fera

le plus grand bien.
Ils continuèrent à échanger sur leur avenir, se projetant dans différents scénarios, en attendant l'arrivée de leur ami.
À l'appel de l'avant-dernier candidat, Séfan se retrouva seul dans la salle des professeurs. Il essaya de garder son sang-froid et répéta dans les grandes lignes son argumentation, mais au bout de quelques secondes, faute de concentration, il perdit le fil. Il s'en voulait d'être aussi stressé et ruminer seul encore une heure n'arrangerait pas son humeur. Il fit rapidement un calcul mental pour projeter l'heure de la délivrance. On viendrait le chercher vers douze heures quarante, environ cinq minutes pour se rendre dans la salle et une heure d'entretien. Il devrait être libre vers quatorze heures. Est-ce qu'Erié sera encore là à l'attendre ? Il en était persuadé. Elle aurait sûrement eu le temps de rentrer chez elle déjeuner et de revenir pour partager leurs impressions. Il avait promis à Petit Pas qu'il serait présent en fin d'après-midi pour le dernier entraînement de Circle Ball avant la grande finale de dimanche. Là, tout de suite, une immense lassitude l'envahit. Il n'avait qu'une envie, s'enfuir et se réfugier dans un lieu calme et réconfortant comme pouvait l'être la forêt de Min. Il donnerait cher à l'instant présent pour nager dans l'eau cristalline du lac. Pris dans ses envies d'ailleurs, il ne vit pas le temps passer et quand la porte s'ouvrit, il sursauta.
— Eh bien ! Je crois que c'est à ton tour ! lui lança le professeur sur le ton de la plaisanterie.
— De toute évidence, cette fois c'est bien moi le dernier.
Il suivit son guide dans les longs couloirs vides de l'assemblée comme un animal qu'on mènerait à l'abattoir.
— Séfan Kerry.

Il pénétra dans le bureau à douze heures quarante-cinq.
Il était quatorze heures quand il franchit la grille en fer forgé de l'entrée principale de l'assemblée. Il salua en passant le garde en faction dans sa guérite. Erié et Petit Pas l'attendaient depuis quinze minutes. Ils essayèrent de lire sur son visage une émotion quelconque– espoir ou inquiétude -mais rien n'y transparaissait. Séfan restait de marbre. Il transpirait dans son costume de lycéen, des mèches humides collaient son front.
— Salut, lança-t-il à ses amis.
— Alors cette fois fini les épreuves, répondit Petit Pas.
— Oui notre sort est scellé. Encore une nuit à se morfondre et demain ce sera la délivrance, fit remarquer Erié. Alors raconte-nous !
— Ils se sont acharnés sur moi… enfin je crois. Ou peut-être que tous les candidats ont été traités comme ça ? Et toi Erié ?
— Nous avons eu des échanges intéressants mais je n'ai pas ressenti d'acharnement, plutôt des questions pièges. Pourquoi t'es-tu senti malmené ?
— Ils m'ont projeté dans des situations de gestion de crise en contestant tous les choix et les décisions que je prenais. Au final j'avais le sentiment d'être complètement nul. Heureusement que j'ai tenu mes positions et que je ne me suis pas contredit. Je pense que j'ai loupé mon oral.
— Ne dis pas ça ! Tu n'en sais rien ! Peut-être voulaient-ils justement voir tes limites et si tu as tenu le coup c'est plutôt bon signe, cela démontre une grande force de caractère, peu importent les décisions que tu as prises.
— Peut-être. Et toi alors ?
— Je suis très satisfaite de moi mais c'est complètement

subjectif. J'ai l'impression d'avoir marqué des points sur la partie gestion de crise. Difficile à dire, surtout avec ton père !
— Je t'avais mise en garde, il n'est pas reconnu pour son sens de l'humour ni pour son amabilité.
— Quel est le programme maintenant ? Coupa Petit Pas, pressé d'aller se défouler au Circle Ball.
— Je suis affamé et je dois récupérer ma tenue de sport chez moi. Ça vous dit de m'accompagner, mes parents ne sont pas à la maison, je pourrais vous préparer des crêpes, enfin je vais essayer !
Le trio se mit en route vers la résidence des Kerry dans le quartier numéro cinq. En chemin Séfan se détendit petit à petit. Le plus dur passé, ils devaient tous les trois relâcher la pression et profiter de leurs deux mois d'été. Tout était joué, il n'y avait plus rien à faire pour changer leur destin.
À dix-huit heures ils pénétrèrent dans le vestiaire des Comètes du cinquième quartier. La moitié de l'équipe déjà présente se mettait en tenue. Tout le monde le questionna sur son oral tenu le matin même. L'équipe trouvait le parcours de Séfan très impressionnant. Ils tiraient tous une certaine fierté à côtoyer un potentiel futur prélat. Les plaisanteries fusaient sur les avantages que celui-ci pourrait leur accorder dans sa fonction de chef de district. L'atmosphère était très détendue et après des semaines de tension Séfan savourait cet instant convivial. Le coach avait prévu un programme d'entraînement ludique basé sur des phases de jeu et la cohésion d'équipe afin de renforcer l'état d'esprit des joueurs. Avoir confiance en soi et en ses partenaires constituait selon lui la première étape vers la victoire. La séance dura deux heures avec des alternances

de combinaisons de jeu et de courtes pauses où les joueurs se réunissaient en cercle se tenant par les hanches pour ne former qu'un : les Comètes du cinquième !
Au Circle Ball, chaque équipe avait ses propres combinaisons et ses phases de jeu secrètes numérotées. À chaque début d'une nouvelle phase de jeu, le pivot, en l'occurrence Séfan, annonçait la phase de jeu pour que chacun tienne sa place et son rôle. Ce soir-là, ils répétaient plus spécifiquement une nouvelle combinaison, la dix ! Il s'agissait de démarquer leur meilleur tireur et de lui laisser le champ libre pour qu'il tente un panier à neuf points, soit le cercle le plus éloigné sur le panier le plus haut. Opération délicate qui demandait une grande concentration et une grande précision, tout se jouant en un quart de seconde. De loin le tireur le plus précis de l'équipe, Petit Pas tenait ce rôle. Séfan lui, le plus rapide et le plus vif, distribuait à ses coéquipiers des ballons d'une précision redoutable, quitte au joueur ensuite à accomplir l'action en marquant les points.
Les Comètes junior n'avaient pas sur le papier les meilleurs joueurs. La façon dont ils évoluaient tous ensemble, d'une seule et même énergie, faisait la différence. Et quand un des leurs faiblissait, les autres le portaient à bout de bras pour l'encourager, de sorte que toute l'équipe opérait sur la même longueur d'onde. La séance se termina à vingt heures par quelques étirements suivis d'applaudissements à l'attention du coach et de la devise des Comètes « les Comètes, toujours en tête ! ». L'entraînement d'une rare intensité, pratiquement comme un match en situation réelle, avait laissé tous les joueurs exténués et couverts de sueur. Comme à son habitude, Petit Pas fut le premier à se ruer sous la douche en semant sa tenue de sport partout dans

le vestiaire. Seule la partie sanitaire distinguait les filles et les garçons. Selon Théry, c'était ridicule d'avoir autant de pudeur. Lui ne se gênait pas pour déambuler dans le vestiaire à moitié nu en se félicitant des sifflets admiratifs des filles. L'ambiance amicale, le sentiment d'avoir réalisé un effort physique intense et la fin des examens procuraient à Séfan un sentiment de bien-être infini. Lui plutôt connu comme un garçon réservé, se débrida en cette fin d'après-midi en se moquant du physique de bûcheron de son ami. Ils firent une partie du chemin retour ensemble vers leur foyer respectif en discutant avec ferveur de leur finale de dimanche, des combinaisons qu'ils mettraient en œuvre, des points forts et faibles de l'équipe adverse. Les sujets ne manquaient pas et ils avaient encore tant à se dire mais pour l'heure chacun devait rentrer chez soi. Demain serait un autre jour : celui des résultats, de la joie ou de la tristesse, des rires ou des larmes. Dans tous les cas, demain serait le début et la fin.

14

Jeudi, tôt dans la matinée, la dame prélat réunit son conseil en une session extraordinaire destinée à débriefer les oraux de la veille et à proclamer les résultats finaux. Certes, elle les avait vus dans ses prémonitions, mais elle voulait connaître le ressenti des jurys sur les deux élus. À l'issue des débats on ferait venir le grand recteur pour l'en aviser et mettre en œuvre la diffusion des résultats. La procédure exigeait que les dix candidats soient informés en même temps par un porteur spécial qui se rendrait à leur domicile à dix heures précises pour remettre en mains propres à chacun un courrier avec la mention « a été reçu au concours » ou « a échoué au concours ». La notion d'échec pouvait paraître cruelle pour les huit candidats malheureux car malgré tout ils avaient réalisé d'excellentes performances dans la totalité des matières. Le protocole ne s'embarrassait pas de notion de diplomatie, il fallait demeurer très factuel : réussite ou échec !

— Chers membres du conseil, je vous propose d'étudier un par un tous les entretiens car nous devons dès à présent détecter les candidats potentiels à des postes de haut rang. Commençons par le jury du conseiller Kerry et par Erié Garet.

— La concernant, le jury est unanime, elle obtient le plus de voix favorables par son énergie, la pertinence de ses propos et sa capacité à se projeter dans la fonction. Elle nous a impressionnés par sa maturité, ses connaissances politiques, économiques et diplomatiques.

Le conseiller Kerry continua avec le débriefing des quatre

autres candidats qui en dépit d'un potentiel indéniable n'arrivaient pas au niveau d'Erié Garet. Puis ce fut au président du deuxième jury d'apporter ses conclusions. Le conseiller Nicoli se racla la gorge et prit la parole.
— Nous ne serons pas aussi catégoriques ni enthousiastes sur la candidature de Séfan Kerry révélée par votre prémonition. Certes, le garçon possède une grande force de caractère et des avis tranchés, mais nous n'avons pas détecté une réelle volonté de tenir la fonction ou du moins il ne l'a pas exposée clairement comme d'autres candidats ont pu le faire. Hanaé, êtes-vous sûre de ce présage ?
— Catégorique ! Peut-être pas le prochain prélat, mais il va jouer un rôle déterminant ces cinq prochaines années, notamment dans la lutte contre la dissidence. Il doit intégrer l'académie prélastique durant toute cette période pour être au cœur de l'action. Faute de quoi Land basculera dans l'autocratie et la dictature d'un pouvoir unique, chose contraire à tous nos préceptes et que nous ne pouvons admettre.
— Le destin nous le désigne donc pour être le deuxième élu, conclut le conseiller Nicoli.

Le grand recteur fut appelé pour recueillir le verdict du conseil et établir les missives. Dix messagers de la police quittèrent l'assemblée bizertlandienne en direction de dix domiciles différents, porteurs de deux bonnes nouvelles et de huit qui décevraient au plus haut point ses destinataires. Les consignes étaient claires : remettre le pli à chaque candidat à dix heures précises et obtenir un accusé de réception par une signature sur un document officiel. Les deux élus recevraient ultérieurement une convocation et des instructions détaillées pour débuter leur formation début septembre. Les huit autres, une confirmation de leur inscription pour l'école administrative. Depuis dix minutes, Erié guettait à travers le rideau de la cuisine la venue du messager. Quand elle le vit déboucher au coin de la rue, son cœur s'emballa. Elle se précipita vers le hall d'entrée en accrochant au passage son plateau de petit-déjeuner posé sur la table. Celui-ci se fracassa au sol en projetant les éclats de verre dans la pièce. Elle n'en avait cure. Son objectif à l'instant était d'accueillir le policier et enfin de connaître son destin. Son instinct lui murmurait qu'elle avait réussi, mais sa raison lui conseillait de ne pas se réjouir trop vite car en cas d'échec ce serait la dégringolade, une chute terrible tout comme celle du plateau. Etait-ce un signe ? En quelques secondes elle passa par toutes sortes d'émotions. Il fallait que cela s'arrête ! On frappa trois coups à la porte. Elle ouvrit aussitôt.

— Erié Garet ?

— Oui c'est moi, bredouilla-t-elle.

Le policier connaissait son identité, mais il devait poser la question et à dire vrai il prenait son rôle très au sérieux, imaginant qu'il s'adressait potentiellement à la future dame prélat, persuadé que ce moment serait gravé à jamais dans l'esprit de la jeune fille, que tôt ou tard leur chemin se recroiserait et qu'elle se souviendrait du messager.

— Voici vos résultats que je vous remets en mains propres. Vous devez signer ce document en guise d'accusé de réception.

Erié obtempéra et signa d'une main tremblante, puis le policier la salua et tourna les talons. Elle se retrouva seule sur le pas de la porte, la lettre à la main, sans personne pour partager ce moment crucial. Ses parents étaient comme à l'accoutumée partis tôt le matin pour leur boutique. Ils ne pouvaient s'y soustraire. Elle referma la porte, se dirigea machinalement dans sa chambre et s'assit sur son lit, dans son assemblée à elle. L'endroit où elle avait depuis deux ans pris toutes les décisions virtuelles pour assurer la pérennité de Bizertland, convoqué sa HAM, rédigé des décrets et des lois. À présent, elle tenait dans ses mains la clef de son avenir sur un simple morceau de papier. Elle resta un bon quart d'heure à fixer l'enveloppe, se demandant si Séfan l'avait déjà ouverte, s'il avait réussi, s'il pleurait ou s'il hurlait de joie ? Elle décacheta l'enveloppe d'un geste nerveux et déplia la lettre. Elle eut du mal à retrouver parmi tous les mots la fameuse phrase, celle qui la libérerait ou l'enfermerait dans le regret pour les années à venir. Enfin, elle se concentra pour la lire et éclata en sanglots. On frappa de nouveau à la porte. Erié n'y prêta pas attention. Les coups se firent plus violents et la sortirent de sa torpeur. Elle découvrit Théry et Séfan tenant à la main ses résultats. Petit Pas avait attendu chez lui le messager. Dès que les garçons eurent pris connaissance de la missive, ils s'étaient précipités chez leur amie. En la voyant en pleurs, ils s'inquiétèrent.

— C'est oui les amis, c'est oui ! Ce sont des larmes de joie… Séfan ?

— Tu vas devoir me supporter encore cinq ans ! Je n'y crois toujours pas ! Impossible qu'ils se soient trompés n'est-ce pas ?

— Séfan tu te sous-estimes ! Je suis tellement heureuse, dit-elle, en se précipitant dans les bras des deux garçons. Je dois filer à la boutique pour avertir mes parents. Ne m'en

voulez pas de vous abandonner maintenant. On se retrouve cet après-midi chez moi. On a tellement de choses à se dire. Erié claqua la porte et partit d'un pas pressé en direction du dixième quartier où ses parents tenaient leur commerce. En apprenant la nouvelle, sa mère se mettrait sûrement à pleurer… et son père aussi d'ailleurs ! Si elle allait au bout du cursus des cinq ans dans tous les cas Erié serait prélat ou ambassadrice, de quoi rendre fiers n'importe quels parents. Les époux Garet avaient fait suffisamment d'études pour obtenir la gestion d'une boutique et s'assurer une vie confortable mais laborieuse. Il fallait y être présents six jours sur sept sans jamais prendre réellement de vacances. Tous les commerces de Land fermaient une semaine en hiver et deux semaines en été. Erié avait vécu une enfance plutôt solitaire, apprenant à se débrouiller seule dès son plus jeune âge, développant un grand sens de l'autonomie. Étant livrée à elle- même toute la semaine, hormis le dimanche, pour passer le temps elle s'était intéressée à une multitude de sujets et l'idée lui était venue de créer son propre gouvernement. Grâce à ça aujourd'hui son rêve allait peut-être se réaliser. De son côté, Séfan n'avait pas eu besoin d'informer ses parents, son père était bien placé pour connaître les résultats finaux, mais n'avait rien dévoilé la veille à son fils, le laissant dans le doute.
En quittant le domicile des Garet, les deux garçons se rendirent à l'assemblée pour consulter les listes d'admission dans les écoles supérieures. À présent Théry devait savoir si son vœu de rejoindre l'académie de police allait se concrétiser. Séfan avait tenu à l'accompagner pour le soutenir et le rassurer.
— Je te dis que tu seras admis !

— Je veux voir mon nom sur la liste, rien n'est jamais acquis tu sais.
— Si je suis choisi, tu seras le chef de ma police, lança Séfan pour détendre l'atmosphère.
— Merci beaucoup cher prélat et si tu pouvais par la même occasion me nommer capitaine de la garde Alpha je t'en serais reconnaissant pour l'éternité.
— Accordé !
Lorsqu'ils arrivèrent dans le hall d'accueil de l'assemblée, un attroupement s'était déjà formé autour des panneaux d'affichage et les deux amis retrouvèrent leurs camarades de brevet. Certains avaient une mine réjouie, sur d'autres on lisait de la déception, mais dans tous les cas, tous poursuivraient leurs études pour les années à venir. Pas forcément celles de leur choix, mais la décision prise par l'académie était guidée par leurs propres résultats au brevet et eux seuls en portaient la responsabilité. Petit Pas n'eut même pas le temps d'éprouver de l'angoisse à chercher son nom sur la liste, car une fille blonde qui semblait le connaître lui apprit qu'il figurait sur la liste de l'académie de police.
— J'ai remarqué ton nom car il est juste au-dessus du mien, lui lança Lison Aterman.
Séfan était fou de joie, mais Petit Pas n'y croirait pas tant qu'il n'aurait pas lui-même vu son nom inscrit noir sur blanc sur la liste « académie de police ».
— Ne lui en veux pas, il a besoin de vérifier, souffla Séfan à l'oreille de la jeune fille.
— Oh je comprends très bien ! J'ai fait la même chose. Les nouvelles vont vite et je sais aussi que tu es retenu avec Erié Garet à l'académie prélastique.

— Incroyable ! Je viens moi-même de l'apprendre il y a moins d'une heure. Donc tu vas toi aussi rejoindre la police landienne ?
— C'est ça ! On sera une quinzaine dans cette promotion, j'ai hâte de faire connaissance avec Théry.
Séfan s'amusa de cette dernière remarque. Une fille s'intéressait manifestement à son meilleur ami. Il se dit que plus tard, dans la journée il en parlerait à Petit Pas. Cela aussi signifiait la fin d'un cycle, passer de l'adolescence à l'âge adulte. Une fois que Théry eut confirmé son inscription, il se sentit soulagé et retrouva sa bonne humeur. Il se lança alors dans plusieurs conversations à la fois, passant du coq à l'âne, évoquant sa rentrée scolaire, les deux mois d'été, le départ de ses amis. Il semblait surexcité. Impossible pour Séfan de le suivre et même de placer le moindre mot.
— Stop ! Théry calme-toi, tu me donnes le tournis. On a le temps de parler de ça.Tu te souviens qu'on est en vacances pour deux mois ? Il faut avant tout se concentrer sur la finale de dimanche. Après seulement on aura l'été pour nous.
— Oui tu as raison, je suis tellement heureux, tout est trop beau, vous deux et moi maintenant, j'espère qu'une mauvaise nouvelle ne viendra pas gâcher tout ça.
— Allez, rentre chez toi annoncer à tes parents qu'ils vont avoir un fils policier. On se retrouve chez Erié cet après-midi.
Séfan fit un bout de chemin avec son ami et bifurqua à l'intersection du septième quartier. Il pensa retourner chez lui, mais ses parents n'y seraient pas avant dix-neuf heures. Son père rentrait de toute façon toujours très tard et sa mère avait été convoquée par le rectorat. En tant que professeure, elle devait apporter sa contribution à l'élaboration des

plannings des différentes classes pour la prochaine rentrée scolaire. Finalement il prit la direction du stade de Circle Ball où il retrouvait habituellement ses amis après les cours. En cette fin de matinée, le soleil brillait, le ciel était d'un bleu très pur, pas un souffle de vent ne faisait frémir les feuilles des arbres déjà très vertes. C'était une journée idéale, pourtant Séfan éprouvait une grande mélancolie sans en identifier la cause. Il se demandait si la fin de ses années lycée le perturbait à ce point ou si c'était son avenir tout tracé en tant que prélat ou ambassadeur qui le plongeait autant dans le désarroi. Imaginer quinze ans de sa vie dévoués à une fonction qu'il ne désirait pas pouvait à coup sûr le miner. Une lueur d'espoir malgré tout lui vint quand il imagina ses cinq prochaines années. Il allait voyager dans tout Land et découvrir ainsi les neuf autres districts, se rendre à Everland, séjourner dans la citadelle de la monotonie, prendre le convoyeur express, se faire de nouveaux amis avec les dix-huit autres candidats et surtout être doté d'une capacité à recevoir des présages et les interpréter. Bien que dans la liste des pouvoirs conférés par les runes, il aurait plutôt choisi la super précision. Voilà ce qui le faisait rêver ! Pouvoir accomplir les exploits d'adresse les plus fous en toute désinvolture l'aurait comblé de joie. Subitement un frisson lui parcourut le dos comme un courant d'air froid sous sa chemise. Il scruta les environs et pendant quelques secondes éprouva l'étrange sentiment d'être observé. La rue était quasiment déserte et les rares passants semblaient ne pas se préoccuper de lui. Il chassa rapidement cette idée en plaisantant avec lui-même.

— Tu as déjà des visions Séfan ! Ça commence bien.

Les trois amis passèrent l'après-midi chez Erié à parler de

tout et de rien. Les sujets fusaient de tous côtés, chacun évoquant son probable avenir, sa prochaine fonction, comment ils pourraient tôt ou tard se retrouver. Les conversations tournaient autour du Circle Ball, avec la finale de dimanche mais aussi autour d'une certitude pour lui. Qu'il soit prélat ou ambassadeur, sa carrière de joueur serait terminée. Il était inconcevable qu'un dirigeant ou qu'un ambassadeur fasse partie d'une équipe de Circle Ball. Théry n'aurait plus jamais l'occasion de jouer avec son ami. Il fallait donc que cette finale soit inoubliable et c'est ce qui motivait les deux garçons à gagner ce dimanche. Le stade serait plein, toutes les places ayant été vendues depuis des mois, aussi Erié n'y assisterait pas. Avant de les connaître, elle ne s'intéressait pas vraiment à ce sport et il ne lui serait pas venu à l'idée de réserver des billets. Elle resterait aux abords du complexe pour profiter des nombreuses attractions et parcourir les échoppes qui allaient fleurir tout autour du grand stade. Ses parents avaient promis de la rejoindre pour déjeuner ensemble. Des roulottes installées sur le parvis proposeraient des plats variés à emporter. Le district ferait installer des tables et des bancs à l'ombre du stade pour mettre à disposition des visiteurs une aire de restauration. La finale du Circle Ball demeurait un événement majeur de la vie de Bizertland et tout serait fait pour que la fête soit la plus réussie possible. Le sujet dériva ensuite sur la forêt de Min.

— J'aimerais beaucoup vous faire découvrir la cascade d'argent, déclara Petit Pas.

— Qu'est-ce que c'est ? Questionna Erié.

— On l'appelle ainsi car les chutes d'eau, quand elles tombent, ressemblent à un voile d'argent. Quand j'étais

petit mes parents m'y amenaient, on y passait la journée. C'est un endroit sublime et sauvage.
— C'est très tentant mais je n'en ai jamais entendu parler, répondit Séfan.
— Et pour cause, le chemin qui y mène a été condamné à la suite de nombreux incidents. C'est celui que nous avons aperçu la dernière fois. Des promeneurs imprudents s'y sont égarés. Mais je connais très bien l'itinéraire et avec moi comme guide il n'y aura aucun risque, ça vaut le coup.
— Tu es sûr ? M'engager dans la forêt ne m'emballe pas vraiment.
— Ne t'inquiète pas Erié, il faudra juste suivre les balises qui indiquent la cascade. Il ne faudra sous aucun prétexte s'en éloigner. Ceux qui se sont perdus ont commis cette erreur.
— Moi je suis partant déclara Séfan. Si l'endroit nous plaît nous pourrions ainsi alterner avec le lac. Ça promet un bel été !
La fin de l'après-midi passa ainsi dans la bonne humeur. Le trio s'entendait à merveille. Malgré des personnalités très différentes, ils finissaient par se compléter. Séfan et son caractère réservé, Erié la créative et Petit Pas avec sa spontanéité naturelle. Deux garçons pour une fille. Pour l'instant aucune ambiguïté sur la nature de leur amitié. Aux yeux de leur entourage cela pouvait sembler curieux mais la question ne se posait pas et aucun membre du groupe n'affichait plus qu'une solide camaraderie. Séfan revint sur l'épisode Lison Aterman pour taquiner Théry :
— Avant même de revêtir l'uniforme de la police, il a déjà une admiratrice.
— De quoi parles-tu ? interrogea Erié

— Explique-lui Théry.

Celui-ci, un peu gêné, éluda la question:

— Je ne la connais pas. Tout ce que je peux dire c'est qu'elle sera dans ma promotion durant ces trois prochaines années alors j'ai plutôt intérêt à bien m'entendre avec elle. On a tout le temps de faire connaissance et qui sait, elle pourra peut-être prendre ta place comme meilleur ami Séf !

Le trio éclata de rire et la conversation repartit de plus belle. Séfan s'imprégnait au maximum de ce moment avec ses amis. Il avait encore tout l'été pour capturer ces instants de bonheur tel que celui-ci pour ensuite se les remémorer une fois loin de chez lui. Au moins, il aurait la chance de partager son quotidien pendant cinq ans avec Erié. Bien sûr elle serait aussi sa rivale à la fonction de prélat, mais leur amitié primerait. De son côté, la compétition ne l'intéressait pas, la fonction même ne l'intéressait pas, mais en s'engageant dans cette voie, plus rien ne pourrait l'en détourner. Son avenir était tracé et il ferait en sorte d'accomplir sa mission du mieux possible pour servir Land et son district. Quant à Théry, il se retrouverait seul et le trio serait séparé. Nul doute qu'avec son caractère plutôt jovial il se fasse de nouveaux amis. Le temps allait les séparer doucement, c'était inéluctable. Qu'en serait-il de leur amitié quand ils se retrouveraient ?

15

Enfin le jour tant attendu de la finale arriva. En ce dimanche d'été, tous les amateurs de Circle Ball n'auraient qu'une obsession, celle d'assister à ce grand événement sportif. Du moins pour les trente mille spectateurs munis d'un billet, pour les autres malchanceux ils devraient errer comme de pauvres diables aux abords du stade s'ils voulaient s'imprégner de l'ambiance. L'immense parvis était envahi de petites échoppes qui proposaient de l'artisanat local, des produits aux couleurs des équipes finalistes, des équipements sportifs et tout un assortiment de produits divers et variés. Une allée entière était réservée à la restauration et des tables et bancs permettaient aux badauds de déjeuner sur place. À dix heures du matin, des odeurs de cuisine et d'épices flottaient déjà dans l'air. Les marchands ambulants mettaient la dernière touche à l'installation de leur stand ou de leur roulotte et quelques-uns s'accordaient une pause autour d'un café avant que le flot des promeneurs n'envahisse les allées. L'événement attirait des familles entières et restait une des rares occasions pour les Bizertlandiens de se mêler à une foule aussi nombreuse et de se réunir en public en dehors de leur cercle privé d'amis. Les festivités dureraient jusque tard dans la nuit, bien après le coup de sifflet final du dernier match. Beaucoup resteraient dîner sur le parvis et les enfants profiteraient des jeux installés pour eux pour l'occasion. En dehors de la finale de Circle Ball et des foires saisonnières, il n'y avait aucune autre manifestation qui rassembla autant de monde sur une si courte période.

La rareté de ces événements en faisait tout l'attrait et les Landiens habitués à une vie plutôt monotone profitaient à fond de ce moment de convivialité et de rencontres en public. Les tribunes du stade commençaient à se remplir petit à petit. La première affiche, la finale junior, bien que d'un bon niveau, ne pouvait rivaliser en popularité avec celle des seniors. Aussi le stade serait-il à moitié plein pour assister à cette première rencontre, pour les amateurs une simple mise en bouche et l'occasion de découvrir les talents de demain. C'est là-dessus que comptait Petit Pas. Quelle que soit l'issue de la rencontre, il espérait bien se faire remarquer par les dirigeants des Aigles du dix-neuvième quartier, l'équipe phare de Bizertland. Sa carrière de policier lui permettrait, contrairement à celle de Séfan, de continuer à pratiquer son sport favori et, si la chance, lui souriait, il pourrait même intégrer l'élite sénior. Pour cela il devrait donner le meilleur de lui-même en cette fin de matinée. Le coup de sifflet annonçant le début de la rencontre des Comètes du cinquième contre les Aiglons du dix-neuvième serait donné à onze heures. Dans les matchs officiels une équipe de Circle Ball comptait huit membres sur le terrain et quatre remplaçants sur le banc. À une demi-heure de la rencontre, les entraîneurs et les encadrants avaient investi les vestiaires des deux équipes et la tension commençait à monter. Chez les Comètes le coach donnait les dernières consignes :

— Souvenez-vous, vous êtes là avant tout pour vous faire plaisir, faire plaisir au public, lui montrer du beau jeu et bien sûr pour ramener la coupe dans le cinquième !

— Les Comètes toujours en tête ! Répliqua l'ensemble de l'équipe.

Le club des Comètes avait pour l'occasion fourni à son équipe junior de nouvelles tenues d'été aux couleurs du club : débardeur jaune, short violet, chaussettes jaunes et chaussures noires. Chaque joueur portait son numéro en violet dans le dos. Erié avait toujours trouvé cette association de couleurs très criarde mais les garçons l'adoraient et les avaient adoptées dès le départ. De leur côté les Aigles et les Aiglons du dix-neuvième joueraient avec leurs couleurs officielles : débardeur rouge barré de noir, short noir, chaussettes et chaussures noires.
À quelques minutes du début du coup d'envoi, le stade s'était rempli à moitié. Les joueurs attendaient dans le couloir menant à l'entrée du terrain de jeu. On entendait les clameurs des supporters, cela accentuait davantage la pression. Les joueurs de chaque équipe se jaugeaient du regard, pressés d'en découdre. Ils ne se connaissaient pas personnellement mais savaient tout les uns des autres. Chaque coach avait pris soin, au fil de l'année et des rencontres, d'étudier les forces et faiblesses de l'équipe adverse afin d'établir sa stratégie de jeu. Séfan et Petit Pas représentaient pour les Aiglons les deux éléments de base de cette équipe des Comètes et seraient tous les deux dans le viseur des défenseurs. Les deux amis le savaient et leur coach avait prévu des contre-mesures. En l'occurrence les changer de poste en fonction des phases de jeu afin de désorienter les Aiglons. C'était leur botte secrète en plus de la combinaison dix qu'ils avaient répétée lors de la dernière séance d'entraînement. Ils ne l'utiliseraient qu'en ultime recours et sur de courtes périodes car cette tactique désorganisait aussi leur propre jeu basé sur Séfan en pivot.
À dix heures cinquante l'arbitre s'adressa aux deux

capitaines d'équipe et leur fit signe d'avancer. Dès que les premiers joueurs pénétrèrent sur le terrain, une immense clameur s'éleva, applaudissements, cris d'encouragements, sifflets, chants de supporters. Éparpillés dans les tribunes on voyait s'agiter des drapeaux aux couleurs des deux camps. Le bruit, les couleurs, la foule, la tension, tout contribuait à galvaniser le moral des joueurs. Selon la tradition, ceux-ci étaient alignés au centre du terrain pour saluer la foule et se serrer la main mutuellement, se souhaitant bonne chance et bon match. L'arbitre rappela aux capitaines les règles de fair-play et après le tirage au sort qui donna le premier ballon aux Comètes, le match débuta.

Les Aiglons rentrèrent très vite dans le match monopolisant le ballon et marquant, selon leurs habitudes, des paniers à un point, soit à partir du premier cercle dans le panier le plus bas, des points plutôt faciles à engranger. Le score n'avançait pas vite mais affectait le moral de l'équipe adverse qui ne parvenait pas à imposer son jeu. Les Comètes perdaient beaucoup de ballons à cause de lancers approximatifs ou de tirs à neuf points manqués.

Séfan se démenait sur le terrain pour distiller des passes précises à ses coéquipiers mais le plus souvent il était marqué par deux défenseurs des Aiglons ce qui gênait terriblement ses actions. À la fin du premier tiers-temps, les Aiglons menaient vingt à quinze, dont dix points marqués par Petit Pas, lequel, pour l'instant tenait son rôle de marqueur à la perfection. Pendant la courte pause de dix minutes, les coachs de chaque équipe donnèrent leurs consignes sur la stratégie à appliquer. Chez les Aiglons il s'agissait de poursuivre leur tactique qui jusqu'à présent fonctionnait à merveille. Pour les Comètes, la donne était différente. Le

coach avait réuni son équipe en cercle autour de lui :
— Qu'est-ce qu'il vous arrive ? Vous êtes fébriles, vous avez peur ! Il faut vous réveiller, ils ne sont pas meilleurs que vous. Je veux plus de percussions et de précisions. On va jouer nous aussi des paniers à un point. Il faut recoller au score pour les faire douter et inverser le processus. On passe un ballon sur deux à Séfan pour que les défenseurs le lâchent un peu. Allez, on y retourne !
— Les Comètes toujours en tête !
Le deuxième tiers-temps redémarra en trombe. Boostés par le discours de leur coach et par un changement partiel de leur tactique, les Comètes revenaient au score. Séfan avait maintenant plus de liberté de manœuvre et distribuait des ballons à partir du troisième cercle. Cela demandait plus de rigueur, mais les défenseurs ne s'aventuraient plus à deux dans cette zone, faute de laisser le premier cercle à découvert. Petit Pas enchaînait les dribbles et les paniers à un point, si bien qu'à la fin du deuxième tiers-temps les deux équipes étaient à égalité à trente-cinq partout. La fin du premier tiers-temps avait plongé les supporters des Comètes dans une sorte de résignation. Mais à présent le stade entier se réveillait. Chaque camp, tour à tour, entonnait des chants et des cris d'encouragement à son équipe. C'était à celui qui chantait le plus fort. Le match se jouait aussi dans les tribunes, là encore égalité parfaite !
À la reprise et pour le dernier tiers-temps, les coachs de chaque équipe avaient procédé à des changements. Chez les Aiglons, apparemment on renforçait la défense, car deux garçons baraqués avaient fait leur entrée sur le terrain. Leur équipe misait avant tout sur leur stature imposante pour gêner les Comètes dans leurs attaques. Ces deux joueurs-

là étaient rarement titulaires de par leur faible performance technique et ne faisaient leur entrée que pour verrouiller la défense. Le coach avait vu ses adversaires revenir au score et commençait à prendre au sérieux ses challengers. Chez les Comètes, l'entraineur avait misé au contraire sur l'attaque. Petit Pas et Séfan restaient toujours titulaires, mais Jon, un des défenseurs, avait été remplacé par une attaquante, Lily. Fine et rapide, elle avait pour mission de se faufiler dans la zone à un point pour entraîner derrière elle des défenseurs et ensuite passer la balle à Séfan qui la repasserait à Petit Pas, embusqué dans la zone à neuf points. Pour cela, le coach donnerait le signal pour enclencher la combinaison numéro dix, qui devait intervenir dans les cinq dernières minutes du match. Jusque-là Lily tenterait sa chance avec des tirs à un point. Au bout de dix minutes, le score n'avait pas beaucoup progressé, les deux équipes se neutralisant si bien que les occasions de tirs se faisaient rares. Dès qu'une équipe marquait, l'autre égalisait aussitôt par un panier facile. Tout ça n'était pas du goût du public qui commençait à manifester son mécontentement par des sifflets. Le match devenait ennuyeux et les phases de jeu moins excitantes. Les Comètes devaient se mettre à l'abri d'un contre malheureux de dernière minute en essayant de prendre de l'avance au score. Le tableau d'affichage indiquait Aiglons quarante-six – Comètes quarante-cinq. Si les Aiglons ne marquaient pas beaucoup, ils empêchaient efficacement leurs adversaires d'inscrire également des points. À ce petit jeu ils finiraient par en sortir vainqueurs avec leur défense de fer. À quatre minutes de la fin du match le coach des Comètes indiqua à Séfan, par un signe de la main, l'assaut final et la mise en œuvre de la combinaison numéro dix. Il répercuta l'information à toute l'équipe et Lily se fit plus agressive et plus percutante, marquant à deux reprises un panier à un point, pendant que Petit Pas semblait amorphe et que les défenseurs se désintéressaient de lui. Toute l'attention de la défense des Aiglons se concentra sur Lily. Aiglons cinquante – Comètes quarante-neuf. Les paniers à un point s'enchaînaient pour chaque équipe. Aiglons cinquante-trois – Comètes cinquante et un. On était arrivé à la dernière minute du temps réglementaire. Les Comètes monopolisaient le ballon pour préparer leur dernière tentative : le tir à neuf points de Petit Pas. La troisième zone était complètement délaissée par les Aiglons qui espéraient préserver leur avance de deux points en focalisant leur défense sur la première et la deuxième zone. En plus de Lily dans la première zone, deux autres joueurs des Comètes servaient de leurre dans la deuxième zone car un panier à six points suffirait aussi pour soulever la coupe junior. Lily récupéra le ballon et après quelques dribbles fit mine d'armer son tir. Il restait à peine vingt secondes. Au lieu de viser le panier à un point, comme tout le monde s'y attendait, elle fit une passe à ras de terre à Séfan qui se trouvait seul, cinq mètres derrière elle. Petit Pas lui se tenait à la limite de la troisième zone, le plus près possible de la démarcation avec la deuxième. Il reçut le ballon à cinq secondes de la fin et arma son tir. En voyant se dessiner la combinaison, tout le stade retint son souffle et un profond silence envahit le stade. Théry savait qu'il jouait gros sur ce dernier tir. Même s'il avait fait un match sérieux, sa dernière action resterait celle dont tout le monde se souviendrait pour le meilleur comme pour le pire. Le ballon décrivit une longue courbe et atterrit sur le cercle de fer du panier, puis roula quelques secondes sur le bord, et finit par retomber à côté, sans y entrer. Le coup de sifflet final retentit. Les Comètes avaient perdu. Les partisans des Aiglons s'enflammèrent tandis que ceux des Comètes, profondément déçus commencèrent à quitter le stade. Des cris, des applaudissements retentirent, des drapeaux s'agitèrent, l'enceinte entra en ébullition, Petit Pas tomba à genoux sur le parquet et enfouit son visage dans son maillot en sanglotant. Les joueurs des Comètes abasourdis, restaient plantés là au milieu du terrain. Certains pleuraient, d'autres se consolaient en se serrant dans les bras. Séfan, une fois le choc passé, chercha son ami du regard. Il le vit prostré au sol, les épaules secouées de sanglots. Il posa une main amicale sur sa tête :

— Tu as fait un match formidable Théry, il ne faut rien regretter.

— On a perdu ! Souffla Petit Pas en essuyant ses larmes. Et par ma faute !

— Non ne dis pas ça. Le match a duré une heure, tu ne peux pas juste le réduire aux cinq dernières secondes. Nous avons tous notre part de responsabilité dans cet échec.

— Tu ne comprends pas, c'était notre dernier match, j'aurais tant aimé t'offrir cette victoire !

Il se remit à pleurer sans essayer cette fois de s'en cacher. Désemparé, Séfan le prit dans ses bras, fait plutôt inhabituel chez les garçons qui n'étaient pas très démonstratifs quand il s'agissait de manifester leur amitié. Petit Pas commença à se calmer peu à peu.

— Allez viens, allons rejoindre l'équipe.

Les Comètes et leur coach se réunirent en cercle pour afficher ce bel état d'esprit qui caractérisait l'équipe.

Dans cette ambiance plus que morose, tous les joueurs se réconfortaient comme ils pouvaient en échangeant de petits mots ou des tapes amicales dans le dos. Ils pouvaient avoir des regrets mais c'en était à présent terminé. Il faudrait bien accepter cet échec pour continuer à progresser et revenir l'année prochaine encore plus forts, comme le disait le coach. Pourtant avec le départ de Séfan et celui très probable de Petit Pas, que deviendrait l'équipe la prochaine saison ? De leur côté, les Aiglons exultaient, se congratulaient les uns les autres, saluaient leurs supporters et déambulaient sur le terrain en agitant des drapeaux récupérés dans le stade. Malgré toute cette ferveur, ils n'oublièrent pas de venir saluer leurs adversaires conformément aux préceptes de Land, même si leur geste semblait empreint d'arrogance. De l'arrogance, les Aiglons n'en manquaient pas, tout comme leurs aînés, les Aigles du dix-neuvième à qui tout réussissait. Enivrés par leur fabuleux palmarès, ils avaient au fil des années développé une suffisance et un mépris des autres clubs qu'ils jugeaient bien inférieurs. Quand la pression et l'agitation se dissipèrent et en attendant que l'on dresse le podium pour la remise de la coupe, de petits groupes de joueurs des deux équipes échangèrent sur la prestation qu'ils venaient de produire, commentant certaines actions décisives ou des phases de jeu qu'ils avaient appréciées. Petit Pas, par un signe de la main du coach des Aiglons, fut appelé à le rejoindre. Un regard vers Séfan qui lui sourit en lui faisant un petit signe de la tête. Le cœur battant, le jeune homme le rejoignit en petites foulées.
— Théry Ashmor c'est bien ça ?
— Oui coach, confirma Petit Pas.
Il se sentait comme un élève devant un professeur.

— Tu as raté ton dernier panier. C'est très embêtant.

Théry déglutit. Il ne savait que répondre. Il imagina aussitôt qu'il n'aurait pas d'avenir chez les Aiglons.

Le coach s'interrompit quelques instants avant de poursuivre :

— Mais ça n'efface pas ta performance d'aujourd'hui. Tu as fait un match solide. Je dois dire que nous t'avons craint pendant les deux premiers tiers-temps. Ensuite tu t'es effacé mais maintenant je comprends mieux votre tactique. C'était très audacieux mais aussi très dangereux de jouer le résultat final sur un dernier panier et c'est toi qui en avais la responsabilité de surcroît.
— Merci coach.
— Tu dois travailler davantage ton mental.
— Oui coach.
Rien ne laissait présager qu'il voulait s'assurer les services de Théry et celui-ci commençait fortement à douter en l'écoutant lui prodiguer des conseils.
— Quels sont tes projets pour l'année prochaine ?
— Je rentre à l'académie de police.
— Bien. Est-ce que tu voudrais travailler encore plus fort et améliorer ton mental chez Les Aiglons et ensuite chez les Aigles du dix-neuvième ?
Le cœur de Petit Pas cognait à tout rompre.Il n'était pas sûr d'avoir bien compris la proposition.
— Vous me proposez de rejoindre votre équipe ?
— Eh bien oui ! Ça n'est pas assez clairement demandé ? Ça ne t'intéresse pas ?
— Non, non coach, enfin je veux dire oui, oui ça m'intéresse évidemment !

— Passe mercredi prochain à dix heures au club, nous en discuterons.
— Merci coach.
— Dommage que ton camarade mette fin à sa carrière, je l'aurais bien enrôlé lui aussi. Allez file rejoindre tes Comètes, lâcha-t-il sur un ton sarcastique.
À l'évidence, tout le monde connaissait l'avenir de Séfan. Les résultats du concours prélastique faisaient, une fois tous les quinze ans, les gros titres des gazettes de Bizertland. Les deux promus étaient en quelque sorte les stars du moment et dans tous les cas l'un ou l'autre deviendrait le ou la future prélat du district.
Tout se passait comme il en avait rêvé, à l'exception de la finale perdue. Mais que représentait cette finale face à toutes les autres potentielles qu'il pourrait gagner avec l'équipe senior des Aigles du dix-neuvième ? Cette dernière nouvelle lui redonna le moral et il en oublia presque ce panier à neufs points manqué. De retour auprès de son équipe, il ne tarda pas à devoir expliquer sa conversation avec le coach des Aiglons.
— Alors tu nous quittes ?
— Coach, vous savez, je ne vous ai jamais rien caché. J'ai toujours rêvé de jouer chez les Aigles.
— C'est vrai. J'espérais que tu resterais fidèle à ton équipe. On forme une famille non ?
— Coach…
— Bon, je suppose que ta décision est prise. La vie d'une équipe de Circle Ball est toujours en perpétuel mouvement. Avec ton départ et celui de Séfan, il va falloir que je me creuse les méninges pour construire une nouvelle formation la saison prochaine.

Soudain Théry se sentit coupable. Avait-il fait le bon choix ? Était-il un traître à son équipe ? L'abandonnait-il pour satisfaire son ambition personnelle ? Il faudrait remettre les réponses à plus tard car déjà une fanfare pénétrait sur le terrain en jouant l'hymne de Bizertland, annonçant la remise imminente de la coupe aux Aiglons. Quant aux Comètes, ils recevraient une médaille, maigre lot de consolation à leurs yeux.

L'événement ne revêtait pas assez de prestige pour que la dame Hanaé l'honore de sa présence. Cette tâche avait été déléguée à la conseillère Maxell, membre éminent de la HAM. Après la cérémonie, les Comètes regagnèrent rapidement leurs vestiaires alors que les Aiglons paradaient dans le stade en brandissant la coupe et en encourageant le public à les acclamer. Comme à son habitude, Petit Pas ne perdit pas une minute et se rua sous la douche, autrement plus rutilante que celle de son club. Séfan l'y rejoignit et son ami tout en se savonnant énergiquement lui fit part de ses premières impressions sur son futur coach. Pressé de rejoindre ses parents et ses amis, il leur annoncerait la nouvelle de son enrôlement chez les Aigles. Séfan ne l'écoutait pas vraiment et traînait sous la douche, le regard vide. Il avait coupé l'eau chaude et laissait l'eau froide le glacer pour ne plus penser à la défaite et à ce qu'il savait être son dernier match de Circle Ball à Bizertland. Mise à part Erié, personne ne l'attendait dehors. Ses parents n'étaient pas venus le soutenir, ils estimaient cet événement et ce sport bien trop populaires pour s'y montrer. Son père n'avait même pas revendiqué la délégation de remise de la coupe aux juniors. Finalement il préférait, car Séfan aurait détesté croiser son regard quand il lui aurait remis le lot de

consolation, une pauvre médaille ! Ses larmes se mêlant au jet d'eau, nul ne pouvait deviner qu'il pleurait.
— Allez Séf dépêche-toi ! La finale senior se joue à seize heures, d'ici là nous devons retrouver mes parents et ceux d'Erié, ils nous attendent pour déjeuner.
— Pars devant, je vous rejoins à l'aire de restauration.
Il prit tout son temps pour se rhabiller et sortit des vestiaires le dernier, croisant dans les couloirs quelques joueurs des Aiglons qui regagnaient les leurs. Ils le dévisagèrent avec un sourire narquois avant de se raviser. Ce gars-là pourrait devenir leur prochain prélat. Après tout, il valait mieux ne pas le narguer.
— Beau match Kerry. Vous vous êtes bien battus, c'était vraiment serré, lança un des deux gars baraqués rentré au dernier tiers-temps.
— Merci, répondit simplement Séfan en accélérant le pas pour éviter une conversation stérile.
Il s'engagea dans le couloir nord qui débouchait directement sur le parvis du stade. Le soleil de cet après-midi l'éblouit et les premiers rayons de juillet lui remontèrent un peu le moral. Les allées étaient remplies d'une foule dense et nonchalante qui suivait en flanant le sens de circulation des allées. Il régnait une ambiance chaleureuse et festive, des effluves appétissantes se propageaient dans l'air chaud de ce début d'été. Il aperçut de loin les Ashmor et les Garet attablés sous un pin parasol, mais pas de Petit Pas, ni d'Erié.
Il s'avança et salua les deux couples en grande discussion.
— Ah ! Séfan content de te voir, lança monsieur Ashmor.
Les Ashmor le connaissaient depuis sa plus tendre enfance, il faisait quasiment partie de leur famille. Tu dois être très déçu non ?

— Oh ! Ça va mieux, prétendit-il. La pilule est difficile à avaler mais nous n'avons rien à nous reprocher. Les Aiglons sont vraiment une belle équipe. Il n'en pensait pas un mot, mais il fallait faire bonne figure et ne pas donner trop d'importance à cette défaite.Tellement d'autres projets l'attendaient dans le futur !
Il avait rencontré une fois seulement les parents d'Erié. Ces derniers avaient l'air vraiment impressionné de faire sa connaissance. Cela le gênait beaucoup car il ne se sentait pas à l'aise dans son rôle de prétendant prélat. Pour couper court à la conversation il s'enquit de savoir où étaient ses deux amis. Madame Garet lui répondit :
—Tu trouveras Théry et Erié à la roulotte rouge là en face. Ils passent commande de notre déjeuner, rejoins-les vite pour choisir ce qui te ferait plaisir.
— Je meurs de faim, j'y vais tout de suite.
Ses deux amis attendaient dans la file formée devant la roulotte.
— Enfin Séfan, tu en as mis du temps ! S'inquiéta Erié en déposant un baiser sur sa joue.
Visiblement son amie cherchait à le réconforter car Petit Pas déclara :
— Je croyais que ce traitement de faveur m'était seulement destiné mais je vois que tous les perdants y ont droit !
— Oui c'est vrai j'essaie de vous consoler comme je peux. J'aurais tant aimé assiter au match.
— Ça n'aurait rien changé, j'aurais manqué mon dernier tir aussi lamentablement.
— On peut toujours avoir des regrets mais il faut passer à autre chose. On a tout l'été pour profiter de nos derniers instants ensemble, pour moi c'est le plus important, déclara

Séfan.
Ils récupérèrent leurs repas et rejoignirent la table des parents. Inévitablement la conversation tourna autour du Circle Ball, du match des juniors mais essentiellement du prochain, la finale senior, les Aigles du dix-neuvième contre les Éclairs du onzième. Certes les Aigles partaient largement favoris, mais il ne fallait pas sous-estimer les Éclairs qui, selon monsieur Ashmor, avaient du potentiel. Petit Pas monopolisait l'attention quand il fallait parler de son futur club des Aiglons. Il imaginait évoluer la première saison chez les juniors et regagner ensuite très vite l'équipe senior. Il devrait faire sa place dans l'équipe pro, c'est-à-dire, accepter de jouer les remplaçants les premières saisons.Il savait cette étape incontournable. Il ne serait titulaire que lorsqu'il aurait fait ses preuves. Avec ses études à l'académie de police et son inscription chez les Aiglons, l'avenir semblait plein d'espoir. Les parents de Théry, pour leur part, très curieux de connaître le cursus de l'académie prélastique, interrogèrent les deux prétendants au poste de prélat. Ils éprouvaient une certaine fierté à côtoyer la ou le futur chef du district. Séfan faisait un peu partie de la famille Ashmor. Il avait passé énormément de temps chez eux ces dernières années à travailler avec leur fils ou simplement à jouer des après-midis entiers avec lui. Avec la politique de l'enfant unique, la notion de famille élargie n'existait pas. Personne n'avait d'oncles, de tantes, de neveux, de nièces ou de cousins ou cousines. Toute l'affection familiale se reportait sur les enfants des autres familles, amis de leur propre enfant. Ils se nouaient entre eux des amitiés très fortes, des liens fraternels. Erié ne connaissait les garçons que depuis quelques semaines mais elle avait

déjà l'impression d'avoir trouvé deux frères. Monsieur et madame Garet conscients de ça, avaient rapidement adopté les deux garçons, même s'ils gardaient une certaine réserve avec Séfan en raison de sa position et celle de ses parents. Avoir un père membre de la HAM et une mère professeure de morale landienne les rendaient inaccessibles à leurs yeux. Séfan se rendait compte de la situation et essayait d'être le garçon le plus normal possible. C'est ce qu'il était de toute façon. Il n'avait jamais vraiment voulu devenir le prochain prélat. Ses parents l'avaient convaincu en le poussant fort dans cette voie. Au fil du temps Séfan finit par admettre qu'il avait réussi pour leur faire plaisir, pas pour lui-même. Impossible à présent d'échapper à sa destinée. S'il renonçait maintenant, sa vie entière deviendrait un enfer. Entre les reproches de ses parents, le regard des autres, il serait considéré comme une personne faible, sans ambition, peu soucieuse de la communauté et du bien-être de ses citoyens. L'inverse de tous les préceptes landiens. Depuis que les districts existaient, ça n'était jamais arrivé. Aucun candidat n'avait abandonné ses études. L'histoire rapportait seulement le cas exceptionnel de la mort d'un candidat pendant la cérémonie des runes. Le règlement prévoyait que le candidat arrivé troisième au concours prenne la place du défaillant. Il ne comptait pas en arriver à un tel extrême et accomplirait son devoir jusqu'au bout. À une demi-heure de la grande finale, Petit Pas trépignait d'impatience à la table du déjeuner. En tant que finalistes juniors les joueurs des Comètes et des Aiglons assisteraient d'office au match, comble de bonheur pour Théry, dans la tribune d'honneur, idéalement placés pour être au plus près de l'action. Pas aussi enthousiaste, Séfan aurait préféré rester avec d'Erié à l'extérieur et traîner avec elle aux abords du stade, mais son absence au sein des Comètes serait mal perçue par ses camarades. Il ne voulait pas gâcher ses derniers moments qu'il vivrait avec eux au sein de cette équipe qu'il affectionnait par-dessus tout.

— Tu ne vas pas t'ennuyer à nous attendre pendant deux heures ?

— Ne t'inquiète pas je suis en bonne compagnie, mes parents et ceux de Théry comptent bien profiter de ce bel après-midi pour apprendre à mieux se connaître.

— Très bien. Alors on se donne rendez-vous ici à dix-huit heures alors.

16

Les deux garçons regagnèrent l'enceinte du stade comble quinze minutes avant le début de la rencontre. Un brouhaha montait des différentes tribunes.

Une masse mouvante ondulait au rythme des drapeaux des deux équipes qui s'agitaient. Mélange de rouge et noir pour les Aigles et jaunes pour les Éclairs, spectacle fascinant et hypnotique, dont Séfan ne pouvait détacher les yeux. Les Aiglons et les Comètes avec leur staff s'installèrent en première loge dans la même tribune. Les vainqueurs, acclamés par leurs supporters, avaient disposé la coupe bien en évidence devant eux. L'ambiance côté Comètes, plutôt morose allait vite se réchauffer dès que le coup de sifflet de l'arbitre annoncerait le début de la grande finale.

Au-dehors, Erié entendait les clameurs du public et ne pouvait qu'imaginer les actions de jeu sans savoir vraiment quelle équipe menait au score. À la fin du premier tiers-temps, quelques spectateurs regagnèrent le parvis pour se restaurer et le score fut alors connu. Un match très serré ! Les Éclairs apparemment donnaient du fil à retordre à cette arrogante équipe des Aigles. Cela promettait une belle fin de match. Encore une bonne heure et ses amis la rejoindraient. Ensemble ils organiseraient leurs deux mois d'été, entre balades dans la forêt de Min, après-midis au lac et pourquoi pas suivre le conseil de Théry et se rendre à la cascade d'argent ? Même si le périple semblait risqué, puisque le parcours jugé dangereux en était interdit. L'idée de braver le danger avant de prendre potentiellement sa fonction de dame prélat, l'excitait. Ce serait peut-être la dernière fois qu'elle pourrait agir de façon désinvolte et profiter des élans de sa jeunesse. Ensuite, terminé ! Elle aurait un rôle à tenir et une exemplarité à donner en modèle aux Bizertlandiens. Les parents discutaient autour de la table en buvant du café. Erié les écoutait d'un air distrait. Elle se projetait déjà dans son futur et imaginait mille scénarios possibles durant ces longues années d'études qui la conduiraient elle et ses camarades de promotion à travers tout Land. Justement qui étaient-ils ? Des jeunes gens de son âge qui vivaient à des centaines, voire des milliers de kilomètres de Bizertland. Se ferait-elle de nouveaux amis ? Comment utiliserait-elle son don de divination ? La cérémonie des runes l'intriguait également beaucoup. Était-ce douloureux de recevoir le don ? Combien de temps resteraient-ils dans la citadelle de la monotonie ? Que de questions pour l'instant sans réponse ! À peine avait-elle pensé à une explication possible qu'une autre question venait aussitôt l'assaillir, à tel point que l'heure passa très vite. Elle sortit de sa torpeur en entendant des hourras qui montaient du stade. Le match était terminé, semblait-il. Le résultat ne l'intéressait pas vraiment, elle avait juste hâte de retrouver ses amis. Certes, Petit Pas se répandrait en éloges intarissables si les Aigles sortaient vainqueurs ou muet comme une carpe dans le cas contraire. Dans les deux cas, il ne serait pas un compagnon très agréable en cette fin d'après-midi et il ne faudrait pas compter sur lui pour prévoir quoi que ce soit de leur programme estival. Elle aperçut les deux garçons sortant du stade. À la mine réjouie de Théry, elle sut que les Aigles avaient une fois de plus remporté la coupe. Séfan, lui, affichait une expression neutre et ne semblait pas aussi excité que son ami.

— Ils l'ont fait ! Tu te rends compte ! Et de cinq ! Cinq

coupes d'affilée c'est incroyable !
— Oui, oui, c'est génial, se moqua Erié.
— À quoi bon discuter avec toi ?
Théry se dirigea vers la table des parents pour débriefer le match face à un auditoire dont il capterait certainement toute l'attention.
— Alors, c'était comment ? Questionna Erié.
— Ça t'intéresse vraiment ?
— Non tu as raison, répondit-elle en éclatant de rire. Viens, allons nous chercher quelque chose à boire.
— Bonne idée. Dis, est-ce que tu penses à la cérémonie et à ces cinq années qui nous attendent ?
— C'est amusant que tu demandes, car justement j'ai passé l'après-midi à l'imaginer. Ne me dis pas que tu as déjà hérité du don de divination !
Cette fois-ci, c'est Séfan qui éclata de rire. La journée avait été riche en émotions de toutes sortes, cela faisait du bien de relâcher toute cette pression.Les candidats prélats ne pensaient plus désormais qu'à passer un été parfait entre eux.

17

La fin du mois passa à toute allure. Les trois amis se remettaient à peine des événements de ces dernières semaines, entre les examens, l'attente des résultats, la finale de Circle Ball, leur avenir qui se dessinait, les chocs émotionnels avaient été intenses. À présent ils avaient retrouvé une certaine sérénité et envisageaient les années à venir sans crainte.
Erié travaillait trois jours par semaine à la boutique de ses parents, contraignant le groupe à programmer des activités en fonction de son emploi du temps, mais les deux garçons s'arrangeaient pour ne pas le lui faire ressentir. En ce mois de juillet, ensoleillé et paisible, l'été s'était définitivement installé à Bizertland et il leur semblait que cela durerait éternellement. Tout le district vivait au rythme de la saison, aucun incident ou problème ne venant troubler cette quiétude estivale.
Petit Pas avait eu l'occasion de revoir Lison Aterman, sa future camarade de promotion à l'académie de police. Se croisant à la finale de Circle Ball tard dans la soirée, Théry avait proposé à la jeune fille de se joindre à eux à l'occasion pour lancer quelques paniers au stade. Elle avait accepté et depuis ce jour, avait petit à petit intégré la bande. Elle s'entendait à merveille avec Erié et Séfan, d'autant plus qu'elle jouait en junior dans le club des Météores du quinzième quartier. Petit Pas avait fait remarquer l'équilibre de leur groupe : deux filles, deux garçons, deux futurs policiers, deux futurs prélats. Séfan n'avait pas réagi mais la vérité étant qu'il n'y en aurait qu'un seul, les deux amis

seraient malgré tout concurrents. Il savait que la motivation d'Erié pour la fonction demeurait bien plus forte que la sienne. Lui se contentait de suivre le chemin tracé par ses parents alors que son amie avait elle-même décidé de son avenir et se sentait investie de cette mission.

En ce mardi matin de juillet, la bande s'était donné rendez-vous au stade de Circle Ball des Comètes. Les compétitions terminées, le cinquième quartier laissait l'accès libre aux joueurs. Cela permettait à la jeunesse bizertlandienne d'occuper son temps libre durant ses longues vacances d'été. Une sage décision prise par la HAM depuis quelques années. Les deux garçons avaient fait le trajet ensemble et arrivèrent les premiers. Le temps d'être rejoints par leurs amies, ils avaient déjà lancé quelques paniers en discutant du programme du reste de la journée :

— Erié a proposé de déjeuner tous les quatre chez elle après le Circle Ball, lança Petit Pas.

— Bonne idée. On pourrait peut-être se baigner au lac de Min ensuite ? Il va faire très chaud mais en passant par les petits sentiers on sera à l'ombre.

— Après une heure de marche, je n'aurai qu'une envie, celle de me jeter directement à l'eau. Tiens, les filles arrivent. Je trouve qu'elles s'entendent bien, fit remarquer Petit Pas.

— C'est vrai. Elles sont pourtant si différentes.

— Comme toi et moi mon cher Séf !

Les deux amies avaient revêtu la tenue des Météores à la grande surprise de Petit Pas.

— Depuis quand fais-tu partie des Météores Erié ?

— Lison a eu pitié de moi et de ma pauvre tenue de Circle Ball. Elle a jugé que je serais plus crédible ainsi.

— D'ailleurs, je trouve qu'elle progresse bien, dommage

qu'elle préfère devenir prélat plutôt que rejoindre mon équipe ! Plaisanta Lison.
— Effectivement le choix est délicat, renchérit Séfan.
— Assez bavardé ! Coupa Petit Pas, je propose un deux deux, Lison et moi contre vous. On va voir qui des prélats ou des policiers s'en sort le mieux !
La partie s'acheva après une heure et demie de jeu, entrecoupée de pauses et d'éclats de rire. Petit Pas et Lison n'hésitaient pas à taquiner leurs amis en commentant tous leurs paniers loupés ou leurs actions douteuses. De leur côté Erié et Séfan se moquaient de la lenteur de leurs adversaires. Ils savouraient cet instant d'ambiance chaleureuse.
La police avait fini par gagner. Malgré tous ses efforts pour distiller de bons ballons à Erié, celle-ci ne marquait pas de point systématiquement. Les trois autres étaient de très bons joueurs, elle, juste une amateure, mais ça ne comptait pas vraiment, tant qu'ils partageaient de bons moments entre eux.
Affalés sur le parquet du stade, les quatre amis commentaient leur partie et organisaient leur après-midi.
— Vous avez de la chance les garçons, Lison est venue chez moi ce matin pour m'aider à préparer le repas de midi. Vous allez avoir droit à un repas équilibré !
— Misère, lança Petit Pas, on ne va manger que de la salade !
— Ne t'inquiète pas, il y aura aussi un bon poulet, mais évidemment aussi de la salade, répliqua Erié.
— Il ne faudra pas trop traîner si on veut profiter de l'après-midi au lac, fit remarquer Séfan.
— Allons-y, j'aimerais me jeter à l'eau tout de suite tellement j'ai chaud ! conclut Théry.
Sur ces paroles les amis se mirent en marche vers le

domicile des Garet et la conversation repartit de plus belle sur les paniers manqués d'Erié, le déplacement de Lison et tout un tas de plaisanteries qui provoquaient des rires et des réparties moqueuses.
La même ambiance conviviale continua tout au long du repas. Les sujets de conversation tournaient autour du Circle Ball, de la programmation des activités de l'été. Personne ne semblait vouloir évoquer les études ou la rentrée universitaire. Ce sujet trop sensible finirait par les amener invariablement à la même conclusion : le groupe d'amis se séparerait pour cinq ans. Il ne resterait alors que des binômes, les futurs policiers Lison et Théry et les futurs prélat et ambassadeur Erié et Séfan. Après leur retour, plus rien ne serait comme avant. Toutes ces années loin de Bizertland changeraient les deux amis à jamais. Leurs fonctions et les hautes responsabilités dont ils auraient la charge les contraindraient à se dévouer à leur district et les éloigneraient de leurs proches. Ils y pensaient tous, mais nul ne voulait gâcher ces instants de bonheur ensemble.
— Vous vous souvenez, je vous ai parlé de la cascade d'argent ?
— Oui, c'est vrai, le moyen le plus sûr de se perdre dans la forêt, répondit Erié.
— De quoi parlez-vous ? Interrogea Lison intriguée, je ne connais pas cet endroit.
— Un endroit fabuleux et sauvage peuplé d'animaux légendaires au cœur même de la forêt, enchérit Séfan.
— D'accord, c'est un genre de bizutage pour rejoindre votre groupe, c'est ça ? Questionna Lison, des animaux légendaires ! N'importe quoi !
— Ne l'écoute pas Lison, c'est juste un endroit sublime

dans la forêt de Min où mes parents m'amenaient lorsque j'étais enfant et qui désormais est interdit d'accès.
— Mais pourquoi ?
— Il y a quelques années des promeneurs se sont perdus et ont été retrouvés morts. Depuis, les autorités ont jugé l'endroit dangereux et ont condamné le chemin qui y mène.
— Et toi tu veux y aller ?
— Évidemment ! Il n'y a aucun risque, le chemin est balisé avec des pancartes à chaque intersection. Si on rentre avant la nuit il n'y a aucun risque de se perdre.
— Et en quoi ce serait mieux que le lac ?
— Je te promets que l'endroit est encore plus sauvage. La cascade est à flanc de montagne et se jette dans un bassin d'une eau bleu turquoise. On y voyait régulièrement des cerfs et des biches venir s'y abreuver. Faites-moi confiance vous n'avez jamais rien vu de tel !
— Oui ça me tente bien, répondit Lison.
— Moi aussi je suis partant, ajouta Séfan.
—Même si ça ne m'emballe pas trop, puisque tout le monde est d'accord je vous suis, conclut Erié.
— Vendu ! Alors on pourrait s'y rendre après-demain. En prévoyant une marche de deux heures, il faudra donc partir dès le matin avec un pique-nique et rentrer impérativement avant la nuit. Bien sûr vous n'en parlez à personne.

18

Hanaé dormait d'un sommeil agité. Quelque chose d'inhabituel se passait. Elle se réveilla en sursaut et s'assit en tressaillant au bord de son lit. Comme toujours son don se manifestait la nuit sous forme de rêve : Une autre prémonition !
Deux en si peu de temps, cela l'inquiétait. Elle venait d'entrevoir un futur possible qui lui glaçait le sang et ne laissait rien présager de bon pour l'avenir de Land. Les années de quiétude allaient céder la place aux années de trouble, elle en avait la certitude. Elle devait en informer le grand conseil dans les meilleurs délais. Convoquer une telle assemblée en dehors des échéances prévues demandait un état d'urgence absolue. Une seule prémonition ne suffirait pas à convaincre le reste des prélats de se réunir avant septembre, date à laquelle ils se retrouveraient à la citadelle de la monotonie pour la cérémonie des runes et l'investiture des vingt candidats. La divination ne représentait pas une preuve formelle de ce qu'il pourrait arriver mais une simple hypothèse parmi d'autres. Des éléments extérieurs pouvaient aussi bien contrarier la prémonition et lui faire emprunter plusieurs branches avec plusieurs avenirs possibles.
Ne pouvant compter sur le grand conseil, elle se voyait contrainte de prendre seule des décisions qui permettraient d'infléchir l'avenir sombre entrevu dans son rêve.
Elle sentait, sans cependant se l'expliquer, qu'elle ne devait pas partager cette divination avec la HAM. Seul le commandant Hex, le chef de sa police secrète, serait dans la confidence. Dès le lendemain matin elle le convoquerait

pour établir une stratégie de défense et tenter de donner au futur une nouvelle direction. Pendant ses dix années de gouvernance, elle n'avait connu que de très rares périodes de troubles et sans commune mesure avec ce qui allait arriver. Elle avait géré des crises diplomatiques ou économiques, mais aucune ne relevant d'un mouvement contestataire clandestin ayant engagé un travail de sape et de déstabilisation du pouvoir en place. Ces « Bannis » étaient déjà passés à l'acte en supprimant, lors d'un attentat déguisé en accident, le prélat d'Eckerland. Le grand conseil avait alors tout fait pour le cacher au peuple, même si certaines rumeurs couraient. Oui l'avenir s'annonçait sombre, mais elle lui donnerait une autre orientation. Elle se battrait de toutes ses forces pour maintenir l'ordre et la justice dans son district et sur Land conformément aux vœux qu'elle avait prononcés quinze ans plus tôt lorsqu'elle n'était elle-même qu'une simple prétendante à la fonction. Ce jour-là dans les entrailles de la citadelle de la monotonie, en compagnie de ses camarades et devant le conclave de l'époque, la main sur le cœur elle avait juré sur sa vie de défendre les préceptes landiens quoi qu'il en coûte. À présent, le jour était venu de tenir sa promesse.

19

Séfan s'assura une dernière fois qu'il n'avait rien oublié pour cette journée à la cascade : nourriture, eau, vêtements de rechange, serviette, tout y était. Il mit son sac à dos sur son épaule et quitta le cinquième quartier à sept heures dans la relative fraîcheur de cette matinée ensoleillée de juillet. Pour rejoindre les abords de la forêt de Min et le départ du sentier de randonnée, il avait décidé de traverser les différents quartiers qui le séparaient des grands espaces verts au-delà de la ville. Il aimait marcher dans les rues quasi désertes de Bizertland. À ces heures-ci, on pouvait croiser les classes ouvrières, celles qui commençaient tôt contrairement à tous les administratifs, bureaucrates ou fonctionnaires qui émergeaient seulement de leur sommeil. Après vingt minutes de marche, il éprouva, comme quelques jours auparavant, l'étrange sensation d'être épié ou suivi. Discrètement, il essaya d'observer autour de lui les rares passants qu'il croisait, mais rien dans leur comportement ne lui sembla suspect. Depuis sa réussite au concours, il se sentait devenir paranoïaque. Tout le district connaissait à présent les noms de Séfan Kerry et Erié Garet. Peu de gens pouvaient encore les identifier car le journal local n'avait pas publié leur photo. Ils bénéficiaient donc d'un relatif anonymat, pour autant il avait la désagréable sensation d'être dévisagé à tout instant. Il devait se faire des idées, voilà tout ! Il chassa sa paranoïa et continua son chemin vers la forêt de Min. Il pensait arriver le premier car le rendez-vous n'était fixé qu'à huit heures et il avait marché d'un bon pas, mais il aperçut Lison déjà assise sur un banc près de la cabane des gardes forestiers encore fermée. Elle avait posé à ses pieds un petit sac à dos dont on voyait dépasser une grande bouteille d'eau. À vrai dire, Séfan connaissait encore mal la jeune fille blonde. Persuadé qu'elle s'était entichée de Théry et que pour passer du temps avec lui, elle avait rejoint la petite équipe. Au fond, cela n'avait pas d'importance car elle se révélait une camarade agréable, dynamique et souriante, un genre de Petit Pas version fille. Pas étonnant que ces deux-là s'entendent si bien. Il allait profiter de cet instant seul à seule pour en savoir plus sur elle.

— Salut Séfan ! Tu es en avance toi aussi.

— Bonjour Lison ! Oui j'ai préféré partir plus tôt pour profiter de la fraîcheur du matin.

Il la rejoignit sur le banc de pierre. Il ne savait pas trop comment l'interroger sans paraître curieux. À sa grande surprise, c'est elle qui la première se lança de manière plutôt directe.

— Est-ce qu'il y a quelque chose entre Erié et Théry ou entre toi et Erié ou entre toi et Théry ?

Cela désarçonna le jeune homme. Pas à cause d'une relation possible entre lui et son ami, car sur Land la tolérance figurait parmi les préceptes majeurs et aucune religion ou doctrine religieuse n'avait cours l'interdisant, mais plutôt parce qu'il voyait en Théry un frère et en Erié une amie fidèle, enfin c'est ce qu'il croyait. Il n'avait jamais vraiment évalué la nature de sa relation avec elle et cela le fit douter un instant.

— Euh ! Ce sont d'excellents amis, rien de plus, mais c'est déjà beaucoup non ?

— Désolée de ma franchise. Tu es quelqu'un de sensible et d'intelligent et j'imagine que tu as compris que j'éprouve des sentiments pour Théry ?
— Évidemment ! Il n'y a que lui qui ne voit rien, dit-il en riant. Dès le premier jour de votre rencontre j'ai vu tes yeux briller quand tu le regardais. Tu t'es inscrite à l'académie de police pour être avec lui ?
— Non, bien sûr. Je ne le connaissais même pas avant et j'ignorais qu'il voulait suivre ce cursus. J'avoue que je l'ai remarqué lors des épreuves physiques du brevet.
— C'est sûr avec sa carrure, tu ne pouvais pas passer à côté.
— Au début je voulais seulement me rapprocher de Théry et j'avais un a priori sur Erié et toi.Vous paraissiez hors de portée de toute relation amicale extérieure à votre groupe. Certainement à cause de votre position de futur prélat, je l'avoue. Je n'imaginais pas que vous alliez m'accueillir comme ça et m'intégrer dans votre clan aussi facilement.
— Que penses-tu de notre « clan » maintenant ?
— Vous êtes très normaux ! Conclut-elle en éclatant de rire.
— Parfait, alors tout va bien. Laisse le temps à Théry de comprendre la situation et les sentiments que tu éprouves pour lui, il va bien finir par se douter de quelque chose.
— Tu as raison. Justement le voilà qui arrive avec Erié.
Petit Pas et Erié s'étaient retrouvés sur la grande route qui menait à la forêt de Min et avaient fini le trajet ensemble.
— Salut la compagnie, lança-t-il, prêts pour cette belle journée ?
— Pitié, faites-le taire, il m'a encore fait l'éloge de sa cascade pendant tout le trajet.

La matinée commençait sous les meilleurs auspices et les

quatre amis se sentaient d'humeur joviale, disposés à passer une journée inoubliable au cœur de la forêt.
— Mettons-nous en route, proposa Petit Pas.Nous avons environ deux heures de marche sur un chemin que personne n'a emprunté depuis des années et qui risque d'être moins praticable que celui que j'ai connu.
— Tu as vraiment le don pour nous motiver, lança Erié, c'est rassurant de savoir qu'on va pénétrer dans la jungle !
— Nous n'aurons qu'à suivre les panneaux ou prendre des repères, ce sera une vraie promenade de santé, se justifia Théry. Faites-moi confiance.

Après une heure de marche sur les sentiers balisés et autorisés de la forêt de Min, Petit Pas reconnut la bifurcation qui conduisait à la cascade. L'entrée du sentier se trouvait obstruée par un énorme rocher et un panneau signalait l'interdiction de pénétrer et le danger de mort encouru en cas de non-respect des consignes.
— C'est encourageant, dit Erié.
— Ne t'inquiète pas, le district sait se montrer dissuasif quand il veut, répondit Théry.
— Il faudrait quand même éviter de se faire surprendre par la police landienne, ça ferait mauvais effet pour deux futurs prélats ! remarqua Lison.
— Et que penses-tu de deux futurs policiers qui enfreignent déjà les règles ? Rétorqua Séfan.
— Match nul ! Bon, faisons en sorte d'être discrets et de ne pas nous faire prendre, proposa Lison.
— Aucun risque, je n'ai jamais vu de patrouille de police dans la forêt, fit remarquer Théry.
— Pas de policiers mais sûrement des gardes forestiers, non ?

Interrogea Erié.
— Pas le jeudi. Tu crois que j'ai choisi ce jour par hasard ?
— Bon je vois que tu as pensé à tout, alors allons-y maintenant, conclut-elle.
La petite bande contourna l'énorme bloc de pierre à la recherche d'un passage qui les mènerait sur le sentier interdit. Après avoir coupé quelques branches qui leur barraient l'entrée et s'être griffés à des buissons d'épineux, ils débouchèrent enfin sur le fameux sentier. On apercevait encore le tracé d'un petit chemin d'environ deux mètres de largeur qui sinuait sous des arbres d'une hauteur vertigineuse. Une végétation plutôt dense, essentiellement composée de fougères, avait pris possession des lieux. Etroitement mêlées, elles formaient un patchwork de bandes de terre où aucune plante n'avait pu prendre racine. Cela faciliterait la progression des marcheurs.
Les amis se tenaient à l'entrée du sentier mais déjà la lumière filtrait difficilement au travers des futaies. Après une demi-heure de marche et plusieurs bifurcations, les conversations s'arrêtèrent et une ambiance pesante s'installa. Plus aucun son ne venait troubler le silence inquiétant de la forêt, pas de chant d'oiseaux, pas de vent dans les arbres. À seulement neuf heures trente, il régnait déjà une quasi-obscurité. Malgré une belle journée ensoleillée, on ne pouvait apercevoir le bleu du ciel. Les premiers panneaux « Cascade d'argent » cloués sur les arbres aux croisées des chemins rassuraient Erié. Le sentier était effectivement bien balisé. Sur les pancartes défraîchies, on pouvait toujours lire les indications. Pour autant la faible luminosité, le silence pesant la perturbaient. Elle sentait même Théry pas très à l'aise. À plusieurs reprises dans la première demi-

heure, il avait essayé de détendre l'atmosphère en lançant des blagues potaches. Sans réponse de ses amis, lui aussi avait fini par se taire. Sa responsabilité engagée en qualité de guide, il se concentra sur la direction à prendre.
Après la vingtième pancarte, Erié avait cessé de compter, se fiant aux panneaux pour retrouver le chemin retour. Au détour de la dernière bifurcation, Petit Pas qui ouvrait la marche aperçut un coin de ciel bleu et une végétation différente, des arbres moins hauts et de jolies fleurs violettes commençaient à remplacer les fougères. Il reconnut même le bruit de l'eau s'écrasant dans le bassin naturel de la cascade. Fier de lui, il annonça :
— Mesdames et monsieur, je vous présente la cascade d'argent !
Le spectacle était d'une beauté à couper le souffle. Une fois franchis les derniers mètres, on débouchait sur une grande clairière en cul-de-sac qu'une barre rocheuse d'une centaine de mètres de hauteur venait limiter. La cascade générait des paquets d'eau qui s'écrasaient en continu dans le grand bassin de pierre. Celui-ci formait une piscine naturelle d'un bleu turquoise éblouissant sous le soleil de cette fin de matinée. L'eau devait s'écouler ensuite par une rivière souterraine car le bassin naturel creusé dans la roche constituait le seul point d'eau de la clairière. Une herbe verte et une multitude de fleurs violettes, jaunes et blanches tapissaient les abords. Le trajet avait duré beaucoup plus longtemps que prévu. Il avait fallu quasiment trois heures à l'expédition pour atteindre ce qu'elle pensait être le cœur de la forêt de Min. Le spectacle fascina Erié et l'angoissa à la fois. S'imaginer à plusieurs heures de marche du moindre contact humain et sans que personne ne connaisse rien de

leur expédition avait de quoi inquiéter la future potentielle dame prélat.
— Alors qu'en dites-vous ? Questionna Petit Pas.
— Eh bien ! Je dois avouer que tu ne nous as pas menti, c'est vraiment extraordinaire, complimenta Séfan.
— Cet endroit est revenu à l'état sauvage depuis la fermeture du sentier il y a plus d'une dizaine d'années. Autrefois il était très fréquenté et une foule bruyante s'y pressait durant l'été, précisa Théry.
— Et aujourd'hui nous en avons l'exclusivité ! Se félicita Lison.
L'éclat du soleil de cette fin de matinée contrastait avec la pénombre de la forêt. Très rapidement ils éprouvèrent le besoin de se rafraîchir. Les filles plus pragmatiques proposèrent d'installer un coin détente sous les grands pins aux abords de la clairière. Après s'être désaltéré, comme à son habitude, Théry fut le premier en tenue de bain à tenter de pénétrer dans la piscine naturelle.
— Brrr ! dit-il en grelottant, ne vous attendez pas à la tiédeur de l'eau de lac, ici elle arrive directement des montagnes. Allez venez !
L'eau était claire et d'une grande pureté, Lison le rejoignit la première. Elle pouvait nettement voir le fond du bassin constitué d'une espèce de dalle de granit blanc très doux sous ses pieds nus. Celle-ci descendait en pente douce jusqu'au milieu et remontait ensuite, de sorte que sur les bords la profondeur se limitait à moins d'un mètre.
— C'est beaucoup moins froid que Théry le prétend, ne serais-tu pas un peu chochotte ?
— Ah oui, je suis chochotte ! Répondit-il en l'aspergeant de grandes éclaboussures. Les hostilités sont ouvertes !

Avec des cris et des rires, les deux amis s'engagèrent dans un combat aquatique effréné. Séfan et Erié debout devant le bassin n'osaient pas y pénétrer craignant les projections d'une eau qu'ils estimaient très fraîche. Épuisés par cette débauche d'énergie, le jeu se calma et tout le monde fut à l'eau en s'émerveillant de la beauté du site.
— C'est égoïste de ma part, mais finalement je préfère que le sentier soit fermé. Sinon imaginez cet endroit avec une centaine de personnes se baignant, hurlant, chahutant ! Là, on peut dire que c'est notre jardin secret, déclara Petit Pas.
— C'est tellement beau qu'on n'imagine pas que cela puisse exister à Bizertland, s'extasia Lison.
Plus on s'approchait du point de chute de la cascade, plus le vacarme provoqué par les masses d'eau s'écrasant dans le bassin devenait assourdissant, obligeant les amis à parler très fort pour communiquer. Finalement tout le monde se tut et profita du spectacle de ce ruban d'argent tumultueux se déversant à l'infini sous leurs yeux.
Cette longue marche les avait affamés. Petit Pas éprouva le premier le besoin de se restaurer.
— Je propose une pause-déjeuner sous les pins, lança-t-il en sortant le premier du bassin.
— Je meurs de faim, confirma Séfan, qui le suivit immédiatement. Le contraste entre l'eau fraîche de la cascade et l'air chaud ambient les saisit et chacun apprécia de se réchauffer au soleil de ce début d'après-midi.
Les filles étendirent leur serviette sur l'herbe en plein soleil. Les garçons s'assirent sous les pins et entreprirent d'installer le pique-nique en étalant ce qui allait constituer leur repas : des tomates fraîches, de petits sandwiches variés composés

par Lison, une tourte aux légumes commandée par Séfan à madame Ashmor, un gros morceau de fromage, une miche de pain et pour finir une jolie tarte aux pêches façon Erié.
— On commence sans vous les filles ! Lança Petit Pas.
— Surtout pas ! On arrive tout de suite, répliqua Lison qui les rejoignit avec Erié.
— Cet endroit est vraiment extraordinaire, on a l'impression d'être seul sur terre. Finalement c'est toi qui avais raison Théry et je regrette d'avoir un peu douté de ton plan cascade.
— Maintenant tu sais que tu peux me faire confiance dame Erié !
— Merci pour moi, je vois que tu ne crois pas du tout à ma chance de devenir le futur prélat, plaisanta Séfan.
— Oh ! C'est trop compliqué Séf ! Pourquoi mes deux meilleurs amis visent-ils le même poste ?
— Ne t'inquiète pas, même le pire scénario fera de nous un ambassadeur, donc un destin exceptionnel dans tous les cas !
Après avoir copieusement déjeuné, Théry et Séfan s'allongèrent sur leur serviette et entamèrent une sieste réparatrice, tandis que Lison retourna s'asseoir au bord du bassin en laissant tremper ses pieds dans l'eau fraîche. Erié de son côté installa sa serviette entre ombre et soleil couchée sur le dos, laissant son regard se perdre dans l'immensité bleu azur du ciel. Elle éprouva une sensation de plénitude comme jamais elle n'en avait connue ses dernières années. La pression des examens, l'incertitude des années à venir avaient contribué à ce malaise quotidien qui l'empêchait de vivre ses jeunes années sereinement. Mais à présent tout s'éclaircissait. Son travail avait payé, elle était sur la bonne voie pour accomplir son destin en tant que future prélat ou

future ambassadrice. Plus aucun nuage ne venait assombrir son coin de ciel pur. La compétition avec son meilleur ami existait bel et bien, mais qu'importe, l'issue lui conviendrait. Séfan repensa à ce que lui avait confié Lison sur ses sentiments envers Petit Pas. Il devait aider son ami en le mettant sur la voie car jusqu'à présent Théry n'avait montré aucun signe autre que de l'amitié envers la jeune fille.

— Tu dors ? Questionna-t-il ?

— Oui, répondit Petit Pas.

— Très bien alors je peux parler, tu ne vas pas entendre ce que je dis.

— Exact.

— Que penses-tu de Lison ?

Intrigué, Petit Pas se redressa sur ses coudes.

— Que veux-tu dire ? Je dois en penser quoi ?

— À toi de me le dire justement.

— Je l'apprécie beaucoup, et vous aussi non ?

— Oui, oui mais tu l'apprécies comment ?

— Mais où veux-tu en venir à la fin ?

— Oh là là, Théry ! Tu ne comprends vraiment rien ! Ressens-tu plus que de l'amitié pour elle ? Voilà où je veux en venir.

— Euh… oui, il se mit à bredouiller en rougissant d'un seul coup, ça se remarque tant que ça ?

— Non justement c'est bien ça le problème, tu caches trop tes sentiments. Elle pense que tu la considères juste comme une amie. Il faut que je t'avoue quelque chose…

— Vas-y, parle.

— Lison s'est confiée à moi lorsqu'on vous attendait à l'entrée de la forêt. Promets-moi de ne pas lui répéter ce que je vais te dire.

— Promis.
— Elle a littéralement flashé sur toi lors du concours de fin d'année.
— Tu es sûr ?
— Mais enfin, tu es aveugle ou quoi ? Elle connaissait ton nom, elle t'a abordé la première lors de la proclamation des résultats, elle a tout fait pour rejoindre notre groupe.Tout ça pour passer du temps avec toi.
— Je suis vraiment nul, je dois faire quoi alors ?
— Va la rejoindre et discute avec elle. Maintenant que tu sais ce qu'elle éprouve pour toi ce sera plus simple d'orienter la conversation. Allez vas-y !
— OK OK j'y vais.
Théry passa une main dans ses cheveux en bataille et se dirigea vers la cascade, en trainant les pieds. Séfan l'observa du coin de l'œil avec un sourire plein d'affection. Petit Pas vint s'asseoir à côté de Lison et l'imita en plongeant ses pieds nus dans l'eau fraîche. Séfan ne pouvait entendre la conversation mais contrairement à d'habitude, il n'y avait pas de grands rires ou de mimiques amusantes, juste quelques mots prononcés entrecoupés de longs regards. Cette situation dura bien une bonne demi-heure, puis ce moment de quiétude prit fin lorsque Lison poussa d'un seul coup Petit Pas dans le bassin. Surpris, il perdit l'équilibre et tomba la tête la première dans l'eau. Lison se redressa et s'éloigna du rebord en éclatant de rire. Erié sortit de sa torpeur :
— Que se passe-t-il par ici ?
— Une traîtresse vient de me pousser à l'eau, déclara Petit Pas en s'ébrouant. Je réclame vengeance !
— Il faudrait déjà que tu m'attrapes, petit policier.

L'intermède sentimental n'avait pas duré longtemps. Les choses avaient repris leur place rapidement, Petit Pas et Lison étaient incapables de rester en place plus de dix minutes, il fallait qu'ils chahutent sans arrêt. Ces deux-là faisaient la paire !
Théry sortit du bassin et se lança à la poursuite de Lison qui ne pouvait pas s'arrêter de rire. Le spectacle se révéla plutôt comique : Elle détalant sur l'herbe verte autour de la cascade et lui la poursuivant en la menaçant des pires choses. Elle contourna un bosquet de roseaux pour essayer de s'y cacher, mais Petit Pas déjà sur ses talons n'allait pas tarder à la rattraper pour la jeter à l'eau sans ménagement. La plupart des roseaux étaient encore verts, mais certains avaient séché et cassés à leur base formaient des lames acérées au ras du sol. Un violent cri de douleur résonna dans la clairière, Théry s'effondra, tandis que Séfan et Erié affolés se ruèrent vers leur ami.
— Théry ! Que se passe-t-il ?
— Mon pied ! J'ai mal.
Lison, paniquée, les rejoignit et découvrit Petit Pas affalé sur le sol, tenant son pied en sang.
— Laisse-nous voir, ordonna-t-elle.Tu as marché sur un roseau, tu as une belle entaille.
— J'ai une petite trousse de secours. Amenez Théry sur sa serviette, proposa Erié.
Séfan saisit son ami par les épaules, tandis que Lison l'attrapa par les pieds, pour le porter jusqu'à leur campement. Il lui semblait que son ami se vidait de son sang tant celui-ci ruisselait sur le sol.
— Vite, vite, il saigne beaucoup, fit-elle remarquer.
— C'est qu'il pèse son poids le gaillard, essaya de plaisanter

Séfan.
— Tu crois que c'est le moment de te moquer de moi, je vais mourir !
— N'importe quoi ! Tu as une simple entaille, dit-il pour le rassurer.
— Posez-le là, indiqua Erié, en sortant de la trousse, des compresses, un flacon d'alcool et des bandes. Ah oui ! La plaie est profonde, mais il ne reste rien à l'intérieur, c'est déjà ça, il faut arrêter l'hémorragie avant tout.
— Tout le monde a suivi cette année les cours de premiers secours, une chance ! Intervint Lison, il faut faire un point de compression pour arrêter le saignement, désinfecter et finir par un bandage.
— Ma carrière de policier est fichue.
— Tu exagères Théry Ashmor ! Comment un futur policier peut-il être aussi douillet ? Dit Lison en lui prenant la main pour le rassurer.
Mise à part la blessure de son ami, Séfan trouva la scène très touchante. Ses deux amis s'étaient enfin avoué leurs sentiments réciproques. Dommage qu'il ait fallu cet incident pour en avoir la preuve.
Erié se montra très adroite et efficace en infirmière improvisée, une autre corde à son arc, une de plus, se dit Séfan. Décidément cette fille était vraiment incroyable et brillante. L'hémorragie avait cessé. Son pied enroulé dans un large bandage comme une chaussette dont on aurait coupé l'extrémité. Petit Pas enfin calmé, se confondit en excuses.
— Je suis vraiment désolé, j'ai gâché cette belle journée et en plus le trajet du retour ne va pas être une partie de plaisir si je marche sur un pied.

— Il va falloir qu'on lève le camp sans tarder, fit remarquer Erié, il est déjà dix-huit heures. On a mis trois heures pour venir en marchant d'un bon pas. Avec la blessure de Théry cela va prendre plus de temps. Il faudrait que l'on rentre avant la nuit, sinon ça va devenir très compliqué.
— Il fait déjà nuit en plein jour dans cette forêt. Nous n'avons aucune lampe ou torche je suppose ? Questionna Séfan.
— Aucune, répondit Erié.
— Tu penses que tu peux poser le pied par terre, demanda Lison ?
— Oui sûrement, mais je ne pourrai pas remettre ma chaussure avec ce bandage.

Le soleil venait de passer derrière la barre rocheuse qui constituait le haut de la cascade. D'un seul coup l'ombre envahit la clairière et fit brusquement baisser la température conférant au site une tout autre atmosphère. Tout le monde se rhabilla, sauf Petit Pas qui remit juste sa chemise, n'arrivant pas à enfiler son pantalon. Il resta en tenue de bain avec une seule chaussure au pied. Le spectacle pouvait prêter à rire mais nul n'avait envie de plaisanter à présent. Le retour allait s'annoncer difficile et ils avaient tous en tête l'histoire des promeneurs disparus et morts dans la forêt dix ans auparavant.

20

Bon il est dix-huit heures, il fera complètement nuit à vingt et une heure trente, mais si on sort du sentier interdit avant l'obscurité complète, on aura plus qu'à suivre la piste habituelle. Même en pleine nuit on ne pourra plus se perdre, fit remarquer Séfan.

— Ce qui nous laisse plus de trois heures pour sortir de ce fichu chemin, conclut Erié.

Chacun remit son sac à dos sur l'épaule, il se chargea de celui de son ami pour lui faciliter la marche, le soutenant, un bras autour de sa taille.

— Le premier tronçon est relativement simple, la première bifurcation se situe à peu près à trente minutes de marche, se souvint Erié.

Ils pénétrèrent sur le sentier. Au bout de dix minutes l'obscurité avait presque envahi les lieux, plus aucune trace de ciel bleu ou de soleil, c'était encore pire que le trajet du matin.

Théry faisait de son mieux pour garder une allure soutenue, il se sentait coupable d'avoir mis ses amis dans cette situation dangereuse et réprimait sa douleur. Arrivé à la première intersection chacun essaya de trouver le panneau indiquant le retour. Malgré une clarté suffisante, personne ne le voyait. Celui-ci avait disparu !

— On n'a pas rêvé quand même ? Il y avait bien un panneau planté là ce matin ? S'étonna Lison.

— Sans aucun doute, mais il faut se rendre à l'évidence, il n'y est plus ! Constata Séfan. De toute façon peu importe je suis sûr que c'est le chemin de gauche. On le prend. Si je me souviens bien, dans quinze minutes on verra la prochaine bifurcation

Petit Pas ralentissait considérablement leur progression. Ils atteignirent le nouveau croisement en une demi-heure, ce qui inquiéta Séfan. Il commençait à douter de la réussite de leur tentative. La luminosité avait encore sensiblement baissé. Là encore personne n'aperçut de panneaux indiquant le retour.

— Bon il faut se rendre à l'évidence, quelqu'un ne veut pas qu'on rentre à Bizertland, annonça Séfan.

— Tu plaisantes ? S'étonna Lison, pourquoi on ferait ça ?

— Tu vois bien que tous les panneaux ont été retirés. Je suppose que même si on prend encore le bon chemin, il n'y en aura aucun après.

— Ça n'a rien d'une plaisanterie, constata Erié d'un air grave, ceux qui ont fait ça nous veulent du mal ou même pire. On ne peut pas continuer. Je propose qu'on rebrousse chemin et qu'on passe la nuit à la clairière, on repartira demain matin dès le lever du soleil.

—C'est plus raisonnable en effet, on aura de meilleures chances en plein jour, acquiesça-t-il. Théry ça va ?

— Je suis tellement désolé les amis, tout ça c'est de ma faute, dit-il avec un sanglot dans la voix.

— Mais non, tu n'y es pour rien, ne t'inquiète pas, le rassura Lison. Blessure ou pas, les panneaux auraient disparu de toute façon.

— Tu es sûre ? On a tenu notre expédition secrète, personne ne sait où on est, constata Théry.

— Restons optimistes ! Avant tout il faut regagner la cascade, on se posera et on réfléchira tous ensemble à comment se sortir de cette épreuve, proposa Lison.

Le retour vers la clairière fut une véritable épreuve pour Petit Pas qui pour le coup avait bien mérité son surnom. À chaque pas une vive douleur éclatait sous la plante de son pied et remontait, lui semblait-il jusqu'au cœur. Il serrait les dents et trouvait n'importe quel prétexte pour s'arrêter quelques secondes. Séfan, pas dupe, prit les choses en main et pour soulager son ami décida de le porter à califourchon sur la dernière ligne droite. Les filles récupérèrent les sacs à dos et prirent la tête de la marche.

Théry était bien plus grand et plus costaud que son ami, mais Séfan tout en muscles, s'acquitta de sa tâche tant bien que mal. Seul son souffle haletant venait rompre le silence pesant de la forêt. Las de fatigue, Théry avait posé sa tête contre la sienne et il pouvait l'entendre sangloter. Il n'avait pas la force de le consoler et se préservait pour accomplir les derniers mètres qui les séparaient de la clairière où ils pensaient être en sécurité pour la nuit.

Enfin ils aperçurent un peu de clarté au travers des futaies et débouchèrent sur la cascade. Les chutes d'eau semblaient encore plus bruyantes qu'en plein jour, mais au moins la faible lumière de ce début de soirée leur donnait un peu de répit avant la nuit noire. Ils s'installèrent de nouveau sous les pins où ils avaient pique-niqué. Théry s'affala à même l'herbe humide. La température avait fortement chuté et les paquets d'eau descendus directement de la montagne généraient dans l'air une humidité constante. Ils avaient mis deux heures pour faire cet aller- retour, autant dire que de toute façon leur tentative était vouée à l'échec dès le départ.

Erié brisa le silence :

— Il faut analyser la situation et décider de la suite. Qui a intérêt à ce que l'on ne revienne pas ?

— Je crois sincèrement que cela vous concerne, intervint Lison. Tout le monde se fiche de deux futurs policiers, mais pas de deux candidats prélats.
— Si l'on venait à disparaître, qui seraient les deux autres candidats ? Demanda Séfan.
— Les deux suivants sur la liste, mais de toute façon on ne sait pas qui ils sont, coupa Erié, enfin je connais presque tous les autres candidats. Je ne peux pas imaginer qu'ils agissent de la sorte.
— Eux non, mais peut-être quelqu'un d'autre. Vous avez entendu parler des Bannis ? Questionna Séfan.
— Ce serait un groupe de dissidents qui revendique la réunification des dix districts en un seul pays gouverné par un seul dirigeant doté des dix pouvoirs de Land, expliqua Erié.
— J'ignorais leur existence, s'étonna Lison.
Elle jeta avant un coup d'œil vers Petit Pas. Prostré sur sa serviette, il ne participait pas à la conversation. Elle s'inquiéta de son silence.
— Théry ça va ? Tu devrais boire un peu. D'ailleurs si on doit passer la nuit ici, il faudrait s'organiser, manger, boire et allumer un feu si quelqu'un sait comment faire ça.
— Hélas non, il faut bien avouer que nous sommes tous des citadins modèles, pas des aventuriers. Á l'évidence, on se passera de feu, constata Séfan.
— Voyons, il nous reste quelques tomates, du fromage et du pain. Pour ce qui est de l'eau je ne crois pas que l'on va en manquer, déclara Lison.
— Ne nous creusons pas la tête pour savoir qui nous veut du mal. Je pense qu'ici on ne craint rien, apparemment leur objectif est que l'on se perde dans la forêt pour faire croire à

un accident. Je ne pense pas que l'on se fasse physiquement agresser, conclut Séfan.
— C'est très rassurant, répondit Lison, donc je résume : on passe la nuit ici, au lever du soleil on retente notre chance sans avoir aucune idée du chemin à prendre et avec Théry qui marche sur une jambe, c'est bien ça ?
— Tu vois un autre plan, s'agaça-t-il ?
— Pas pour l'instant.
Il regretta d'avoir répondu si sèchement à Lison et se radoucit :
— Écoute, on est tous très fatigués, je crois qu'il faut qu'on mange et qu'on se repose, on y verra plus clair demain matin.
— Oui tu as raison, toute cette histoire nous a perturbés. On pourrait peut-être essayer de fabriquer des béquilles à Théry pour lui faciliter la marche non ?
— Excellente idée !
Personne n'avait réellement d'appétit mais ils terminèrent le peu de provisions qu'il leur restait. L'obscurité était à présent complète. La lune éclairait faiblement la clairière, projetant son astre dans le bassin. Loin des lumières de la ville, on apercevait le ciel constellé d'étoiles qui scintillant comme des milliers de diamants dans un ciel d'un noir absolu.
Dans d'autres circonstances chacun aurait commenté en s'émerveillant du spectacle magnifique de cette voûte céleste. Cela aurait valu à la cascade d'argent de Théry la distinction de « plus beau site de Bizertland ».
En pleine nuit, au cœur de la forêt et au pied de la cascade, la température devenait plutôt fraîche. Sans aucun vêtement chaud pour se couvrir, et bien que cela fût insuffisant, les

jeunes gens utilisèrent leur serviette comme couverture. Lison vint s'asseoir juste derrière Théry et le prit dans ses bras, posant sa tête sur son épaule. Ils restèrent ainsi une bonne heure. Petit Pas malgré la douleur lancinante, savourait cet instant. Sentir Lison serrée contre son corps lui permettait d'oublier un peu sa blessure. Il imaginait son avenir avec la jeune fille et les années à venir passées à l'école de police. Ce sentiment nouveau qu'il ressentait pour elle était comme une passion qu'il venait de découvrir, plus dévorante que tout ce qu'il avait connu auparavant, plus forte même que sa passion pour le Circle Ball.

Malgré l'inconfort de leur installation, les bruits étranges de la vie nocturne, le groupe épuisé par cette journée éprouvante sombra dans un profond sommeil passé minuit. Ils s'étaient tous rapprochés, serrés les uns contre les autres pour se tenir chaud, chacun des garçons couché aux extrémités. Vers deux heures du matin, Séfan fut réveillé par un cri strident. Lui seul l'avait perçu, car aucun autre membre du groupe n'avait bougé. Il se redressa sur ses coudes en prenant soin de ne pas réveiller Erié blottie contre lui. En tendant l'oreille, il entendit de nouveau comme un sifflet. Il rejeta l'idée d'un rapace nocturne car le son semblait bien trop long et monocorde. Il se leva doucement et se dirigea vers l'entrée du chemin, où il aperçut par intermittence des points lumineux au cœur de la forêt. Serait-il possible que les secours les recherchent ? Ou des gens mal intentionnés venaient-ils finir leur sale besogne ? L'espoir céda à la panique et il ne put se résoudre à faire le moindre mouvement soit pour fuir soit pour signaler sa présence. Un long sifflement à ses oreilles le fit se retourner. Lison avait répondu à l'appel.

— Tu es sûre que ce sont les secours ? Demanda-t-il.
— Évidemment sinon ils n'auraient pas signalé leur présence.
Le groupe était à présent réveillé. Erié les avait rejoints et Petit Pas debout, regardait la scène de loin. Les lumières et les sifflets se rapprochaient de plus en plus, jusqu'à voir déboucher sur le chemin, un groupe d'une dizaine d'hommes en uniforme de police et gardes forestiers.
Dès qu'il fut à quelques mètres, l'homme en tête de file, un sergent-chef, remarqua Lison, s'adressa à eux :
— Séfan Kerry, Erié Garet, Théry Ashmor et Lison Aterman ?
— Oui c'est bien nous, répondirent-ils en chœur.
— Par ordre de la dame prélat Hanaé vous êtes en état d'arrestation, poursuivit le sous-officier.
Cette réplique assomma toute la bande. Leurs sauveurs venaient simplement les arrêter. Ils avaient enfreint l'interdiction de pénétrer sur le chemin défendu menant à la cascade. Ils devaient expliquer aux policiers les circonstances de leur aventure mais la blessure de leur ami primait. Lison ne perdit pas sa belle assurance :
— Vous pourrez nous jeter en prison, une fois que vous vous serez occupé de Théry. Il est gravement blessé, s'il vous plaît aidez-le.
Parmi la dizaine d'hommes, deux gardes forestiers les avaient accompagnés. Ils connaissaient chaque centimètre carré de la forêt et surtout avaient une formation de secouristes. L'un d'eux alla examiner Théry, défaisant son bandage de fortune pour désinfecter la plaie et refaire un pansement propre sous les yeux de Lison qui surveillait l'opération.

— Je suis le sergent-chef Robin, vous savez pertinemment que ce lieu est strictement interdit au public, dit-il en s'adressant à Séfan, je ne vous apprends rien.
Celui-ci éluda la question en demandant :
— Comment nous avez-vous trouvés ?
— Je vous rappelle jeune homme que nous sommes à Bizertland dans le district de la divination. Vous pourrez remercier la dame Hanaé.
— Allons-nous vraiment être emprisonnés ?
— C'est elle qui décidera de votre sort avec le conseil de la haute autorité morale.
Erié avait bien l'intention de défendre leur cause en rapportant la disparition des panneaux de direction.
— Sergent-chef Robin, on ne s'est pas perdus bêtement, quelqu'un tente de nous supprimer !
— Oui, ça aussi nous le savons.
Erié resta interloquée. Même si elle avait émis cette hypothèse, le fait qu'elle soit confirmée officiellement lui glaça le sang.
— Mais qui, interrogea-t-elle ?
— On l'ignore encore mais rassurez-vous, vous serez mis sous haute protection d'ici votre départ pour la citadelle de la monotonie.

21

Une semaine s'était écoulée depuis leur mésaventure à la cascade d'argent. Petit Pas à présent sur pied, sa plaie cicatrisée, avait pour ordre du médecin de se tenir tranquille : pas de Circle Ball ou de longues marches. Dans tous les cas, sa situation administrative ainsi que celle de ses amis ne leur permettaient pas de tels loisirs, puisqu'ils étaient tous assignés à résidence jusqu'à la rentrée universitaire. Cela signifiait que tout le mois d'août serait un enfer pour eux. Privés de sorties, ils passeraient la fin de l'été consignés à leur domicile, sans même pouvoir communiquer entre eux. On leur infligea une double peine. D'abord celle de leurs parents qui, fous d'inquiétude, avaient demandé des explications sur leur attitude irresponsable, indigne de leurs futures fonctions et les avaient punis. Puis celle du district qui les contraignit à rester cloîtrés chez eux sous surveillance de la police secrète bizertlandienne. Dès leur retour, le sergent-chef Robin les avait interrogés séparément. Devant la gravité de la menace qui pesait sur eux, le risque de séjourner en prison fut vite écarté. Sur le fond, chacun des récits semblait identique. Sur la forme ils les racontèrent selon leur propre ressenti et leur point de vue. L'affaire, prise très au sérieux, les quatre amis avaient été convoqués en fin de semaine devant la HAM et la dame prélat. Au moins ce serait l'occasion pour eux de se revoir. Il semblait normal que les autorités veuillent tirer les évènements au clair car ils relevaient de la sécurité publique et impliquaient certainement le mouvement dissident des Bannis. En l'espace de quelques mois ce groupuscule

avait fait parler de lui par ses actes de terrorisme que le gouvernement essayait tant bien que mal de dissimuler ou de faire passer pour des accidents. Certes, le grand public ignorait quasiment tout de leurs agissements mais la rumeur commençait à prendre de l'ampleur et la légende urbaine pourrait tôt au tard devenir réalité. Pour Hanaé, il fallait à tout prix stopper ça. L'interrogatoire des jeunes gens pourrait certainement apporter plus de précisions ou donner des indices à sa police secrète.
Chaque parent avait reçu une convocation pour son enfant. Depuis le début de cette affaire, le conseiller Kerry ne décolérait pas et Séfan communiquait avec lui difficilement. En temps normal, son père restait assez inaccessible et leur relation très protocolaire ne laissait pas de place à l'affection. Durant cette première semaine de confinement, ce dernier le convoqua seul dans son bureau pour entendre en détail le récit de leur expédition. Il n'avait pas été tendre avec lui, lui parlant durement et revenant sur le moindre détail en exigeant des réponses plus précises. Il était ressorti de cet interrogatoire anéanti et au bord des larmes. Sa culpabilité d'avoir enfreint l'interdiction d'emprunter le sentier ne représentait rien comparé au sentiment d'avoir parlé à un étranger et non à son propre père. Il n'avait ressenti aucune tendresse, aucune affection, aucune compassion de la part de son géniteur. Voilà donc ce qu'il était, juste son géniteur, il n'y aurait donc jamais aucune complicité père/fils avec cet homme. Ce jour-là Séfan comprit que ces cinq années loin de lui seraient, au final, une bénédiction et lui permettraient de se construire un nouveau foyer. Le plus douloureux resterait la séparation d'avec sa mère qu'il chérissait plus que tout au monde. Au moins cela la soulagerait t-elle car elle jouait

sans cesse les intermédiaires en essayant d'atténuer les décisions prises par son époux ou de leur trouver un sens.
Les parents de Lison et Théry furent choqués par l'attitude de leurs rejetons. Comment pouvait-on prétendre faire une carrière dans la police et enfreindre les lois dès la première occasion ? Leur mission ne consistait-elle pas à défendre et protéger les Bizertlandiens et les futurs dirigeants avant tout ? Et l'exemplarité ? Les deux amis avaient dû promettre de se montrer irréprochables jusqu'à la rentrée universitaire. À ce moment-là ils entreraient pour trois ans comme pensionnaires à l'académie de police et seraient sous l'autorité du district. Pas question alors de quelconques incartades ou de bafouer les interdictions. Le message délivré ne leur laissait aucune alternative et les deux jeunes gens avaient compris la leçon. Ils passeraient le reste de l'été sans se voir, ce qui les attrista au plus haut point tous les deux. Alors même qu'ils venaient de s'avouer leur amour naissante ce jour-là au bord de la cascade, on les séparait déjà et pour tout un mois ! L'injustice de cette punition révoltait Théry. Après tout ils étaient tous les quatre des victimes et la police ferait mieux de rechercher ces fichus Bannis.
Erié de son côté avait très mal vécu cet épisode dramatique. Dès le départ elle avait montré quelques réticences pour cette expédition à la cascade d'argent. Braver les interdits n'était pas dans sa nature, trop prudente et respectueuse pour enfreindre les lois. En suivant l'élan du groupe et afin de ne pas passer pour la casse- pied de service, elle en payait aujourd'hui le prix fort. Son père et sa mère, bien sûr, lui avaient fait la morale et comme elle approuvait leurs propos, cela avait tourné court. Elle semblait beaucoup

plus accablée que ses propres parents. Cet incident aurait certainement des conséquences sur sa fonction potentielle de future dame prélat. La convocation devant la HAM et Hanaé allait-elle sonner la fin de l'aventure ? Seraient-ils répudiés ? Elle imagina cent fois la scène, la projetant dans son jeu de pouvoir pour en étudier toutes les options et toutes les issues. Selon elle, la tentative pour les supprimer en faisant croire à un accident pouvait jouer en leur faveur. Ce n'était pas un simple incident, juste quatre promeneurs se perdant dans la forêt, mais bel et bien un acte criminel. Qui voulait-on viser ? Séfan et elle certainement. Comme l'avait justement fait remarquer Lison, pourquoi s'en prendre à deux futurs policiers ? Leur destin ne pouvait influencer celui de Land. S'agissait-il juste d'une tentative de déstabilisation à un mois de la cérémonie des runes dans la citadelle ? Ils ne seraient alors que des victimes collatérales de la guerre que se livraient secrètement Land et cette organisation secrète dissidente.

22

Depuis la prémonition lui montrant Séfan et Erié en danger à la cascade d'argent, la dame Hanaé ne cessa de chercher des indices dans les images de son rêve. Hélas, rien ne lui permis d'identifier les auteurs. Elle voyait les quatre jeunes gens près d'une chute d'eau, un des leurs blessé, leur marche vaine dans la forêt, des hommes masqués sabotant le chemin du retour. Sa vision était suffisamment claire pour qu'elle prenne les décisions qui s'imposaient. Incapable de déterminer le jour exact du drame, elle avait fait suivre les quatre amis par sa police secrète.

Aujourd'hui elle les recevait seule. Par la suite ils auraient des comptes à rendre à la HAM et seraient passibles d'une sanction qu'elle laisserait à l'appréciation de son conseil. Elle avait malgré tout donné des consignes : aucun élève ne devrait être renvoyé de sa future école. Elle pressentait que le rôle de ces quatre jeunes gens s'avérerait déterminant dans la lutte contre les Bannis. Hors de question qu'ils sortent du jeu ! Il faudrait bien que la HAM se plie à son autorité sur ce sujet. En général les décisions stratégiques nécessitaient la majorité absolue. Bien que les textes de la constitution de Land conférassent le droit de véto au prélat, la dame Hanaé ne l'avait jamais fait prévaloir. L'ambassadeur Greyge, membre éminent de son gouvernement et en son temps lui aussi candidat au poste demeurait son contradicteur principal. Toujours prompt à contester ses décisions ou à vouloir réformer les lois en cours pour le plus grand bien du peuple de Land, disait-il. Gouverner un district n'était pas chose aisée. Les chefs de gouvernement ne possédaient pas le pouvoir total. Parfois même des alliances avec des conseillers s'avéraient nécessaires pour entériner leurs décisions. De son côté Hanaé pouvait compter sur sa plus fidèle alliée, la conseillère Maxell. Diplômée de l'école supérieure administrative de Bizertland, elle lui avait toujours prodigué de très bons conseils malgré son caractère renfrogné et l'austérité de ses traits. Grande et mince, les cheveux bruns tirés en arrière, elle inspirait la crainte parmi tout le personnel administratif. Pour l'heure la dame prélat finissait de signer quelques documents à son bureau quand son secrétaire l'interrompit pour la prévenir que les jeunes gens venaient d'arriver.

— Conduisez-les à mon petit salon, je veux les recevoir dans un cadre moins solennel.

— Vous êtes sûre ? Risqua son secrétaire, le protocole voudrait que vous les receviez dans une salle de travail.

— Je vais passer outre le protocole.

— Bien madame.

Les quatre amis se retrouvèrent dans une salle de réunion sobre et très stricte : une grande table en noyer en son centre et dix chaises autour, une petite desserte avec des tasses, des verres, un plateau avec une théière et une carafe d'eau. Les deux fenêtres ouvertes donnaient sur la cour intérieure du grand bâtiment. Ils étaient arrivés séparément, escortés depuis leur domicile par deux policiers armés, ce qui leur avait valu des regards en coin des passants tout au long du trajet menant vers le bâtiment officiel, lieu de la convocation.

Sous la surveillance des policiers et contraints au silence pendant les vingt minutes d'attente, ils n'avaient pas pu échanger le moindre mot. Assis autour de la table, ils se jetaient des regards. Par des signes de tête ou des expressions, ils se faisaient savoir qu'ils allaient tous bien. Petit Pas semblait complètement guéri. Il avait franchi les quelques mètres de la salle pour aller s'asseoir d'une démarche normale. Erié parut la plus angoissée. Elle jetait à ses amis un regard interrogatif auquel Séfan répondit par un haussement d'épaules comme pour dire « on verra bien » ou « je n'en sais rien ». De son côté aucune information de la part de son père, bien que celui-ci fût un membre éminent de la HAM. Il traitait son fils comme un délinquant, ne lui accordant aucune circonstance atténuante ou excuse valable. Séfan redoutait qu'il ne réclame auprès des autres conseillers un châtiment exemplaire afin de montrer qu'aucune faveur ne pouvait être accordée à un membre de sa famille. Il se disait que si le pire venait à arriver – son exclusion de l'école prélastique – le lien paternel serait à jamais brisé et il quitterait le domicile familial à la première occasion sans aucun regret. Théry et Lison avaient passé quasiment les vingt minutes d'attente à se regarder. Usant de toutes les expressions du visage ou corporelles, s'exprimant à la fois de l'amour, de la tristesse, de la joie, de l'optimisme. À plusieurs reprises ils avaient étouffé, dans une quinte de toux, un départ de fou rire en mimant des mines désopilantes.

Loïs, le secrétaire particulier de la dame prélat, vint les informer du changement de salle et les conduisit dans un salon à l'étage supérieur bien plus convivial que la salle de réunion. C'était une pièce plutôt petite couleur vert d'eau avec une large fenêtre encadrée d'épaisses tentures vertes. Le salon était meublé d'un grand divan vert pâle à motifs

dorés auquel faisait face deux petits fauteuils assortis avec au centre une table basse en noyer. On y avait déposé un plateau avec du thé et des petits gâteaux.
— Elle va vous recevoir dans le petit salon vert, précisa-t-il inutilement.
Il leur demanda à tous de prendre place sur le canapé et referma la porte. Les quatre amis parurent très surpris de se retrouver seuls côte à côte et de pouvoir enfin se parler, se toucher. Théry se lança le premier :
— Oh ! Mes amis je suis tellement content de vous voir. Tout le monde va bien ? Qu'est-ce qu'on fait là ? Vous le savez ?
— Oui on va tous bien, répondit Erié. La situation doit être extrêmement grave pour que l'on soit convoqués devant la HAM et la dame prélat. Ton père t'a dit quelque chose Séfan ?
— Rien, à part que j'étais un délinquant indigne de représenter Bizertland, répondit-il.
— Tout est de ma faute ! Gémit Petit Pas.
— Pas du tout. Nous sommes tous responsables à partir du moment où l'on a accepté de se rendre à la cascade, rétorqua Lison en prenant tendrement la main de Théry dans la sienne.
Ils restèrent encore près d'une demi-heure ensemble et chacun raconta son retour à la maison, les reproches des parents, l'interrogatoire de la police, les journées passées seul à se morfondre et à imaginer le pire, le manque des autres. Pas de doute, ils venaient de se retrouver mais qu'en serait-il de leur avenir ? Allaient-ils être tous renvoyés et voir leurs rêves brisés ? La réponse ne tarderait pas à venir, portée par la plus haute autorité locale. Ils cessèrent

instantanément leur conversation quand la porte s'ouvrit d'un coup sec et que Hanaé pénétra dans le petit salon. Vêtue de sa tenue officielle d'été : veste vert olive en tissu léger, pantalon assorti et chemise blanche à col rond, elle portait ses cheveux châtains noués comme souvent en une tresse qui lui enserrait la tête. C'était une très belle femme, au regard doux mais déterminé. Malgré sa jeunesse elle paraissait sûre d'elle et confiante, ce qui rassura un peu la bande. Elle s'installa en face d'eux sur un petit fauteuil, se servit une tasse de thé et en proposa aux quatre amis. Après en avoir bu une gorgée, elle déclara :
— Mes chers enfants, j'ai pris connaissance de vos récits et je ne vous cache pas que la situation est grave.
Elle fit une pause. Son ton maternel détendit l'atmosphère. Ils comprirent alors ses intentions : les aider, trouver une solution et non les sanctionner. Elle continua :
— Quelqu'un cherche à déstabiliser non pas seulement notre district, mais toute notre organisation landienne basée sur la séparation des pouvoirs.
Erié prit la parole. Dans le groupe, c'était elle la plus à même de comprendre ces notions de pouvoir et de politique.
— Dame prélat, sait-on à qui nous avons à faire ?
— Hélas non. Ce groupe de dissidents se fait appeler « les Bannis «. Il revendique la réunification de Land en un seul pays et un seul détenteur de tous les pouvoirs des runes. Nous connaissons seulement leur mode opératoire : semer le trouble et tenter d'éliminer les prélats en place et nos apprentis. Voilà pourquoi vous êtes ici.
— Pourquoi ce nom ? Pourquoi les Bannis ? interrogea Séfan.
— Bien avant que les districts existent, Land fut gouverné

par un empereur. Après la grande réforme qui instaura le partage du continent en région et qui bannit le dirigeant en place, les adeptes de la réunification formèrent secrètement un groupe de dissidents et choisirent le nom des Bannis en hommage au dernier empereur de Land. Nous pensions que ce mouvement s'était perdu au fil des années, mais le voilà qui ressurgit.

— Allons-nous être répudiés ? interrogea Erié, un tremblement dans la voix.

— Bien sûr que non, répondit Hanaé. Mon don de voyance confirme que vous avez un rôle important à jouer dans cette affaire. J'ai pris des dispositions vous concernant. Ce soir vous demeurerez à l'assemblée dans des appartements privés et vous partirez demain dès l'aube pour la citadelle de la monotonie où vous resterez jusqu'à la cérémonie des runes.

L'annonce laissa les jeunes gens interloqués.

— Mais nos parents ? Nos effets personnels ? S'alarma Erié.

— Ne vous inquiétez pas. Vous allez rédiger une liste de ce que vous voulez emporter et le secrétaire Loïs se chargera de tout ce soir. Je dois à présent vous laisser. Je vous donne rendez-vous dans un mois à la citadelle.

Sur ces paroles, elle se leva et quitta le salon. Son secrétaire entra aussitôt muni de papier et de crayons.

Lison parut rester sur sa faim. Agacée, elle éclata :

— Alors quoi c'est tout ? On ne nous donne pas plus d'explications ? Les Bannis sont-ils recherchés ? Que risquons-nous ? Que se passera-t-il pour Théry et moi après la cérémonie ?

Le secrétaire Loïs, moins conciliant qu'Hanaé fronça les

sourcils :
— Lison Aterman, je vous prie de changer de ton. Vous ne savez rien des affaires du district. Je vous engage à rester à votre place et à suivre les directives de la dame prélat.
Lison ravala sa colère après que Théry lui eut attrapé la main pour la calmer.
—Inscrivez clairement tous les effets personnels que vous souhaitez emporter à la citadelle. Pour vous Erié et Séfan cela veut dire que vous partez pour cinq ans. Vous ne reviendrez chez vous que dans le cadre de vos études. Pour Lison et Théry considérez que vous partez un mois en vacances. Après ça, retour à Bizertland à l'académie de police.
— Nous pouvons au moins dire au revoir à nos parents ? Supplia Erié.
— Ils sont au courant et votre départ doit rester un secret absolu.
Erié n'avait pas imaginé un tel scénario. Même avec les multiples possibilités entrevues dans son jeu de pouvoir, celui-ci ne lui avait pas effleuré l'esprit. Maintenant elle se retrouvait seule avec ses amis dans ce salon de l'assemblée, prête à affronter son destin. Séfan lut de la détresse dans les yeux de ses deux amies.
— Écoutez les filles, il faut se faire une raison. Le district essaie de nous protéger. Ne sous-estimons pas les Bannis, après tout nous aurions pu tous mourir dans la forêt. On ne pourra pas dire au revoir à nos familles, mais on reste ensemble tous les quatre et tous les quatre on est une famille ! Allez venez !
Il les attira vers lui et tous se serrèrent dans les bras. Lison sanglotait et Théry avait les yeux rougis.

— Jeunes gens, il va falloir à présent rédiger vos listes, nous n'avons que très peu de temps. Ensuite, je vous montrerai vos chambres et nous nous retrouverons à dix-neuf heures pour le dîner. Le capitaine Offens viendra vous donner le détail du voyage.
— Le capitaine Offens ? Le chef de la garde Alpha ? Interrogea Petit Pas.
— Lui-même, répondit Loïs. À présent au travail. Je repasse dans une heure, conclut-il d'un ton sec.
Le secrétaire quitta la pièce et ils se retrouvèrent seuls à nouveau. La surprise, l'émotion, la tristesse, la joie de se retrouver, tous ces sentiments avaient disparu. Ils semblaient accablés, inquiets pour leur avenir. Rien ne se passait comme prévu. Pourtant, avec leurs réussites aux examens et le droit d'entrée à l'académie qu'ils convoitaient, l'été avait formidablement commencé. Ils avaient pleinement profité tous les quatre de ce mois de juillet radieux. Certes leur défaite à la finale junior de Circle Ball leur laissait un goût amer, mais Petit Pas avait gagné sa place dans l'équipe des Aigles du dix-neuvième quartier et de toute façon ils ne rejoueraient jamais plus ensemble. Alors qu'ils pensaient vivre un mois d'août aussi parfait, les ennuis avaient commencé par une simple balade en forêt et une baignade dans la cascade d'argent. Depuis ce jour, ils vivaient un vrai cauchemar, obligés de se terrer à leur domicile, sous étroite et discrète surveillance, sans pouvoir se rencontrer ou se parler. À présent on les envoyait à la citadelle de la monotonie, sans même pouvoir dire au revoir à leurs parents.
Le secrétaire Loïs récupéra les listes, plus ou moins longues selon leur rédacteur. Pour Lison et Théry, c'était facile.

Ils partaient juste un mois loin de chez eux. Leurs objets personnels ne leur manqueraient pas tant que ça. Erié et Séfan de leur côté, quittaient leur foyer pour cinq ans, pas facile pour eux de donner des instructions à leurs parents qui se chargeraient ensuite de remplir l'unique malle d'effets personnels à laquelle on les autorisait. Certes à un moment donné dans leur cycle d'apprentissage, leurs pas les ramèneraient un semestre chez eux puisqu'ils devraient passer dans chacun des districts. Mais hélas Bizertland serait parmi les derniers, ce qui voulait dire au minimum quatre ans sans revoir leurs proches. Avec la menace des Bannis, qui pourrait dire ce qui allait advenir de Land d'ici là ?

Le temps s'écoula sans que les jeunes gens n'en prennent conscience. L'attente, les retrouvailles, le discours d'Hanaé et enfin l'annonce de leur départ précipité pour la citadelle les avaient amenés à la fin de l'après-midi. Le secrétaire Loïs les conduisit dans les appartements privés de l'assemblée destinés en temps normal aux invités.

— Vous serez deux par chambre. Ici Erié et Lison, dit-il en pointant la porte d'une chambre, et en face Séfan et Théry. Je passerai vous chercher dans une heure pour le dîner et les consignes du capitaine Offens. En attendant reposez-vous, la nuit va être courte et le voyage vers la citadelle de la monotonie très long. Vous n'aurez accès à vos effets personnels que dans le convoyeur express. D'ici là débrouillez-vous. Vous trouverez un nécessaire de toilette dans vos salles de bains.

Loïs tourna les talons et disparut au détour d'un couloir où un garde armé posté assurait leur sécurité.

— Je crois qu'il a raison, déclara Séfan. Nous ferions mieux

de profiter de cette heure de répit pour nous reposer. On se retrouve dans une heure ?
— Tout à fait d'accord, répondit Erié. Il faudra malgré tout se réunir après le dîner et entendre les consignes du capitaine pour envisager la suite entre nous. Nous devons tous être sur la même ligne de conduite et nous serrer les coudes.
Chacun regagna sa chambre. Erié et Lison découvrirent une belle chambre avec un très grand lit et un mobilier élégant en bois clair. Dans une autre pièce ouverte, plus petite, un canapé confortable et une table basse faisaient office de salon. Dans le fond une porte donnait sur la salle de bains. Les deux amies n'étaient pas habituées à autant d'espace et de raffinement. Avec la politique de l'enfant unique, on concevait les demeures landiennes de manière fonctionnelle dans un espace minimal. Lison estima la dimension de la chambre comparable à l'appartement dans lequel elle vivait avec ses parents.
— Dans d'autres circonstances, j'aurais bien aimé rester un peu longtemps plus ici ! Plaisanta-t-elle. Ce sera peut-être ton quotidien si tu deviens la prochaine dame prélat ?
— Le chemin est encore long et avant même de l'emprunter on peut voir les obstacles apparaître, répondit Erié.
La chambre des garçons configurée de la même façon, se distinguait par une décoration au ton beige. Petit Pas avait retrouvé un semblant de bonne humeur en découvrant où ils passeraient la nuit. Il parcourait les pièces les unes après les autres et s'émerveillait de leur taille ou du mobilier. Ce fut la salle de bains qui le combla de joie.
— Séf, viens voir ça ! Regarde : une baignoire ! Je crois que je n'ai jamais pris de bain de ma vie, à part bien sûr dans

une rivière ou un lac. Tu imagines te prélasser là-dedans avec une tonne de mousse ?
Il tourna aussitôt les deux robinets pour commencer à la remplir.
— Mais qu'est-ce que tu fais ? Interrogea son ami.
— Je profite juste de l'occasion. On a une heure devant nous, je veux la passer dans mon bain, déclara-t-il en versant le contenu d'un flacon de savon liquide dans la baignoire.
Aussitôt une mousse blanche se forma et se mit à monter sous la pression de l'eau.
— Je me contenterai pour ma part d'une douche après le dîner, dit Séfan, en s'affalant sur le grand lit.
Au grand « plouf » qu'il entendit par la porte grande ouverte, il comprit que son ami venait d'entrer dans son bain.
— Oh Séf, c'est divin!
— Divin? Tu exagères un peu non ?
— Oui peut-être mais avec la journée qu'on vient de passer, je te garantis que ce moment de détente est le bienvenu. Tu crois que les Bannis vont encore s'en prendre à nous ?
— Je ne pense pas. Tu sais il y a vingt candidats à la fonction dans tout Land. Les cibles ne manquent pas, sans compter les prélats en place et les ambassadeurs. De plus nous serons à l'abri de la citadelle jusqu'à la cérémonie des runes.
— Grâce ou à cause de ces événements, Lison et moi allons faire la connaissance des autres candidats et séjourner à Everland. C'est très excitant d'imaginer qu'on va rencontrer les apprentis avant tout le monde.
— Je me demande qui ils sont ? Comment est la vie dans les autres districts ? Tu crois que je me ferai des amis ?
— Des comme moi, j'espère que non ! Je suis l'unique Petit Pas, tu en as conscience ?

— Théry tu es plus que mon ami, tu es mon frère.
Théry ne répondit pas, mais il savait très bien que ses propos l'avaient touché et que celui-ci devait avoir la larme à l'œil. Qui pourrait croire que ce grand gaillard pouvait être aussi émotif ?
— Ne t'endors pas dans ton bain, tu pourrais te noyer, lança Séfan pour briser ce silence.
— Encore un quart d'heure pas plus, je commence à être tout fripé !
À dix-neuf heures tapantes, les filles toquèrent à leur chambre. Petit Pas venait juste de se rhabiller à la hâte et sortait de la salle de bains, encore pieds nus, ses chaussures à la main.
— Dépêche-toi Théry, ce serait très impoli de faire attendre le Capitaine Offens, le pressa Erié.
— Oui, oui, j'en ai pour dix secondes, j'ai pris un bain, lança-t-il tout fier.
— Tant mieux pour toi. Allez on y va, conclut Erié en entraînant les deux garçons.
Loïs les attendait au bout du couloir et les accompagna à la salle à manger du personnel, un réfectoire très sobre avec une dizaine de tables de dix places, une grande ligne de banques et des plats chauds et froids proposés en libre-service. La salle était vide. Le service pour le personnel commençait seulement à vingt heures. Pour des raisons de discrétion et de sécurité, on faisait dîner la petite bande bien avant. Ils trouvèrent le commandant de la garde Alpha déjà installé à une table.
— Jeunes gens je vous présente le capitaine Offens.
Théry dévisagea avec surprise son idole. Il ne s'attendait pas à découvrir un homme au visage si juvénile, d'une taille

et d'une carrure aussi impressionnantes. À côté de lui, il faisait office d'avorton. Il avait mille questions à lui poser sur la citadelle, son parcours depuis l'école de police, mais il se retint. Une autre occasion se présenterait plus tard.
— Je vais faire le point en cinq minutes, puis vous aurez quarante- cinq minutes pour dîner et vous regagnerez vos chambres aussitôt. Vous ne devez croiser aucun membre du personnel de l'assemblée. C'est compris ?
— Oui, firent-ils timidement tous à l'unisson.
— Bien. Demain, réveil à quatre heures trente pour un départ en convoyeur spécial à cinq heures trente qui nous conduira à la gare centrale où un convoyeur express sera spécialement affrété pour nous. Nous arriverons à la gare de Casteland à onze heures. Une partie de la garde Alpha nous attendra avec des chevaux, unique moyen d'accès à la citadelle, avec au moins cinq heures de chevauchée. Inutile d'en savoir plus pour l'instant. Des questions ?
— Quand pourrons-nous rentrer à Bizertland ? demanda Lison.
— Ce sera à la dame Hanaé d'en décider, mais je pense que vous serez de retour pour la rentrée universitaire. Si j'ai bien compris Théry et toi entrez à l'académie de police de Bizertland ?
— C'est exact, répondit Théry en coupant presque la parole à Lison qui fit mine de parler. Je sais que vous avez suivi le même cursus à Nansland.
— Tu es bien informé mon garçon. Sache que le programme d'enseignement est le même dans tous les districts.
— Comment avez-vous rejoint la garde Alpha capitaine ? interrogea Théry.
— Vous aurez tout le temps d'en discuter pendant le long

voyage qui vous attend, coupa net le secrétaire Loïs. Quarante-cinq minutes pour dîner à partir de maintenant.

— Vous quitterez l'assemblée sous bonne escorte demain matin. On se retrouvera à la gare centrale, conclut Offens. D'ici là, tâchez de vous détendre. La deuxième partie du voyage ne sera pas de tout repos, croyez-moi.

23

Mes chers disciples, le temps est venu de réclamer notre dû aux usurpateurs et de réunifier les districts en une seule nation !
— Gloire à Zhardo, déclarèrent d'une seule voix les dix membres de l'assemblée des Bannis.
— Nous savons de source sûre que les apprentis de Bizertland sont en route pour la citadelle de la monotonie.
— Le trajet offre de nombreuses possibilités de guet-apens. Il faut frapper encore et se débarrasser d'eux ! déclara une conseillère de Zhardo.
— Calme tes ardeurs ma chère ! Je préfère conserver cet atout pour nos amis prélats. Leur venue à Everland pour la cérémonie des runes va nous procurer une belle opportunité de tous les éliminer en une seule fois. Soyons patients, ils représentent un plus gros gibier.
— Jour après jour, des fidèles viennent grossir nos rangs, surtout dans les régions de l'Est. Ils espèrent le retour d'une nation unie et juste sous ton règne mon empereur.
— C'est ce que je leur ai promis, plus d'injustice, plus de dirigeants totalitaires ou tout puissants, l'égalité pour tous !
— Gloire à Zhardo !
Bien que sans aucune parenté avec le despote destitué autrefois, il s'était autoproclamé empereur Zhardo III. Sa détermination le rendait tout à fait crédible. Qui aurait pu se douter de la supercherie ? Il manipulait des disciples tout dévoués à sa cause et cela lui procurait un sentiment de pouvoir absolu. Alors que dire quand il s'attribuerait le pouvoir des runes ! Pour cela il lui suffisait de parler

d'injustice, d'égalité, de partage des richesses. Toute la classe ouvrière de Land le suivrait et une partie de l'élite aussi, avide de participer à son nouveau règne. Parmi son grand conseil des dix, il comptait des dignitaires de chaque district, des conseillers ou des hauts fonctionnaires. Aucune information ne lui échappait et nul ne pouvait imaginer que le groupe dissident soit aussi bien organisé et informé des coulisses du pouvoir. C'était le travail de toute une vie. Il œuvrait dans l'ombre depuis des années et au fil du temps avait réussi à distiller sur Land un climat d'injustice et d'inégalité. Lui-même issu de la classe dirigeante, Zhardo avait en son temps échoué sur la plus haute marche du concours du prélat de Drackerland, le haut conseil lui préférant la dame Henrion et lui n'héritant que du titre honorifique d'ambassadeur. Mais maintenant que la machine s'ébranlait, plus rien ne pourrait arrêter sa course. Il fallait à présent déstabiliser le pouvoir en place en se débarrassant de leurs chefs et surtout accéder à la salle de cérémonie qui lui permettrait d'acquérir toutes ces capacités surnaturelles. Pour y avoir assisté, il connaissait bien le rituel et il faut bien avouer qu'à l'époque jamais il n'aurait pu imaginer qu'une telle technologie puisse exister sur Land.
Alors âgé de seize ans, profondément troublé, il avait remis en cause toutes ses croyances et avait fini par accepter ce que personne ne comprenait sur ce continent unique, isolé au beau milieu de la planète. Il devait à présent se focaliser sur son objectif prioritaire : éliminer les prélats qui lui barraient la route vers le trône. Il pouvait manipuler à volonté ses disciples, mais tous ses plans échoueraient, comme celui de la disparition des gamins dans la forêt

de Min, tant que la dirigeante de Bizertland contrarierait son dessein. Son pouvoir de divination viendrait toujours faire obstacle. Comment tuer une personne qui peut prédire l'avenir ? Sa cible numéro un demeurait donc Hanaé. Pour troubler le plus possible sa vision, quelques règles furent établies par Zhardo : lui seul connaîtrait l'identité de ses dix conseillers. Tous devraient porter des masques lors des grandes assemblées secrètes qu'il convoquait régulièrement et le nombre des disciples impliqués dans les projets d'attentats serait réduit au minimum. C'est à ce prix que les visions d'Hanaé resteraient imprécises. Pour qu'une vision prenne forme il fallait qu'elle se nourrisse de l'esprit de plusieurs personnes afin de générer un potentiel futur. Malgré toutes ces précautions, elle avait quand même réussi à déjouer l'élimination des quatre jeunes gens. Zhardo devait vraiment se méfier d'elle et s'assurer qu'elle disparaisse en priorité. La cérémonie des runes début septembre constituerait une occasion unique de voir défiler tous les prélats sur les sentiers escarpés qui menaient à la citadelle de la monotonie. Ils constitueraient alors une cible facile pour des tireurs embusqués. Évidemment, pour des raisons de sécurité tous ne feraient pas le trajet en même temps. Plusieurs convois chemineraient à des heures différentes et sous bonne escorte de la garde Alpha. Avec son réseau d'espions infiltrés dans les plus hautes sphères, nul doute qu'il connaîtrait précisément tous les prochains déplacements officiels. Il restait à présent à définir dans le plus grand secret un plan d'attaque avant ou pendant leur arrivée à Everland, car une fois à l'abri de la citadelle, impossible alors à lui ou à ses disciples de frapper efficacement sa cible. Le conseil des dix prenait désormais

Zhardo et les Bannis au sérieux. Son premier objectif était donc atteint. On ne le considérait plus comme un simple trublion mais comme un opposant déclaré et reconnu. Il en éprouva une immense satisfaction.

24

Sans aucune escale, le voyage dans le convoyeur express vers la gare de Casteland paraissait interminable. Les quatre amis s'aventuraient pour la première fois en dehors de leur district. Malgré la fatigue de la veille, la nuit agitée qu'ils avaient passée, cherchant le sommeil au milieu de rêves confus et angoissants, ils ne pouvaient détacher leurs yeux endormis des paysages inconnus qui défilaient sous la faible pâleur du jour qui pointait. La ligne régulière traversait habituellement toutes les régions pour permettre la libre circulation des personnes et des biens sur le continent et favoriser ainsi les échanges et le commerce. Mais cette fois, la HAM avait affrété un train spécial qui au départ de Bizertland empruntait un itinéraire inhabituel, évitant Rauckland et Oberland pour rejoindre directement Casteland, permettant ainsi de raccourcir le trajet. Le contraste entre les différents districts les surprit. On passait des vertes plaines et des forêts de leur région aux paysages vallonnés et aux rivières de Casteland où se trouvait le terminus du train.

De là, l'expédition s'était engagée à cheval sur la route de la citadelle et au fil des kilomètres, un autre monde se dévoilait. Petit à petit les vallons verdoyants laissaient place à une végétation de plus en plus rare, petits bosquets épineux et touffes d'herbes qui semblaient disséminées au hasard sur un sol gris et rocailleux. Puis on voyait apparaître au loin de vastes montagnes toutes aussi grises que la terre d'Everland. Le climat semblait plus hostile. La température avait considérablement chuté. L'été n'était pas arrivé sur ce

territoire sauvage et le ciel chargé de lourds nuages sombres n'augurait rien de bon.
Profitant d'une halte pour reposer les montures et les cavaliers, les voyageurs avaient revêtu des manteaux ou d'épaisses vestes de laine. Les dix soldats de la garde Alpha encadraient l'expédition menée par le capitaine Offens. Dès l'arrivée en gare de Casteland, tout était allé très vite. Les soldats qui les attendaient, avaient géré la logistique en un temps record. Les malles chargées sur le dos des mulets, l'expédition s'était mise en branle aussitôt. La mission consistait à arriver le plus rapidement possible à la citadelle pour que les quatre adolescents soient à l'abri des Bannis. Offens avait donné des instructions précises dès le départ : une pause de quinze minutes toutes les deux heures sur un trajet de cinq heures, ce qui signifiait que le convoi ne s'accorderait que trente minutes de repos. Pour des cavaliers émérites tels les soldats de la garde Alpha, cela ne représentait pas une véritable épreuve, mais c'en était une de taille pour les jeunes gens. Même si l'équitation figurait au programme des activités sportives des élèves bizertlandiens, jamais ils n'avaient chevauché aussi longtemps et encore moins sur des routes chaotiques comme celles-ci. Passées les premières heures de l'expédition, Petit Pas se plaignit discrètement de l'inconfort des selles militaires. Il ne voulait en aucun cas afficher une quelconque faiblesse devant le capitaine Offens qui demeurait pour lui le modèle absolu à suivre. Les derniers kilomètres avaient plongé les quatre amis dans un mutisme total. Une fois la citadelle en vue, l'atmosphère avait radicalement changé stoppant les rares conversations. Le temps semblait figé devant ce tableau inerte de la forteresse noyée dans le brouillard. La

vision hypnotique de cette construction à flanc de montagne provoquait invariablement chez quiconque un sentiment de malaise et de profonde mélancolie même chez les soldats les plus aguerris.Toutefois ce sentiment s'estompait une fois franchie la lourde porte de l'édifice grâce à l'animation qui régnait à l'intérieur. Pour l'heure, le convoi cheminait lentement à travers les sentiers caillouteux qui menaient à la forteresse. Encore une bonne heure de chevauchée et ils atteindraient enfin leur destination. Offens avait prévu une arrivée avant la nuit pour des raisons de sécurité. D'abord pour éviter de blesser les chevaux sur ces chemins escarpés et surtout pour ne pas tomber dans une embuscade où ils se retrouveraient en mauvaise posture, exposés à des tirs sans aucun moyen de se mettre à l'abri. L'intégrité physique des jeunes gens prévalait avant tout.

Enfin apparaissaient les derniers mètres les séparant de l'immense porte gravée de symboles étranges sur des plaques de cuivre. Si tous les Landiens connaissaient leur existence, très peu avaient eu l'occasion d'en voir de leurs propres yeux. Ces représentations graphiques exerçaient sur Erié une étrange fascination. Depuis qu'elle avait décidé de consacrer tout son temps à la préparation du concours prélastique, elle avait tenté d'élaborer des théories sur l'origine des runes et de ses pouvoirs associés. Chaque fois, elle n'aboutissait à rien de logique. Elle admettait volontiers que Land n'était pas encore assez évolué pour comprendre cette technologie oubliée là par une civilisation disparue. Pourtant cela n'avait aucun sens ! Ils vivaient seuls depuis des siècles. Il était inconcevable qu'une société plus ancienne et forcément plus développée ait créé cette technologie sans laisser la moindre trace de son passage ! La réponse se trouvait sûrement dans la citadelle, seul vestige du passé. Une chose était sûre, la cérémonie des runes lui en apprendrait bien plus en quelques minutes que toutes les recherches menées depuis des années.

Les fers des chevaux résonnaient étrangement sur le chemin pavé de pierres grises qui constituait la dernière ligne droite conduisant à la citadelle, annonçant aux gardes en faction, postés dans les tourelles du fort, l'arrivée du convoi.

Les deux portes de bois bardées de cuivre gris vert s'ouvrirent simultanément de l'intérieur, laissant apparaître des soldats au garde à vous alignés de chaque côté dans la cour. Le capitaine Offens les salua et sauta à terre d'un mouvement leste malgré sa carrure remarqua Petit Pas. Dès les portes fermées, toute la garnison se mit en mouvement pour accueillir les nouveaux arrivants et décharger les malles. Des ordres fusaient d'un peu partout et les conversations avaient repris. Un grand brouhaha régnait au sein de la citadelle. Cela ne déplut pas à la bande d'amis qui avait mal vécu la traversée silencieuse d'Everland. Au cœur de la forteresse, l'atmosphère finalement était bien plus chaleureuse qu'au-dehors et l'agitation alentour participait grandement à ce regain de vie. Les jeunes gens n'avaient pas échangé un seul mot durant les deux dernières heures et la dernière pause, cheminant en file indienne sur des chemins étroits et venteux, sans aucune envie de discuter, même les plus bavards comme Lison et Théry. Une fois descendu de cheval, ce dernier brisa le silence :

— Je ne pourrai plus jamais rester assis de ma vie, mes fesses sont anesthésiées, j'ai mal aux jambes et au dos !

— Toujours envie de rejoindre la garde Alpha ? Ricana Séfan.

— Ne t'inquiète pas, d'ici là je me serai endurci et mes fesses aussi.

Le sergent-chef Robin avait accompagné le groupe. Détaché et missionné par la dame Hanaé, il veillait personnellement sur les jeunes Bizertlandiens et recevait ses ordres directement du capitaine Offens.

Il s'approcha d'eux pour donner ses consignes.

— Nous allons vous montrer vos quartiers. C'est là que vous séjournerez jusqu'à la cérémonie des runes pour Erié et Séfan. Lison et Théry vous serez raccompagnés à Bizertland à la fin du mois d'août pour reprendre le cours normal de vos vies et entrer à l'académie de police. Ce qui vous laisse trois semaines au sein de la citadelle pour vous reposer. De toute façon il n'y a pas grand-chose à faire par ici, pas de lac, pas de cascade. Je vous conseille de ne pas tenter de choses absurdes. J'espère que vous avez compris la leçon.

Le ton employé par Robin avait de quoi calmer leurs ardeurs. Aucun d'eux de toute façon ne tenait à revivre une expérience aussi traumatisante que celle de la cascade d'argent. Ils firent le dos rond et suivirent le sergent-chef vers leurs quartiers. Une fois passée la lourde porte de la citadelle, on pénétrait dans une vaste cour pavée, flanquée à droite et à gauche de bâtiments de cinq étages. Dans le fond de la cour, une tour carrée dominait l'ensemble. Son accès était protégé par une grande porte en métal et gardé par deux soldats armés. Cette fameuse tour cachait donc la clef du mystère des runes. Les quatre amis en avaient discuté durant des heures. Que contenait-elle ? Comment se voyait-on doté des pouvoirs des runes ? Qui avait construit cet ensemble fortifié destiné à protéger l'origine du pouvoir de Land ? Contre qui ? Il n'existait aucune menace extérieure puisque Land restait le seul continent de la planète selon la théorie du professeur Vork. Bien que sur les trois navires d'exploration, partis cent ans plus tôt, le dernier « Exploreur » ne revint jamais au port... Les Bannis constituaient le seul danger connu. Ils avaient démontré leur détermination et surtout leur excellente organisation, ce qui inquiétait le grand conseil. Arrivé devant l'entrée du bâtiment, le sergent-chef Robin prit la parole :

— Je vous explique brièvement la configuration des lieux. Au rez-de-chaussée du bâtiment vous trouverez le réfectoire, la bibliothèque et des salles de réunion. Au premier étage le quartier des filles avec le dortoir, la salle commune, la salle d'étude. Idem au deuxième étage pour les garçons.

— Serons-nous sollicités pour des tâches quelconques durant ces trois semaines ? Interrogea Erié.

— Aucunement ! Considérez-vous… en vacances, ironisa Robin. Vos malles vous attendent dans vos quartiers. Il est temps à présent de vous installer. Vous prendrez tous vos repas dans le réfectoire avec la garde Alpha en attendant que les autres candidats vous rejoignent début septembre.

Ces vacances forcées avaient un goût amer mais les quatre amis ne maitrisaient plus leur destin. Il leur fallait bien accepter cette détention déguisée. Comme à son habitude, Erié prit les devants :

— Installons-nous tranquillement et rejoignons-nous dans une heure dans la salle commune du premier étage pour faire le point et discuter.

— Discuter de quoi, intervint Théry, tu crois qu'on nous demande notre avis ?

— Ce que veut dire Erié c'est qu'on a besoin de se réunir tous les quatre pour trouver un peu de réconfort entre nous. On ne peut compter que sur notre amitié, précisa Séfan.
— Oh… excuse-moi Erié, ce voyage m'a complètement vidé, même mon cerveau apparemment ! Tu as raison, pardon.
— Ne t'inquiète pas, nous sommes tous déboussolés. Une bonne tasse de thé nous fera le plus grand bien et si tu nous parles encore de Circle Ball, je crois que cette fois on sera prêts à t'écouter.
— Pour ça fais-moi confiance dame prélat Erié.
Effectivement leurs malles les attendaient dans leurs dortoirs. Quand Robin avait évoqué le dortoir, Erié avait imaginé une pièce stricte et sobre avec des lits alignés et des armoires en fer. Elle fut donc agréablement surprise de découvrir une vaste pièce au parquet en bois et dix lits disposés dans des alcôves qui préservaient un semblant d'intimite, chaque alcôve étant équipée d'une armoire en bois et d'un petit bureau faisant également office de table de chevet. Des tapis de laine posés aux pieds des lits conféraient à l'ensemble un air plutôt chaleureux. Aux deux extrémités une cheminée allumée dégageait une douce chaleur. Au fond, une porte donnait sur la partie sanitaire, des toilettes, une rangée de cinq lavabos et cinq cabines de douches simples mais d'une propreté irréprochable. Ici, pas de petit salon ou d'espace convivial, pour cela il fallait sortir du dortoir et longer un couloir qui menait aux pièces à vivre où l'on trouvait une salle d'étude avec quelques livres sur des étagères. Pas suffisamment selon Erié, mais au besoin elle irait piocher quelques ouvrages à la bibliothèque du rez-de-chaussée pour passer le temps. La salle commune était

composée de quatre canapés confortables rassemblés autour d'une grande table basse. Une table de salle à manger et des chaises complétaient l'ameublement ainsi qu'une petite desserte alignée près d'un mur, garnie d'une théière.

25

Finalement la citadelle de la monotonie offrait un certain confort à ses visiteurs. En était-il de même dans le quartier de la garde Alpha ? Erié l'ignorait, leur statut d'invité ne leur en autorisait pas l'accès.
Pour l'heure, Lison et elle déballaient leur malle en silence. Loin de leur famille, leur amitié constituait leur seul lien affectif que les épreuves vécues ensemble avaient renforcé. Les garçons étaient déjà installés dans la salle commune, Séfan occupé à mettre de l'eau à bouillir pour le thé. Ils avaient expédié rapidement le rangement de leur malle. Quelques soldats de la garde Alpha à l'écart bavardaient sans tenir compte de la présence des jeunes invités. Ils les avaient accompagnés dans ce long périple depuis la gare de Casteland. Bien qu'habitués à leur compagnie, ils ne comprenaient toujours pas les enjeux d'un tel déploiement de moyens pour quatre adolescents.
— Vous voilà, dit Petit Pas, en disposant sur une table quatre tasses de thé fumantes. Désolé nous ne servons pas de petits gâteaux à cette heure-ci.
— C'est bien dommage car je meurs de faim, répondit Lison en s'asseyant. D'après Robin le dîner sera servi à dix-neuf heures, je pense que je peux tenir le coup jusque-là !
— Tout le monde va bien ? S'inquiéta Erié. Séfan tu as vraiment une sale mine !
— À ce point-là ? Le voyage a été long et épuisant, nous n'avons pratiquement pas dormi la veille et nous voilà au milieu de nulle part, séparés de nos familles. On en est tous au même point. Il va falloir nous serrer les coudes pendant

ces trois semaines à venir. Ce qui me rend triste et me désole c'est que Théry et Lison vont nous quitter et qu'on ne les reverra pas avant des années. Ça j'ai du mal à l'accepter. Tout ce qu'on a vécu ces derniers mois nous a encore plus rapprochés. Je voudrais qu'on reste ensemble pour toujours.
Il n'avait pas l'habitude de se confier autant. Cette longue tirade prouvait que depuis son explication avec Théry quand celui-ci lui avait avoué qu'il n'osait pas lui parler de ses projets, il avait pris conscience qu'il devait extérioriser ses sentiments surtout avec ses amis. Ils n'en comprendraient que mieux ses réactions.
— Allez Séf ne t'inquiète pas, rien ne pourra briser notre amitié. Tu vas revenir chez nous et on passera le reste de nos vies à Bizertland. Dis, tu me parleras encore quand tu seras prélat ou ambassadeur ?
Séfan ne voulant pas rester sur le registre de la mélancolie, répondit d'un ton faussement hautain :
— Je ne sais pas ! Tu feras partie du petit peuple quand même !
— Voilà j'en étais sûr, tu montres ton vrai visage !
Les garçons éclatèrent de rire. Il leur fallait retrouver à présent un semblant d'optimisme pour aborder les prochaines semaines plus sereinement. Cette fin d'après-midi leur apporta un peu de réconfort. Dans une ambiance détendue, ils restèrent là à se remémorer leur été à Bizertland, à parler de Circle Ball, de leur première rencontre. Pour une fois, personne ne leur disait quoi faire, où aller. Si ce n'est le cadre, ils avaient l'impression de revivre leurs jours heureux dans leur district. Puis vers dix-neuf heures, ils prirent la direction du réfectoire. Le personnel de cuisine installait à peine le dîner sur des tables de service. Ils se

ruèrent sur les plats en libre-service et devancèrent même les soldats pourtant habitués à se servir les premiers. Ils trouvèrent le menu proposé simple mais bon. La situation géographique de la citadelle et son accès ne permettaient pas un ravitaillement quotidien, aussi les cuisiniers rivalisaient d'imagination pour confectionner des repas équilibrés et variés à l'ensemble de la garnison. Nourrir cinquante soldats et tout le reste du personnel d'entretien, soit au total soixante personnes matin, midi et soir relevait d'un vrai défi.

Lison et Théry se servirent copieusement sous le regard médusé des soldats qui semblaient dire « laissez-nous-en un peu quand même ! ».

À vingt heures, ils avaient avalé le double de nourriture qu'habituellement. Rassasiée, Lison proposa une balade digestive sur le chemin de ronde. On y accédait par des escaliers de part et d'autre de la porte principale de la citadelle. Malgré la fraîcheur de ce début de soirée tout le monde accepta. Ce serait l'occasion d'avoir une meilleure vue d'ensemble des environs et de se dégourdir les jambes après des heures de chevauchée. Ils obtinrent la permission du sergent-chef Robin avec l'engagement de ne pas s'aventurer au-delà d'une certaine limite, celle où les soldats perchés en haut des murs d'enceinte surveillaient l'horizon. Depuis les derniers événements qui laissaient entrevoir une action possible des Bannis contre le pouvoir en place, les tours de garde avaient été renforcés. Il en serait ainsi jusqu'à la fin de la cérémonie des runes. Une sale période à en croire les conversations captées dans le réfectoire durant le diner.

Avec ses marches hautes et très étroites, le début de la

montée constituait déjà un bon exercice de remise en forme.
— Je ne m'attendais pas à ça dès le départ.Tu nous avais promis une balade, gémit Petit Pas, pas l'ascension d'une montagne !
— Je vous présente Théry Ashmor, joueur de Circle Ball et classé premier aux épreuves sportives du brevet, ironisa Lison.
— Ah ! Il est beau le futur joueur des Aigles du dix-neuvième quartier, renchérit Séfan.
— Nous allons confier notre sécurité à ce futur policier ? Rajouta Erié.
— Ça va, ça va j'ai compris, moquez-vous de moi, vous verrez dans quelques jours quand j'aurai récupéré mon physique de rêve !
Théry se fit chahuter jusqu'à la fin de la montée. L'ambiance propice aux rires et aux moqueries en tout genre leur permettait de relâcher la pression accumulée ces derniers jours. Le chemin de ronde offrait une vue dégagée sur la route empruntée quelques heures auparavant. La citadelle était acculée à flanc de montagne, ses arrières naturellement protégés par des sommets vertigineux.

À leur regard s'étalaient de vastes plaines désertiques et monochromes. Sous la lumière de la fin du jour, tout semblait d'un gris métallique. La voûte du ciel elle-même était grise comme une bâche que l'on aurait tendue entre la terre et le ciel bleu, pour se protéger du soleil. Une légère brise se levait, dégageant un coin de ciel où un soleil crépusculaire projetait ses rayons sur un bout de plaine. Le contraste étonnait, comme un halo de lumière venu éclairer un endroit précis, en l'occurrence des petits bosquets d'arbustes rachitiques sans intérêt. Les quatre jeunes gens ne pouvaient détacher leur regard de ce point lumineux, qui s'évanouit quelques minutes plus tard lorsque le soleil passa sous la ligne d'horizon. L'obscurité prit alors la place laissée libre et la rare végétation de la plaine, parsemée de taches brunes, bascula dans les ténèbres.

— Brrr ! Ce spectacle me donne la chair de poule, déclara Erié.

— Il commence à faire froid, non ? Si on rentrait ? Proposa Séfan.

— Allez-y, moi j'aimerais rester encore un peu, dit Lison.

— Je reste avec toi !

— N'oubliez pas que nous avons un couvre-feu à vingt-deux heures, rappela-t-il. Apparemment les policiers et les soldats ont tous une horloge dans la tête !

— Ne t'inquiète pas nous serons rentrés.

Erié et Séfan regagnèrent leur quartier. Ce dernier s'amusa de la situation :

— Tu crois qu'ils voulaient être seuls ?

— Évidemment ! Les pauvres n'ont pas eu une minute ensemble depuis les événements de la cascade. À peine s'étaient-ils avoué leurs sentiments qu'ils devaient se séparer. Tu imagines ?

— Je suis content pour Théry. Au moins à son retour au district il ne sera plus seul. Comme il va me manquer !

— Bien sûr qu'il va nous manquer et Lison aussi !

— Oui Lison aussi. Elle va sûrement lui permettre de m'oublier un peu.

— Séfan ! Théry ne va pas t'oublier ! C'est ton ami. On n'oublie pas ses amis parce qu'ils sont loin de nous.

— Promets-moi que tous les deux nous resterons des amis,

qu'on ne laissera pas ce fichu concours nous séparer ?
— Je te le promets.

Théry rentra à vingt-deux heures précises. Séfan était déjà couché dans l'alcôve voisine, les lumières éteintes.
Il se déshabilla sans bruit et se glissa sous les draps, pensant que son ami dormait. En vérité, Séfan était éveillé. Il aurait voulu lui parler, lui dire à quel point il allait lui manquer, qu'il ne devait pas l'oublier, que quelle que soit l'issue de ces cinq années loin de Bizertland, il serait toujours le même, son ami d'enfance, son frère. La gorge serrée, il ne trouva pas ses mots.
— Séf, tu dors ?
Pas de réponse. Théry, lui, trouva le sommeil rapidement. Il venait de passer une heure merveilleuse avec une fille formidable qui lui avait avoué des sentiments très intimes. Ils s'étaient blottis l'un contre l'autre dans la pénombre, en haut des murailles, sur le chemin de ronde et Lison avait déposé un baiser sur ses lèvres. Ils auraient pu rester là pour l'éternité mais la cloche de vingt-deux heures les surprenant, ils avaient dû redescendre et regagner rapidement leur quartier pour respecter leur engagement de bonne conduite.

26

Diker rongeait son frein. Assis à la grande table du conseil de la HAM de Drackerland, il essayait d'orienter le débat vers la prochaine cérémonie des runes afin d'obtenir de précieux renseignements. Mais les discussions s'éternisaient sur des sujets locaux sans la moindre importance, comme autoriser ou non des marchands ambulants à s'installer sur la grande place du district le premier dimanche de chaque mois. Qu'en avait-il à faire, lui, Zhardo III ? Le destin de Land était à portée de ses mains. Le temps pressait. Il lui fallait accéder aux pouvoirs des runes dans un mois, faute de quoi il devrait attendre encore quinze ans. Exaspéré, il prit la parole :

— Mes chers membres du conseil, nous sommes à la mi-août, ne pensez-vous pas qu'il est grand temps d'organiser la venue de notre délégation à la citadelle de la monotonie ? Nous avons mille détails à régler et la situation demeure extrêmement tendue avec ces maudits Bannis. Nous devons prendre toutes les mesures qui s'imposent pour vous protéger, vous et nos candidats. Qu'en pensez-vous Henrion ?

La dame Henrion avait été choisie après ses cinq années d'études prélastiques pour son sens des responsabilités et son incroyable capacité à tisser des relations amicales avec son entourage. À trente et un ans, elle était comme tous les prélats en place, dans la force de l'âge. Plus jeune, elle fut une excellente joueuse de Circle Ball. D'une stature moyenne et athlétique, ses cheveux châtains mi-longs lui donnaient un air jovial auquel on ne devait pas se fier.

Crainte et respectée au sein de son assemblée, ses décisions et ses prises de position n'admettaient aucune contestation.
— Vous avez raison ambassadeur Diker, il nous faut organiser notre déplacement. Chers membres de la HAM, je vous propose une séance spéciale dédiée à ce sujet. Retrouvons-nous en plénière extraordinaire demain à dix heures ici même.
Zhardo exultait, il serait informé sous peu du plan et de l'itinéraire de la délégation de Drackerland. D'autres districts avaient déjà tout planifié et il connaissait à présent les moindres détails. Dès demain il pourrait élaborer un plan pour se débarrasser de ces gêneurs et semer le chaos sur le continent. Il s'en réjouissait à l'avance, l'esprit en ébullition, perverti par la haine envers le pouvoir en place, prêt à imaginer les scénarios les plus vils pour arriver à ses fins.
Zhardo utilisait les allées et venues de ses adeptes pour acheminer des messages codés à ses lieutenants à travers Land. Avec le temps, il avait construit un réseau clandestin pour échanger des informations avec le reste de son organisation. Parmi ses fidèles, il comptait un large panel de professions amenées à se déplacer et à voyager : commerçants, policiers, personnels administratifs. Certes, communiquer prenait du temps, mais au moins la méthode restait sûre et efficace. Aucun message n'avait été intercepté par la police landienne. Échafauder un plan d'attaque ne s'avérait pas finalement la tâche la plus compliquée, la coordination et la communication primaient avant tout. Organiser un attentat en donnant des consignes à des centaines de kilomètres d'éloignement donnait parfois de piètres résultats. Nombre d'actions ces derniers

mois avaient échoué, passant pour de simples accidents. Les deux faits les plus marquants dont Zhardo se targuait, étaient sans conteste l'élimination de Magnus mort dans le déraillement d'un convoyeur express saboté par un disciple d'Eckerland et la grosse frayeur provoquée à Bizertland en passant à deux doigts d'éliminer leurs candidats.
L'objectif avoué de cette action consistait à évaluer les capacités de prédiction d' Hanaé et si au passage il avait pu se débarrasser des jeunes gens, tant mieux. À présent il savait que la prélat de Bizertland constituait le caillou dans sa chaussure. En concevant son plan dans la forêt de Min et en s'assurant la complicité de quelques disciples, il avait déclenché une prémonition sur un futur plus que probable impliquant un grand nombre de personnes.
Alors que l'attentat du convoyeur express ne concernait que deux personnes : le saboteur et lui-même. Il avait attendu le dernier jour pour informer son complice et Hanaé n'avait pu prédire exactement l'accident. Il en était certain à présent, un plan et une action de dernière minute lui vaudraient la victoire. Sa cible numéro un demeurait donc Hanaé. Une fois débarrassé de cette horrible gangrène, il aurait le champ libre pour éliminer les autres et rallier Land et ses HAM à sa cause. Pour l'heure, il devait faire bonne figure et continuer de jouer double jeu. Être à la fois un des conseillers les plus fidèles d'Henrion et l'empereur Zhardo III se révélait une tâche délicate. Les deux facettes de sa personnalité ne devaient en aucun cas se télescoper ou se manifester dans un contexte inapproprié. C'est seulement à ce prix qu'il préserverait son anonymat. Cela lui valait bien souvent des troubles de la personnalité qu'il tentait de dissimuler en évoquant un surmenage ou la forte pression exercée par sa

fonction d'ambassadeur.
Il lui restait quasiment deux semaines pour organiser le grand big bang qui ferait de lui le prochain souverain de Land dans son intégralité. Finis alors les districts, les prélats, la HAM et autres préceptes désuets portés par des dirigeants corrompus. Il rêvait d'un pays reconstitué et puissant. Sous son règne, les expéditions maritimes reprendraient. Il y avait forcément d'autres terres habitées sur cette planète. Il en était convaincu. Ces nouvelles terres lui appartiendraient aussi. Grâce à la puissance des runes, il pourrait constituer une armée invincible dotée de super pouvoirs. Rien ne pourrait alors l'arrêter dans sa conquête du monde. Pourquoi se contenter de ce continent perdu dans l'océan ? Le monde était vaste, bien assez pour étancher sa soif de conquête.
Étourdi par ses rêves de gloire, il en oublia presque son objectif prioritaire : se débarrasser d'Hanaé. De sa réussite dépendrait le reste de son plan
Celui-ci consistait à tendre une embuscade à la caravane des délégations sur les chemins d'Everland. À l'abri de barres rocheuses, des tireurs embusqués prendraient pour cibles les détenteurs du don en priorité puis les soldats de la garde Alpha. Il fallait affaiblir au maximum les défenses de l'ennemi pour ensuite prendre la forteresse par surprise.
Il savait désormais que deux convois convergeraient vers la citadelle de la monotonie, s'étalant sur deux jours à raison de cinq districts par jour.
Ceux-ci seraient constitués d'une escorte de quinze soldats accompagnant dix membres de chaque délégation : le prélat et son secrétaire, les deux apprentis, l'ambassadeur et cinq membres de la HAM, soit au total soixante-cinq

personnes. Le convoi s'étirerait sur une bonne centaine de mètres et ferait une cible facile pour des tireurs habiles et bien dissimulés. Une fois celui-ci soumis, les disciples de Zhardo revêtiraient les uniformes des soldats et entreraient sans peine dans la forteresse en trompant les gardiens. Énoncées de cette façon, les probabilités de réussite semblaient grandes, mais il fallait compter sur la riposte de la garde Alpha et surtout celle des cinq chefs du bloc de l'Est accompagnant le convoi : Lemerland, Isserland, Aydenland, Nansland et Drackerland. Ses disciples se trouveraient donc confrontés à leur pouvoir et devraient esquiver à tout prix une lutte au corps à corps. Certains ne représenteraient pas une menace directe. On parlait de pouvoirs mentaux, comme l'influence, la super mémoire et la projection astrale, ou physiques comme la projection d'éclairs et le maniement des armes.

L'ambassadeur Diker, alias Zhardo III, avait soigneusement évité de se porter volontaire pour accompagner la délégation de son district à la cérémonie des runes. Cela restait bien trop dangereux, il aurait suffi d'une balle perdue pour mettre fin à ses rêves de gloire.

Il se tiendrait à bonne distance du champ de bataille mais suffisamment proche pour revendiquer la victoire et s'autoproclamer empereur dans l'enceinte de la citadelle. Il récupérerait alors les dix runes et tous les pouvoirs associés. Ce scenario ou plan « A » serait actionné après la mort d'Hanaé, faute de quoi, elle déjouerait ses plans en entrevoyant dans les fils du temps le futur très probable qui se dessinerait sur les plaines grises d'Everland. Bien sûr, Zhardo prévoyait un plan « B » mais cela ne le réjouissait guère. Débarrassé de la dame Henrion, et en sa qualité d'ambassadeur, il accéderait automatiquement à la fonction de prélat. Il lui faudrait attendre la fin de la cérémonie des runes et son retour à Drackerland pour échafauder une nouvelle stratégie. Comble de malchance, tous les apprentis, soit vingt filles et garçons se verraient dotés de pouvoirs. Bien sûr, encore novices, ils ne représenteraient pas une menace directe mais pourraient bien perturber ses desseins. Une fois nommé et doté du don de l'influence associé à la rune de Drackerland, il pourrait alors convaincre les bonnes personnes et accéder au titre d'empereur facilement. Certes, cela prendrait plus de temps que l'emploi de la force brute, mais il avait tellement attendu que quelques semaines ou mois de plus ne feraient pas la différence.

Il se força à l'optimisme et finalisa son plan pour éliminer Hanaé, qui impliquait un complice, son bras armé. Celui-ci ignorait encore le rôle qu'il allait jouer et la date de son méfait. À cette condition seulement l'attentat réussirait. Pour se trouver au plus près de l'action, il avait planifié une visite de quelques jours dans le premier district en prétextant la conclusion d'un contrat mineur, bien réel, mais qui aurait pu se traiter à n'importe quel autre moment de l'année. Il se rendrait donc à Bizertland dans trois jours par le convoyeur express et séjournerait dans les appartements privés de l'assemblée comme son rang l'y autorisait. Il serait alors en mesure d'activer son agent dormant pour qu'il accomplisse la sinistre mission à sa place. Il s'en réjouissait d'avance, imaginant Hanaé à son dernier souffle, incapable de ne pas avoir entrevu sa propre mort.

27

Les jours gris et froids se succédaient. Perchée sur les plus hautes montagnes d'Everland, la citadelle de la monotonie n'usurpait pas son nom. La plupart du temps, on pouvait apercevoir le soleil se lever tôt le matin à l'horizon, puis très vite de lourds nuages sombres venaient plomber la voûte du ciel d'une chape grise et uniforme qui condamnait l'astre solaire à disparaître pour le restant de la journée. Très souvent un vent humide et froid soufflait par rafales sur le chemin menant à la forteresse. Brisé par la lourde porte, il sifflait rageusement, furieux de se voir interdire l'accès.

Dans ce paysage maussade les jeunes gens prenaient leur mal en patience en attendant le jour de la cérémonie. Les journées s'étiraient longues et monotones. On ne leur avait assigné aucune tâche, seulement la consigne de se tenir tranquilles et de ne causer aucun problème. Le sergent-chef Robin y veillait. Lison et Théry vivaient cette mise au vert plutôt bien. Ils passaient toutes leurs journées ensemble, soit dans la salle commune en compagnie de Séfan et Erié, soit tous les deux, blottis l'un contre l'autre pendant des heures sur le chemin de ronde, au grand désarroi de son ami qui se morfondait seul dans son dortoir. Erié avait pris d'assaut la bibliothèque et se réfugiait dans la lecture. Tout y passait, les livres d'histoire, de philosophie, de poésies, n'importe quoi contenant des pages imprimées.

La citadelle offrait aux jeunes amoureux un endroit parfait pour garder leur passion secrète. Loin du district et de leurs parents, ils se sentaient libres, personne ne leur interdisant rien. Pas sûr qu'ils puissent continuer ainsi une fois revenus à Bizertland. Malgré la situation, le cadre et l'atmosphère si particulière du lieu, ces deux-là étaient finalement les plus heureux.

La cérémonie des runes se tiendrait dans une semaine, fin août. Toutefois, les quatre amis n'avaient reçu aucune instruction de Robin ou d'Offens sur la suite des événements. Réunis autour d'un thé chaud dans la salle commune du premier étage, Théry lança le sujet :

— Toujours aucune nouvelle de notre retour. Vous ne trouvez pas ça bizarre?

— Tu n'as pas l'air pressé de rentrer pourtant, ironisa Séfan.

— Je ne le suis pas en effet. Pour Lison et moi, notre retour à Bizertland sera le départ de longues années sans vous voir.

— Oui tu as raison, désolé Théry. Vous allez terriblement nous manquer et j'aimerais que l'on passe cette dernière semaine tous ensemble, qu'on ne se quitte pas d'une minute !

— Euh ! Tu es sûr ? Je pense qu'Erié va finir par me lyncher si je lui parle encore de ce dernier panier manqué à la finale de Circle Ball.

— Oh oui monsieur Ashmor ! Il y a de grandes chances que ça arrive, répondit Erié. Mais tu peux aussi me raconter les pires bêtises que vous faisiez quand vous étiez plus jeunes.

— Mauvaise idée, interrompit Séfan, il vaut mieux garder ça secret et de toute façon le roi de la bêtise c'est plutôt lui.

— Ça ne m'étonne pas vraiment, remarqua Lison. En peu de temps j'ai pu m'en rendre compte.

L'ambiance était chaleureuse et les plaisanteries allaient bon train. Le sujet de leur retour à Bizertland avait dévié sur des thèmes plus légers. Chacun voulait s'imprégner de ces moments-là pour s'en souvenir plus tard, lorsqu'ils seraient éloignés les uns des autres, certainement en proie à la mélancolie.

Le sergent-chef Robin fit irruption dans la salle, l'air grave. À coup sûr il venait annoncer une nouvelle que personne n'avait envie d'entendre. La conversation s'arrêta net et les visages devinrent sérieux et attentifs.

— Jeunes gens, dit-il en s'asseyant à leur table, fait plutôt rare, il utilisait un ton empathique plutôt inhabituel, je dois vous annoncer le programme de ces prochains jours.

— Les vacances sont terminées ? Interrogea Lison.

— On peut dire ça oui. Pour des raisons de sécurité, nous ne dévoilons nos plans qu'à la dernière minute. Il semblerait que le réseau d'informateurs des Bannis soit très bien structuré. Nous ne devons prendre aucun risque pour assurer votre sécurité. Lison et Théry, vous allez préparer vos affaires ce soir même pour un départ demain matin dès l'aube.

— Quoi ? Mais ce n'est pas possible ! Il nous reste encore quelques jours avant la cérémonie, s'offusqua Théry, vous ne pouvez pas nous séparer maintenant !

— Hélas, vous et Lison ne faites pas partie des sujets prioritaires de Land. Vous n'êtes à ce stade qu'un imprévu que nous essayons de gérer au mieux.

Il se leva subitement et retrouva son ton sec et autoritaire pour déclarer :

— Départ demain matin six heures. Ne soyez pas en retard. Ne gâchez pas vos derniers instants avec vos amis, ils doivent conserver de vous une image digne.

Il laissa les quatre amis en plein désarroi, effondrés, se lançant des regards éperdus. Les dés étaient donc jetés. La bande allait se séparer définitivement. Chacun construirait désormais son avenir seul. Les uns à Bizertland, les autres à travers le pays, pour revenir un jour en tant que prélat ou ambassadeur. Dans tous les cas, plus rien ne serait comme avant. Cinq ans ! Un vide abyssal pour les garçons dans lequel ils plongeraient bientôt.

Ils restèrent là sans parler jusqu'à l'heure du dîner. Aucun d'entre eux n'eut beaucoup d'appétit ce soir-là, ce qui n'échappa pas à certains soldats. Contraints et forcés de regagner leur dortoir, ils se jurèrent de tous se retrouver le lendemain matin pour se faire leurs adieux. Lison semblait la moins affectée. Elle n'avait pas encore tissé de liens aussi forts que ceux de Théry et Séfan et elle partirait demain avec son nouvel amour. Pour eux la vie continuerait normalement, tout y contribuerait : l'école de police, le district, le Circle Ball et leur passion mutuelle. Alors que pour Erié et Séfan l'aventure commençait vraiment. Ils n'avaient aucune idée du parcours qui les attendait, des lieux où ils vivraient, des nouvelles personnes qu'ils rencontreraient. Quand on avait vécu toute sa vie au même endroit, difficile d'imaginer une telle vie nomade et si mouvementée !

Le capitaine Offens avait compris que rien ne se passerait comme prévu lors de cette année exceptionnelle de cérémonie des runes. D'abord la menace des Bannis, puis la venue imprévue des quatre jeunes gens qu'il avait fallu escorter et protéger un mois durant. Il recevait tous les jours des messages via le réseau des runes, lui indiquant les consignes à tenir pour l'arrivée des délégations. Selon lui, un vrai casse-tête car il devrait réceptionner à la gare de Casteland deux groupes d'une soixantaine de personnes et les escorter à un jour d'intervalle vers la citadelle. Le contingent de la garde Alpha comprenait cinquante soldats. Il fallait donc les répartir judicieusement pour mener deux convois et laisser suffisamment d'hommes à la forteresse pour en assurer la sécurité. Avec l'aide de l'état-major, il avait tranché. Deux groupes de quinze hommes escorteraient chacun cinq délégations et vingt hommes resteraient de garde à la citadelle. Le premier groupe partirait le lendemain matin. Le sergent-chef Robin aurait la charge de raccompagner jusqu'à Bizertland Lison et Théry par la même occasion. En adoptant une allure rapide, le trajet vers la gare prenait environ cinq heures. L'escorte arriverait à Casteland vers midi et repartirait le lendemain en début de matinée, ce qui laisserait aux hommes et aux chevaux toute une nuit de repos. Le deuxième groupe ferait de même et partirait vers huit heures le lendemain, les deux groupes devant se croiser lors d'une pause à la frontière d'Everland et Casteland. C'est la menace des Bannis qui inquiétait le plus le capitaine. Ces derniers pouvaient frapper à tout moment entre la gare et la citadelle. Les passages propices aux embuscades ne manquaient pas. Heureusement à la veille du départ, la dame Hanaé ne l'avait informée d'aucune prédiction susceptible de menacer leur sécurité. Pour autant, Offens avait ordonné que la dotation de munitions par homme soit doublée. S'il fallait se défendre, il préférait vendre chèrement sa peau ! La garde Alpha était réputée pour être coriace et combative. Ces renégats auraient du fil à retordre s'ils osaient s'attaquer à eux.

Il se gratta la tête et estima son plan bouclé à présent. Les moindres détails avaient été passés en revue avec ses hommes et les ordres donnés. Tout le monde connaissait sa mission. Premier départ prévu dans six heures. À présent, il devait dormir un peu, la journée du lendemain et celles à venir risquaient d'être intenses et dangereuses, même s'il espérait le contraire. Dans tous les cas, il y ferait face.

28

À la veille du premier convoi vers la citadelle, Hanaé avait eu du mal à trouver le sommeil. Elle sentait que quelque chose ne tournait pas rond. Sans que son pouvoir de divination ne se manifeste, elle ressentait malgré tout, comme un malaise inexpliqué qui la troublait au plus haut point. Jamais elle n'avait éprouvé une telle impression de danger, de grand malheur, sans y associer une image ou une vision.

Plus tôt dans l'après-midi, elle avait reçu une délégation de Drackerland menée par l'ambassadeur Diker. Ils avaient signé un traité commercial mineur visant à réglementer des échanges de matières premières entre les deux districts. Elle n'aimait pas beaucoup Diker. Au fil des années elle avait appris à le cerner : un personnage mielleux et fourbe. Elle ne lui faisait pas confiance, mais elle reconnaissait son habileté à négocier, raison pour laquelle son amie Henrion le déléguait auprès d'elle. Pour l'heure, il devait dormir tranquillement non loin, dans les appartements privés de l'assemblée bizertlandienne où il séjournait pour quelques jours.

Hanaé s'était assoupie depuis quelques minutes quand son pouvoir de prémonition la réveilla en sursaut. Sa vision lui montrait une ombre noire traverser sa chambre et fondre sur elle pour la frapper d'un coup de couteau mortel. La violence et la réalité de cette image étaient telles qu'elle sentait l'imminence de l'action. Paniquée, elle se leva d'un bond pour quitter la pièce et prévenir le garde en faction au bout du couloir. Il fallait donner l'alerte pour empêcher

toute intrusion. Sans prendre le temps d'éclairer la chambre elle se précipita vers la porte. L'ombre noire tapie derrière une grande commode la faucha au passage. Elle sentit le froid d'une lame lui transpercer le ventre. Elle s'écroula à terre tandis que son agresseur, assis sur elle, lui bâillonnait la bouche de sa main en la lacérant de coups de couteau. Elle n'eut pas le temps de se débattre ou de se défendre. Le premier coup eut raison d'elle. Elle sentait à présent la vie s'échapper d'elle comme une flamme s'éteint par manque d'oxygène.
Elle rendit son dernier souffle, allongée à même le sol, baignant déjà dans une mare de sang. Sa sinistre besogne accomplie, l'ombre noire disparut sans bruit dans la nuit et sans que quiconque n'ait rien entendu de la tragédie qui venait de se produire au cœur de l'assemblée bizertlandienne.
Zhardo faisait les cent pas dans sa chambre, guettant depuis plus d'une heure le signal qui lui indiquerait que la mission avait été accomplie et que Hanaé ne serait plus jamais un obstacle sur sa route. Enfin à trois heures du matin, il vit une lumière clignoter sur le rebord d'une fenêtre dans le bâtiment en face de l'assemblée. Le signal ! Une lumière fixe signifiait l'échec de la mission, une lumière clignotante, la réussite. Et là, pas de doute la lumière clignotait ! Il n'en revenait pas, son plan avait fonctionné ! À vrai dire il n'y croyait pas vraiment et aurait sacrifié sans problème l'un de ses hommes pour le prouver. En cas d'insuccès, rien ne le conduirait jusqu'à lui, il s'en était assuré. Pour contrer ou affaiblir les prémonitions d'Hanaé, il avait décidé une heure avant du plan qui conduirait à l'assassinat de la dame prélat. Il disposait au sein de l'assemblée d'un disciple entièrement dévoué à sa cause. Il lui avait suffi de donner des consignes

en ce sens et la machine s'était mise en marche, scellant à tout jamais le sort de sa victime.
La voie maintenant dégagée, la suite de son plan pour déstabiliser le pouvoir en place allait enfin se concrétiser. Il fallait aller vite, le premier convoi pour la citadelle partirait le surlendemain. L'objectif était de l'intercepter sur un chemin escarpé d'Everland. Pour cela il devait réunir un maximum de disciples armés qui tendraient une embuscade, soigneusement dissimulés derrière des rochers à bonne distance des pouvoirs des prélats présents ce jour-là. Zhardo ne sous-estimait pas leurs capacités. Bien sûr, certains possédaient des capacités mineures pour un combat au corps à corps, mais d'autres pourraient semer la destruction dans le camp des Bannis. Sigred d'Aydenland faisait partie de ceux-là. Son habileté à manier les armes en faisait un adversaire redoutable aussi bien avec un fusil qu'avec un sabre. Il faudrait aussi se méfier de la dame Véléa d'Isserland, qui pouvait projeter des éclairs d'énergie capables de griller sur place n'importe quel combattant. Brody de Lemerland ne serait pas un obstacle, son pouvoir de super mémoire ne lui serait d'aucune utilité pendant l'affrontement. Bien que pendant leur formation tous avaient suivi des cours de combats, personne ne les avait mis en pratique depuis. Leurs fonctions demeuraient avant tout politiques. Ils n'étaient nullement des seigneurs de guerre, loin de là. Il restait la dame Méline de Nansland et la dame Henrion. La première projetait son corps astral où bon lui semblait, la seconde pouvait par la simple pensée influencer n'importe quel esprit et le forcer à suivre ses ordres. D'où la nécessité absolue pour ses soldats de se tenir à l'écart de leurs pouvoirs. Selon ses ordres, les premiers

tirs et les premières victimes devraient être les prélats les plus dangereux.

À neuf heures l'ambassadeur Diker regagna la grande salle de réunion de l'assemblée pour ce deuxième jour de négociation avec la délégation bizertlandienne. Il y trouva les conseillers Kerry et Maxell déjà assis autour de la grande table ovale.

— Moi qui pensais être en retard, je constate que la dame Hanaé n'est pas encore arrivée !

— Son secrétaire personnel est allé la quérir. Sans doute quelques affaires urgentes à régler ce matin, précisa Maxell.

— De toute façon, il ne nous reste que quelques points de détails pour finaliser notre accord commercial et vous pourrez rentrer dans votre district, intervint plutôt sèchement Kerry.

— Fort bien, fort bien.

Diker détestait au plus haut point le conseiller Kerry et les grands airs qu'il se donnait. Lorsqu'il avait appris que son fils Séfan faisait partie des deux derniers candidats, il en avait jubilé ! Pouvoir l'éliminer dans la forêt de Min avait été une véritable délectation. Hélas, le plan avait échoué à cause de cette maudite Hanaé, mais il avait retiré un certain plaisir à les voir souffrir, perdus dans l'immense forêt. En tout cas, depuis la nuit dernière, cette gêneuse ne viendrait plus gâcher ses plans. Diker s'interrogeait sur les réactions de ses proches en apprenant la nouvelle. Il s'en réjouissait d'avance. Tout Bizertland serait certainement bouclé et l'assemblée en priorité. La police landienne allait questionner toutes les personnes présentes cette nuit-là, dont lui l'ambassadeur Diker. Il semblerait alors très affecté par sa mort brutale et demanderait aux forces de l'ordre de faire tout leur possible pour trouver le coupable. Il citerait bien entendu ces maudits Bannis, certainement à l'origine de cet acte odieux. En tant que diplomate, il bénéficiait d'un statut spécial. Mais vu les circonstances, il devait faire profil bas de façon à quitter la ville le jour même, pour organiser la suite de son plan destiné à l'asseoir sur le trône de Land. Zhardo III allait bientôt être couronné empereur. Des bruits de pas rapides dans le couloir lui annoncèrent que le cadavre d'Hanaé avait été découvert. L'acte deux de son plan diabolique pouvait enfin commencer.

Contrairement à ce qu'il avait imaginé, il n'y eut pas d'alerte générale, pas de remue-ménage, tout se fit dans la plus grande discrétion. L'assemblée ferma ses portes pour des raisons vagues de sécurité, mais aucune déclaration ne fut faite pour annoncer la mort de la prélat de Bizertland. Les dix représentants de la Haute Autorité Morale et l'ambassadeur Greyje se réunirent en assemblée extraordinaire pour décider de la gestion de cette crise. Avant tout il fallait trouver le ou les coupables et tenter de comprendre comment et pourquoi Hanaé n'avait pu prévoir sa propre fin. Dans la grande salle de réunion, le conseiller Kerry prit la parole :
— Mes chers collègues, nous devons faire face à un événement sans précédent depuis la création des districts. Nous avons deux priorités : retrouver l'assassin et préparer la succession. Le nouveau prélat doit être nommé au plus vite.
— Je pense que nous sommes tous d'accord pour dire que nous devons cet acte odieux aux Bannis ? Intervint Maxell.
— Évidemment cela ne fait aucun doute, répondit Nicoli.

Dans ces circonstances, notre constitution prévoit de nommer notre ambassadeur chef de gouvernement. Donc c'est à vous, Greyje, que la fonction revient.
— J'hérite du poste dans de tristes circonstances dont je me serais bien passé. Notre police mène l'enquête et interroge tout le personnel. Nous devons organiser la cérémonie des runes dans laquelle je me verrai investi des pouvoirs de prémonition. Je n'aurais jamais pensé qu'un jour je serais amené à me servir de ce don à nouveau.
En son temps, Greyje avait composé avec Hanaé le binôme d'apprentis pour Bizertland, et fut formé pendant cinq ans à l'utilisation de ces capacités surnaturelles. Puis, c'est elle qui avait été choisie. Héritant du poste d'ambassadeur, ses pouvoirs de divination lui furent retirés. À présent il les récupérait. Cela faisait-il de lui un suspect ? Il s'était posé la question, mais devant la réaction de la HAM, nul doute que personne ne le soupçonnait, tous connaissaient son attachement à Hanaé.
Depuis la découverte macabre par le secrétaire Loïs, un va et vient incessant de policiers et de conseillers se croisait dans les couloirs de l'assemblée. Des salles de réunion furent réquisitionnées pour servir de salles d'interrogatoire. Tout le personnel présent cette nuit-là y passerait.
Pour des raisons diplomatiques, l'ambassadeur Diker fut reçu dans un petit salon par le chef de la police bizertlandienne en personne, par égard pour son rang. Cela donnait l'illusion d'un simple témoignage et non d'un interrogatoire. Il avait déclaré s'être endormi vers onze heures, épuisé par le long voyage qui l'avait conduit de Drackerland à Bizertland et n'avoir rien entendu ou vu de suspect la veille. Son témoignage validé sans la moindre suspicion, il était libre de

quitter la ville dans la journée pour porter la triste nouvelle auprès de la dame Henrion. Celle-ci serait certainement déjà partie vers Everland pour la cérémonie. Le bloc de l'Est regagnerait la forteresse le premier. Diker se réjouit de la situation. Débarrassé d'Hanaé et libre de ses déplacements, il pourrait mener, à distance malgré tout, le combat pour gagner la citadelle et s'en emparer. Pour une fois depuis de très nombreuses années, tout se passait à merveille. Il avait connu tant d'échecs autrefois. Aujourd'hui, son heure était venue. La toute-puissance des districts révolue, le règne de Zhardo III marquerait le renouveau de Land et s'étendrait sur toute la planète. Hors de question pour le futur empereur de se contenter de cette bande de terre perdue au milieu des océans. Il y avait certainement ailleurs d'autres continents qu'il pourrait s'approprier de gré ou de force. Les pouvoirs des runes lui permettraient de dupliquer à l'infini n'importe quel pouvoir dès lors qu'il aurait accès à la tour et ses secrets. Diker avait organisé son départ. Il prendrait le premier convoyeur express en direction de l'Est et une fois chez lui communiquerait ses prochains ordres à ses disciples.
La journée passa sans qu'aucun indice ne soit découvert ou de suspect identifié. La police secrète bizertlandienne avait recueilli de maigres témoignages et constaté que la porte de sa chambre avait été forcée, qu'il s'en était suivi d'un bref corps à corps, quelques objets et meubles ayant été bousculés, puis certainement Hanaé avait reçu un coup fatal sans pouvoir riposter ni alerter les gardes. Le soldat en faction dans le couloir ce soir-là, n'avait rien remarqué et répétait sans cesse que tout était de sa faute, qu'il avait failli à son devoir et qu'il devait être démis de ses fonctions.

Le pauvre bougre ne se remettait pas de l'assassinat de sa prélat. Vers vingt heures, la nouvelle fut rendue publique par un communiqué de presse, relayé par un bouche à oreille fulgurant. La population aurait alors toute la nuit pour encaisser le choc de ce drame. On évitait ainsi des mouvements de foule immédiats et des rassemblements spontanés devant l'assemblée en pleine journée. Tout Bizertland la chérissait. Hanaé s'était montrée digne de son poste et avait toujours dirigé sa région en alliant le bien-être de ses concitoyens avec la politique et l'économie. Ce qui n'était pas forcément le cas ailleurs. Certains tentés par des dérives faciles, faisaient passer leurs propres intérêts avant ceux du peuple. Cela renforçait le pouvoir des Bannis et amenait de l'eau à leur moulin. En dénonçant les défaillances des mauvais gestionnaires Zhardo ralliait à sa cause de nombreux déçus qui venaient grossir ses rangs. Tous n'étaient pas des membres actifs et prêts à se battre pour lui, mais ils seraient favorables à son ascension ou du moins ne s'y opposeraient pas.
À présent, la machine s'emballait. Le deuxième acte se jouerait d'ici peu de temps dans les plaines désertiques et austères d'Everland. Cette bataille serait cruciale pour la suite de son plan, il le savait et ne ménageait pas ses efforts. Si proche du but final, il contrôlait mal ses émotions et la complexité de sa double personnalité. Assis sur le bord de son lit, dans sa chambre d'invité à l'assemblée bizertlandienne, son sac de voyage à ses pieds, il se força à recouvrer un semblant de calme en contrôlant sa respiration.
On frappa à sa porte.
— Entrez. Secrétaire Loïs, c'est l'heure ?
— Oui ambassadeur Diker. Votre escorte vous attend pour

vous conduire à la gare. Le convoyeur express devrait partir d'ici trente minutes.
— Parfait, merci. Quelle tragédie, n'est-ce pas ? Vous devez être comme nous tous, anéanti ?
— Je n'en reviens toujours pas. Assassiner la prélat dans sa propre chambre au sein même de l'assemblée, sans que personne ne remarque quoi que ce soit, c'est troublant et inquiétant.
— Que voulez-vous dire ? Vous pensez qu'il faut prendre en compte dans cette affaire l'utilisation de pouvoirs surnaturels ?
— C'est une piste à explorer et nous allons le faire.
— Vous savez bien que seuls les détenteurs du don disposent de tels pouvoirs. Cela reviendrait à les accuser. D'ailleurs qui souhaitait sa mort ?
— C'est ce que nous allons essayer de découvrir. Il est temps d'y aller maintenant.
La disparation d'Hanaé prenait une tournure qu'il n'avait pas envisagée et cela le combla encore plus. Sans le vouloir, il avait semé le doute sur la loyauté des prélats entre eux. Il ne pouvait que s'en féliciter.

29

Lison et Théry avaient cheminé côte à côte tout le long du parcours qui les conduisit de la citadelle à la gare de Casteland où le prochain convoyeur en direction de leur district les attendait. Ils n'avaient échangé que quelques mots durant les cinq heures de route. Comme d'habitude, le temps était couvert et humide, une chape grise plombait le ciel, uniformisant ainsi les rares couleurs du paysage. On avait coutume de dire qu'à Everland, seules deux saisons cohabitaient : l'automne et l'hiver, il n'y avait pour ainsi dire pas de printemps encore bien moins d'été. À la fin août on basculait déjà dans les premiers frimas de l'hiver. Emmitouflée dans sa grosse veste de laine, Lison avait perçu dès les premiers kilomètres, le désarroi de son ami et préférait ne pas le déranger avec des conversations futiles. Elle lui prenait la main de temps à autre pour le réconforter ou attendait que ce soit lui qui parle pour lui répondre d'une voix douce et apaisante. Le matin même de leur départ, Erié et Séfan leur avaient fait leurs adieux dans la grande cour de la citadelle sous la lumière blafarde du petit matin, dans une ambiance lugubre et une tristesse infinie. Les quatre amis avaient tous pleuré. Ils vivaient le départ de Lison et Théry comme une vraie déchirure. Le début de la fin, comme s'amusait à dire Petit Pas avant que cela ne devienne la réalité. Ce matin-là, il avait touché du doigt la vérité : il reverrait son meilleur ami dans cinq ans en tant que prélat ou ambassadeur, et plus rien ne serait comme avant. Comment pouvait-il se résoudre à accepter leur destinée ? Devait-il envisager sa vie sans lui ? L'oublier ?

Oui peut-être l'oublier et repartir sur un nouvel élan avec Lison, l'école de police, sa place chez les Aiglons.
Ils arrivèrent dans une gare de Casteland déserte. Des mesures exceptionnelles interdisaient son accès en attendant que toutes les délégations de l'Est ne débarquent. Les deux amis auraient l'occasion d'apercevoir le lendemain matin les prélats et les candidats. Car après cet arrêt, ils prendraient le convoyeur qui repartirait vers l'Ouest en direction de Bizertland escortés par le sergent-chef Robin. Pour l'heure ce dernier était en grande conversation avec les représentants de la police castelandienne et le capitaine Offens. À leur expression grave, Lison présageait une mauvaise nouvelle.
— On dirait que quelque chose est arrivé, se hasarda-t-elle à dire.
— En effet, vu la mine de Robin et d'Offens, j'ai l'impression que le ciel leur est tombé sur la tête.
— La dame Hanaé a été assassinée la nuit dernière, lâcha un policier près d'eux dans le hall de la gare.
— Non ce n'est pas possible ! Mais comment ? Pourquoi ? S'exclama Théry.
— On ignore les circonstances exactes de sa mort, mais une chose est sûre, c'est un assassinat et on soupçonne fortement les Bannis.
— La nouvelle a été rendue publique ? Questionna Lison, pragmatique.
— Oui cela a été annoncé hier soir et à l'heure qu'il est tout Land doit le savoir.
Le policier s'éloigna laissant les deux jeunes sous le choc. À présent Lison comprenait mieux tout ce remue-ménage dans la gare, ces conversations et ces mines attristées.

La disparition de la prélat de Bizertland entrainerait des conséquences graves sur la suite des événements. Contrairement à Erié, elle n'était pas aussi au fait des procédures de succession dans des cas comme celui-là, mais elle se doutait que cela pourrait remettre en cause la cérémonie des runes qui devait se tenir dans quelques jours.
— Tu crois qu'ils vont tout annuler ? Demanda-t-elle.
— J'en doute, j'ai déjà entendu Erié évoquer ce genre de cas. C'est l'ambassadeur en place qui prend la fonction. En l'occurrence Greyje dirigera bientôt notre district.
— Et pour ses pouvoirs de divination ?
— Il a été formé en même temps qu'Hanaé, donc il les maîtrise et il va sûrement les retrouver lors de la cérémonie en même temps que les apprentis, j'imagine.
— Je me demande si Séfan et Erié le savent ?
— Il y a de fortes chances que la nouvelle soit arrivée à la citadelle, c'est sûr.
Robin les rejoignit.
— Vous connaissez la situation je présume ? Nous ne changeons pas notre programme. Retour à Bizertland demain. La HAM va prendre les mesures nécessaires pour nommer le nouveau prélat rapidement. Nous allons donc passer la nuit à Casteland et serons hébergés avec les délégations de l'Est au sein même de l'assemblée. Prenez vos affaires et suivez-moi.

Pas question de soulever la moindre objection. Robin paraissait très affecté par la mort d'Hanaé. On voyait qu'il était préoccupé par une multitude de problèmes à régler d'ici la fin de la soirée.

Ils furent installés dans une aile du grand bâtiment de l'assemblée réservée au personnel et aux policiers, loin du grand luxe qu'ils avaient connu lorsqu'ils avaient séjourné à Bizertland, la veille de leur départ pour la citadelle de la monotonie. C'était à peu de chose près le même bâtiment et la même architecture que toutes les autres assemblées de Land. Alors que pour Théry cela n'avait aucune importance, Lison semblait dépitée car elle ne pourrait pas apercevoir les délégations de l'Est et les apprentis qui devaient arriver en fin d'après-midi. La dame Carielle avait réservé à leur intention des appartements privés sous bonne surveillance. Depuis l'assassinat d'Hanaé tous les districts, en état d'alerte maximale, s'inquiétaient pour la sécurité de leurs candidats. La nouvelle s'était répandue à une vitesse folle et déjà certaines langues se déliaient pour dénoncer le règne autoritaire de certains dirigeants. Le mouvement de contestation des Bannis trouvait un écho parmi une catégorie de landiens moins favorisés. On parlait désormais librement de changement ou de mettre fin à ce système archaïque. Le nom de Zhardo fut publiquement prononcé. Annoncé comme le sauveur de Land, il représentait le renouveau, la justice et l'égalité pour tous.

Les neuf prélats restaient en contact permanent par l'intermédiaire des runes de communication. Ils avaient décidé à l'unanimité de débattre, lors d'une réunion extraordinaire à la citadelle avant la cérémonie des runes, sur la position à adopter face à ce mouvement de contestation grandissant. Pour l'heure et pour ne pas attiser la flamme populaire, aucune mesure répressive ne serait prise. De même, les autorités locales limiteraient leurs communications sur le sujet. Depuis la chute de Zhardo

II, aucun mouvement de cette ampleur n'avait vu le jour. Land vivait dans une paix sociale relative, dictée par des lois justes et équitables où chacun avait un rôle à tenir pour le bien de la communauté. Depuis des siècles tout le monde acceptait cette philosophie mise en place par les fondateurs des districts. Ceux-là mêmes qui avaient destitué le dernier empereur en le condamnant à l'exil et en le bannissant sur les terres arides et désolées d'Everland où il avait fini par mourir entouré de quelques fidèles. Mais au fil des siècles cette belle doctrine s'était effilochée, laissant apparaître des failles générées par la cupidité, les ambitions personnelles, la soif de pouvoir, révélant ainsi la perversion du système. Tout comme la planète qui millénaire après millénaire se réinventait, les modèles de civilisations connaissaient aussi leur propre cycle. Après l'empire et les districts, un nouveau modèle social et économique verrait certainement le jour, bâti sur les fondations des précédents. Il serait lui aussi tôt ou tard remis en cause et balayé par les générations de Landiens, condamnées à reproduire éternellement les mêmes erreurs.

30

Le capitaine Offens avait eu une rude journée depuis son départ matinal de la citadelle jusqu'à son arrivée à la gare de Casteland où il avait appris la terrible nouvelle. Sa tâche devenait de plus en plus compliquée. Les Bannis s'étaient manisfestés au grand jour en frappant cruellement Bizertland et en déclarant officiellement la guerre au pouvoir. Mais se battre contre un ennemi invisible relevait de l'impossible. Ils n'avaient ni territoire, ni hiérarchie déclarée. D'ailleurs le grand conseil les considérait comme des terroristes. Qui était ce Zhardo III qui se proclamait empereur ? Assis à son bureau dans une chambre de l'assemblée de Casteland, Offens se massait les tempes. Une fois de plus, la migraine le guettait, pourtant il devait encore chambouler tous ses plans pour assurer la sécurité du convoi qui partirait le lendemain matin en direction d'Everland pour rejoindre la forteresse. La donne avait changé. Il ne s'agissait plus simplement d'escorter les représentants des districts de l'Est mais aussi de se tenir prêt à affronter l'armée des Bannis. Sur ce territoire désertique, les endroits propices à une embuscade ne manquaient pas. Il avait obtenu de la dame Carielle un renfort de dix policiers qui accompagneraient la garde Alpha jusqu'à la forteresse. Demain ils prendraient la route, tandis que l'escorte du convoi du bloc de l'Ouest quitterait la citadelle pour les croiser comme prévu à la frontière. Les grandes lignes de son nouveau plan de marche étant tracées, Offens décida de prendre un peu de repos. De toute façon il se sentait incapable de réfléchir davantage. Jamais il n'avait vécu une telle situation, ni réellement combattu. Depuis des siècles Land vivait dans une paix absolue. Aucun conflit ne venait perturber la vie des Landiens.Tous les différends se réglaient par voie diplomatique. Même si les soldats et les policiers étaient formés au combat, aucun d'eux sans exception n'avait connu de conflits. Heureusement, on pouvait faire le même constat du côté des Bannis. Allongé sur son lit, Offens s'obligea à faire le vide dans sa tête pour trouver le sommeil. Demain serait la journée de tous les dangers. De lui dépendait la sécurité des plus hauts représentants du bloc de l'Est. Une lourde responsabilité pesait sur ses épaules. Il devait se montrer digne de diriger la garde Alpha et en tant que Nanslandien, avait à cœur de protéger la dame Méline, sa prélat.

Toutes les délégations arrivèrent en début de soirée et furent installées au sein même de l'assemblée, soit au total une soixantaine d'invités. Les dirigeants et leurs conseillers occupaient les appartements privés de la grande bâtisse et bien que celle-ci fut immense, il manquait de chambres pour accueillir l'ensemble des convives. Aussi les apprentis et les secrétaires se retrouvèrent logés pour la nuit dans le quartier du personnel. A l'heure du dîner, quand ils pénétrèrent dans le réfectoire bondé, Lison et Théry remarquèrent cinq filles et cinq garçons attablés dans le fond de la salle, perdus au milieu des soldats. Le sous-officier de permanence leur indiqua d'aller les rejoindre et qu'ils seraient servis à table. Contrairement au réfectoire de la citadelle, ici pas de libre-service. Des commis de cuisine en tablier bleu assuraient le service. Le petit groupe se tenait silencieux. Toutes et tous semblaient perturbés par ce nouvel environnement et la situation de crise que vivait Land. Ils avaient quitté la veille

leur district pour la première fois de leur vie et découvraient ébahis le monde, contrairement à Théry et Lison qui avaient vécu tant d'aventures ces derniers temps.
— Des novices ! Lança Théry à Lison. On va les réconforter ces pauvres petits !
— Profitons-en avant qu'ils ne deviennent les maîtres de Land. On va les épater.
Arrivés devant la table, ils s'immobilisèrent, captant le regard de toute la tablée.
— Bonjour, je suis Théry de Bizertland, futur policier.
— Et moi Lison de Bizertland aussi et future policière. Nous arrivons tout droit de la citadelle de la monotonie.
Lison avait retenu l'attention des jeunes gens. La citadelle de la monotonie ! Peu de personnes pouvaient se targuer d'y avoir séjourné, encore moins une fille et un garçon de leur âge. Ils eurent en retour un timide bonjour collectif et un garçon blond prit la parole pour improviser un tour de table de présentation.
— Je suis Pier et voici Hamber, nous sommes de Lermerland, dit-il en désignant une fille aussi blonde que lui assise à ses côtés.
— Je m'appelle Hodélia et lui c'est Saulo, nous sommes de Aydenland.
Puis ce fut au tour d'un garçon brun aux cheveux longs et bouclés :
— Moi c'est Uther et elle Sethe.
— Ophéus et Révane de Nansland.
— Le district du capitaine Offens, fit remarquer Théry.
— Exact ! Tu le connais ?
— Oui je te raconterai. Laissons les autres se présenter. Il ne reste plus que Isserland, je suppose ?

— Moi je suis Tao et voici Ysiane.

Théry et Lison plutôt fiers de leur entrée en matière avaient capté en une phrase l'attention de leur auditoire. Pier et Hamber se poussèrent pour leur laisser une place sur le banc de bois. À peine installés, deux commis vinrent déposer un plat de volaille rôtie, un autre de pommes de terre et une corbeille de fruits. De délicieux effluves de nourriture envahirent le réfectoire. Théry et Lison étaient affamés. Le voyage depuis la citadelle avait duré cinq heures, entrecoupé de courtes pauses et d'un déjeuner froid très sommaire pris à la façon militaire assis sur un bout de rocher. Pas de quoi rassasier un éternel affamé comme Petit Pas. Uther en bout de table se proposa pour servir les nouveaux arrivants pendant que Théry débutait le récit de leurs aventures, depuis la fin des épreuves du concours prélastique jusqu'à leur arrivée cet après- midi à Casteland. Récit qu'il enjoliva un peu lorsqu'il s'agit de parler de ses exploits personnels, notamment pendant la finale de Circle Ball. Il évoqua aussi sa prochaine saison chez les Aigles du dix-neuvième quartier, le meilleur club de tout Bizertland, dont certains joueurs connus à travers tout Land faisaient partie de la sélection du district. Lison intervenait de temps en temps pour apporter des détails supplémentaires sans jamais se mettre en avant. Elle gardait une certaine objectivité et se contentait de rapporter les faits tels qu'elle les avait vécus. Les questions furent nombreuses lorsque Théry attaqua l'épisode de la forêt de Min et le piège mortel tendu par les Bannis. D'une certaine façon ces jeunes gens ressemblaient beaucoup à Séfan et à Erié. Pas étonnant qu'ils aient eux aussi réussi le concours, remarqua Lison.

Ils paraissaient tous calmes et posés, analysant les faits et conversant sans jamais s'enflammer comme elle et Théry pouvaient le faire. Il fallait croire que tous les prélats sortaient du même moule. Ils étaient formatés pour suivre une doctrine établie des siècles auparavant sans jamais s'en éloigner ou tenter de suivre un autre chemin. À la fin du dîner, les apprentis en savaient un peu plus sur Séfan et Erié et semblaient déjà les apprécier, ce qui était plutôt de bon augure puisqu'ils allaient se côtoyer quotidiennement pendant cinq longues années. Il aurait fallu plus de temps à Théry pour tous les connaître et essayer d'imaginer avec qui son meilleur ami allait établir de nouvelles relations. Peut-être Tao d'Isserland qui avait tout comme lui l'air d'être un joyeux luron et qui ressemblait physiquement à Séfan, taille moyenne, cheveux bruns, yeux sombres. À la fin du récit des jeunes Bizertlandiens, la conversation dériva sur la mort d'Hanaé, la cérémonie des runes, les Bannis... Le sous-officier de permanence vint leur annoncer la fermeture du réfectoire. Ils reçurent l'ordre de quitter leur table et de regagner leur chambre. Théry et Lison partiraient le lendemain pour leur district, mettant fin à deux mois d'aventures qui avaient bouleversé leur vie. Le retour à Bizertland sonnerait le début d'une nouvelle ère, l'entrée à l'âge adulte et le début des responsabilités pour chacun. Pas sûr que Petit Pas y soit préparé. Avant cet été, il vivait une vie insouciante, porté uniquement par ses préoccupations adolescentes, le Circle Ball, ses amis, sa famille, ses études. Puis, il avait touché de près la mort, connu son premier amour et la séparation, avec le sentiment d'entrer dans la phase adulte d'un seul coup, sans préparation. Tout était arrivé en même temps et vite ! Beaucoup trop vite

pour le jeune homme qui assumait difficilement ce grand bouleversement. Il aurait voulu encore, au moins quelques temps, profiter de la légèreté de ses jeunes années, mais le destin en avait décidé autrement, le précipitant lui et ses amis dans un futur sombre et incertain. L'avenir même de Land pouvait se jouer dans les prochaines années. Erié aurait analysé ça froidement en essayant de trouver des solutions mais lui ne pouvait que le constater. Il ne jouerait pas un rôle essentiel dans le futur des districts. Il regagna, un peu déprimé, le dortoir qu'il partageait avec les garçons de la promotion prélastique, réconforté cependant de voir que les jeunes gens s'intéressaient à lui et lui montraient un certain respect. Il sombra rapidement dans un profond sommeil, peuplé de rêves étranges où des personnages menaçants en capuche sombre jouaient à cache-cache avec lui au cœur de la forêt de Min par une nuit sans lune.
Théry fut réveillé au petit matin par du remue-ménage dans le dortoir. Les jeunes gens se préparaient à quitter l'assemblée pour la citadelle. Le convoi devant partir à l'aube, tout le monde s'affairait pour respecter les consignes strictes données la veille par le capitaine Offens : départ à sept heures tapantes ! Devant l'insistance du capitaine et le périple dangereux qu'ils allaient entreprendre, aucun prélat n'avait contesté ses recommandations, s'en remettant à l'officier pour les questions de sécurité. D'ailleurs la présence de renforts fournis par la dame Carielle avait rassuré les voyageurs. Depuis l'assassinat d'Hanaé, tous les dirigeants prenaient très au sérieux les Bannis. À quelques jours de la cérémonie des runes qui verrait l'investiture des vingt nouveaux candidats, la tentation était trop belle pour les renégats de déstabiliser le pouvoir en place et semer le

trouble parmi le peuple.
De leur côté Lison, Théry et le sergent-chef Robin prendraient le convoyeur de dix heures vers l'Ouest pour rejoindre Bizertland. Un voyage de quelques heures sans intérêt qui les éloignerait un peu plus de leurs amis restés à Everland. Théry se sentait rassuré. Les dix candidats de l'Est, lui paraissaient des jeunes gens enthousiastes et pleins de ressources. Sûrement Séfan et Erié noueraient-ils une amitié solide avec certains d'entre eux. Qu'en serait-il des huit autres, ceux du bloc de l'Ouest ? Lors de leur discussion hier soir, il avait noté un état d'esprit, une façon de penser différents et même certaines expressions typiques de leurs régions. Ils avaient beau vivre sur le même continent, il fallait croire que les particularités géographiques les différenciaient. Sans un réel brassage de population, les coutumes et la manière de vivre dans les autres régions restaient le plus souvent méconnues. Seules les bases de la doctrine landienne émergeaient et le fameux ECO Égalité, Civisme, Obéissance résonnait sur tout Land.
Théry et Lison rejoignirent les apprentis au réfectoire pour le petit-déjeuner et profitèrent ainsi des derniers instants avec eux. Entre leur réveil matinal et la perspective d'une chevauchée de cinq heures en territoire hostile, l'ambiance était plutôt morose ce matin-là. Seul le bruit des couverts et quelques conversations aux tables alentour animaient la salle. Les soldats présents semblaient eux aussi graves et préparés à toutes éventualités d'attaques surprises. L'assassinat de la dame Hanaé en plein cœur de l'assemblée de Bizertland avait déclenché une vague de terreur. L'impensable s'était produit en dépit de ses capacités surnaturelles de divination. Jusqu'où les opposants au pouvoir iraient-ils pour établir

un nouveau monde ? En éliminant la prélat du premier district, ils montraient déjà toute leur détermination. Cela ne pouvait pas s'arrêter là. Land connaitrait prochainement, pour certains, des jours sombres, pour d'autres des jours d'espoir d'une nouvelle société et d'un nouvel ordre se profilant à l'horizon sous le règne de Zhardo III.
Il était temps pour les voyageurs de regagner la cour principale de l'assemblée où le convoi se préparait à prendre la route. Des dizaines de chevaux, des attelages de mules pour transporter les bagages, des chariots légers adaptés aux chemins menant vers la citadelle de la monotonie, envahissaient la grande place qui ressemblait à une ruche en effervescence. Un va-et-vient incessant et des ordres criés çà et là rythmaient la cadence. Les prélats et leurs conseillers attendaient le départ dans des calèches à quatre places qui sur les pavés pouvaient sembler confortables, mais qu'en serait-il sur les routes chaotiques d'Everland ?
Malgré toute la détermination du Capitaine Offens à prendre la route à sept heures, le départ fut retardé d'une demi-heure. Il n'était pas facile même avec la meilleure volonté du monde de coordonner un convoi de soixante-dix personnes.

31

Depuis le départ de Théry et Lison, Séfan et Erié avaient passé tout leur temps ensemble, ne se quittant que pour regagner leur chambre en fin de journée. Même s'ils parlaient peu, leur seule présence mutuelle suffisait à les réconforter, que ce soit la journée dans la bibliothèque à lire ou à traîner sur les remparts de la citadelle emmitouflés dans leurs manteaux de laine. Ils restaient des heures durant les yeux rivés sur l'horizon figé dans une lumière blanche et uniforme. Erié avec son caractère rationnel et volontaire surmontait cette épreuve beaucoup plus facilement que son ami. Bien qu'elle éprouvât des sentiments amicaux pour Petit Pas, son lien avec lui n'était pas aussi fort que celui de Séfan pour son ami d'enfance. La nouvelle de la mort d'Hanaé, relayée jusqu'à la forteresse, les plongea dans un désarroi encore plus grand. Quelle injustice ! Pour avoir côtoyé de près la dame prélat, ils connaissaient sa bonté et l'engagement qu'elle mettait dans la recherche du bien-être de ses concitoyens. Pourquoi supprimer une personne qui voulait du bien au peuple ? Il ne le comprenait pas. Bien qu'Erié ait émis des hypothèses, elles ne convenaient pas au jeune homme qui ressentait une haine de plus en plus féroce envers les Bannis et ce maudit Zhardo dont il avait entendu prononcer le nom par des soldats de la garde Alpha. Il aurait voulu hériter du pouvoir des runes d'Isserland pour carboniser ce scélérat d'un rayon d'énergie. Dans quelques jours, il serait doté du pouvoir de Bizertland et tâcherait de l'employer au mieux pour déjouer les plans de l'usurpateur dont l'objectif consistait à semer le chaos sur le continent. Assis dans un vieux fauteuil de la bibliothèque, Erié et lui parcouraient des ouvrages retraçant l'histoire de la citadelle. Il semblait que son origine remontât à des siècles auparavant, bien qu'aucune date n'en fasse mention. Ni architecte, ni objet de sa construction, comme si elle était apparue un beau jour plantée là sur le plus haut sommet de ce territoire hostile. Dans quel but ? Pour protéger quoi ? Puisque Everland était un grand désert, que pouvait-il y avoir de si précieux à défendre ? À part peut-être la tour... Rien sur cette fameuse tour ou du moins sur ce qu'elle contenait. Mais il était certain que le secret que renfermait la citadelle s'y trouvait caché là où la cérémonie des runes se déroulerait. Plus que quelques jours et ils pourraient enfin connaître ses mystères. Quand ils en ressortiraient, ils seraient changés à tout jamais, héritant de la capacité surnaturelle de voir l'avenir.

— D'après toi, pourquoi Hanaé n'a pas pu prévoir sa propre mort ? Demanda Séfan.

— Difficile à dire quand on ne connaît pas la portée de ces pouvoirs-là. Peut-être une défaillance ou un événement aléatoire qui ne s'est pas inscrit dans le flot du temps, ou une décision que l'auteur lui-même aurait prise à la dernière minute ?

— Tu as déjà lu quelque chose sur la cérémonie des runes ?

— Hélas aucun texte précis ne s'y rapporte et aucun participant n'a jamais témoigné de ce qui se passe une fois dans la tour. Nous devrons prêter serment nous aussi et nous engager à ne rien révéler du déroulement de la remise des pouvoirs.

— J'ai quand même entendu parler de sarcophages dans

lesquels nous serions enfermés pendant des jours. Je t'avoue que cela m'angoisse un peu.

— Tu ne devrais pas te fier à ces légendes urbaines. On a dit tout et n'importe quoi sur la cérémonie, mais ce que je constate c'est que tous les prélats en place ont l'air de bien se porter et sont tout à fait normaux, hormis bien sûr leur pouvoir surnaturel, dont l'origine reste inconnue.

— C'est bien ça le problème ! Nous vivons sur une planète où semble-t-il un seul continent existe et dont certains habitants héritent d'une capacité spéciale. Avoue qu'il y a de quoi se poser des questions !

— Justement tu t'en poses trop ! Accepte Land tel qu'il est. Bon ça va bientôt être l'heure du dîner, allons-y.

Depuis qu'elle jouait à son jeu de pouvoir seule des après-midis entiers dans sa chambre, à gouverner virtuellement Bizertland, elle s'était elle aussi posé toutes ces questions-là. Elle avait émis quelques hypothèses sur l'origine de la vie sur la planète et son évolution. Mais aucune solution ne lui convenait. Il lui faudrait acquérir plus de connaissances pour résoudre les mystères de Land.

Depuis le départ du deuxième convoi le matin même, la citadelle s'était quasiment vidée de son régiment. Les trois tables dressées dans le réfectoire en témoignaient. Le capitaine Offens avait dû composer pour répartir efficacement les cinquante soldats sous ses ordres, entre les deux convois partis à un jour d'intervalle et la protection de la forteresse. Il restait donc sur place une vingtaine d'hommes affectés à cette tâche. La plupart d'entre eux postés en sentinelles sur les chemins de ronde surveillaient l'horizon à l'affût d'une quelconque menace.

Les deux amis dînèrent seuls en silence. Erié ne voulait plus aborder de sujets anxiogènes. Elle mesurait depuis quelques jours le mal-être de son ami et ne souhaitait pas l'alimenter par des propos pessimistes ou tragiques. Hélas, elle ne trouvait aucun sujet léger pour lancer une conversation. Même parler de Circle Ball lui aurait été pénible, car il devrait mettre un terme à sa carrière junior pour se consacrer à ses études. Quant à Petit Pas, il rejoindrait l'équipe des Aiglons à la saison prochaine et même si Séfan avait fini par accepter son choix, il n'y adhérait pas, le ressentant comme une trahison envers les Comètes du cinquième quartier, son club de cœur. L'arrivée du premier convoi dès le lendemain devrait remettre un peu d'ambiance au sein de la citadelle de la monotonie. Erié avait hâte de rencontrer ses futurs condisciples et bien sûr de côtoyer les cinq prélats du bloc de l'Est. Impatience aussi partagée par Séfan qui trouvait là un moyen de se changer les idées et de s'investir à fond dans sa nouvelle formation. Il commençait petit à petit à se faire à l'idée de changer radicalement de vie et envisageait son avenir un peu plus sereinement. Mais depuis l'annonce de l'assassinat de la dame Hanaé il avait replongé dans un pessimisme chronique contre lequel il se débattait. Sans Théry à ses côtés pour lui insuffler une bonne dose d'optimisme et de légèreté, il naviguait dans des océans de pensées sombres et nostalgiques, dont il s'abreuvait en dévorant des livres entiers de poésies mélancoliques comme l'auteur Théophraste savait en distiller.

32

La caravane s'étirait en longueur. Il était pour l'instant facile de chevaucher côte à côte sur les routes de Casteland et de rester groupés selon les ordres du capitaine Offens. Il en irait autrement sur les chemins étroits et chaotiques d'Everland. Plusieurs centaines de mètres alors sépareraient la tête de la queue du convoi faisant ainsi des voyageurs des cibles faciles pour des personnes mal intentionnées comme pouvaient l'être les Bannis. Offens avait réparti ses soldats et les renforts de la police castelandienne tout le long du cortège. Pour l'instant tout se passait bien, mais il redoutait le moment où ils franchiraient la frontière. Ses hommes étant éparpillés, il serait difficile alors de communiquer. Cette première partie du trajet, la plus simple, devait conduire l'expédition aux abords du onzième district où elle rejoindrait le deuxième convoi en provenance de la citadelle. Après un peu de repos et un échange de consignes, chacun reprendrait sa route, les uns vers la forteresse, les autres vers la gare de Casteland pour accueillir les représentants du bloc de l'Ouest. La disparition d'Hanaé avait changé la donne et mis les forces de l'ordre en état d'alerte maximum. L'officialisation de la menace des Bannis avait déclenché la première révolution sous l'ère des districts. Une partie de la population semblait adhérer aux théories des conspirateurs et le pouvoir en place prenait enfin la menace très au sérieux.

En marge de la cérémonie des runes, une assemblée extraordinaire réunirait les neuf dirigeants et nommerait l'ambassadeur Greyje, prélat de Bizertland, conformément

aux lois en vigueur. Ils devraient ensuite décider d'une politique commune de lutte contre le terrorisme et partager toutes leurs ressources pour démasquer les traîtres et les agitateurs.
Après deux heures et demie de chevauchée, le convoi mené par le capitaine Offens rejoignit le point de rendez-vous aux portes d'Everland. Depuis déjà quelques kilomètres, le paysage changeait. La forêt et la végétation encore verte avaient laissé place à des étendues rocailleuses parsemées de quelques buissons d'épineux çà et là. Rien ne distinguait vraiment la frontière, si ce n'est le regroupement d'une demi-douzaine de baraquements en bois en bord de route, destinés à servir de refuge en cas de besoin. Le deuxième convoi en provenance de la citadelle semblait être arrivé depuis un petit moment, les chevaux dessellés en attestaient et des soldats se réchauffaient autour de grands braseros qui brûlaient à l'extérieur. En cette fin de matinée de septembre, la température était plutôt fraîche. Plus on remonterait sur les hauteurs d'Everland plus elle diminuerait. Le reste du voyage serait éprouvant pour les dix jeunes gens peu habitués à ce genre de périple. Les prélats avaient eux suivi le même parcours initiatique dix ans auparavant et n'étaient revenus à la citadelle qu'en de rares occasions. Ils y retourneraient une dernière fois pour choisir leurs successeurs et leur passer le flambeau. Ils seraient alors démis de leur pouvoir et redeviendraient des citoyens ordinaires avec malgré tout, quelques privilèges qui leur assureraient un certain confort jusqu'à la fin de leur vie. Ces femmes et ces hommes sacrifiaient vingt ans de leur vie à leur district entre les études et la gouvernance. Comparée à une vie entière de labeur pour un Landien de base, au final

cela représentait peu de temps mais beaucoup d'énergie et de responsabilités. Cinq longues années d'études n'étaient pas de trop pour les préparer à la fonction prélastique. Le système landien, après le règne catastrophique des empereurs, avait banni le pouvoir unique, aussi bien pour les capacités surnaturelles conférées par les runes que les décisions prises pour le peuple. Un prélat seul ne pouvait décider de rien. Il devait obtenir l'approbation des dix conseillers de sa haute autorité morale. La HAM se portait garante des orientations et décisions stratégiques prises par les dirigeants afin de ne pas reproduire le schéma des empereurs qui avaient régné pendant des siècles imposant au peuple une tyrannie sans nom.
Une fois le convoi immobilisé et le dernier cavalier descendu de sa monture, les délégations du bloc de l'Est et les apprentis furent installés dans les cabanes de bois. Malgré leur confort spartiate -une grande table et des chaises-, une certaine chaleur y régnait, prodiguée par un poêle qui trônait au milieu de la pièce. Le capitaine Offens prit des nouvelles de la citadelle par son second, la lieutenante Pierce qui conduisait la deuxième expédition. À l'annonce de la mort d'Hanaé, les tours de garde avaient été doublés pour prévenir toute attaque surprise des Bannis. Le faible contingent de soldats resté à la forteresse imposait aux hommes un rythme effréné. Tous avaient hâte que la garde Alpha soit de nouveau au complet. Deux soldats déposèrent sur la table de la nourriture et des pots de thé fumants. Henrion saisit une galette de maïs et un gobelet.
— Capitaine, quelles sont les nouvelles de la citadelle ?
— La garde est renforcée. Les hommes sont prêts à n'importe quelle éventualité, mais il y a peu de risques

que les Bannis s'attaquent à la forteresse. Nous sommes de meilleures cibles pour eux.

— C'est bien ce qu'il me semblait aussi. Nous ignorons tout de leurs forces. Peut-on parler d'une armée ou s'agit-il de quelques illuminés qui agissent dans l'ombre ? De quels moyens disposent-ils ?

— Hélas nous n'en savons rien. C'est pour cela qu'il faut se préparer à affronter le pire. Nous devrions arriver en milieu d'après-midi bien avant la tombée de la nuit et c'est ce qui compte le plus.

— Comment vont nos jeunes amis ? Interrogea Méline.

— On sent qu'ils ne sont pas trop rassurés mais ils ne se plaignent pas et font preuve d'un grand courage.

— La plupart d'entre eux n'ont jamais quitté leur région. Je me souviens qu'à leur âge lors du même périple, la simple idée de traverser Everland m'effrayait. Nous avions entendu tellement d'histoires étranges à propos de ce territoire hostile. Tu t'en souviens Brody ? Tu m'as tenu la main pendant pratiquement tout le voyage.

— Et comment ! Même sans mon pouvoir de super mémoire je m'en souviens encore. Tu la serrais si fort que j'ai mis des semaines avant de retrouver des sensations. Le contexte était différent à l'époque et les temps plus sereins. Aucune menace ne planait sur Land. Nous étions juste des gamins effarouchés par le mythique Everland et ce qui allait se passer dans la tour de la citadelle.

— Je ne peux pas croire qu'Hanaé soit morte, dit Sigred, un sanglot dans la voix.

— C'est une tragédie qui s'ajoute à la disparition de Magnus. Il est clair à présent qu'ils visent les prélats, répondit la dame Véléa. Ce serait vraiment terrible pour tous les Landiens

que l'empire renaisse de ses cendres. Ce Zhardo III est un illuminé qui veut juste s'approprier le pouvoir des runes.
— L'élimination d'Hanaé lui laissera un court répit pour frapper encore. Il sait que dans quelques jours l'ambassadeur Greyje sera nommé et donc en capacité de recevoir des prémonitions et de contrecarrer ses plans, précisa Offens.
— Vous voulez dire que tout va se jouer dans les jours qui viennent ? Interrogea Sigred.
— S'il échoue à renverser le pouvoir avant la cérémonie des runes, ce sera plus compliqué par la suite. C'est mon avis et ce voyage vers la citadelle est celui de tous les dangers.
— Ce n'est guère rassurant capitaine, fit remarquer Méline.
— Je me dois de vous dire la vérité et les risques que nous encourons, mais pour l'heure il est important de prendre un peu de repos. De mon côté je vais rendre visite à nos jeunes amis pour tenter de les rassurer et leur donner des consignes de sécurité.
Quand Offens pénétra dans le baraquement, ils étaient tous attablés et avaient terminé leur collation. Les conversations s'arrêtèrent net et tous les yeux se rivèrent sur le capitaine.
— Jeunes gens, j'espère que cette première partie du voyage s'est bien déroulée pour vous. Reposez-vous et reprenez des forces car nous avons juste fait le plus facile. La chevauchée vers la citadelle sera bien plus ardue, croyez-moi !
— Quand y arriverons-nous ? Interrogea Hodélia.
— Avez-vous arrêté l'assassin d'Hanaé ? Demanda Tao.
— Qui sont les Bannis et que veulent-ils ? Vont-ils s'en prendre à nous ? Questionna Révane.
— Jeunes gens, jeunes gens, du calme ! Vous êtes sous la protection de la garde Alpha et de la police de Casteland. Je ne vous cacherai rien et je peux vous dire que cette

deuxième partie du voyage sera très risquée. Nous nous attendons à une confrontation directe avec les Bannis. Ils vont certainement nous dresser un guet-apens, aussi nous avons quelque peu modifié notre parcours.
— Vous pensez qu'on va se battre ? Dit Tao.
— Vous sûrement pas, mais oui il y a de fortes chances que nous les affrontions par les armes. Je vais vous donner des directives qu'il faudra impérativement respecter. Je dois tous vous ramener sains et saufs à la forteresse.
Un changement d'attitude s'opéra chez les élèves. Certains semblaient paniqués à l'idée d'une attaque des Bannis, d'autres piqués au vif par la traîtrise des dissidents voulaient en découdre, prêts à les affronter sur le terrain.
Offens reprit :
— Si cela devait arriver, hors de question que vous vous battiez. Vous n'êtes pas formés pour ça. Vous devrez vous mettre immédiatement à l'abri et vous coucher au sol. Une cible debout reste beaucoup plus facile à atteindre. Mes soldats ont des consignes pour vous protéger. Nous avons parmi nous cinq détenteurs de pouvoirs surnaturels qui nous seront bien utiles en cas d'attaque. Je ne veux pas vous inquiéter plus que de raison, juste que vous soyez conscients que nous sommes en guerre contre un ennemi invisible et déterminé. Nous reprendrons la route dans une demi-heure. Tenez-vous prêts.
Offens termina son tour d'inspection et de rappel des consignes par ses soldats et les policiers de Casteland. Il voulait être sûr que chacun sache quoi faire en cas d'attaque. L'objectif prioritaire était de protéger les prélats et les apprentis. Il songea que s'ils arrivaient sains et saufs à la citadelle, il enverrait les soldats restés là-bas à la rencontre

du deuxième convoi en guise de renfort. Ses hommes n'auraient qu'à faire la moitié du chemin et attendraient le convoi du bloc de l'Ouest à la frontière d'Everland. Cela le rassura un peu : pas question que sous son commandement quiconque soit tué. La situation exigeait qu'il s'adapte rapidement et modifie sa stratégie au jour le jour. Il en était persuadé, les Bannis bénéficiaient d'indicateurs et d'espions au sein même des assemblées, sinon comment ces terroristes auraient-ils pu s'introduire aussi facilement dans la chambre de la prélat de Bizertland sans une complicité intérieure, ou connaître les moindres déplacements des délégations ? Seuls les membres des HAM, les ambassadeurs et d'autres hautes fonctions détenaient ce genre information. Il fallait bien se rendre à l'évidence, la tête même de Land était vérolée.

Après une heure de pause, Offens donna le signal du départ. Les chevaux furent détachés des carrioles et leurs occupants continuèrent la route en selle. Les chemins étaient trop étroits et trop mal entretenus pour permettre le passage d'un chariot même léger. Le convoi s'ébranla sous la pâle lumière d'un soleil dissimulé sous un voile grisâtre. Ce paysage contrastait fortement avec ce que les jeunes gens connaissaient. Tous vivaient près de l'océan. Les dix districts possédaient un accès direct aux différentes mers entourant Land. Seul Everland demeurait figé en plein cœur du continent, les lacs et rivières constituant les seuls points d'eau du territoire interdit.

Devant l'étroitesse du sentier, les cavaliers durent chevaucher les uns derrière les autres, ce qui étira la caravane sur plusieurs centaines de mètres. Offens ouvrait la marche. Les prélats et leurs délégations étaient insérés entre

les soldats de la garde Alpha. Quelques mules chargées de marchandises fermaient le convoi escorté par les policiers castelandiens. À ce rythme, le capitaine avait estimé le temps de trajet à plus de quatre heures, alors qu'en temps normal, trois heures suffisaient à un détachement de soldats pour rejoindre la citadelle depuis le poste de frontière.
Offens n'aimait pas ça, mais il fallait bien s'y résoudre. Il ne pouvait pas déplacer plus d'une centaine de cavaliers marchant au pas aussi facilement qu'un escadron.

33

Pour l'instant, tant qu'ils traversaient les plaines, ils ne couraient aucun risque. La vue dégagée leur donnait l'avantage. Le moindre tireur embusqué serait découvert rapidement. Les dernières heures du trajet resteraient les plus périlleuses. Ils commenceraient leur lente ascension vers la forteresse sur l'unique voie praticable, un sentier serpentant entre les collines et les gorges peu profondes faisant d'eux des cibles faciles. Après deux heures de chevauchée, ils entamèrent la dernière partie du trajet en quittant les plaines et en s'engageant sur la basse montagne d'Everland. Composés essentiellement de rocaille, de canyons et de barres rocheuses, les chemins encore plus étroits et jonchés de cailloux ralentissaient la marche du convoi. Dans le silence absolu, seul le bruit des sabots sur la roche résonnait en écho. Cà et là de gros corbeaux s'envolaient en croassant dérangés par la caravane qui passait. Tous ceux qui empruntaient cet itinéraire pour la première fois se souvenaient à jamais de ce sentiment étrange de mélancolie et de tristesse qui les saisissait devant le paysage lugubre, la lumière grise et uniforme, le silence et l'accueil sinistre des grands oiseaux noirs.

À l'entrée d'une gorge longue d'un kilomètre, Offens fit s'arrêter le convoi pour donner des instructions. À cheval, il redescendit toute la file sur le chemin étroit pour rappeler à tous la dangerosité de ce tronçon. Ses soldats et les policiers de Casteland semblaient déterminés et sur la défensive, les prélats se disaient prêts à répliquer à toute attaque. Les quelques membres du conseil des différentes HAM du bloc de l’Est et les dix candidats n’étaient en aucun cas formés au combat et on pouvait lire dans leur regard une grande frayeur. Une peur indicible de mourir là, en plein cœur d’Everland abattus par un ennemi inconnu, leurs corps dévorés par les bêtes sauvages et les corbeaux qui pourtant les avaient mis en garde de ne pas pénétrer sur leur territoire. Revenu en tête, Offens, d’un signe de la main, remit la caravane en route en essayant de forcer un peu l’allure pour ne pas s’éterniser plus que nécessaire dans ce piège à rats. S’ils engageaient un combat dans le canyon, ils auraient peu de chances de s’en sortir indemnes et subiraient de nombreuses pertes. Tous les yeux étaient rivés sur les hauteurs, guettant le moindre indice d’une présence humaine. L’écho des sabots sur le sentier rocailleux semblait encore décuplé à l’intérieur même de la gorge qu’ils traversaient. Il pouvait en outre couvrir des bruits suspects qu’ils ne capteraient pas. Après quelques minutes de marche, Offens aperçut au bout du chemin un vaste plateau annonçant la sortie du canyon. Il en fut soulagé et relâcha sa concentration quelques secondes pour envisager la suite du trajet.

Derrière lui, en milieu de convoi, la dame Henrion laissa tomber ses rênes et s’écroula à bas de son cheval. Puis on entendit le bruit sourd d’une détonation. Ils étaient attaqués ! Le premier coup de feu entraina le départ de nombreuses salves sur le convoi, faisant chuter quelques voyageurs. Sur ce chemin trop chaotique, impossible de lancer les chevaux au galop pour échapper au piège. Pourtant il ne restait qu’une cinquantaine de mètres pour sortir de cet enfer. Selon les consignes, tous avaient mis pied à terre et, à couvert derrière un rocher ou à défaut derrière leur monture, tentaient de sauver leur vie. Les soldats et les policiers dégainèrent leur fusil une fois à couvert et contre attaquèrent. Ils voyaient à présent des têtes émerger de derrière les rochers pour les viser. Offens estimait encore mal le nombre d'assaillants. D'après lui entre vingt et trente tireurs embusqués qui avaient l'avantage du terrain. En hauteur et bien à l'abri derrière de gros rochers, ils pouvaient à loisir les tirer comme des lapins. Le bruit assourdissant de la fusillade et la distance entre le début et la fin du convoi empêchaient le capitaine de donner des ordres. Pour l'instant les directives semblaient respectées, plus personne n'était en selle et la riposte avait déjà fait des morts dans le camp des Bannis. Seul en tête avant l'attaque, il n'avait pas vu Henrion chuter de son cheval, et ne savait pas encore dire le nombre de blessés de son côté. Les prélats et les candidats étaient-ils sains et saufs ? Les maintenir en vie restait sa mission prioritaire. Pour ça il pouvait compter sur leurs capacités surnaturelles. Sigred savait manier les armes à la perfection. C'est ce qu'il démontrait à ce moment précis en éliminant à lui seul un grand nombre de leurs assaillants. Muni de son fusil, il ne ratait jamais sa cible, une tête qui dépassait d'un rocher devenait un cadavre de plus chez les Bannis. À tel point que les tirs stoppèrent net après soixante longues minutes d'un déluge de feu s'abattant sur le convoi. Sigred avait semé la mort parmi leurs adversaires. Craignaient-ils d'être les prochains sur la liste ? Étaient-ils en train de douter et battre en retraite ou mettaient-ils au point une nouvelle tactique ? Offens l'ingorait, mais profita de cette accalmie pour demander un état des lieux à ses hommes. Les informations remontaient depuis la fin du convoi jusqu'à lui. La dame Henrion avait péri la première sous les balles des Bannis. Son corps gisait ensanglanté, au

milieu du chemin, criblé de balles, car ces monstres avaient continué de la viser une fois à terre. Brody et la dame Véléa étaient sérieusement blessés. Un soldat infirmier leur avait prodigué les premiers soins, mais pour les maintenir en vie, il fallait regagner au plus vite la citadelle. Cinq soldats de la garde Alpha et trois policiers avaient également succombé, ainsi qu'un membre d'une délégation. De toute évidence, les assaillants concentraient leurs tirs en priorité sur les prélats et les militaires. Les candidats et les membres du conseil avaient été épargnés. Zhardo ne devait pas les considérer comme un obstacle à sa révolution personnelle. Une fois débarrassé des dix dirigeants en place, vingt jeunes gens sans pouvoir ne représenteraient pas une menace pour lui. Ils retourneraient dans le rang sagement ou périraient de sa main dans le cas contraire.
Fort du compte-rendu qui lui parvint, Offens estima leurs chances de s'en sortir. Plus le combat durait plus elles diminuaient. Acculés au fond du canyon, ils ne pourraient pas résister longtemps. De plus, il ne fallait pas compter sur une aide extérieure. Le deuxième convoi ne partirait de Casteland que le lendemain matin et n'arriverait à leur hauteur que dans l'après-midi. D'ici là ils auraient certainement tous péri sous les balles des Bannis. Quant à la citadelle, il y restait trop peu de soldats pour espérer les voir s'inquiéter et tenter de les rejoindre. Pris dans ses pensées, il fut surpris de voir apparaître un fantôme transparent flottant dans l'air, une silhouette éthérée, qui après quelques secondes se précisa : la dame Méline ! Bien qu'il connaisse le pouvoir conféré à la rune de Nansland, il n'avait jamais assisté à la projection astrale d'un corps. Complétement déconcerté il n'entendit pas la voix spectrale de la prélat.

Il ne voyait que son corps se mouvoir et ses lèvres remuer. Offens dut se concentrer pour capter ses propos.
— Capitaine, je vais me projeter au sommet du canyon pour évaluer leurs forces.
— Très bien, notez également leur position et nous pourrons envisager de tenter une sortie pour les prendre à revers.
La forme se dissipa progressivement puis disparut. Projeter sa forme astrale signifiait laisser son corps terrestre inerte là où il se trouvait, en l'occurrence en ce moment à l'abri d'un gros rocher. La situation aurait pu être pire si l'ennemi avait pris position de part et d'autre de la gorge, les coinçant sous des feux croisés. Fort heureusement, le sillon creusé par le canyon en avait isolé une partie, la rendant difficilement accessible. Les Bannis n'avaient certainement pas eu le temps d'investir les deux côtés pour finaliser leur piège mortel. Les rafales de tirs avaient cessé laissant place à des tirs sporadiques qui entretenaient la terreur chez les jeunes apprentis à l'abri des rocher ou de leurs chevaux, pétrifiés de peur et recroquevillés sur eux-mêmes. Aucun d'eux n'était blessé. Comment auraient-ils pu imaginer une telle scène il y a encore quelques semaines lors de la remise des diplômes et de leur succès au concours prélastique ? Ils allaient peut-être périr là, au cœur même d'Everland, sans avoir eu l'occasion d'accéder à leur future fonction. Au prix d'un gros effort de concentration, Méline se matérialisa en haut du canyon, loin derrière les tireurs embusqués, pour ne pas être repérée. Elle ne pouvait qu'observer, son corps astral ne lui permettant pas d'interaction avec le monde réel. La première chose qu'elle remarqua et qui la surprit fut la tenue des assaillants : tels les soldats d'une armée régulière, tous portaient un uniforme, noir en l'occurrence,

preuve évidente de l'organisation de la formation dissident. Ce n'était pas juste un groupuscule de fanatiques qui agissait de manière erratique, mais une véritable structure disposant, apparemment d'importants moyens financiers et humains. Onze corps gisaient sur les rochers. Après un rapide calcul, Méline comptabilisa encore un nombre important de tireurs : trente-deux. Un petit groupe de trois hommes discutait à l'abri. L'un d'eux faisait de grands signes et décrivait à l'évidence un nouveau plan d'attaque probable. Il fallait faire vite pour les contrer et avoir une chance de s'en sortir. Méline releva qu'ils avaient atteint leur position à cheval. Ceux-ci, attachés un peu à l'écart, s'agitaient à chaque coup de feu. Elle coupa la connexion et se retrouva instantanément dans le fond du canyon, recroquevillée derrière son rocher, son corps charnel et son corps astral de nouveaux réunis. Le plus grand danger pour elle était de laisser son corps physique sans protection. Si le premier venait à disparaître, le second s'éteindrait aussitôt. Méline rassembla ses esprits et passa en revue les informations récoltées pour en rendre compte au capitaine Offens : le nombre de soldats, leur position, la présence des chevaux. Il s'était écoulé plus d'une heure depuis le début de l'assaut. La nuit dans le canyon constituerait une épreuve de plus pour eux. Sur ce territoire hostile la température chutait considérablement dès la tombée du jour. Impossible pour eux d'allumer des feux sans se faire repérer et servir de cibles aux Bannis. De plus ils devraient se passer de nourriture ayant quasiment épuisé toutes leurs réserves lors de leur pause à la frontière de Casteland. S'ils n'agissaient pas très vite, la nuit risquait d'être longue et éprouvante et sûrement d'être la dernière de leur existence.

Offens s'impatientait en attendant le retour de Méline. Sigred l'avait rejoint au prix d'un court mais très périlleux déplacement pendant lequel il évita plusieurs tirs. De toute évidence aucun tireur ennemi ne possédait son talent. En tant que soldat aguerri, le capitaine devait toujours avoir un coup d'avance sur l'adversaire et anticiper ses réactions. Il avait déjà envisagé plusieurs scénarios en fonction du compte-rendu. Enfin Méline apparut devant eux. Il s'obligea à se concentrer sur sa voix. C'était une voix sans relief, à peine audible, qui semblait venir de très loin, comme portée par un souffle de vent. Après l'avoir écoutée, il prit quelques minutes pour adapter son plan de contre-attaque aux éléments dont il disposait à présent.

— Récapitulons, dit-il en s'adressant aux deux prélats. Méline fait diversion en se matérialisant devant les chevaux pour les effrayer et semer le trouble dans le camp adverse. Pendant ce temps, Sigred sort du canyon sans se faire remarquer et contourne l'ennemi. Une fois derrière eux et à l'abri, il fait le ménage parmi toute cette racaille. De notre côté, dès les premiers tirs nous les prenons sous un feu croisé.

Tous deux acquiescèrent et Méline disparut pour remplir sa mission. Cinq minutes plus tard, Offens perçut dans le silence du canyon un brouhaha au sommet de la colline. Le signal ! Sigred l'attendait pour tenter une sortie discrète. Les quelques mètres à franchir l'exposaient dangereusement aux tirs ennemis. Il procéda par petites étapes se mettant à couvert de rocher en rocher jusqu'à ce qu'il atteigne la sortie et soit définitivement hors de vue des Bannis. S'il était repéré, leur plan tournerait court. Il allait le savoir rapidement. Le comité d'accueil l'attendrait sûrement

là-haut. L'ascension vers du canyon lui prendrait bien une bonne demi-heure, ce qui finalement l'arrangeait. La lumière du jour commençait à faiblir et le rendrait quasiment invisible aux yeux des Bannis. Il déclencherait la colère qui l'animait depuis la mort récente de ses amies Hanaé et Henrion. Il ferait payer à ces traîtres leurs actes odieux. Avec son physique athlétique, il se faufila sans peine sur les pentes raides de la montagne. C'était pour lui un exercice facile. Depuis sa première année de formation prélastique et dès qu'il fut investi du pouvoir de la rune d'Aydenland, ses aptitudes physiques avaient été décuplées. Après cinq longues années d'études, il maîtrisait parfaitement le maniement de tous types d'armes et toutes les techniques de combat, faisant de lui un guerrier redoutable. Sa taille moyenne, ses cheveux blonds coupés court et son aspect nonchalant ne cadraient pas vraiment avec ses capacités à semer la mort s'il le fallait. Son fusil en bandoulière entravait un peu sa progression, mais le temps jouait pour lui. Même sous une lumière qui déclinait, il ne manquerait aucune cible. Il le savait et avait hâte d'en découdre et de faire payer le prix fort à ces fichus Bannis.
En bas, Offens avait fait passer ses dernières consignes : au signal, se tenir prêt à sortir du canyon. Plusieurs chevaux avaient péri sous les balles ennemies. Une tactique pour les immobiliser ou simplement des balles perdues ? En attendant, cela compliquait fortement son plan d'évacuation, d'autant qu'il faudrait de surcroît, emporter les corps des victimes. Tout allait se jouer en haut. Si Sigred prenait le dessus et faisait un carnage, cela inciterait les survivants à battre en retraite et à abandonner leur position. Sinon il leur faudrait se battre jusqu'à leur dernier souffle. Connaissant

mal les Bannis, il ne pouvait préjuger de leur détermination. Étaient-ils dévoués corps et âme à Zhardo et à sa cause ou simplement des hommes ordinaires soucieux de sauver leur peau ?
Sigred prit position à l'abri d'un rocher à une centaine de mètres de l'ennemi. De là il voyait pratiquement l'intégralité des tireurs. Même si certaines formations rocheuses en occultaient quelques-uns, il avait suffisamment de cibles pour réduire l'avantage des Bannis et semer la panique dans leurs rangs. Il repéra les soldats qu'il jugea être des officiers : ses premières cibles. Une fois la tête coupée, leur troupe serait désorganisée et enclin à la débâcle. Leurs beaux uniformes noirs ne faisaient pas forcément d'eux des soldats aguerris et d'ici peu ils seraient rougis par leur propre sang. Sigred ne pouvait imaginer qu'une armée secrète et bien entraînée puisse réellement exister. Ceux-là étaient des soldats de pacotille. Soigneusement cachés derrière des rochers, ils restaient dangereux, mais dans un combat au corps à corps comment se comporteraient-ils ? Il avait hâte de le savoir et de dégainer son sabre pour les découper en morceaux. Mais avant ça il devait suivre le plan du capitaine. Il avait appris la discipline au cours de ses années d'études et il respecterait les ordres. En ce moment même, il n'était plus prélat mais simple soldat. Il ajusta sa première cible, un grand gaillard adossé à un bloc de pierre qui portait une gourde à ses lèvres. Le coup partit. La balle traversa la gourde et se logea dans le crâne du malheureux. La détonation surprit le reste des soldats qui apparemment ne s'attendaient pas à une attaque sur ce flanc. Sigred profita de l'effet de surprise pour enchaîner les tirs. Le premier but fut atteint en quelques secondes, trois

officiers Bannis tués sur le coup.
Certains soldats quittèrent leur position pour tenter de se mettre à l'abri mais se rendirent visibles depuis le bas du canyon. Des cibles faciles pour la garde Alpha qui en élimina cinq de plus. De son côté Sigred en avait abattu neuf. Ce qui portait le nombre de victimes à quatorze. C'était encore loin de leur assurer la victoire ou du moins la possibilité de ressortir du canyon sains et saufs, d'autant que les Bannis à présent ripostaient et prenaient pour cible le prélat. Cela lui compliquait la tâche, car il pouvait difficilement viser sa prochaine cible sans prendre le risque d'être tué à son tour. De fait, les tirs s'estompèrent, mais au moins, ils ne s'intéressaient plus à ses camarades restés en bas. Cet intermède d'une quinzaine de minutes laissa suffisamment de temps au convoi pour se remettre en route, sortir du canyon et se mettre à l'abri des tirs ennemis. Seuls les soldats restèrent en position pour couvrir la fuite des délégations. Tao l'apprenti d'Isserland fut touché à la jambe, mais resta en selle. Les policiers de Casteland avaient délesté les mules de leur chargement pour pouvoir emporter les corps des huit victimes. Les prélats Brody et Véléa gravement blessés tenaient à peine assis sur leur selle, maintenus à l'arrière de leur monture. La situation stagnait et la luminosité déclinait de plus en plus. Bientôt il ferait nuit noire et il serait difficile de cheminer sur les sentiers chaotiques d'Everland avec la crainte d'être poursuivis. Méline en prit conscience. Sortie du canyon, elle descendit de son cheval pour s'asseoir à même le sol. Elle se devait d'intervenir pour faire pencher la balance de leur côté. Quelques secondes plus tard, elle se matérialisa devant un soldat ennemi qui hurla de terreur devant l'apparition soudaine de cet ectoplasme. Sigred

saisit l'occasion pour le viser et faire une victime de plus. La stratégie de la dame prélat semblant fonctionner, elle répéta l'opération plusieurs fois.

Dans la pénombre du soir son corps semblait briller et diffuser un halo de lumière lui donnant un aspect fantomatique effrayant. Les Bannis la prirent pour cible mais leurs balles la traversèrent. Sigred fit un véritable carnage en éliminant encore en quelques minutes dix soldats. Cette fois l'équation se rééquilibrait. Sans ordre de leur hiérarchie, la confusion la plus totale s'installa vite dans le camp des Bannis. Quelques soldats moins téméraires remontèrent en selle pour fuir suivis de près par la quasi-totalité du reste de l'armée. Il les laissa enfourcher leurs montures. Sur leurs chevaux ils feraient de bien meilleures cibles. Une fois le gros de la troupe en selle, il sortit de sa cachette et debout, bien campé sur ses jambes, il ajusta son fusil et les visa faisant encore de nombreuses victimes. Certains chutaient directement à terre, terrassés par une balle en pleine tête, d'autres restaient accrochés à leur selle, le corps pendant sur le côté. Aucun d'eux ne ripostait ou ne se retournait pour savoir ce qu'il advenait de leurs camarades. C'était là une fuite éperdue. À son grand regret, Sigred dut s'interrompre. La nuit venait quasiment de tomber et la distance de plus en plus grande qui le séparait de ses cibles lui interdisait tout tir précis. À quoi bon gâcher des munitions ? Chaque balle avait atteint son but, Sigred détestait échouer. Sa colère s'était un peu atténuée mais une rage profonde le tenait, attisée par l'aversion qu'il portait désormais à Zhardo et lui servirait de moteur. Il n'aurait de cesse de combattre ce pseudo-empereur jusqu'à l'étriper de ses propres mains. Il savait cela contraire à tous les préceptes landiens et à toutes les valeurs qu'on lui avait inculquées pendant ses années de formation prélastique. Mais comment faire taire cette haine naissante après ce qu'ils venaient de vivre ? Il se força à retrouver un semblant de calme. Il lui fallait à présent penser à l'avenir. Rendre hommage aux victimes et rejoindre rapidement la citadelle de la monotonie qu'ils auraient déjà dû atteindre. Personne ne devait s'inquiéter là-bas. Ils n'étaient pas encore vraiment en retard puisqu'on les attendait avant la nuit. Le combat avait duré plus de deux heures. Le temps de rassembler le convoi, de s'occuper des blessés et de repartir, ils mettraient encore trois heures pour atteindre la citadelle, constata Sigred. Il devait les avertir là-bas, mais comment ? À cette distance, Méline ne pouvait projeter son corps astral jusqu'à la forteresse. Impossible par conséquent d'attendre un quelconque secours médical dont ils avaient pourtant cruellement besoin. Les premiers soins avaient été prodigués aux blessés mais il fallait rapidement procéder à des interventions chirurgicales pour refermer des plaies et administrer les médicaments adéquats. Il entreprit la descente du canyon pour rejoindre le groupe. Aucun soldat Banni sur place, la voie définitivement libre, il dévala la pente à grandes enjambées. Bien que cette bataille fut une victoire à mettre sur le compte des prélats, ils dénombraient de nombreuses victimes, neuf au total et trois personnes gravement blessées.

Méline avait réintégré son corps et faisait un rapport précis à Offens. Tout danger maintenant écarté, ils pouvaient souffler et prendre un peu de temps pour s'occuper des leurs. Le crépuscule était tombé. Dans quelques minutes il ferait complètement nuit. La voûte du ciel plombée par les éternels nuages d'Everland ne laissait passer aucune étoile

et la lune brillait par son absence. Dans ces conditions, difficile de réorganiser le convoi et d'envisager de repartir. Le capitaine donna l'ordre d'allumer des lampes à huile et quelques feux de camp pour se réchauffer projetant des ombres fugaces çà et là au détour des déplacements. La température avait brutalement chuté dès la tombée du jour et une humidité soudaine s'insinuait dans les vêtements des voyageurs, les rendant lourds et moites.
Quand tout le monde fut réuni autour des foyers et que Sigred réapparut enfin, acclamé par les soldats, Offens prit la parole :
— Nous savions tous les risques que nous courions en entreprenant ce périple vers la citadelle mais avions-nous le choix ? L'avenir de Land se joue lors de la cérémonie des runes. Ces maudits Bannis et leur armée de couards n'ont pas eu le courage de nous attaquer de front et sur les quarante-trois tireurs ennemis seulement une douzaine a réussi à prendre la fuite. Hélas, nous avons à déplorer de nombreuses victimes dans notre camp : la dame Henrion, cinq soldats de la garde Alpha, trois policiers et un membre de la délégation de Nansland. Les prélats Brody et Véléa et l'apprenti Tao sont sérieusement blessés. Malgré la nuit, nous devons reprendre la route. Nous cheminerons à pied une lampe à la main pour éclairer le sentier. Courage mes amis, nous allons nous en sortir. Je vous demande un ultime effort et dans quelques heures nous serons à l'abri de la citadelle.

Quelques murmures s'élevèrent mais aucune contestation ou plainte. Tous savaient que la décision de continuer était la bonne. Personne ne voulait rester une minute de plus sur ce champ de bataille. Peut-être craignaient-ils le retour des Bannis ou simplement la perspective de rejoindre la forteresse les motivait-il au plus haut point ? La dernière partie du trajet allait être laborieuse pour les voyageurs déjà éprouvés par cette terrible journée. Le froid, la nuit, la fatigue, la peur, la faim, la soif, le sentier impraticable, ne laissaient rien présager de bon pour la suite. Les feux de camp éteints, le convoi s'ébranla pour reprendre la route. Dans la nuit d'Everland, un ruban lumineux s'étirait sur une centaine de mètres suivant les méandres du chemin tel un serpent ondulant. Le silence était absolu, le bruit des sabots des chevaux marquait le rythme de la marche lente. Malgré la faible luminosité des lanternes ils ne se perdraient pas. Au fil des siècles les passages successifs des caravanes et des convois avaient profondément marqué le sol vers la citadelle, seul point positif, songea Offens en tête du convoi. Il s'en voulait terriblement de son manque d'attention lors de l'embuscade. Peut-être aurait-il pu éviter le pire s'il avait détecté les tireurs embusqués sur le haut du canyon ? Il aurait des comptes à rendre au grand conseil, il le savait et assumerait les conséquences de son incompétence. Probablement, une démission de son poste de capitaine de la garde Alpha avec un retour en disgrâce à Nansland où il se verrait affecté à un poste secondaire dans la police de son district.

34

Le sergent-chef Kriff avait mis toute la garnison en état d'alerte depuis deux heures. Le retard lui semblait à présent plus qu'inquiétant. En l'absence du capitaine Offens et de la lieutenante Pierce, c'est à lui que revenait le commandement de la forteresse. Il aurait voulu détacher quelques hommes pour aller à la rencontre du convoi, mais cela aurait affaibli ses défenses en cas d'attaque des Bannis. Peut-être ces derniers cherchaient-ils à les faire sortir des murs d'enceinte ? Était-ce une stratégie pour s'emparer de la citadelle ? Dans le doute il préférait pour l'instant s'en tenir à son plan. Erié et Séfan, postés depuis des heures sur le chemin de ronde, guettaient une quelconque lumière leur indiquant leur arrivée.

— C'est vraiment très angoissant, dit Erié.

— Même s'ils ont eu des soucis, cela ne justifie pas ces cinq heures de retard, sauf si un malheur est arrivé.

— Tu veux dire une attaque des Bannis ? Ils ne sont quand même pas assez nombreux ou assez bien organisés et armés pour s'attaquer à la garde Alpha et à cinq personnes dotées de pouvoirs !

— On ignore tout d'eux ! Des moyens dont dispose ce Zhardo, du nombre de ses disciples, de leur motivation à renverser le pouvoir landien.

— Tu te rends compte Séfan, dans ce convoi il y a dix jeunes comme nous déterminés à prêter serment pour Land. Qu'adviendra-t-il si le pire se produit ?

Au moment où il allait répondre, une forme vaporeuse entourée d'une faible lumière se matérialisa devant eux.

Une fois le convoi arrêté, Méline avait tenté au prix d'un effort considérable de projeter son corps astral dans la citadelle. Elle se doutait que la plupart des soldats se trouveraient sur les remparts guettant leur arrivée. Elle fut surprise de tomber sur Erié et Séfan, du moins pas autant qu'eux. Erié laissa échapper un petit cri avant de se ressaisir et de comprendre à qui ils avaient affaire.

— Jeunes gens, prévenez Kriff que nous… quelques lieues d'ici, nous avons bes… d'aide médicale ur…, envoyez des hommes à notre renc…

La projection disparut soudainement, comme si la distance empêchait la connexion de s'établir. Ils en avaient suffisamment entendu. Un soldat posté non loin d'eux avait aperçu la scène sans pour autant entendre la dame Méline. Le sergent-chef Kriff fut rapidement alerté et donna des ordres pour secourir les voyageurs. Un peloton de cinq hommes avec du matériel médical, des vivres et des lampes supplémentaires quitta la forteresse dans le quart d'heure qui suivit et l'infirmerie se prépara à accueillir des blessés.

Enfin, deux longues heures après le départ des renforts, un soldat perché sur le plus haut point de la citadelle s'écria :

— Là, une lumière, je vois une lumière !

— Tenez-vous prêts à ouvrir les portes à mon signal seulement, ordonna Kriff. Je veux être sûr que ce sont bien nos hommes.

Erié et Séfan dévalèrent les marches pour regagner le parvis et porter secours aux arrivants. Le sergent-chef les avait missionnés pour prendre en charge les apprentis.

À présent on distinguait clairement une ligne lumineuse avancer lentement. Un petit groupe de cavaliers se détacha du convoi et se présenta devant la lourde porte de la citadelle.

Les sentinelles reconnurent immédiatement le capitaine Offens accompagné de trois soldats qui maintenaient sur leur monture des corps inertes. Aussitôt à l'intérieur, Brody, Véléa et Tao, dans un état critique, furent transportés à l'infirmerie. Ils avaient perdu beaucoup de sang et le pronostic vital de Brody était engagé. Il avait reçu une balle en pleine poitrine et respirait avec difficulté. Son pouls très faible laissait redouter le pire. Quant à la dame Véléa, une vilaine plaie ensanglantait son épaule. Un projectile s'était fichu près du cœur. Son extraction allait s'avérer éminemment délicate, le moindre maladresse pourrait lui coûter la vie. La garde Alpha ne disposait pas de chirurgien ou de docteur spécialisé mais d'un simple infirmier formé à toutes sortes d'interventions avec une expérience dans le domaine assez limitée. Dans tous les cas il ferait le maximum pour sauver les deux prélats. Tao, blessé d'une balle dans la cuisse, devrait attendre son tour, la priorité absolue demeurant le cas de Brody.
Peu après, le reste du convoi pénétra dans la cour principale. Malgré le nombre de personnes présentes, il régnait un grand calme. Les conversations se faisaient à voix basse comme pour rassurer les voyageurs traumatisés par ce périple cauchemardesque. Leurs visages marqués laissaient paraître une grande fatigue, Certains, le regard hébété, suivaient les consignes comme des enfants dociles. Offens avisa son sergent-chef pour organiser dans l'heure une réunion de crise avec Sigred et Méline et ses officiers. Ils devraient tous ensemble décider des prochaines actions à mener pour assurer leur sécurité et celle du deuxième convoi.

Erié ouvrait la marche vers le réfectoire suivie par les neuf candidats. Tao avait été conduit directement à l'infirmerie où les premiers soins et un repas l'attendaient. Devant le manque de personnel en cuisine, Séfan de son côté avait dressé une table et se tenait prêt à accueillir ses nouveaux camarades avec un repas froid de pain, de fromage et de fruits secs. Les voir arriver dans ces conditions épouvantables l'avait bouleversé attisant sa haine envers les Bannis. Comment pouvait-on s'en prendre à des adolescents aussi sauvagement ? Une jeune vie humaine ne valait-elle donc rien ? Zhardo ne s'imposait apparemment aucune limite pour s'emparer du pouvoir de Land. À présent, le jeune homme s'interrogeait. Il n'avait jamais rêvé d'être prélat et s'était laissé convaincre insidieusement par son père, mais avait-il eu vraiment le choix ? Maintenant qu'il y réfléchissait, il en doutait. La situation actuelle changeait la donne. Avec le combat qu'il faudrait mener contre ce pseudo-empereur, il trouvait là une nouvelle motivation pour diriger le district et prendre part à la lutte contre ces terroristes.
Erié et le petit groupe pénétrèrent dans le réfectoire. Dans la pénombre de la cour de la citadelle, ils n'avaient pas pu voir clairement leurs nouveaux compagnons. À présent ils avaient devant eux neuf jeunes gens dans un piteux état, le regard vide et le visage fermé. Si seulement Théry était là, il aurait su trouver les mots pour les réconforter. Hélas, à l'heure actuelle lui et Lison devaient être rentrés à Bizertland.
— Asseyez-vous et servez-vous, proposa Erié. Tous les hommes de la garnison ont été réquisitionnés pour monter la garde sur les créneaux de la forteresse et les cuisines sont fermées ce soir. J'espère que ce repas froid vous conviendra.

— Après l'enfer que l'on vient de connaître, on ne va pas faire les difficiles, répondit une jeune fille blonde aux cheveux noués en une espèce de chignon qui s'affaissait. Je m'appelle Hamber, je viens de Lemerland, poursuivit-elle en essayant tant bien que mal de donner à sa coiffure un peu plus de tenue. Tu dois être Erié et toi Séfan, dit-elle en le désignant.

— Tu nous connais ? Répondit ce dernier surpris.

Un jeune homme aussi blond enchaîna :

— Nous avons fait la connaissance de Théry et Lison avant-hier à Casteland. Nous connaissons tous vos aventures. Je suis Pier de Lemerland.

— Ils vont bien ? Interrogea Séfan.

— Oui ne t'inquiète pas. Ils sont vraiment tristes d'avoir dû vous quitter.

— Vous croyez que les Bannis vont tenter autre chose ? Questionna un jeune garçon à l'allure frêle et aux cheveux châtains bouclés. Moi c'est Uther de Drackerland.

— Je crois que ce soir il ne se passera rien. Nous sommes à l'abri dans la citadelle. Les Bannis ont connu aujourd'hui leur première défaite, cela devrait calmer leurs ardeurs, déduisit Erié. Je suis vraiment désolée pour toi Uther, la dame Henrion était une personne extraordinaire et une prélat dévouée à son district.

Petit à petit tout le monde prit la parole. Erié et Séfan faisaient office d'anciens. On les sollicitait sans cesse sur de nombreux sujets touchant aux pouvoirs des runes, aux Bannis ou à leur aventure dans la forêt de Min. Voyant que les conversations s'éternisaient mais que tout le monde avait besoin de repos après cette journée terrifiante, Erié décida de couper court au repas et de conduire les jeunes gens dans

leur dortoir respectif. Le groupe séparé en deux s'engagea dans les quartiers destinés aux apprentis. Guidé par le binôme de Bizertland chacun découvrit avec stupéfaction son dortoir. En réalité aucun d'eux ne s'attendait à un tel confort ni à la sensation d'un nid douillet dans la forteresse millénaire.
Séfan désigna les alcôves du dortoir :
— Voilà, prenez le coin que vous voulez, il y a encore suffisamment de places libres pour que vous choisissiez. Vous êtes vraiment dans un sale état. Une bonne douche vous fera le plus grand bien. Si vous avez l'habitude des douches de gymnase de Circle Ball vous ne serez pas surpris. Il y a du savon et des serviettes à disposition.
— Nous avons dû abandonner toutes nos malles dans le canyon déclara un jeune garçon brun à l'allure de bûcheron.
— Saulo dit vrai, renchérit Uther, le capitaine Offens a pris cette décision pour faciliter notre fuite et transporter les blessés.
— Ne vous inquiétez pas, je vais vous trouver des vêtements pour la nuit. Le temps que l'on récupère vos affaires, vous aurez l'air de vrais soldats de la garde Alpha !

Séfan se sentit tout à coup responsable de ses camarades. Lui qui n'avait jamais vraiment pris soin de qui que ce soit auparavant éprouvait à présent le sentiment de devoir les protéger. Il comprit alors le dévouement et la protection que les parents portaient naturellement à leur progéniture. Quand il revint de l'intendance, les bras chargés de vêtements militaires, Pier et Saulo s'étaient endormis sur leur lit, enroulés dans leur serviette. Uther avait allumé un grand feu dans une des cheminées et faisait sécher ses longs cheveux dont les boucles avaient disparu sous l'eau de la douche. Sa serviette autour de la taille, Ophéus était prostré sur son lit. Depuis leur arrivée à la citadelle, il n'avait pas prononcé le moindre mot. Séfan déposa des vêtements aux pieds du lit de chacun et vint s'asseoir à côté de lui.

— Tiens, c'est pour toi, dit-il en désignant un pantalon court et un débardeur. C'est un peu trop grand mais ça devrait aller pour la nuit. Est-ce que ça va ? Comment t'appelles-tu ?

— Ophéus.

— Tu viens d'où Ophéus ?

— Nansland.

— Le district du capitaine Offens. Et la dame Méline est ta prélat. Tu sais qu'elle est apparue devant moi sous sa forme astrale avant votre arrivée ? C'est elle qui a donné l'alerte.

Visiblement le jeune garçon avait subi un choc émotionnel fort. Il parlait à peine et semblait complètement désorienté.

— Rassure-toi, tout est fini à présent. Tu ne crains plus rien, crois-moi. Nous sommes dans la citadelle de la monotonie, rien ne peut nous arriver, d'accord ?

— Oui d'accord.

— Allez enfile ça et glisse-toi sous les couvertures, tu as besoin de repos. Je veillerai sur toi.

— Tu as des vêtements pour moi ? demanda Uther.

— Oui voilà. Désolé pour la taille, tu n'as pas vraiment le gabarit d'un soldat de la garde Alpha, remarqua Séfan.

Une simple serviette enroulée autour de la taille, Uther ressemblait davantage à un jeune garçon plutôt qu'à un adolescent de seize ans.

— Oui je sais, mais cela a ses avantages, imagine-moi dans vingt ans !

— Un point pour toi Uther ! Tu n'es pas fatigué après toutes ces épreuves ? Il faudrait que tu dormes un peu.
— Non. Je ne pourrai pas de toute façon, j'ai besoin de parler. Ce qu'on a vécu aujourd'hui est tellement traumatisant qu'il faut que je l'extériorise. Je suis ce qu'on appelle un hyper actif et je dors très peu même en temps normal.
— Bon alors change-toi, pendant ce temps je vais faire un peu de thé et nous discuterons bien au chaud devant la cheminée.
Il revint avec deux tasses de thé en mains. Il trouva Uther assis à même le sol sur un tapis de laine épaisse devant la cheminée. Il avait revêtu le pantalon court et le débardeur des soldats de la citadelle. Si ce n'était le caractère dramatique de la journée, le spectacle de ce frêle garçon flottant dans des vêtements trop grands pouvait prêter à sourire. Séfan n'en fit rien. Uther avait besoin avant tout d'une oreille attentive et de réconfort. Il ne le savait que trop bien, lui qui avait failli périr avec ses amis perdus au milieu de l'immense forêt de Min. Séfan s'installa en face de lui et les deux jeunes gens discutèrent à voix basse jusque tard dans la nuit. Le jeune drackerlandien s'exprimait le plus souvent par de longs monologues auxquels Séfan répondait par des signes de tête ou de courtes phrases. Il fallait qu'Uther vide son sac pour se sentir apaisé. Il exprima la peur, la terreur qu'il avait ressenties là-bas au fond du canyon, la vue de la dame Henrion allongée sur le chemin, le corps ensanglanté, Tao s'écroulant au sol touché par une balle dans la cuisse, le bruit assourdissant des fusils pendant deux heures et le retour de nuit vers la citadelle. Connaître de tels drames si jeune pouvait effectivement se révéler très traumatisant. Ophéus, endormi dans l'alcôve à côté, devait être aussi

sous le choc et cela se manifestait chez lui par un profond mutisme. Uther avait choisi de l'exprimer pour l'expulser. Séfan proposa de refaire un dernier thé puis d'aller se coucher. Son nouveau compagnon accepta avec résignation. Le temps pour lui de revenir avec deux tasses, il retrouva le jeune garçon profondément endormi à même le tapis.

— Allons bon, maintenant je dois jouer au papa, chuchota-t-il en soulevant le garçon pour le porter jusqu'à son lit.

Il fut surpris par la légèreté de son corps. Il rajouta quelques bûches dans les deux cheminées et se glissa sous les couvertures de son lit. Il avait vécu une fin de journée éprouvante et se demandait comment Erié s'en sortait avec ses nouvelles camarades. Ils auraient tout le temps demain d'en discuter. Séfan sombra rapidement dans un profond sommeil entouré des quatre jeunes gens qui feraient désormais partie intégrante de sa nouvelle vie.

35

Brody n'avait pas survécu à ses blessures malgré les soins attentifs de l'infirmier en chef, le major Jona. Il s'était éteint au petit matin. Un prélat de plus périssait sous les coups mortels des Bannis. La liste commençait à s'allonger dramatiquement : Magnus, Hanaé, Henrion et maintenant Brody. Assis à son bureau, Offens enrageait. Il se sentait impuissant face à la menace de Zhardo. Ils avaient remporté une première bataille mais à quel prix ! Il devait rendre des comptes ce matin même. Il avait déjà rédigé un premier rapport succinct en utilisant la rune de communication. Le bloc de l'Ouest connaissait à présent la situation, l'attaque du convoi et le décompte des victimes. Offens avait convoqué son état-major, Méline et Sigred à une réunion de crise. Tout le monde serait bientôt là dans son bureau. Il devait se montrer convaincant pour conserver leur confiance et son poste de capitaine de la garde Alpha. Le sergent-chef Kriff arriva le premier, la mine sombre. Venait-il encore lui annoncer de mauvaises nouvelles ?

— Mon capitaine, j'apporte des nouvelles de l'infirmerie. La dame Véléa et Tao sont hors de danger. Leur état de santé s'est nettement amélioré, ils devraient s'en sortir.

— Enfin une bonne nouvelle ! Nous avons plusieurs sujets prioritaires à traiter ce matin. Méline et Sigred ne seront pas de trop pour trouver des solutions et nous aider à prendre les bonnes décisions. Justement les voilà.

— Messieurs, la situation est très préoccupante, déclara Sigred en préambule. Avec la mort de notre cher ami Brody,

notre tâche se complique. Nous devons nous inquiéter de la sécurité du convoi du bloc de l'Ouest avant tout. Ce serait catastrophique de perdre de nouveau l'un des nôtres.
— N'oublions pas la cérémonie des runes en elle-même, renchérit Méline. À l'heure qu'il est, l'ambassadrice Félicia de Lemerland, l'ambassadeur Diker de Drackerland et l'ambassadeur Greyje de Bizertland sont en route pour la citadelle. En tant que futurs prélats, nous nous devons de les doter eux aussi du pouvoir de leur district.
— Ce qui nous vaut un troisième convoi si je comprends bien.Un vrai casse-tête ! Dit Offens, quand arriveront-ils à la gare de Casteland ?
— D'après mes informations, dans deux jours, ce qui vous laisse le temps d'envoyer une escorte les récupérer, conclut Méline.
— Récapitulons : nous devons premièrement assurer la sécurité du deuxième convoi déjà en marche pour la citadelle, puis détacher un escadron pour escorter les trois ambassadeurs successeurs de nos prélats disparus et troisièmement préparer la cérémonie des runes qui aura lieu dans cinq jours. Je n'oublie rien ?
— Si je peux me permettre capitaine, intervint Kriff, nous devons également nous préoccuper des Bannis. Nous n'avons fait hélas aucun prisonnier…
— Excusez-moi de viser si bien sergent-chef, coupa Sigred.
— Ce que je veux dire c'est que les itinéraires de nos convois sont connus par l'ennemi. Il faut se rendre à l'évidence, des taupes opèrent dans nos plus hautes strates et nous ne pouvons nous fier à personne.
— Qu'êtes-vous en train d'insinuer Kriff ? demanda Sigred, vous pensez que Méline ou moi sommes impliqués dans

cette embuscade ?
— Étant donné votre détermination au combat, non, bien sûr, mais pourquoi pas un ou plusieurs membres des HAM ?
— Si notre chère Henrion était encore de ce monde, elle aurait pu faire parler n'importe qui grâce à son pouvoir de persuasion. Mais nous avons sûrement d'autres moyens de les démasquer. Tendons-leur un piège, proposa Sigred.
— À quoi pensez-vous ? Interrogea Offens.
— Nous pourrions diffuser auprès de certaines personnes une fausse information et attendre qu'un traître se manifeste pour le prendre en flagrant délit ?
— C'est un jeu risqué. Cela implique la mise en danger d'une ou plusieurs personnes, s'offusqua Kriff.
— Je suis d'accord avec Sigred, confirma Méline. Capitaine ?
— Nous n'avons pas le moindre indice ou la moindre idée de qui sont nos ennemis. Je suis prêt à tenter le coup. Il faut tenter le coup !
Offens échangea quelques mots avec la dame Carielle de Casteland via la rune de communication. Le deuxième convoi, conduit par la lieutenante Pierce, venait de prendre la route. Le voyage vers la frontière d'Everland ne représentait pas un réel danger de par la géographie des lieux, ne laissant aucune possibilité d'embuscade. Avec leurs effectifs réduits de trois quarts, si les Bannis osaient une attaque frontale, c'est qu'ils devaient avoir une sacrée armée pour s'opposer à quinze soldats de la garde Alpha, dix policiers de Casteland et quatre prélats aux pouvoirs redoutables. Nul doute que la dame Zoëlle d'Eckerland, dotée du pouvoir de super précision, ne manquerait aucune cible, que Carielle, capable de déplacer des objets à distance, se ferait un plaisir de projeter en l'air ses ennemis, que Tristan d'Oberland,

fort de son don de super vitesse, pourrait tailler en pièces les Bannis sans être inquiété. Quant à Luka de Rauckland, pourvu d'une force surhumaine, il écraserait facilement ses opposants dans un combat au corps à corps. La deuxième partie du voyage serait plus délicate. Pour avoir vécu deux heures d'enfer coincé au fond d'un canyon, sous les tirs ennemis, Offens en avait conscience et mesurait le risque encouru.

Cette fois les forces étaient mieux distribuées. Lui, Sigred, Méline et ses hommes patrouilleraient sur les chemins d'Everland pour assurer la sécurité du convoi du bloc de l'Ouest. Ils garderaient un œil sur la caravane en chevauchant loin d'elle mais parallèlement à sa route pour éviter toute embuscade mortelle. Cela impliquait encore une fois de laisser la citadelle affaiblie avec de surcroît douze apprentis, des hauts dignitaires et peu de soldats pour les protéger. Après tout, les membres de la HAM pouvaient aussi prendre les armes et défendre la forteresse si nécessaire avait tranché le capitaine Offens. Il régla les derniers détails de leur expédition et donna l'ordre à ses hommes de se tenir prêts pour un départ imminent. Tous n'avaient bénéficié que d'une seule nuit de repos mais leur motivation à combattre les Bannis restait plus forte que la fatigue. Qu'en serait-il après-demain lorsqu'il faudrait repartir une troisième fois pour Casteland afin de récupérer les ambassadeurs ? Méline et Sigred avaient insisté pour les accompagner malgré les réticences du capitaine qui redoutait par-dessus tout la perte d'un nouveau dirigeant. Il avait fini par admettre que leurs pouvoirs pourraient faire pencher la balance en leur faveur en cas d'attaque, comme ce fut le cas la veille lors de la bataille du canyon. Avant de quitter la citadelle, il voulait vérifier que tous les apprentis avaient retrouvé un semblant de tranquillité. Les jeunes gens fraîchement sortis de leur district avaient pris contact avec le monde extérieur de façon assez brutale. Est-ce que cela les avait traumatisés ? Certains allaient-ils renoncer à leur future fonction ? Il fallait les rassurer pour que le cycle de renouvellement se perpétue.

36

Offens avait convoqué dans son bureau Erié et Séfan. Il leur faisait confiance et avait appris à mieux les connaître au fil du temps. Il comptait s'appuyer sur eux pour garder un œil sur les apprentis en son absence.

— Capitaine, Erié Garet et Séfan Kerry sont arrivés.

— Faites-les entrer, sergent-chef.

— Jeunes gens, comment se portent vos camarades ?

— La journée d'hier a été une véritable épreuve pour eux. Physiquement ils ont l'air d'aller, mais je crois que certains vont garder des séquelles psychologiques. Je pense surtout à Ophéus, votre candidat. Il s'est enfermé dans un profond mutisme et je ne sais pas comment l'aider.

— J'irai lui parler à mon retour. Je connais ses parents et je pense qu'il me fait suffisamment confiance pour se confier à moi. Et de ton côté Erié ?

— Les filles ont toutes une sacrée personnalité et une grande force de caractère, je ne sais pas si c'est ça ou juste de l'inconscience ! Je n'ai rien relevé d'alarmant mais je resterai vigilante.

— Bien. Je dois vous laisser maintenant, notre expédition prend la route dans vingt minutes. D'ici ce soir vous aurez huit nouveaux camarades à accueillir. Je compte sur vous pour les mettre en confiance et commencer à créer votre petite communauté. N'oubliez pas que vous allez passer cinq ans ensemble. Ah ! J'oubliais, nous aurons récupéré toutes les malles abandonnées dans le canyon. D'ici là faites au mieux.

Erié et Séfan firent un détour par le réfectoire et eurent l'agréable surprise de voir malgré l'heure matinale quelques jeunes gens déjà attablés devant leur petit-déjeuner. Hamber, Pier, Ysiane et Uther s'attaquaient à une grosse miche de pain et avaient rempli leur tasse de thé. Erié ne fut pas étonnée de voir les deux candidats blonds d'Emerland en forme de si bonne heure. Elle avait détecté chez Hamber, la veille au soir dans le dortoir des filles, un caractère fort et un grand courage. Cette dernière lui avait raconté l'embuscade avec beaucoup de détails et sans vraiment s'émouvoir, comme si elle lisait un article du journal local. Est-ce que son compagnon, Pier, était fait du même bois ? Tous les habitants d'Emerland étaient-ils blonds ? Elle s'amusait de sa dernière remarque quand Ysiane demanda :

— Comment va Tao ? Est-il sorti d'affaire ? Pourrais-je le voir ce matin ?

— Le capitaine Offens m'a certifié qu'il allait bien et qu'il n'aura aucune séquelle. Il lui faut juste beaucoup de repos pour que sa plaie cicatrise. Tu pourras lui rendre visite très vite.

Erié et Séfan arrivés dans la citadelle depuis plusieurs semaines avaient sympathisé avec bon nombre de soldats qui trouvaient en leur présence un moyen d'échapper à leur ordinaire morose. Faire partie de la garde Alpha obligeait à un service de trois ans dans la forteresse avec l'unique compagnie d'autres soldats. Côtoyer une ou un futur prélat n'avait que des avantages si on entretenait de bonnes relations avec cette personne.

Erié avait ses entrées à l'infirmerie. Ysiane pourrait donc sans problème rendre visite à son compagnon de voyage.

— Tu n'as dormi que quelques heures, s'étonna Séfan en

s'adressant à Uther.
— Humm, ça me suffit. Il mâchonnait un gros morceau de pain beurré. Là-haut tout le monde dort encore. J'ai retrouvé mes vêtements propres et secs dans le dortoir. Merci beaucoup.
— Oh, je n'y suis pour rien. Je crois que tu devras remercier le sergent-chef Kriff. D'ici ce soir vos malles auront été récupérées. Je vais faire un tour dans le dortoir pour voir si tout va bien. Erié on se retrouve ici dans trente minutes avant la fermeture du réfectoire ?
— D'accord. Moi aussi je monte réveiller les filles.
Erié trouva le dortoir en ébullition, les volets ouverts, les jeunes filles déjà sous la douche. Hodélia finissait de s'habiller. Avec sa carrure athlétique et ses cheveux châtains coupés très court, on pouvait la prendre de loin pour un garçon. Elle ne s'en offusquait, au contraire, elle s'en amusait. Sur Aydenland, elle passait pour une terreur. Même les garçons la craignaient et, chose rare, elle jouait défenseure dans son équipe de Circle Ball, les Chardons du trentième. Si la fonction lui revenait, avec le don du maniement des armes lié à son district, Erié ne doutait pas qu'Hodelia fasse une guerrière redoutable. Pour l'heure, elle n'était qu'une jeune fille de seize ans, candidate parmi d'autres et sa future camarade pour au moins cinq ans, alors autant devenir amie. Révane et Sethe émergèrent ensemble de la salle de bains dans un nuage de vapeur.
— Rien de tel qu'une bonne douche chaude et des vêtements propres pour vous remonter le moral, lança Hodélia.
— Où sont passées Ysiane et Hamber ? Interrogea Révane.
— Nous allons les rejoindre au réfectoire pour le petit-déjeuner. Ça vous dit ?

Le groupe des garçons déboucha des escaliers du premier étage au moment où les filles s'y engageaient. Séfan emmena Erié à l'arrière du groupe pour lui faire part de son inquiétude sur la santé mentale d'Ophéus.
— J'ai eu du mal à le convaincre de sortir de son lit et de s'habiller. J'ai dû encore parlementer pour qu'il descende prendre son petit-déjeuner. Je ne sais plus quoi faire ni comment agir.
— Il a besoin de se sentir en sécurité. Je n'ose pas imaginer ce qu'il a vécu dans le canyon. Souviens-toi de notre aventure dans la forêt de Min quand nous avons découvert que tous les panneaux avaient disparu. Ne t'es-tu pas imaginé mourir en plein cœur de la forêt ?
— Oui, oui d'accord, mais comment s'en est-on sortis psychologiquement ?
— L'amour de nos parents et notre amitié nous ont permis de surmonter cette épreuve. J'avoue que sans votre soutien j'aurais mis davantage de temps à m'en remettre.
— Ses parents sont à des centaines de kilomètres de la citadelle et je ne pense pas qu'il considère quiconque comme son ami après seulement quarante-huit heures…
— À nous de faire en sorte qu'il retrouve la paix, entouré d'amis. Séfan, nous allons vivre ensemble vingt-quatre heures sur vingt-quatre pendant cinq ans, alors commençons tout de suite !
L'expédition commandée par le capitaine Offens se tenait prête à partir. Hommes et chevaux avaient pu se reposer quelques heures. Cette fois le trajet serait plus court puisqu'il s'agissait seulement de retrouver le convoi du bloc de l'Ouest à la frontière de Casteland, soit environ trois bonnes heures de chevauchée. Ensuite Offens répartirait

ses hommes sur le trajet vers la citadelle pour sécuriser le périmètre et prévenir toute attaque surprise. Peu avant le départ, Méline et Sigred avaient rendu visite à Véléa. Bien qu'encore faible, elle semblait avoir retrouvé un peu de son allant, loin de l'état inquiétant dans lequel elle était arrivée la veille. La disparition de Brody l'avait profondément affectée. Quinze ans plus tôt, lorsqu'elle avait prêté serment et reçu le don, elle avait partagé des années magnifiques à travers tout Land avec dix-neuf autres jeunes gens de son âge et Brody faisait partie de ses proches. Elle n'avait pas noué d'affinité avec tous les autres, comme c'était le cas pour la plupart des apprentis. Des clans se formaient par affinités ou par blocs après quelques semaines de vie et d'études communes. Est et Ouest s'opposaient et reproduisaient le même schéma que leurs pairs.Toujours en compétition entre eux pour le poste de prélat, les duos de même district n'étaient pas forcément les meilleurs amis du monde. Les professeurs exigeaient toujours que la bienveillance soit au cœur de leurs relations et tempéraient leurs ardeurs. Déjà en son temps, Véléa avait pris en grippe le candidat de Drackerland, Diker. Son air mielleux et sa sournoiserie les mettaient souvent hors d'elle. Un jour d'entraînement à la pratique du don, elle avait volontairement projeté sur lui un éclair pour le faire taire. Hélas, encore novice dans la maîtrise de son pouvoir, elle le blessa sérieusement et l'envoya une semaine entière à l'infirmerie. Cet incident lui valut de très sévères réprimandes.Un conseil de discipline avait statué sur son sort à l'académie. Fort heureusement son comportement et ses notes exemplaires en classe lui avaient permis de s'en sortir avec quinze jours d'isolement et l'obligation de présenter des excuses publiques à

Diker. Tout ça était bien loin désormais ! À présent elle se retrouvait à la citadelle millénaire dans des circonstances dramatiques, blessée et coincée au fond d'un lit. Le monde avait évolué, la vie sur Land avait changé, les mentalités aussi. Était-ce de leur faute ? Avaient-ils toutes et tous mal géré leur district en oubliant l'ECO ? Oui certainement ! Par le passé, Land avait rejeté son dirigeant despotique pour imposer un précepte d'égalité, de civisme et d'obéissance, qui à présent semblait être remis en cause par ce Zhardo. Le continent courait à sa perte et certains dirigeants les y avaient précipités, Véléa en était persuadée. Là, dans sa chambre à l'infirmerie, elle fit le serment de se battre contre les Bannis mais aussi contre la gangrène qui pourrissait le système landien.
L'escorte de la citadelle rejoignit la frontière de Casteland peu avant midi. Nulle trace du convoi du bloc de l'Ouest, ce qui laissait aux hommes d'Offens le temps de préparer leur arrivée en allumant les braseros à l'extérieur et les poêles dans les baraquements réservés aux délégations et aux candidats. D'après les derniers échanges entre le capitaine et les prélats de l'Ouest via la rune de communication, le trajet s'était déroulé sans encombre. Cela ne rassura pas Offens pour autant. Il savait pertinemment que la deuxième partie du trajet serait la plus dangereuse, mais cette fois il s'y était mieux préparé et son détachement comprenait suffisamment de soldats pour faire face à une autre attaque. La réaction de l'état-major des Bannis semblait, elle, moins prévisible. Après ce qu'il avait constaté dans le canyon, il pouvait parler à présent d'état-major et d'armée quand il évoquait le groupe dissident. Celui-ci possédait des moyens financiers et des hommes, il ne s'agissait donc pas d'une

simple bande d'illuminés. Une grande menace planait sur Land et elle ne venait pas de l'extérieur. Comment allait réagir Zhardo après sa première défaite ? En était-ce une finalement avec deux prélats tués pendant l'embuscade ? Offens avait du mal à comprendre son objectif. Éliminer les dirigeants les uns après les autres n'avait pas vraiment de sens, puisqu'à leur mort, on les remplaçait. S'il voulait priver tous les districts de leurs chefs il devrait aussi éliminer tous les ambassadeurs. Il se dit qu'il ferait part de ses théories au grand conseil de retour à la citadelle. Il sortit de ses réflexions quand un éclaireur à cheval vint lui signaler l'arrivée imminente du convoi. Vingt minutes plus tard, la lieutenante Pierce se présentait au rapport.

Méline et Sigred accueillirent leurs homologues dans le baraquement. Il y régnait une relative chaleur et une collation attendait les voyageurs. Réduit à quatre, après l'assassinat de la dame Hanaé, le bloc de l'Ouest n'était pas aussi soudé et solidaire que celui de l'Est. Ces cinq là jouaient sans cesse des coudes pour imposer leurs directives et leurs résolutions lors des assemblées prélastiques. Luka de Rauckland gérait sa région d'une main de fer. Fort des richesses agricoles de son territoire, il imposait souvent son point de vue en menaçant sous cape ses interlocuteurs de les défavoriser lors d'échanges commerciaux. Depuis la disparition de Magnus, Eckerland s'était rapproché de Rauckland. La dame Zoëlle avait adopté le style « Luka ».

Déjà en leur temps, lors de leurs études les deux jeunes gens très proches, avaient hérité de la réputation d'enfants terribles. Cela avait joué en défaveur de Zoëlle et lors du choix final, le haut conseil lui avait préféré Magnus pour ses qualités humaines et son empathie. Elle avait serré les dents, mais maintenant que le poste lui revenait, elle comptait finir son mandat de cinq ans en inscrivant dans le marbre son passage à la tête d'Eckerland. De leur côté Carielle et Tristan œuvraient en bons gestionnaires, soucieux du bien-être de leurs concitoyens mais aussi de celui de Land. Leurs territoires fournissaient au continent une grande partie des récoltes de céréales et de viandes bovines. Pour autant ils n'abusaient pas de leur position dominante. Ils pesaient lourdement dans les décisions du grand conseil et se positionnaient en contre-pouvoir face aux agissements despotiques de Luka et Zoëlle. Après la mort récente des trois prélats, Carielle, Tristan et Véléa avaient beaucoup échangé sur le sort de Land en dehors du grand conseil. Ils avaient tous les trois fini par conclure que le mouvement de contestation était né de leur mauvaise gestion. Zhardo puisait sa force à la source même du mécontentement du peuple, ce qui à ses yeux le rendait légitime et renforçait la thèse d'une réunification des pouvoirs. Comment pouvaient-ils reprocher aux Landiens d'aspirer à une vie meilleure ? L'assemblée extraordinaire qui se tiendrait dans quelques jours dans la citadelle serait l'occasion de percer l'abcès et de rappeler à tous le serment prêté dix ans plus tôt : servir Land et son district sans ambition ou bénéfices personnels. Chacun devrait prendre conscience de l'extrême gravité de la situation pouvant conduire le système à sa perte. De quel côté allaient se positionner les nouveaux : Greyje de Bizertland, Diker de Drackerland et Félicia de Lemerland ? Voteraient-ils la guerre contre les Bannis ? Accepteraient-ils des compromis pour une économie plus juste et une meilleure répartition des richesses ? Quoi qu'il en sortirait, la situation devait radicalement changer pour assurer la

pérennité de leur système de gestion.
Dans l'autre baraquement les jeunes apprentis profitaient d'un moment de répit avant de reprendre la route. Ils connaissaient tous à présent l'épisode du canyon et en avaient été choqués. Alors que la cérémonie des runes s'annonçait normalement comme une grande célébration et un moment unique dans leur vie, cette version-là avait plutôt des airs de cauchemar. Les prélats se déplacèrent en personne pour leur adresser quelques mots de réconfort avant le départ pour la deuxième partie du voyage.
Après une pause d'une heure, le convoi du bloc de l'Ouest reprit sa route, escorté par le détachement du capitaine. Tout comme le premier convoi, celui-ci comptait autant d'hommes, de chevaux, de mules et de matériel à transporter. En outre il devrait une fois dans le canyon récupérer les malles abandonnées la veille, ce qui inévitablement les mettrait en position délicate. Cette fois Offens et ses hommes tiendraient la position en hauteur, empêchant par là même une nouvelle embuscade.

37

L'ambassadeur Diker était en route pour Casteland, passage obligé pour accéder à la citadelle. Lui et son escorte de deux policiers voyageaient dans un compartiment privé du convoyeur express régulier reliant tous les districts par une boucle à travers Land. Là-bas, il retrouverait Greyje et Félicia, ses deux nouveaux homologues. Le temps du voyage, il laissait la place à Zhardo. Il ferma les yeux pour s'isoler. Il devait faire le point et adapter sa stratégie aux derniers événements. En sous-estimant ces maudits prélats, son plan A avait échoué. Ses hommes n'avaient pas pris le dessus sur la garde Alpha. Sigred avait fait un carnage parmi ses troupes et Méline semé la terreur avec ses apparitions fantomatiques.
Le seul point positif demeurait l'élimination d'Henrion, sa cible prioritaire, grâce à laquelle il allait lui succédait à Drackerland et serait doté du pouvoir d'influence. Il l'utiliserait pour poursuivre sa quête du pouvoir total. D'après le rapport du seul officier survivant, Henrion avait péri la première ainsi qu'une dizaine de soldats. Il savait que Brody n'avait pas survécu à ses blessures et que Véléa était sévèrement blessée. Il lui gardait une rancœur tenace depuis qu'elle avait failli le tuer la première année de leurs études prélastiques. Il aurait tellement souhaité qu'elle meure au fond du canyon ! Dans tous les cas elle ferait partie de sa liste noire, davantage comme vengeance personnelle que pour une raison tactique. Zhardo estima satisfaisant malgré tout le bilan de l'attaque. Il allait faire douter le pouvoir en place. En l'espace de quelques jours il avait accompli ce

qu'il n'avait pu faire en plusieurs années : éliminer trois prélats. Son dernier fait d'armes remontait à la mort de Magnus. À présent la discorde allait régner et il l'attiserait en toute occasion, en accusant certains de despotisme, de s'éloigner du code de déontologie de Land, d'être à l'origine du retour de Zhardo. Tous les prétextes seraient bons pour monter les dirigeants les uns contre les autres, les poussant à ne servir que leurs propres intérêts. Ainsi le peuple en souffrirait et se rallierait à sa cause, à leur nouvel empereur. La prise du pouvoir par la force s'avérait un échec. Malgré les moyens financiers dont il disposait, il ne pourrait jamais constituer une véritable armée régulière. Cette première leçon étant comprise, il devait maintenant changer de tactique. Tout serait bien plus facile, une fois qu'il sortirait de la citadelle en possédant le pouvoir d'influencer quiconque. Il pourrait contraindre n'importe quel fidèle à exécuter la sale besogne à sa place. Eliminer tous les chefs de districts serait le premier acte de sa nouvelle stratégie. Selon la loi landienne, les ambassadeurs prenaient leur suite et si eux-mêmes venaient à mourir, c'est la HAM qui gouvernait seule jusqu'à ce qu'un apprenti soit élu. Cela n'était jamais arrivé dans toute l'histoire de Land. Les chefs des gouvernements nommés dès l'âge de vingt-et-un ansassuraient leur mandat durant quinze années. Zhardo comptait bien exploiter leur remplacement prématuré pour provoquer rapidement une nouvelle cérémonie à la citadelle et s'emparer définitivement des dix pouvoirs de Land.
Dans vingt minutes le convoyeur s'arrêterait en gare de Casteland. Greyje devait déjà être installé à l'assemblée. Félicia, elle, arriverait plus tard. Tous trois avaient prévu une rencontre informelle le lendemain matin avant le départ

pour la citadelle. Zhardo en profiterait pour évaluer ses nouveaux confrères, savoir dans quel état d'esprit ils allaient entamer leur nouvelle fonction à la tête de leur territoire. Pourrait-il en faire des alliés potentiels ? Ou faudrait-il les inscrire sur sa liste noire des personnes à supprimer ? Il serait fixé rapidement. Il lui fallait également réfléchir au sort qu'il réserverait aux vingt apprentis. À seize ans ils ne représentaient pas une menace réelle, mais qu'en serait-il dans quelques années ? Peut-être revendiqueraient-ils le pouvoir et le retour à la gestion de Land par district ? Supprimer vingt adolescents pourrait soulever l'indignation du peuple et ternir son image. Zhardo prônait la justice, l'égalité. Comment justifierait-il leur condamnation à mort ? La trahison semblait un motif valable. Un discours savamment orienté, des rumeurs et quelques fausses preuves suffiraient à sceller définitivement leur cas. Un long sifflet strident annonça l'entrée en gare du convoyeur. Diker sortit de ses pensées pour reprendre son rôle d'ambassadeur, abandonnant Zhardo dans les limbes de son inconscient. Durant les prochains jours il devrait tenir son rang de futur dirigeant pour ne pas éveiller les soupçons. Les HAM suspectaient la présence de nombreux espions à la solde des Bannis au sein même du pouvoir. Il le savait désormais. Il devrait agir dans la plus grande discrétion. Il pouvait compter sur un certain nombre de partisans au cœur de la citadelle, ce qui paraissait inconcevable et qui lui donnait un avantage incontestable. Satisfait de l'élaboration de son plan et de la tournure que prenaient les événements, il descendit du convoyeur le sourire aux lèvres, prêt à conquérir Land.

38

Les soldats de la garde Alpha envoyés en éclaireurs ne rapportèrent aucun mouvement aux alentours du canyon et le passage tant redouté se déroula sans accroc. Offens pouvait s'estimer heureux, le plus dur était passé. Les Bannis n'avaient pas donné signe de vie. Le temps de charger sur les mules les malles abandonnées la veille et le convoi repartit aussitôt. S'ils conservaient cette allure et si aucun incident ne venait émailler la fin du parcours, ils arriveraient à la citadelle avant le coucher du soleil et respecteraient ainsi l'objectif fixé. L'escorte avait rejoint le convoi du bloc de l'Ouest et ils cheminaient ensemble en une file qui s'allongeait sur plusieurs centaines de mètres. Sigred avait pris l'initiative de partir devant avec quelques soldats afin de prévenir toute mauvaise rencontre. Il ne ferait pas la même erreur deux fois. La veille, relâcher sa garde avait coûté la vie à deux de ses camarades. Hors de question que cela se reproduise ! Les derniers kilomètres lui semblaient interminables. La citadelle qui se dessinait au loin dans la pâle lumière de la fin du jour lui rappela que ses confrères et lui allaient vivre des heures sombres et que l'avenir de Land semblait bien incertain. Une fois passé le haut plateau d'Everland, ils entamèrent une lente ascension vers la forteresse dont le vertigineux mur d'enceinte de pierres grises se détachait à peine de l'horizon presque aussi gris que lui. Sigred ne gardait aucun souvenir d'un séjour passé ici sous un ciel bleu azur. Le onzième district était condamné à vivre dans une éternelle tristesse, comme s'il cumulait à lui seul toute la peine et la solitude du continent.

Il faisait encore jour lorsque le groupe d'éclaireurs se présenta aux portes de la citadelle. Le gros du convoi suivait à quelques minutes derrière. On entendait les sabots des chevaux résonner sur le chemin pavé.
Sigred sauta à terre d'un mouvement souple et confia sa monture à un soldat pour se rendre avant tout autre chose au chevet de son amie Véléa. Il la trouva assise dans son lit en train de lire à la lueur d'une lampe à huile.
— Eh bien ! Encore au lit à cette heure-ci ?
— Sigred ! Mon cher ami, je suis si contente de te voir. Comment s'est passé le voyage ? Tout le monde va bien ?
— Nous sommes tous sains et saufs. Aucune trace de ces couards dans tout Everland. Une fois les portes de la citadelle fermées nous serons en sécurité et dans quelques jours nous pourrons enfin procéder à la cérémonie des runes.
— J'ai beaucoup réfléchi à la situation actuelle. Si Zhardo prospère c'est de notre faute. Nous avons enrichi de notre mauvaise gestion le terreau sur lequel il fait grandir la contestation populaire. Certains d'entre nous se conduisent en despote. Nous devons les rappeler à l'ordre sous peine de voir une révolution éclater.
— Ton sens de l'analyse me surprendra toujours Véléa. Au lieu d'accuser Zhardo pour sa traîtrise, tu pointes du doigt les défaillances de notre système. Je dois dire hélas que tu as raison.
— Tu soutiendras donc ma position face à l'assemblée ?
— Bien sûr que oui. Mais malgré le sentiment de sécurité qui règne ici, nous ne sommes pas à l'abri d'un attentat.
— Que veux-tu dire ? Comment est-ce possible ?
— Méline, Offens et moi sommes d'accord pour dire que ses disciples ont investi toutes les strates de nos institutions. Ce

qui signifie qu'il peut y en avoir ici même, prêts à accomplir le pire, comme cela a été le cas avec cette malheureuse Hanaé à Bizertland.
— Comment les démasquer ? Sur qui pouvons-nous compter ? Comment être sûrs de connaitre nos alliés et nos ennemis ?
—J'ai cent pour cent confiance en notre confrérie. Même si certains comme Luka et Zoëlle ont dévié du droit chemin, ils n'ont aucun intérêt à ce que Zhardo règne en maître absolu sur Land fort des dix pouvoirs des runes. Cela signifierait pour eux la fin de leurs privilèges. Une fois que tout le monde sera installé dans ses quartiers, je vous révélerai mon plan pour confondre ses agents.
— Je suis encore trop faible pour quitter l'infirmerie, mais bientôt tu pourras compter sur moi.
Sigred rejoignit la place principale de la citadelle au moment où les derniers voyageurs y pénétraient. Une fois les lourdes portes fermées, on s'activa pour décharger les mules et transporter les malles. Les visiteurs qui connaissaient les lieux semblaient à l'aise comme s'ils revenaient après une longue absence. De leur côté, les candidats restaient plantés dans la cour, perdus au milieu de toute cette agitation ne sachant que faire.
Le sergent-chef Kriff les rassembla devant l'entrée du bâtiment réservé à l'hébergement où les attendaient Erié et Séfan. Il donna quelques consignes et sans la moindre discussion le groupe des filles suivit Erié et celui des garçons Séfan. L'obéissance étant l'un des trois concepts majeurs de l'éducation sur Land, il ne serait venu à l'idée de personne de demander une explication ou des précisions à l'ordre donné par un sous-officier. La cérémonie des runes

aurait lieu dans quelques jours. D'ici là, ils recevraient des instructions de la part du directeur des études prélastiques. Les deux groupes regagnèrent leurs dortoirs. Une fois la porte passée Erié indiqua aux jeunes filles les alcôves disponibles et présenta Ysiane, Hamber, Hodélia, Révane et Sethe aux nouvelles venues. L'effectif des apprenties était au complet. Il faudrait à ces dernières s'habituer les unes aux autres. Elles allaient passer cinq années ensemble et auraient à l'avenir de nombreuses décisions à prendre en commun pour le bien de Land et de leur district. Erié savait qu'elle nouerait de nouvelles amitiés au fil du temps mais aussi qu'elle n'aurait pas forcément d'affinités avec toutes les filles.

Le plus important serait de conserver de bonnes relations, si possible amicales, sinon diplomatiques.

Pendant ces années d'études, des rapprochements entre élèves s'opéreraient et scelleraient des alliances futures. Le système de formation prélastique contribuait grandement à la bonne gestion de Land, sous réserve que chacun se conforme aux engagements pris lors de la cérémonie des runes. Depuis des décennies les règles étaient suffisamment respectées pour qu'aucune contestation populaire ne fût possible. À présent et depuis le dernier mandat des prélats, la donne avait changé. Erié ne possédait pas les informations suffisantes pour analyser la situation sous cet angle mais quelque chose la perturbait. Pourquoi un grand nombre de Landiens voudrait-il suivre Zhardo dans sa quête de pouvoir ? Qu'allait-il leur apporter qu'ils n'aient déjà ?

Elle devrait passer en revue toutes ces hypothèses dans son jeu de pouvoir pour y voir plus clair. En attendant, elle se dit que rassembler ses nouvelles camarades autour d'une tasse

de thé serait un bon moyen de faire connaissance.
— Je vous propose de nous réunir dans la salle commune avant le dîner, ça vous va ? Je vous ferai visiter en même temps les quartiers des élèves. Vous allez voir que ce n'est pas aussi austère que vous l'imaginiez.
Quelques timides « oui » provenant des quatre coins de la pièce lui répondirent. Le groupe des filles investit la salle commune du premier étage et s'installa sur les canapés autour de la table basse. Ysiane et Hamber les rejoignirent avec une grande théière et des biscuits secs fournis par un commis de cuisine. Voyant que le groupe demeurait muet, Erié décida d'inviter chacune à se présenter lors d'un tour de table. Si les filles du bloc de l'Est connaissaient son histoire et celle de ses amis grâce à leur rencontre avec Théry et Lison, les cinq autres ignoraient tout de leurs péripéties dans la forêt de Min, de leur séjour forcé à la citadelle durant le mois d'août et de l'attaque du canyon.
— Je commence, je suis Erié de Bizertland,
— Hilia de Rauckland,
— Solendra d'Oberland,
— Selen de Casteland,
— Elanor d'Eckerland
— Hamber de Lemerland,
— Ysiane d'Isserland,
— Hodélia d'Aydenland
— Révane de Nansland,
— Et Sethe de Drackerland.

Après les présentations, les nouvelles venues se montrèrent curieuses des derniers évènements et voulurent entendre l'épisode du canyon. Hamber prit la parole la première

narrant le récit depuis leur arrivée à Casteland à leur séjour à la citadelle. La jeune fille blonde, visiblement à l'aise en public et bonne conteuse, avait captivé en quelques minutes son auditoire qui réagissait selon, par des mines apeurées, tristes ou offusquées. De temps en temps elle sollicitait Révane, Hodélia, Sethe et Ysiane pour confirmer ses dires ou apporter un détail qu'elle ignorait. Coincées au fond du canyon à divers endroits, chacune avait vécu ce moment terrifiant sous un angle différent. Les questions fusaient de tout côté et son récit se transforma finalement en un échange autour de la table jusqu'à ce que le sujet principal dérive exclusivement sur Zhardo. Qui était-il ? Pourquoi de plus en plus de Landiens rejoignaient-ils sa cause ? Certaines langues se délièrent pour raconter leur quotidien avec bien sûr, un point de vue divergent en fonction des districts et des classes sociales. Clairement, il en ressortait que les règles n'étaient pas les mêmes partout et que les inégalités constatées venaient alimenter le mécontentement populaire et renforcer le pouvoir de Zhardo.
Lancée par Ysiane, Erié fit le récit de son excursion dans la forêt de Min et des évènements traumatisants qu'elle y avait vécus avec ses amis. Le fait d'avoir échappé à la mort et sa présence dans la forteresse bien avant elles, lui conféraient le statut d'ancienne. Une heure s'était écoulée, lorsque Séfan, passant la tête dans la salle commune, vint rappeler aux filles l'heure du dîner. À l'exception de Tao toujours à l'infirmerie, toute la promotion allait se retrouver dans le réfectoire pour la première fois, offrant ainsi l'occasion de nouer des premiers contacts. Nul doute que les leaders du groupe émergeraient rapidement. Au fil du temps chacun apprendrait à se connaître et une sorte de hiérarchie naturelle

s'imposerait d'elle-même.

Dès l'arrivée du bloc de l'Ouest, les prélats tinrent conseil dans le bureau du capitaine Offens afin d'établir le programme des prochains jours et définir une stratégie de lutte contre les Bannis. Tout le monde s'accordait pour dire que les dissidents possédaient un réseau d'espions nombreux et très bien structuré. Sigred et Véléa avançaient l'hypothèse de taupes dans l'enceinte de la citadelle, sans pour autant avoir de soupçons sur quiconque : soldats, policiers ou membres de la HAM. Les Bannis étaient trop bien renseignés pour laisser penser le contraire.
— Nous devons démasquer au plus vite ces traîtres, dit Sigred, avant qu'ils ne passent à l'action ici même.
— Jusque-là, nous avons toujours échoué. Nous ne faisons que subir leurs assauts, s'offusqua Luka.
— Il est clair que sans les prédictions de Bizertland nous sommes dans le noir le plus complet, fit remarquer Carielle. Notre priorité est donc de nommer au plus vite nos trois nouveaux collègues.
— Je rejoins ton avis. Organisons la cérémonie au plus vite, proposa Luka.
— Pour l'avoir déjà vécu, tu sais qu'il nous faut préparer la salle et activer le processus au moins la veille, fit remarquer Méline. Greyje, Diker et Félicia n'arriveront que demain dans l'après-midi.
— Dans ce cas, fixons maintenant notre cérémonie à après-demain et celle des apprentis à la semaine suivante. Les trois nouveaux auront besoin de ces quelques jours d'intervalle pour assimiler le pouvoir des runes, répondit Carielle.
La résolution fut adoptée à l'unanimité. Sigred n'évoqua

pas son plan pour démasquer d'éventuels espions. Il voulait qu'un minimum d'individus soit au courant afin de limiter le risque de fuite. Si cela fonctionnait, il pourrait alors interroger le traître pour lui faire avouer qui tirait les ficelles du mouvement dissident. Encore faudrait-il le capturer vivant. Son plan très risqué impliquait la sécurité d'autres personnes mais l'occasion était trop belle pour ne pas tenter sa chance. Deux personnes au-dessus de tout soupçon allaient collaborer à son piège : le capitaine Offens et Véléa. Bien que cette dernière ne fût pas remise de sa grave blessure, elle avait insisté pour participer à l'opération dont elle était une des principales instigatrices.

39

Véléa semblait dormir profondément dans la chambre de l'infirmerie à peine éclairée par une veilleuse tremblotante sur la table de chevet. L'ombre noire qui s'était introduite dans la pièce surveillait le mouvement de sa respiration sous l'épaisse couverture remontée jusqu'en haut de la tête. À trois heures du matin, la citadelle était silencieuse et les lumières éteintes dans l'aile des apprentis et des invités. Côté garnison seuls quelques hommes montaient la garde aux endroits stratégiques de la forteresse. L'infirmerie n'en faisait pas partie. À l'heure actuelle elle n'accueillait que deux pensionnaires, le jeune Tao d'Isserland, touché à la jambe et Véléa gravement blessée mais hors de danger. Le sort de cette dernière serait réglé d'ici quelques minutes. Elle irait rejoindre la liste des dépostes sacrifiés pour le bien de Land. Ses instructions étaient claires : supprimer seulement Véléa. L'ombre noire songea qu'avec l'élimination du jeune Tao également, Zhardo, satisfait de son initiative, le récompenserait une fois couronné empereur. À quelques pas du lit, d'un geste lent et silencieux, il sortit le long couteau de son fourreau. Si on le surprenait, les conséquences seraient terribles. Un échec était synonyme d'une mort certaine, soit par ses ennemis soit par son propre camp pour l'empêcher de parler. Mieux valait mourir que d'être captif dans la forteresse ou pire d'avoir échoué. Le disciple de Zhardo, maintenant tout près de sa cible, arma sa main pour porter un coup unique et fatal. Au même moment la pièce s'illumina d'un éclair d'énergie blanche qui vint le frapper violemment dans le dos, le projetant par-dessus le lit, Sigred s'extirpa aussitôt de dessous la couverture et Offens surgit dans la pièce pistolet au poing. Le corps du traître gisait face contre terre, empêchant pour l'instant de voir son visage. Il portait la tenue de la garde Alpha, ce qui perturba grandement le capitaine. Il s'agissait certainement d'une ruse pour circuler plus facilement dans la citadelle. C'est du moins ce qu'il espérait au fond de lui. Sigred retourna le corps avec son pied comme une vulgaire marchandise et le choc fut terrible pour Offens. Il découvrit stupéfait le visage du sergent-chef Kriff, l'arme encore au poing, comme pétrifié par le rayon d'énergie deVéléa, encore tremblante sur le seuil de la porte. Elle avait, à contrecœur et pour suivre les instructions du capitaine, bridé son pouvoir pour ne pas tuer l'homme.

— Il respire encore, constata Sigred.

— Je n'arrive pas à y croire ! Un de mes propres hommes complices de Zhardo !

— À qui peut-on faire confiance désormais ?

— J'espère que nous le saurons rapidement. Nous allons le remettre sur pied et l'interroger dès que possible, dit Véléa.

— Tu l'as salement amoché, remarqua Sigred. Il risque de rester inconscient un petit moment.

— Si cela n'avait tenu qu'à moi, je l'aurais foudroyé sur-le-champ !

— Je comprends votre colère, mais nous avons besoin de lui extirper des informations. Vous savez bien que nous ne connaissons rien de ces fichus Bannis. Nous ne pourrons pas gagner cette guerre sans renseignements.

— Laissez-moi l'interroger à son réveil, je vous garantis qu'il va tout nous raconter.

— Il n'en est pas question, opposa Offens d'un ton sec.

C'est Diker qui s'en chargera. Une fois qu'il aura reçu le don de la persuasion, il lui sera facile de le faire parler.
— Oui j'avoue que cela est plutôt pertinent, répondit Sigred, et une fois qu'il nous aura tout dit, il sera à toi ma chère.
Le traître fut amené discrètement dans une cellule isolée dans une aile à l'écart des autres bâtiments. Offens voulait garder sa captivité secrète pour ne pas alerter d'éventuels complices. Il ferait savoir officiellement que le sergent-chef Kriff avait été envoyé tôt ce matin à Casteland pour une mission spéciale. D'ici là, ils auraient obtenu des aveux complets et pourraient démasquer le réseau d'espions sévissant à travers tout Land. Enfin une perspective de victoire s'ouvrait à eux. Après avoir subi pendant des mois les attaques constantes des Bannis, ils avaient là une occasion d'inverser le cours des évènements. Dans quelques heures, ils connaîtraient la véritable identité de cet imposteur d'empereur et mettraient fin à cette révolution naissante. Le grand conseil devrait alors considérer cet avertissement avec le plus grand sérieux et revenir aux préceptes de base garants du bon fonctionnement des districts. La prochaine génération ne tiendrait les rênes du pouvoir que dans cinq ans, ce qui laissait largement le temps de redresser la barre ou malheureusement de voir le chaos s'installer sur tout le continent si aucune mesure n'était prise. Des prélats tels que Luka ou Zoëlle pouvaient conduire Land à la guerre civile, chacun étant légitime à revendiquer la souveraineté et l'autonomie de son propre territoire. Véléa avait frôlé la mort de près. Elle avait réalisé que le système actuel était perverti, non pas par les règles fixées dans le concept landien mais bien par la volonté humaine de servir ses propres ambitions ou ses intérêts. Là, dans sa chambre à

l'infirmerie, elle renouvela son serment de se battre pour ramener Land dans le droit chemin, celui tracé par des sages des siècles auparavant.

40

Séfan fut réveillé par un trait de lumière jaune frappant ses paupières closes. Le rayon filtrait à travers les volets à demi-fermés, comme si on avait braqué une lampe sur son visage. D'un bond, il sortit de son lit pour les pousser complètement et découvrit, étonné et ravi, un soleil radieux sur Everland. En pratiquement six semaines de présence à la citadelle, c'était la première fois qu'il voyait le spectacle d'un astre doré et brillant et d'un ciel bleu azur sans l'ombre d'un nuage. Tout à sa joie, il entreprit d'ouvrir les volets de la chambrée encore endormie.

La lumière éclatante du soleil inonda la pièce et réveilla peu à peu les dormeurs.

Ophéus le rejoignit à la fenêtre et pour la première fois depuis son arrivée engagea la conversation.

— Cela me rappelle chez moi à Nansland. Tous les matins c'est le soleil qui me réveille.

Séfan l'encouragea à poursuivre d'un sourire.

— J'ai toujours cru que le temps dans ton district était souvent pluvieux.

— C'est ce qu'on dit aux visiteurs pour ne pas qu'ils reviennent !

— Ah ! Très malin ! La citadelle sous cette lumière a un côté rassurant, tu ne trouves pas ?

— Sûrement, mais ça ne va pas durer. Tu sens l'air froid ?

Ophéus avait raison, malgré le soleil matinal la température avait nettement baissé durant la nuit. À peine vêtu de son pantalon de pyjama, Séfan grelotta et referma la fenêtre. Du fond de leur lit, quelques élèves se plaignirent de ce réveil

trop brutal. Arrivés la veille, ils ignoraient la rareté d'un rayon de soleil sur Everland.
Offens désigna Séfan et Erié porte-parole des apprentis. Il avait partagé tout un mois avec eux dans la citadelle et appréciait leur personnalité, le calme et la rigueur du jeune homme et l'esprit d'analyse d'Erié. Le capitaine leur avait demandé de rassembler la promotion aujourd'hui à dix heures dans la salle commune. Le grand recteur de l'académie prélastique viendrait se présenter et leur communiquerait le contenu du programme des prochains jours ainsi que la date de la cérémonie des runes.
Pour l'heure, Séfan devait inciter ses camarades à se lever et se préparer. Les derniers arrivés, ceux du bloc de l'Ouest : Trilh de Rauckland, Ilbert l'Oberland, Isak de Casteland et Nans d'Eckerland, avaient très peu échangé avec le reste des garçons, comme s'ils marquaient volontairement une distance avec le groupe de l'Est. Si cette situation devait perdurer, elle finirait par créer des tensions et affecter les relations entre eux. Personne chez les garçons n'avait évoqué l'attaque du canyon. Au contraire, chez les filles le sujet avait permis d'engager une véritable conversation la veille. Une entente cordiale s'était installée entre elles, gage qu'avec le temps des liens d'amitié se tisseraient.
Séfan se creusait la tête. Comment intéresser et rassembler tous les apprentis ? Bien sûr, le Circle Ball ! Dans n'importe quel district, quel garçon de leur âge n'était pas passionné par ce sport national ? Restait à savoir si la citadelle possédait un terrain ou quelque chose qui y ressemblât. Il se voulait confiant, impossible d'imaginer les cinquante soldats de la garde Alpha coincés trois ans dans cet endroit isolé sans pratiquer aucun sport et encore moins sans jouer

au Circle Ball !
En quelques minutes, la chambrée s'anima. On entendait les douches couler. Uther déjà habillé retrouva Séfan dans son alcôve.
— Heureusement que les soldats ont récupéré nos malles ! Je n'aurais pas supporté un jour de plus de porter ces vêtements militaires. Cela ne me va pas du tout !
— C'est vrai qu'ils n'étaient pas taillés pour toi, mais avec une tenue sur mesure tu ferais un très beau soldat !
— Tu te fiches de moi, je ressemblais à un enfant qui aurait voulu porter l'uniforme de son père.
— Il va falloir t'y faire car dès la fin de notre séjour à la citadelle, nous aurons droit à une garde-robe militaire … confectionnée dans ton district avec les meilleures laines de tout Land.
— Misère, j'avais oublié ce détail !
Un premier groupe de garçons se rendit au réfectoire pour le petit-déjeuner. Ils y trouvèrent Erié et quelques filles déjà attablées qu'ils rejoignirent après s'être servis. Les élèves des deux blocs se mélangèrent au fur et à mesure des arrivées. À la surprise générale et à la grande joie d'Ysiane, sa partenaire d'Isserland,Tao fit son entrée dans la salle en s'aidant de béquilles. L'infirmier en chef l'avait autorisé à rejoindre ses camarades. Saulo apporta un plateau au jeune homme mais celui-ci, assailli de questions par ses camarades un peu agités, - ceux du bloc de l'Ouest voulaient connaître les détails de l'attaque des Bannis - avait bien du mal à avaler son repas.
Somme toute, l'arrivée opportune de Tao avait permis à tous de faire plus ample connaissance.
Les jeunes gens furent rappelés à l'ordre par un commis

de cuisine qui leur suggéra sèchement de débarrasser le plancher, qu'un petit-déjeuner ne prenait pas deux heures et qu'il fallait laisser la place aux gens qui travaillaient ! Au moins celui-là ne craignait pas le courroux des futurs prélats. Il était temps d'ailleurs pour eux de rejoindre la salle commune où le grand recteur leur dévoilerait le programme des prochains jours qui lancerait officiellement leur première année d'études.
Séfan n'avait pas encore eu l'occasion de parler en tête à tête avec Erié. Il l'attira à l'écart pour lui soumettre son idée d'un match de Circle Ball avec toute la promotion.
— Ce serait un très bon moyen pour eux de faire connaissance, dit-elle.
— À condition de mixer les équipes Est et Ouest. J'ai senti chez les garçons une certaine réserve.
— C'est bien une attitude masculine ! Se méfier les uns des autres sous prétexte qu'on ne vient pas du même endroit. Que dit l'ECO Séfan ?
— Oui, oui je sais bien, mais tout ça est à l'image de ce qu'il se passe actuellement. Zhardo fait régner la discorde.
— Je me pose beaucoup de questions sur ses intentions et sur notre gestion. Pourquoi le peuple voudrait-il adhérer à ses idées si ce n'est parce qu'il y a un malaise populaire ?
— Tu veux dire que ce nouvel empereur serait légitime ?
— Pas du tout ! Je dis juste que certains se sont éloignés des doctrines qui ont fondé les districts. Regarde, la lieutenante Pierce parle avec le grand recteur.

Ces derniers discutaient devant la salle commune. En voyant arriver le groupe des apprentis ils s'interrompirent. Maximi, nommé grand recteur par le conseil des dix, était un membre éminent de la HAM d'Oberland. Il aurait en charge l'organisation et le bon fonctionnement des études prélastiques à travers tout Land. Une tâche difficile qui lui demanderait un dévouement total et qui l'éloignerait de sa famille pendant toute la durée de la formation. Il devrait coordonner les déplacements, les programmes, la logistique, la sécurité et le bien-être des futurs dirigeants. L'académie était une grosse machine nomade avec ses vingt étudiants, dix professeurs, trois secrétaires, dix soldats de la garde Alpha dédiés à sa sécurité et son grand recteur. Maximi choisi pour sa grande empathie et sa capacité à fédérer tiendrait ce rôle à merveille. Son côté débonnaire lui permettait de mettre rapidement ses interlocuteurs en confiance. Ce petit homme rond, dégarni, d'une cinquantaine d'années, ne payait pas de mine et pourtant il avait réussi à obtenir l'un des postes les plus convoités et importants de tout Land. La formation des futurs dirigeants constituait un enjeu capital pour le bon fonctionnement des districts.

— Mes chers enfants, entrez, entrez, installez-vous confortablement, nous allons démarrer d'ici quelques minutes.

Recevoir les jeunes gens dans la salle commune s'avérait un choix plutôt inhabituel. En général la première rencontre se tenait dans une salle de classe. Maximi ne voulait pas d'une entrevue trop solennelle après les événements tragiques de ces derniers jours. Pierce n'approuvait pas son choix mais se devait de l'accepter car le grand recteur représentait la plus haute autorité en ces lieux. Séfan traîna un peu afin de pouvoir entrer le dernier et ainsi parler à la lieutenante.

— Excusez-moi lieutenante, vous pensez que nous pourrions organiser une rencontre de Circle Ball avec mes

camarades ?
— Je me doutais que l'un de vous allait nous demander ça ! Voyez avec le caporal Konda aux écuries. Dites-lui que vous venez de ma part.
— Vous avez un terrain ici à la citadelle ?
— Allez, filez maintenant, vous penserez à vous amuser plus tard.
De toute évidence Pierce ne possédait pas autant d'empathie que le grand recteur. Séfan entra la tête basse dans la salle. Les fauteuils les plus confortables ayant été pris d'assaut, il tira à lui une chaise et s'assit près de ses condisciples.
— Voilà, tout le monde est là ? Et toi Tao tu es bien installé ?
— Oui monsieur.
— Bon alors nous allons démarrer. Je vais vous donner quelques informations générales sur la formation prélastique. La cérémonie des runes ne me concerne pas. Vous verrez ce sujet avec le grand conseil et le capitaine Offens. Je vous demande de me laisser finir mes explications. Vous pourrez ensuite me poser toutes les questions que vous voulez, même celles qui vous semblent anodines. Il n'y a pas non plus de mauvaises questions. J'attends de vous de la bienveillance les uns envers les autres.
Le cadre était posé. Maximi comptait jouer sur une grande liberté d'expression et instaurer un climat de camaraderie entre les jeunes gens. Lui serait le confident, la personne de confiance à qui parler. Il laissait la question de l'autorité aux professeurs.
— Nous voici réunis pour notre première rencontre. Cinq années vont s'écouler à l'issue desquelles dix d'entre vous seront nommés prélats et dix autres ambassadeurs. Je vous le dis d'ores et déjà, il n'y aura pas de gagnants ni de perdants.

Si vous êtes là à la citadelle de la monotonie aujourd'hui, c'est que vous avez déjà tous gagné. Vous œuvrerez pour Land et pour son peuple selon les fonctions qui vous seront attribuées. Il ne vous a pas échappé que nous vivons des moments troubles. Certains de vous ont pu le voir de très près, mais nous devons avoir confiance en notre système qui garantit un niveau de vie similaire sur tout le continent. Vous devrez perpétuer nos valeurs quand vous prêterez serment lors de la cérémonie des runes.
L'auditoire était silencieux. Maximi avait capté l'attention des jeunes gens par la sincérité de ses propos et l'intention qu'il mettait dans chaque phrase, appuyant certains mots pour leur donner plus de poids.
— Voyons maintenant concrètement ce qu'il va se passer pendant votre cycle d'études. Après la cérémonie des runes qui aura lieu d'ici cinq jours, vous posséderez chacun le pouvoir associé à votre district. C'est une grande responsabilité et vous devrez en faire usage raisonnablement et dans le respect des règles édictées par les anciens. Le prélat n'est pas au-dessus des lois mais juste le garant et donc l'exemple à suivre. Après la cérémonie, vous resterez en observation à l'infirmerie quarante-huit heures pour vérifier que vous réagissez bien à vos nouvelles capacités. Ce qui nous amène à mi-septembre où les premiers cours commenceront sous l'égide de vos dix professeurs, tous d'anciens détenteurs du don. Voici le programme : le matin classe d'études avec l'enseignement de l'économie, du droit, de la diplomatie, de la morale landienne et beaucoup d'autres matières indispensables à vos futures fonctions. L'après-midi pratique de vos dons ou plus généralement de sports et de l'art du combat. Il y aura des séances en

groupes et des séances particulières avec votre professeur de don. À la fin de ce premier cycle à la citadelle, nous entamerons notre tour de Land. Notre première étape de six mois nous conduira à Casteland, puis à Isserland, Aydenland, Drackerland, Nansland, Lemerland, Eckerland, Bizertland, Rauckland et enfin Oberland. Vous l'avez compris nous resterons un semestre dans chaque district, hébergés à chaque fois à l'assemblée, dans des conditions favorables à vos études.

Erié jeta un regard en coin à Séfan et vit qu'il la regardait également la mine réjouie. Ils échangèrent un grand sourire : Bizertland ne serait pas la dernière étape de leurs études ! Ils pourraient revoir Théry et Lison dans quatre ans au lieu de cinq ! Mieux que ce qu'ils avaient imaginé.

Le long monologue du recteur prit fin sur ces précisions.

— Je pense vous avoir dit l'essentiel. Avez-vous des questions ?

Hamber leva la main la première pour demander la parole.

— Qui décide des nominations et selon quels critères ?

— Bonne question Hamber, bien qu'un peu précoce. Nous parlons là d'une décision qui se prendra dans cinq ans, mais vous devez déjà connaître le processus. Vous serez évalués et notés tout au long de vos études par vos professeurs, évidemment sur les matières enseignées, mais aussi par moi-même sur des critères moraux que je ne vous dévoilerai pas pour ne pas influencer votre attitude. Je veux vous voir tels que vous êtes. À l'issue de cette période, je réunirai le grand conseil et les dix professeurs et nous étudierons chaque cas pour déterminer qui fera le meilleur prélat et qui fera le meilleur ambassadeur. Une autre question ?

À la surprise de Séfan, Ophéus leva la main.

— Une fois chez nous, pourrons-nous voir nos familles ?
— Bien entendu. Vos proches auront la possibilité de vous rendre visite le dimanche à l'assemblée uniquement et éventuellement sur une dérogation spéciale que j'accorderai aux plus méritants. Pendant les trois premières années, il n'y aura aucune permission d'absence de longue durée. Nous ne pouvons pas vous laisser en contact avec la population sans que vous sachiez maîtriser parfaitement vos pouvoirs. Certains dons sont classifiés très dangereux et vous pourriez malgré vous blesser quelqu'un. Je sais que cinq années loin de vos parents, ça peut sembler très long, mais pensez à Ilbert et Solendra d'Oberland qui devront attendre le dernier semestre pour revoir leur famille. Nous allons en rester là pour aujourd'hui. Vous aurez le temps dans les jours à venir de poser toutes vos questions. Profitez bien de ces derniers jours de vacances !
Sur ce, le grand recteur quitta la salle commune. Peu à peu, un murmure confus de voix s'éleva. Chacun commentait ou interprétait les déclarations de Maximi. L'académie nomade inquiétait certains. Très peu de Landiens avaient l'habitude de voyager. Plutôt sédentaires, ils vivaient dans le même district toute leur vie. Selon la tradition, à leur mort, les corps étaient incinérés et les cendres dispersées dans l'océan. Land ne gaspillait pas de terre, ni d'énergie à construire des sépultures.
Le brouhaha des conversations finit par se calmer et Séfan en profita pour lancer :
—Vous avez entendu le grand recteur, nous avons encore cinq jours de vacances. Croyez-moi cinq jours dans la citadelle de la monotonie ça peut paraître très long ! Je sais de quoi je parle. Erié et moi y séjournons depuis plus de six

semaines. Je me demandais si certains d'entre vous seraient intéressés par des matchs de Circle Ball ?
Aussitôt ce fut l'effervescence. Quoi, du Circle Ball ici ! Leur sport préféré ! Où ? Quand ?
Séfan dut demander le silence à plusieurs reprises afin de pouvoir répondre.
— Nous le saurons d'ici peu. Erié et moi allons faire la demande au caporal Konda, là tout de suite.
— Julian Konda d'Aydenland, le double champion de la coupe landienne ? Interrogea Saulo plein d'espoir.
— J'en doute, il y a peu de chances que ce soit lui, répondit Séfan.
Il attrapa Erié par le bras et l'entraîna au dehors, abandonnant là le groupe à ses spéculations sur le choix des joueurs ou le niveau de jeu respectif d'un tel ou d'un tel.
Il s'était étonné lui-même aujourd'hui. Deux mois plus tôt il n'aurait jamais pris la parole devant une assemblée de sa propre initiative et avec une certaine assurance qui plus est.
Erié aussi l'avait remarqué.
— Où est passé le Séfan de Bizertland que j'ai connu ?
— Que veux-tu dire ?
— Allons, je vois bien que quelque chose a changé.Tu deviens le leader des garçons on dirait, non ?
— Je pensais la même chose ! C'est vrai que le fait d'avoir quitté notre région et tout ce qui nous est arrivé jusqu'à présent m'ont changé. J'ai l'impression d'être passé de l'enfance à l'âge adulte en deux mois.
Erié se moqua :
— N'exagère pas quand même ! Tu es toujours le même gosse qui s'enflamme pour un simple match de Circle Ball !
— Tu sais toujours me remettre les pieds sur terre, toi !

Merci !
Il enchaîna :
—Dis, tu as remarqué que Uther et Selen n'ont pas paru aussi enthousiastes que les autres ?
— Non, mais ça ne m'étonne pas, ils ne font partie d'aucune équipe dans leur quartier.
— Pourquoi ?
— Séfan enfin ! Tu as vu leur physique ? Uther ressemble à un garçon de douze ans et Selen est en surpoids évident.
— Toi non plus tu ne jouais dans aucune équipe dans ton quartier et pourtant tu n'es ni frêle ni obèse.
— Merci ! Je ne jouais pas parce ce que, avant de vous rencontrer Théry et toi, ce sport ne m'intéressait pas vraiment. J'ai dans mes malles une tenue complète des Météores du quinzième gentiment offerte par Lison. Je vais ressembler à une vraie joueuse !

Ils avaient traversé la cour baignée par un beau soleil d'automne pour rejoindre les écuries logées dans un bâtiment attenant aux quartiers des soldats. Ils reconnaissaient maintenant l'ensemble des hommes de la garde Alpha, certains de noms, d'autres de visages. Quand Séfan lui avait demandé si elle connaissait le caporal Konda, Erié avait répondu oui en rougissant un peu, ce qui l'avait intrigué.
— Le voilà. C'est lui en train de panser le cheval.
Il découvrit un jeune homme d'une vingtaine d'années, grand et athlétique, les cheveux coupés si courts qu'on ne savait dire au juste s'il était blond, brun ou châtain. Les manches courtes de son tricot laissaient voir de puissants biceps qui se contractaient à chacun de ses mouvements. Séfan se tourna vers Erié en la fixant dans les yeux avec un

air moqueur. Elle choisit de l'ignorer.
— Bonjour caporal.
— Ah ! Bonjour Erié.
— Vous connaissez Séfan ?
— Oui évidemment ! Bonjour Séfan, je sais même pourquoi vous êtes là.
— Alors la lieutenante Pierce vous a parlé de notre projet ?
— En effet. Elle m'a demandé de jouer au coach et d'organiser un mini championnat sur deux jours. J'imagine que bon nombre d'entre vous jouent au Circle Ball dans vos districts.
Pierce n'avait pas désigné Konda par hasard. Il commençait à se demander si le caporal n'était pas finalement le fameux double champion de Circle Ball d'Aydenland. Il voulut en avoir la confirmation et bredouilla :
— Euh... Vous êtes Julian Konda ?
— Oui c'est moi, pourquoi ?
Séfan, d'ordinaire posé, n'arrivait pas à cacher sa joie :
— Erié tu imagines ! Nous allons être coachés par Julian Konda ! LE Julien Konda ! Quand je vais dire ça aux autres !
— Vous voyez ce bâtiment à gauche des écuries ? Rendez-vous là-bas à quinze heures en tenue. Maintenant je dois vous laisser, j'ai un million de choses à faire.
Les deux amis repartirent d'un pas rapide en direction de leurs quartiers, Séfan impatient d'annoncer l'excellente nouvelle au reste du groupe !
— Et toi qui disais être passé à l'âge adulte ! S'amusa Erié. C'est affligeant !
— Tu n'y connais rien Erié Garet. Si Théry était là il serait certainement dans le même état que moi, surexcité à l'idée d'échanger des passes avec Julian Konda. Tu ne te rends

pas compte ! Avec l'équipe de son district, il a remporté les deux dernières coupes landiennes, ça n'arrive pas souvent ! Il faudrait que je raconte ça à Théry. Tu penses qu'on pourrait lui envoyer une lettre ?

— Pourquoi pas. Elle prendra du temps à arriver mais c'est toujours mieux que rien. Tout dépend du prochain départ pour Casteland, c'est notre seul contact avec le monde extérieur.

41

De retour dans leurs quartiers, Séfan et Erié trouvèrent la salle commune quasiment déserte. Le groupe s'était éparpillé entre la bibliothèque, le chemin de ronde et les dortoirs, ce qui n'empêcha pas la nouvelle de se propager très vite. En peu de temps la totalité de la promotion savait que « le » Julian Konda d'Aydenland serait leur entraîneur éphémère. Pierce avait vu juste, cet intermède sportif redonnerait un peu de vie à la citadelle et sortirait les jeunes gens de leur torpeur après ces événements tragiques. Un bon moyen d'occuper les apprentis le temps de l'investiture des nouveaux prélats. La lieutenante avait d'autres chats à fouetter et Konda ferait un baby-sitter de choix.

L'heure du déjeuner approchait. Séfan allait en profiter pour rassembler sa promotion et donner les consignes. Nul doute que Petit Pas aurait adoré partager les prochaines heures avec son meilleur ami. Si sa carrière chez les Aigles s'avérait prometteuse, il aurait sûrement l'occasion un jour de jouer contre Konda dans une prochaine coupe landienne. Qui sait ?

Petit à petit tous convergeaient vers le réfectoire, se servaient aux buffets puis allaient s'asseoir aux tables réservées aux élèves. Les deux blocs commençaient doucement à se mélanger. Des mini-groupes se formèrent notamment chez les garçons qui peinaient à faire le premier pas.

Séfan comptait sur ces deux journées sportives pour insuffler un état d'esprit propice à la camaraderie. Il ignorait pourquoi il voulait le faire. Après tout personne ne lui avait rien demandé. Peut-être un moyen de détourner ses pensées de son meilleur ami et du destin qui l'attendait ? Erié avec son sens critique pourrait certainement l'aider à trouver des réponses.

Il prenait conscience du changement qui s'opérait en lui. Le reconnaître constituait déjà un premier pas dans l'auto-analyse.

Il traîna un peu avant de s'attabler. Il voulait faire une mise au point avec Erié sur les possibles défections de Uther et Selen aux sessions de Circle Ball. Il la rejoignit devant la fontaine du réfectoire où elle remplissait une carafe d'eau.

— J'ai repensé à ce que tu as dit sur les complexes physiques de Selen et Uther. Si effectivement jouer les rend mal à l'aise, il faut malgré tout qu'ils participent d'une façon ou d'une autre.

— Tu as raison. Les laisser sur la touche les exclurait du groupe?

— Exactement dame Erié !

— Et que proposes-tu coach Séfan ?

— J'ai pensé organiser un mini-championnat. Pour ça nous aurons besoin de volontaires pour recenser les équipes, établir les feuilles de match, s'assurer du bon déroulement du tournoi et seconder le caporal Konda dans son rôle d'arbitre principal.

— Tout le monde aura un rôle à jouer ! Tu veux que j'en parle à Selen ?

— Oui je préfère. Tu dois la persuader que sa mission est essentielle au bon déroulement du championnat.

— Je lui ai très peu parlé en réalité, mais d'après ce que j'ai vu et entendu, elle a une sacrée personnalité. Elle ne me semble pas être le genre de personne que l'on peut

manipuler. Ça ne m'enchante pas de lui mentir.
— Tu as raison. Alors disons leur gentiment la vérité. Uther est un petit gars attachant. Je voudrais qu'il se sente vraiment à l'aise. Je le verrai en tête à tête après le déjeuner.
— Tu as pensé à Tao ? Lui non plus ne pourra pas participer avec sa blessure à la jambe.
— C'est vrai je l'avais complément oublié ! Un volontaire de plus pour l'organisation !
Chacun rejoignit sa table. Les conversations allaient bon train sur le sujet du jour : Julian Konda et les rencontres de Circle Ball à venir. Séfan ignorait tout des équipements sportifs de la citadelle. Comment serait le terrain ? Dans quel état ? Auraient-ils des vestiaires pour se changer ? Dans le doute il fit passer le message de se retrouver en tenue de sport à quatorze heures quarante-cinq dans la cour principale. Pas question d'arriver ne serait-ce qu'une minute en retard au rendez-vous du caporal !
Après la pause-déjeuner, le groupe se dispersa dans la citadelle. Le quartier des soldats et la fameuse tour sous surveillance de la garde Alpha, vingt-quatre heures sur vingt-quatre, leur étaient interdits. Le chemin de ronde, perché en haut des hautes murailles, avait le plus souvent la préférence des nouveaux arrivants, malgré son point de vue monotone. Par chance, aujourd'hui un soleil radieux réchauffait les pierres millénaires. Le paysage s'étendait, uniforme, à l'infini mais captivait les jeunes gens peu habitués à un panorama aussi vaste et désertique. Les districts étaient tous bâtis sur le même modèle : de grandes villes découpées en quartiers et des rues flanquées de bâtiments de briques rouges. Ici à Everland, ces notions n'avaient pas cours, c'est ce qui surprenait le plus ces citadins.

Séfan regagna le dortoir des garçons pour prendre un peu de repos avant la séance de Circle Ball. Il y trouva Uther et Saulo en grande conversation, assis sur un tapis de laine devant la cheminée où quelques braises finissaient de rougeoyer. Le contraste entre les deux garçons était frappant, d'un côté Uther avec son physique frêle d'adolescent et de l'autre Saulo grand gaillard roux taillé déjà comme un homme. Ces deux-là avaient l'air de bien s'entendre. Ils plaisantaient sur l'inaptitude d'Uther à un sport quelconque. Heureusement, ce dernier avec son sens aigu de l'autodérision allait lui faciliter la tâche quand il viendrait lui proposer un rôle secondaire lors de ces deux journées sportives.
Son attention fut détournée par un mouvement dans l'alcôve jouxtant la sienne. Les volets rabattus plongeaient cette partie du dortoir dans une quasi-pénombre et Séfan mit quelques secondes à reconnaître Ophéus recroquevillé sur son lit. Ce matin, tous deux avaient échangé quelques mots sur la belle journée ensoleillée qui s'annonçait, mais depuis, son camarade était retombé dans un silence morbide.
Il s'approcha doucement :
— Ophéus, tu dors ?
— Non, répondit-il en s'asseyant sur son lit.
— Dis-moi ce qui ne va pas.
Silence d'Ophéus. Séfan insista pour savoir.
— Tous ces morts au fond du canyon, pourquoi ? Demanda Ophéus
— Quand deux partis s'opposent, ils peuvent décider de négocier ou d'échanger sur leurs points de vue pour arriver à un accord. Mais là, penses-tu que Zhardo allait demander gentiment aux prélats d'abdiquer ?
— Non, bien sûr.

— Alors que font les Bannis pour prendre le pouvoir ?
— La guerre.
— Et la guerre est synonyme de victimes et de grands malheurs. Nous autres apprentis en avons fait la triste expérience. Quel avenir aimerais-tu pour Land ?
— La paix et l'ECO.
— Alors prépare-toi à en être l'un des principaux investigateurs. Si tu gouvernes un jour Nansland, ce sera ta mission première.
— J'ai compris. Nous sommes la relève. Être confrontés à ce conflit nous prépare à mieux gérer les districts à l'avenir. Je dois aussi t'avouer que ma famille et mes amis me manquent beaucoup.
— Si tu savais comme les miens me manquent aussi. On se connaît encore très peu, mais j'espère que tous les vingt nous formerons nous aussi une grande famille. Dis-moi que tu vas jouer au Circle Ball ? Implora-t-il.
— Je ne manquerais ça pour rien au monde ! Julian Konda en entraîneur, c'est quelque chose !
Séfan était rassuré. Il avait réussi à faire dire à Ophéus ce qui le minait et à le motiver à participer aux épreuves sportives. Il en éprouva une certaine fierté. Au suivant ! pensa-t-il. Uther devait confirmer qu'il ne ferait pas partie de l'équipe de Circle Ball. Il lui proposerait alors le rôle d'organisateur arbitre. Un jeu d'enfant comparé au cas d'Ophéus !

42

Véléa quitta l'infirmerie le lendemain de la trahison de Kriff et s'installa dans le quartier des invités dans l'aile qui leur était réservée. Chaque prélat bénéficiait d'une chambre et d'un bureau attenant. C'est là qu'elle accueillit Offens et Sigred pour décider du sort du sergent-chef.

— Tu ne l'as pas épargné, déclara Sigred, il est dans un piteux état.

— Il méritait la mort.

— Sûrement, mais nous avons besoin de lui pour en savoir plus sur les Bannis. Nous devons le faire parler. Nous ne pouvons pas nous permettre ce plaisir.

— Sigred a raison, confirma Offens, et pour ça il va nous falloir aviser l'infirmier en chef de la situation. Aucun de nous trois ne possède les compétences médicales requises pour remettre Kriff sur pieds.

— Peut-on lui faire confiance ?

— Le major Jona est dévoué à son district de Lemerland. Il semblait très affecté par la mort de Brody, mais qui peut dire s'il n'est pas un Banni ? Je n'aurais jamais cru que l'un de mes hommes puisse rejoindre le mouvement. Et pourtant !

— Personne n'obligera Kriff à dire la vérité. Seul le pouvoir d'influence de Drackerland pourra l'y contraindre. Diker arrivera ce soir mais hélas sans aucune capacité, constata Véléa.

— Soyons patients. D'ici deux jours il sera investi du pouvoir de sa rune et nous aurons nos réponses, conclut Sigred.

Offens avait détaché une escorte de dix hommes le matin même pour rejoindre à la gare de Casteland le dernier convoi composé des ambassadeurs Greyje, Diker et Félicia. Avec leur garde personnelle de deux policiers chacun, le groupe serait alors constitué de vingt- deux voyageurs bien armés et prêts à toute éventualité en cas d'attaque des Bannis. Le capitaine avait écarté cette hypothèse car le danger ne venait plus seulement de l'extérieur, les derniers événements le démontraient. Qui sait combien de disciples Zhardo comptait-il au cœur de la citadelle ?

— Ce soir nous serons au complet et pourrons finaliser la planification de toutes nos instances, indiqua Sigred.

— Nous avons déjà convenu que les trois ambassadeurs prendraient possession de leur pouvoir demain. Reste à décider de la date exacte de la cérémonie des runes, précisa le capitaine.

Offens prit congé pour s'atteler à des tâches plus militaires. La découverte d'une taupe au sein de sa garnison l'obligeait à redoubler de prudence et à suspecter le moindre de ses hommes. Comment Zhardo pouvait-il recruter des disciples à distance et dans des organisations aussi stratégiques que la garde Alpha ou les assemblées des districts ? Cette réflexion l'amena à admettre la puissance de l'ennemi et sa détermination. Offens se rendit à l'infirmerie pour s'entretenir secrètement avec le major Jona et tester sa loyauté avant de pouvoir de manière certaine lui révéler la détention de Kriff. S'il le soupçonnait d'être un banni, le capitaine ne dévoilerait rien. Essayer de lui tendre un piège comme il l'avait fait avec Kriff prendrait trop de temps, d'ici là le pauvre bougre aurait trépassé dans sa cellule. Il devait jouer cartes sur table et voir sa réaction quand il

mettrait le major face à face avec le traître. Il le trouva dans la salle d'auscultation, occupé à refaire le pansement d'un Tao, en sous-vêtements, allongé sur la table de soins.
— Comment va notre jeune blessé ?
— La cicatrisation semble en bonne voie. Il n'aura aucune séquelle, je vous l'assure.
— Une bonne nouvelle ! Hélas pour toi Tao pas de Circle Ball. Tu sais sans doute que j'ai autorisé les apprentis à utiliser nos installations ?
— Oui bien sûr capitaine et aussi que parmi vos hommes vous avez un grand champion.
— Le caporal Konda est un garçon modeste. Bien qu'il ait remporté la coupe landienne deux années d'affilée avec son district, il ne s'en vante jamais. Mais méfie-toi, c'est un coach très exigeant. Je ne pense pas que vous en ayez déjà eu un de ce niveau dans vos quartiers et encore moins en junior.
— Je verrai ça depuis le banc de touche, conclut-il dépité.
— Major, je vous attends dans votre bureau. Rejoignez-moi quand vous aurez terminé.
— J'en ai encore pour cinq minutes.
Offens faisait les cent pas dans le bureau de Jona. Il hésitait sur la manière d'aborder le sujet et décida finalement de ne pas lui expliquer les raisons pour lesquelles Kriff se trouvait en cellule. Il allait invoquer un secret d'état hautement classifié. Peut-être même que les disciples de Zhardo ignoraient l'identité de leurs complices, ce qui n'arrangerait pas les affaires du capitaine.
Jona entra.
— Voilà, les soins du jeune Tao sont terminés. Vous vouliez me voir ?

— Oui, suivez-moi sans poser de questions.
Le major fronça les sourcils mais acquiesça d'un mouvement de tête. Formé pour obéir aux ordres et se tenir prêt à toute éventualité, il ne chercha pas à en savoir davantage. Offens l'entraîna dans l'aile la plus à l'est du quartier des soldats, dans un bâtiment désaffecté qui servait à entreposer du matériel obsolète ou du vieux mobilier. La porte d'entrée était verrouillée. Il sortit de sa poche une grande clef, sans doute forgée des siècles auparavant et ouvrit, révélant un hall sombre et sale, encombré de vieilles chaises défoncées ainsi qu'un escalier menant aux étages.
Jona suivit le capitaine sous la cage d'escalier où se trouvait une porte qui grinça quand ce dernier la poussa, soulevant un nuage de poussière. Offens saisit une lampe à huile accrochée à un clou, l'alluma et d'un geste invita le major à l'accompagner. Le sous-sol semblait en meilleur état que le reste du bâtiment. Un long couloir desservait de part et d'autre une dizaine de pièces fermées par des portes aux barreaux d'acier.
— J'ignorais l'existence de ce sous-sol. D'anciennes cellules ? Interrogea Jona.
— Sûrement, mais je n'ai aucune idée de leur utilité dans un tel endroit. Voilà nous y sommes.
Le capitaine approcha sa lampe de la dernière porte et le major aperçut à travers les barreaux, dans la pénombre, un homme torse nu allongé sur le ventre, inconscient.
— Qui est-ce ?
— Le sergent-chef Kriff.
Offens déverrouilla la porte et pénétra dans la pièce. Il posa la lampe sur la table de chevet et Jona découvrit stupéfait l'ampleur de la blessure, une grave brûlure en forme de halo

entre les deux omoplates d'où suintait un liquide jaunâtre. L'homme respirait difficilement en émettant des râles.

— Que s'est-il passé ? Les Bannis ?

— Pas de question major. Je vous demande simplement de faire le maximum pour le sauver.

— Nous devons le transporter à l'infirmerie. Je peux difficilement .... Commença le major.

— Impossible, le coupa sèchement Offens. Vous le soignerez ici et maintenant, dans la plus grande discrétion. Et vous administrerez vos soins toujours en ma présence.

Jona se raidit :

— À vos ordres. Je retourne à l'infirmerie chercher le nécessaire.

— Je vous attends là. Soyez discret.

43

Le soleil disparut derrière les hautes murailles de la citadelle, obscurcissant lentement le ciel et jetant sur la cour une ombre glaciale. Tous les apprentis étaient là quinze minutes avant le rendez-vous fixé par le caporal Konda, y compris Tao en béquilles.
Ils prenaient au sérieux ces séances d'entraînement sous la direction du champion d'Aydenland. Chacun avait revêtu la tenue colorée de son propre club et l'ensemble formait un patchwork bigarré qui détonnait dans cet univers militaire morose.
Konda arriva à quinze heures précises en pantalons courts, débardeur et chaussettes bleu marine aux couleurs de son club des Pumas. Il ne semblait pas souffrir du froid.
Son statut de sportif de haut niveau s'imposa comme une évidence : carrure athlétique, jambes musclées, torse et bras puissants formaient une harmonie parfaite.
Séfan avait informé le caporal que Selen et Uther se chargeraient de l'organisation et de l'arbitrage, ce à quoi il avait donné son accord. L'esprit d'équipe devait prévaloir.
Konda parcourut du regard le groupe rassemblé.
— Tout le monde est là apparemment. Ne nous attardons pas plus longtemps dans la cour au risque de mourir de froid. Suivez-moi.
Il parlait d'une voix forte et claire sur un ton militaire sans pour autant paraître donner d'ordres. Il se dirigea vers la tour carrée qu'il contourna pour s'arrêter devant un bâtiment posé sur une petite place, presque à flanc de montagne, qu'aucun des élèves n'avait pu apercevoir auparavant, ce

quartier leur étant interdit.
Konda poussa une grande porte à double battant et les jeunes gens découvrirent surpris un véritable terrain de Circle Ball avec quelques tribunes et des ballons entreposés dans de grands paniers d'osier.
— Vous pouvez poser vos affaires dans les vestiaires là et là, précisa-t-il en désignant des portes sur le côté. Ensuite rejoignez-moi sur le terrain. Tao, Uther et Hélen, attrapez cette table et ces chaises et installez-vous juste devant le terrain. Je vous donnerai des instructions et des notes pour composer les équipes. Vous avez là un cahier et des crayons.
— Caporal, c'est Selen et non Hélen.
— Désolé. Il y a deux jours je ne connaissais que Erié et Séfan et voilà que vous déboulez à vingt. Il va me falloir un peu de temps pour retenir tous vos prénoms. Allez au travail maintenant Selen !
Les jeunes gens dans un état d'excitation maximum furent prêts en quelques minutes. Tout y participait : Konda, le terrain au cœur même de la citadelle d'Everland, l'envie de jouer et de se défouler pour oublier au moins le temps d'un match les derniers jours de terreur.
Le caporal avait maintenant devant lui dix-sept joueurs et autant de couleurs de maillots que de clubs.
— Bien. Je connais vos équipes locales mais vous, je ne vous connais pas. J'ai besoin d'évaluer votre niveau. À voir vos tenues, vous jouez tous dans le club de votre quartier. Vous vous doutez bien que l'on ne va pas toucher un ballon tout de suite. Allez ! Tous en petites foulées autour du terrain. C'est parti !
Le groupe s'élança pendant que Konda leur indiquait les mouvements à faire. On entendait crisser les semelles de

caoutchouc sur le parquet et au bout de quinze minutes, le souffle haletant de certains.
— Stop ! Tous autour de moi, maintenant. On va échauffer le haut du corps. Choisissez un partenaire et prenez un ballon. Toi, comment t'appelles-tu ?
— Pier, caporal.
— Pier, tu fais l'exercice avec moi.
Ils s'échauffèrent pendant trente minutes sans se plaindre. Dans leurs clubs, jamais ils n'allaient aussi loin dans la préparation physique, ni dans l'intensité des exercices.
— On va écourter cette séance et passer à des phases de jeu.
Saulo se pencha discrètement vers Ophéus et chuchota :
— Combien de temps encore on va devoir subir ce calvaire ?
— Toi là le grand gaillard, l'interpella Konda en le désignant, tu veux t'exprimer ?
— Non, non caporal, répondit-il en bredouillant.
— Comment t'appelles-tu ? D'où viens-tu ?
— Je suis Saulo d'Aydenland.
— Tiens donc un compatriote. Tu joues dans quel club ?
— Avec Hodélia on joue au Chardon du trentième quartier, dit-il en désignant la jeune fille.
— Bien sûr, je reconnais vos tenues. Votre coach Perrick est un ami. Bon, assez bavardé. Saulo tu vas commencer le prochain exercice.
Pendant plus d'une heure, Konda enchaîna différentes phases de jeu et des lancers au panier dans les trois cercles. De temps en temps il rejoignait Uther, Selen et Tao à la table d'arbitrage pour leur demander de noter des noms et des positions de jeu. Selen avait en charge l'équipe « A » et Uther l'équipe « B ». Chacun notait les noms des joueurs dans une colonne et dans l'autre la position qu'ils pourraient tenir.

Tao qui possédait une meilleure connaissance des règles du jeu que ses camarades fut désigné arbitre suppléant et interviendrait lors du prochain match.

— Allez, on arrête. Tout le monde au vestiaire pour boire. Ensuite on va passer aux choses sérieuses.

Les joueurs revinrent peu après et s'assirent en cercle autour du coach dans un silence absolu, très loin de l'ambiance des entraînements de leur club de quartier. Le caporal inspirait le respect et aussi un peu la crainte, d'abord par son statut de champion, ensuite par celui de membre de la garde Alpha.

— Vous êtes des joueurs très disciplinés. C'est bien. J'imagine que vous êtes conscients que vous ne jouez pas tous au même niveau. J'en ai détecté trois. D'abord les novices comme Erié. Tu joues depuis peu il me semble ?

— Oui caporal depuis cet été seulement.

— Eh bien pour une débutante ce n'est pas mal ! Ensuite, il y a des joueurs solides avec un bon niveau comme Pier ou Hilia et quelques pépites comme Séfan, Trilh ou Ilbert. Selen et Uther vont vous appeler et vous viendrez, pour l'équipe A, vous placer ici et pour la B, là. Si vous n'êtes pas en phase avec le poste que je vous ai attribué, il faudra me le dire, j'ai pu me tromper. À toi Selen.

— Équipe A : Pivot, Séfan, meneurs, Ilbert et Pier, milieux, Solendra et Révane, défenseurs, Isak, Hamber, et Ysiane.

— Pas d'objection ? Tout le monde est d'accord apparemment. Equipe B à présent à toi Uther.

— Pour l'équipe B : pivot, Trilh, meneurs, Hilia et Ophéus, Milieux, Erié et Sethe, défenseurs, Nans, Saulo, Elanor et Hodélia.

—Des remarques ? Non ? Parfait.

Konda avait vu juste en attribuant à chaque joueur le même

poste qu'il occupait dans son club de quartier. Il avait su évaluer rapidement les capacités de chacun pour former deux équipes équilibrées qui permettraient de mélanger les deux blocs et, il fallait l'espérer, de voir naître de belles amitiés.

—Je vous accorde quinze minutes de repos et nous conclurons par un match test. À l'issue, si j'estime votre niveau collectif suffisant, je proposerai au capitaine Offens et aux délégations des districts de venir vous voir jouer demain en fin d'après-midi. Cela mettra un peu d'ambiance dans la citadelle !

Les joueurs se dispersèrent, les uns dans les vestiaires, les autres à la table d'arbitrage pour vérifier leur équipe et leur position.

Chacun y allait de son commentaire sur l'entraînement, le style de Julian Konda, le match potentiel du lendemain devant un public composé des plus hauts dirigeants de Land.

Trilh vint aborder Séfan alors qu'il buvait au robinet des vestiaires.

— Tu te débrouilles plutôt pas mal.

— Merci ! Toi aussi tu as un très bon niveau. Dommage que nous devions dire adieu au Circle Ball. Nos futures fonctions sont incompatibles avec ce sport.

— Au moins nous pourrons sûrement jouer entre nous durant les cinq ans à venir.

— Oui tu as raison. Je n'y avais pas pensé, je croyais ma carrière déjà terminée.

— Tu joues dans quel club ?

— Les Comètes du cinquième quartier. Nous sommes allés en finale cette année.

— Et ?

— Perdu contre les Aiglons, et toi ?
— Avec mon club nous avons gagné la finale junior. J'espère que tu auras plus de chance demain.
Cette dernière remarque se voulait sans doute amicale, mais Séfan détecta une pointe d'ironie dans les propos de Trilh et s'en agaça. Voilà bien la mentalité des Landiens de Rauckland ! Son prélat Luka, d'après Erié, se comportait en tyran autoritaire.
Séfan coupa court à la conversation et rejoignit les membres de son équipe. En tant que pivot, il en était d'office le capitaine et donnait les consignes de jeu, mais jouer avec des inconnus pouvait se révéler compliqué. Hormis les cinq combinaisons de jeu classiques connues de tout joueur de Circle Ball, chaque équipe avait développé les siennes et les répétait à l'entraînement jusqu'à ce qu'elle parvienne au résultat recherché soit en attaque soit en défense. Séfan, une fois son équipe réunie, indiqua qu'ils joueraient tous sur les cinq combinaisons de base. Konda observait les joueurs du coin de l'œil. Trilh et l'équipe B étaient toujours dispersés aux quatre coins du terrain. À cinq minutes du coup d'envoi, Erié vint le trouver pour connaître la tactique qu'il voulait mettre en œuvre pendant ce match test. Bien que débutante, elle se souvenait des conseils donnés par Théry l'été dernier à Bizertland en matière de cohésion d'équipe.
— Trilh, comment comptes-tu nous faire jouer ?
— Erié, c'est ça ? Tu débutes si j'ai bien compris. Sache que le pivot est le capitaine de l'équipe. Je donnerai un numéro de combinaison et toi et les autres vous tâcherez de l'appliquer, ça te convient ?
— Si tu le dis, après tout c'est toi la pépite du caporal.
Un coup de sifflet strident vint les interrompre. Le caporal

procéda au tirage au sort. L'équipe B entamerait le match. Selon la règle, deux joueurs de chaque équipe se positionnèrent aux quatre angles du terrain dans les limites marquées au sol. Un terrain de Circle Ball se composait d'un carré de vingt mètres de côté, avec à l'intérieur quatre carrés plus petits identiques et en son centre, un poteau avec trois paniers décalés à différentes hauteurs. Le premier à deux mètres, le suivant à deux mètres cinquante et le troisième à trois mètres. Des zones étaient définies par trois cercles marqués au sol, le premier de huit mètres de diamètre, le second de douze et le dernier de quinze. L'ensemble du terrain vu de haut faisait penser à une cible.

Un nouveau coup de sifflet retentit et le match débuta dans la zone de l'équipe B. Dès la vingtième seconde, Hilia marqua un panier facile à un point et le ballon fut rendu à l'équipe À qui à son tour par l'intermédiaire de Pier, un de ses meneurs, rééquilibra le score. Tous les joueurs tâtonnaient, avaient du mal à se positionner sur le terrain, loupaient leur cible, le panier ou une passe à un coéquipier. Les combinaisons ne fonctionnaient pas. Séfan se démenait sur le terrain, récupérait la plupart des ballons perdus par l'adversaire. Hélas, son équipe n'arrivait pas à marquer de points. De son côté Trilh ne jouait pas vraiment collectif. Il sollicitait seulement les joueurs qu'il jugeait capables de marquer, comme Hilia ou Hodélia. Lui-même n'hésitait pas à tenter des tirs directs chaque fois qu'il était en possession du ballon dans une position favorable. Il se débarrassait facilement de la défense pour marquer. À lui seul il avait engrangé huit points en quelques minutes. Certains joueurs, comme Erié ou Ophéus n'avaient pratiquement pas participé au jeu ni touché le ballon. Séfan enrageait. Il avait à cœur

de jouer collectif, comme à son habitude dans son club des Comètes, mais cela lui faisait perdre de l'efficacité et son équipe se retrouva largement menée au score.
À la fin du premier tiers-temps, l'équipe B menait vingt-cinq à dix-huit, mais seuls Trilh, Hilia et Hodélia semblaient s'en réjouir. Konda s'était contenté d'arbitrer la rencontre, secondé par Tao assis sur une chaise au bord du terrain. De temps en temps le caporal le consultait lorsqu'il accordait une pénalité ou excluait temporairement un joueur pour une faute de jeu. Pendant les dix minutes de repos, il demanda à Selen et Uther de consigner ses notes sur leur carnet. Comme tout bon coach, il débrieferait chaque joueur à la fin de la partie sur ses faiblesses et ses axes d'améliorations à travailler.
Séfan avait à présent une idée précise de la valeur et du potentiel de ses partenaires. Il décida de changer l'organisation de son équipe, faisant passer Révane en meneur, Hamber en milieu et Pier à la défense en lui demandant de tirer au panier dès que l'occasion se présenterait. Ainsi il renforçait leur défense mais perturbait aussi celle de leur adversaire. Trilh, qui disposait d'un joueur supplémentaire, mit Erié sur la touche pour la remplacer par Sethe. Il ne donna aucune autre consigne mais se félicita simplement de leur avance au score.
Le match reprit après la pose réglementaire. La tactique de Séfan se révéla payante rapidement. La puissance de Pier changeait la donne, le garçon étant de même stature et de même gabarit que Petit Pas, grand et massif comme le meneur des Comètes. À la fin du deuxième tiers-temps l'équipe A revenait au score et n'était plus menée que de quelques points. Trilh avait perdu sa belle assurance et ses

joueurs clefs, Hilia et Hodélia, commençaient à montrer des signes de fatigue à tel point qu'à l'entame du troisième tiers-temps il sollicita davantage Ophéus dans la seconde zone pour tenter des paniers à quatre points. Celui-ci s'acquitta tellement bien de la tâche que le score se creusa davantage. Trilh finit par admettre la valeur de ses partenaires et l'équipe B commença à jouer à l'unisson dans le dernier quart d'heure. Il laissa Erié sur la touche les deux derniers tiers-temps. Pendant le second, elle avait encouragé son équipe, puis voyant que visiblement elle ne jouerait plus, de dépit, elle s'était assise à même le sol à côté de la table d'arbitrage en se désintéressant de la partie.
Julian Konda siffla la fin du match sur le score de cinquante-deux à quarante en faveur de l'équipe B. Il était dix-huit heures quand il raccompagna le groupe à son quartier, les jeunes gens n'étant pas autorisés à se déplacer seuls dans cette partie de la forteresse. La nuit venait de tomber et un vent glacial soufflait en s'engouffrant dans les moindres interstices. Le climat rigoureux d'Everland reprenait ses droits.
Couverts d'un manteau pour les plus prévoyants ou en simple tenue de sport pour les autres, tous accéléraient le pas pour rejoindre leur bâtiment.
Dans la cour, ils croisèrent un va et vient de soldats et de policiers. Des chevaux stationnés devant la porte de la citadelle attendaient d'être conduits à l'écurie. La dernière délégation, celle des trois ambassadeurs, venait d'arriver après un périple de plusieurs heures. À présent tous les protagonistes des prochains événements avaient regagné la citadelle qui concentrait à elle seule et pour quelques jours, tout ce que Land possédait de pouvoirs.

44

Les trois ambassadeurs furent aussitôt conviés à une réunion extraordinaire avec les prélats, les représentants de leur HAM et l'état-major de la garde Alpha dans la grande salle du conseil de la citadelle. La pièce semblait figée dans le temps avec ses épais murs de pierre brute, sa multitude de petits fenestrons barrés de fer forgé et ses grandes tables en chêne disposées en forme de U.

Si la date d'investiture des trois nouveaux était déjà fixée au lendemain, il fallait à présent statuer rapidement sur la cérémonie des runes et adopter une stratégie pour combattre Zhardo et les Bannis. Greyje, l'ambassadeur de Bizertland, entra directement dans le vif du sujet :

— Cela fait dix ans que la salle d'incubation n'a pas été utilisée. Nous aurons besoin de plusieurs heures pour revoir tous les protocoles et nous assurer du bon fonctionnement des sarcophages.

— Si nous devons être investis des pouvoirs des runes demain, il vaudrait mieux s'y mettre tout de suite, s'inquiéta Diker.

— Sois rassuré, tout est déjà prêt pour Félicia, Greyje et toi. Nous nous en sommes occupés cet après-midi, Méline et moi, répondit Sigred.

— La procédure est beaucoup plus simple puisqu'il s'agit de réactiver vos capacités, rajouta Méline. Il ne vous faudra que quelques jours pour les utiliser pleinement.

Offens attendait ce moment avec impatience depuis la

capture de Kriff. Le pouvoir de Drackerland allait enfin contraindre ce traitre à leur avouer l'identité de Zhardo et à dénoncer ses complices potentiels au sein de la forteresse. Le capitaine avait décidé de taire la trahison du sergent-chef, tant il craignait qu'il ne fût éliminé avant de parler. Le major Jona lui avait apporté les premiers soins. L'état du blessé restait stable. Il vivrait, au grand soulagement de Sigred et Véléa qui se relayaient dans le sous-sol de sa cellule.

— De mon côté, je dois aussi organiser le programme des études. Quelle date dois-je annoncer à nos jeunes apprentis ? Interrogea le grand recteur Maximi.

— Nous serons investis de nos pouvoirs demain. Comptons trois jours de récupération. Cela nous amène à dimanche, ce qui veut dire que nous pouvons fixer la cérémonie des runes à lundi, proposa Greyje. Avons-nous besoin d'un vote ? Il semblerait que non.

La question fut donc réglée. L'assemblée devait à présent débattre de la stratégie à adopter pour en finir avec les Bannis. Cette fois les avis divergeaient. Les modérés tels que Carielle ou Tristan ne voulaient pas d'une guerre civile. Les extrémistes comme Véléa, Zoëlle ou Luka réclamaient la tête de Zhardo par tous les moyens, y compris des arrestations massives dans les milieux contestataires connus.

— Laisserons-nous encore cet ignoble personnage s'en prendre à nous un par un ? S'indigna Véléa. Qu'attendons-nous pour remonter jusqu'à lui ? Notre police secrète connaît l'identité de quelques agitateurs qui répandent son idéologie nauséabonde sur le peuple landien. Voulez-vous

être les prochains sur sa liste ?
— Nous devons mesurer les impacts d'une telle répression sur la population. En procédant à des arrestations et des interrogatoires, nous risquons d'alimenter la polémique sur notre gestion et de faire le jeu de Zhardo, répondit Tristan.
— Tu es beaucoup trop tendre mon cher. Crois-tu que Zhardo ait de la compassion pour toi ? Tu aurais pu toi aussi périr au fond d'un canyon comme Henrion ou Brody ou mourir d'un coup de couteau comme notre regrettée Hanaé. Dois-je continuer en citant ce malheureux Magnus ?
— Véléa a raison, nous avons trop longtemps sous-estimé ce mouvement. Il faut se rendre à l'évidence, notre modèle de gestion est en péril. Nous devons le défendre coûte que coûte par tous les moyens, même les plus extrêmes. Il en va de notre survie, renchérit Luka.
— Nous pourrions commencer par mettre sous étroite surveillance ses potentiels disciples connus de notre police secrète. Ce serait un bon début, proposa Méline.

Sentant que les débats finiraient dans une impasse, elle s'employait à calmer le jeu et à proposer des alternatives susceptibles de satisfaire les deux camps. De son côté, Offens aurait voulu rassurer l'assemblée en lui promettant d'obtenir rapidement des réponses sur l'identité de Zhardo, mais cela l'aurait obligé à avouer qu'il détenait un traître captif dans la forteresse. Tant que Diker ne serait pas en possession du pouvoir de l'influence, pas question pour le capitaine de perdre son précieux atout. Il savait le réseau des Bannis extrêmement bien organisé et structuré et soupçonnait l'existence d'agents dormants dans les plus hautes sphères de l'état et de ses institutions.

Comme la réunion allait s'éterniser, Offens fit apporter une collation et un buffet fut sommairement dressé sur quelques dessertes vers lesquelles l'assemblée convergea.
Cet intermède fut l'occasion pour certains de tenter de rallier des voix à leur camp pour le vote final. Diker se réjouissait des divergences d'opinions des uns et des autres. Un conseil désuni démontrait une faiblesse qu'il exploiterait le moment venu. Son objectif était d'alimenter ces divergences sans céder à la tentation de choisir publiquement un camp. Il se devait de rester neutre pour ne pas attirer l'attention. Zhardo tapi là, dans l'ombre de son inconscient, se manifesterait tôt ou tard. Diker le contenait pour mieux le laisser exploser le moment venu. Demain, il recevrait le don d'influencer quiconque, alors le chemin vers l'empire de Land s'ouvrirait pour lui. Il s'imaginait déjà seul au pouvoir. Il lui faudrait jauger ses prochains alliés car il lui serait impossible de gouverner seul. Bien sûr il serait l'empereur, le seigneur, le maître absolu doté des dix pouvoirs conférés depuis des temps immémoriaux, mais il aurait besoin de vassaux dans sa future capitale et dans ses nouvelles régions. Il avait déjà pensé à abolir le système de districts, à remplacer les prélats par de simples gouverneurs en charge de faire appliquer la politique qu'il aurait lui-même définie. Si certains voulaient le rejoindre, tant mieux. Dans le cas contraire, il les jugerait pour trahison envers Land et son peuple. Il revint au moment présent, Félicia le sollicitait :
— Tu ne t'es pas trop exprimé mon ami.
— Excuse-moi, le voyage m'a vraiment épuisé, tu disais ?
— Je disais que tu n'as pas exposé ton point de vue sur les Bannis.
— Oui tu as raison. C'est parce que comme toi certainement

je suis indécis. Doit-on risquer une guerre civile ou pouvons-nous négocier avec Zhardo ? Au fond on ne sait pas vraiment ce qu'il veut !
— Peu importe ce qu'il attend de nous, c'est un assassin ! Même si je suis contre la répression, je suis persuadée qu'il faut l'éliminer pour sauvegarder notre modèle. On ne peut pas laisser ce fou furieux continuer de nous décimer les uns après les autres et semer le chaos.

Au moins les choses étaient claires, Félicia ne serait jamais une alliée. Elle rejoindrait la liste de ses premières victimes avec Luka et Véléa, qu'il détestait depuis leurs années d'apprentissage. Il pourrait aussi bien en faire des marionnettes à sa botte en usant de son pouvoir, mais non, ces trois-là méritaient vraiment de disparaître. Autant récompenser ses vrais disciples, ceux qui le vénéraient et avaient foi en lui.
De petits groupes de discussion se formèrent un peu partout dans la salle durant la pause repas, mais il était tard à présent et le capitaine Offens invita tous les participants à regagner leurs sièges. Il fallait soumettre toutes les propositions à un vote à la majorité. Là encore, chaque motion serait défendue par ses partisans. Cette réunion s'annonçait interminable, avec dix prélats, vingt conseillers et deux représentants de la garde Alpha qui allaient s'exprimer ! Enfin après des heures de débat, la séance fut close et la lieutenante Pierce, chargée du compte-rendu, prit la parole :
— Après un vote à la majorité, il a été décidé : premièrement de fixer la cérémonie d'investiture de Félicia, Greyje et Diker à demain jeudi 15 septembre, deuxièmement de fixer la cérémonie des runes pour l'investiture des vingt

apprentis à lundi dix-neuf septembre, troisièmement d'autoriser la police secrète de chaque district à procéder à des arrestations et des interrogatoires dans les milieux de l'opposition et à partager les résultats avec l'assemblée prélastique, quatrièmement, de renégocier tous les traités commerciaux alimentaires de manière à rééquilibrer les échanges de marchandises pour assurer la paix sociale et éviter les pénuries. Avant de quitter la salle je vous demande de venir signer le procès-verbal d'assemblée. Merci à toutes et à tous.

À deux heures du matin chacun quitta la grande salle du conseil dans une citadelle plongée dans l'obscurité. Seuls quelques points de lumière éclairaient les entrées des bâtiments. La température avait fortement chuté. Le ciel était d'un noir opaque et les premiers flocons de neige venaient se poser délicatement sur les pavés humides de la grande place. L'hiver s'invitait prématurément à Everland.

45

La citadelle de la monotonie, Everland le 15 septembre.

Mon cher Théry,

Voilà trois semaines que vous êtes rentrés au district avec Lison et j'ai l'impression que cela fait des mois tellement vous nous manquez. Il s'est passé tellement de choses depuis votre départ que je ne sais pas par quoi commencer. Le mieux est de suivre la chronologie des événements pour que tu comprennes la situation actuelle. Tu as certainement appris l'assassinat de la dame Hanaé avant nous puisque vous étiez en route vers Casteland. Ça a été un grand choc pour Erié et moi. Nous étions déjà très affectés par votre départ et cela n'a pas arrangé les choses comme tu peux t'en douter. Mais nous n'avons pas vraiment eu le temps de nous apitoyer sur notre sort, car tout s'est enchainé à une vitesse folle et nous avons dû nous aussi prendre part à cette guerre contre les Bannis (c'est comme ça que le capitaine Offens qualifie ce conflit). Oui, nous sommes en guerre. De ton côté, dis-moi ce qu'il se passe à Bizertland. Je continue.
Après votre départ, le premier convoi est arrivé à la citadelle le lendemain soir avec plusieurs heures de retard. Nous étions très inquiets. Quelque chose de grave avait dû arriver et avec Erié nous sommes restés des heures sur le chemin de ronde à les guetter. Chose incroyable, la dame Méline s'est matérialisée devant nous pour nous avertir de leur arrivée, c'était à la fois impressionnant et effrayant

en même temps. On aurait dit qu'elle était transparente et brillante en même temps. Elle parlait d'une voix étouffée d'outre-tombe. La situation était tellement grave que nous n'avons pas vraiment eu le temps d'avoir peur. Le sergent-chef Kriff a immédiatement envoyé une escouade à leur rencontre pour porter secours aux blessés car le convoi avait été victime d'un guet-apens dans le dernier canyon menant à la citadelle.
Théry, si tu avais vu ça, c'était horrible ! Il y a eu de nombreuses victimes : cinq soldats de la garde Alpha, trois policiers de Casteland, les prélats Henrion et Brody. À croire que Zhardo veut les éliminer les uns après les autres. Tao, que tu as croisé à l'assemblée a été blessé à la jambe, il est hors de danger à présent. La dame Véléa, elle aussi a été sérieusement blessée à l'épaule, enfin je crois, elle aussi devrait s'en sortir. Le capitaine nous a demandé à Erié et moi de prendre en charge les apprentis. Nous avons essayé de les rassurer du mieux que nous avons pu et toutes et tous sont à peu près remis à présent sauf Ophéus qui a subi un gros traumatisme. C'est un garçon très sensible qui se sent complètement perdu là au milieu de nulle part mais j'essaie de l'aider. Si tu me voyais maintenant, j'ai l'impression d'occuper déjà ma fonction de chef de gouvernement ! Beaucoup me sollicite et j'en suis venu à prendre des décisions et des initiatives. Moi qui n'avais aucune prédisposition pour ça, me voilà entrainé dans un tourbillon que je ne contrôle pas vraiment. Les apprentis du bloc de l'Est ne sont pas comme nous l'avions imaginé. Tu sais que dans l'Ouest nous avons tendance à les dénigrer. Je peux te dire qu'ils sont tous de bons camarades. Je me suis pris d'affection pour Uther de Drackerland. Avec son

physique de gamin il est très attachant, tu as dû le remarquer. Je me demande bien ce que vous leur avez raconté car avec Erié ils nous prennent pour des héros ! Te connaissant, tu as dû exagérer nos aventures dans la forêt de Min et nos exploits au Circle Ball. Sache qu'ici aussi on y joue, je te raconterai plus bas.

Le lendemain après- midi le deuxième convoi est arrivé, celui du bloc de l'Ouest. Cette fois aucune attaque, tout le monde a franchi les portes de la citadelle sain et sauf. Nous sommes donc au complet nous les vingt apprentis. Le grand recteur Maximi nous a communiqué le planning de nos études sur cinq ans. Bonne nouvelle, Bizertland ne sera pas la dernière étape, c'est déjà ça ! Cela nous fait gagner un an. On pourra donc se retrouver car nous serons autorisés à voir nos proches. On finira notre cycle à Oberland et ensuite, le grand conseil, les professeurs et le recteur décideront du rôle de chacun : prélat ou ambassadeur. Je dois t'avouer que tout ça semble tellement loin que je n'arrive pas à me projeter dans ce futur, surtout en ce moment avec la guerre contre les Bannis. Donc, pour l'instant cela ne me préoccupe pas. Ce qui m'inquiète un peu cependant c'est la cérémonie des runes. Elle aura lieu dans quatre jours et nous ne savons encore rien de son déroulement. Erié pense que cela se passera dans la tour, mais moi je ne vois pas comment car il ne me semble pas que ce soit assez grand pour y dissimuler le secret du pouvoir des runes. On verra bien. Après ça, grâce à mon pouvoir de divination, je serai peut-être capable de te dire si tu remporteras un jour la coupe landienne ! Avant nous ce seront les trois ambassadeurs qui seront investis de

leur pouvoir : Greyje remplacera Hanaé pour Bizertland, Félicia, Brody pour Lemerland et Diker, Henrion pour Drackerland. Land a perdu quatre prélats la même année, et selon Offens la situation est très inquiétante et pourrait mener à une guerre civile. Les idées de Zhardo commencent à se propager et il gagne de nouveaux partisans tous les jours. Qui sait ce qu'il adviendra de nous dans cinq ans ?
Je dois aussi t'annoncer une nouvelle incroyable, tu ne vas pas en revenir et surtout tu vas être très jaloux, alors voilà : pour nous changer un peu les idées j'ai pensé à organiser un match de Circle Ball et j'ai demandé à la lieutenante Pierce si la citadelle était équipée d'un terrain, figure-toi que oui. Pour programmer tout ça, Pierce m'a renvoyé vers un caporal de la garde Alpha. Tu ne devineras jamais qui il est !
Je te donne quelques indices : vainqueur des deux dernières coupes landiennes avec son équipe d'Aydenland, il joue meneur en district aux Pumas. Bon, je suis sûr que tu as trouvé c'est Julian Konda ! C'est incroyable non ? En quatre semaines à la citadelle je ne l'avais jamais croisé. Je ne sais pas si nous l'aurions reconnu de toute façon. C'est un athlète de haut niveau mais il a accepté de prendre du temps pour diriger un entraînement avec tous les apprentis. Nous avons fait une séance de presque trois heures hier. Il est très strict mais assez bienveillant. Je n'ai jamais fait d'entraînement aussi éprouvant et technique, tu aurais adoré. Erié ne s'est pas trop mal débrouillée. Konda lui a attribué un poste de milieu. Je suis d'accord avec lui, tes leçons ont payé mon cher Petit Pas. Tu aurais dû la voir avec la tenue des Météores de Lison, elle avait vraiment de l'allure !

Après l'entraînement, le coach a composé deux équipes pour un vrai match que nous avons perdu. Pas facile de jouer avec des inconnus. Nous avons juste appliqué les combinaisons de base. En tant que capitaine, j'ai fait mon possible pour que tout le monde joue en collectif comme chez les Comètes. Par contre l'équipe adverse menée par Trilh de Rauckland a joué très personnel et Erié a même été « punie » pendant deux tiers-temps où elle est restée sur la touche. Ce Trilh est un garçon arrogant et prétentieux. Je ne l'aime pas et je pense que toi aussi tu le détesterais. Je dois avouer malgré tout qu'il fait un super pivot. Demain nous devons nous affronter dans un match plus « officiel » en présence des prélats et de quasiment toute la citadelle. Konda pense que cela apportera un peu de convivialité à notre séjour. Voilà, j'ai essayé de faire un résumé de ces dernières semaines. Je ne sais pas quand tu pourras lire cette lettre mais sache que j'attends une réponse. Je veux tout savoir depuis que tu as quitté la citadelle : le retour à Bizertland, l'école de police, ta nouvelle équipe des Aiglons et bien sûr ta relation avec Lison. Il vaut mieux que tu adresses ta lettre à mon nom à l'assemblée de Casteland car nous quitterons la citadelle fin septembre et d'ici là je ne suis même pas sûr que tu aies reçu la mienne.
Erié vous transmet toute son amitié à toi et Lison. Vous nous manquez terriblement.
Séfan.

46

Erié fut réveillée à sept heures du matin par une agitation inhabituelle dans le dortoir des filles. Il faisait à peine jour. Elle s'obligea à garder les yeux fermés pour tenter de se rendormir, mais les chuchotements de ses camarades, les bruits de volets qu'on ouvre et qu'on ferme et la lumière s'immisçant dans son alcôve la forcèrent à quitter le confort de son lit douillet. Selen était en train de passer un gros pull de laine.

— Mais que se passe-t-il enfin ?

— La neige.

— Quoi ? Il neige ?

— Plus maintenant mais sûrement cette nuit. Viens voir le spectacle. Presque tout le monde est dans la cour, j'y vais.

Erié jeta un coup d'œil par la fenêtre ouverte et découvrit la grande cour de la citadelle recouverte d'un tapis blanc et poudreux immaculé. C'est vrai que c'était beau !

Déjà Ilbert, Pier et Uther se lançaient dans une bataille de boules de neige en riant pendant que d'autres marchaient avec précaution pour ne pas tomber.

Erié referma le battant en frissonnant. En quelques jours, un temps maussade et un froid glacial avaient succédé à un grand soleil et un ciel azur, et maintenant la neige ! Le fait était assez rare sur Land pour provoquer l'excitation des jeunes gens. Les cinq districts qui possédaient une frontière commune avec Everland : Eckerland, Lemerland, Aydenland, Isserland et Casteland connaissaient quelques épisodes neigeux dans les campagnes, mais très peu dans

les villes. Erié ne se souvenait d'aucun spectacle similaire sur Bizertland.
Elle s'habilla à la hâte et sortit du dortoir. Elle voulait monter sur le chemin de ronde pour avoir une vue globale d'Everland sous la neige. Dans le couloir, elle croisa Séfan emmitouflé dans son manteau, une écharpe enroulée jusqu'aux oreilles.
— Chemin de ronde ? Demanda-t-il avec un sourire.
— Chemin de ronde ! Répondit-elle en le suivant dans les escaliers.
Tous deux gravirent avec précaution les nombreuses marches enneigées y menant pour arriver enfin devant la vue panoramique qui s'offrait à eux. Au loin, les vastes plaines d'Everland étaient drapées d'un manteau blanc sous la lumière du jour qui se levait. Le ciel, gris d'habitude, se mariait avec la blancheur de la couche neigeuse. Quelques flocons retardataires tombaient de façon erratique et voletaient dans l'air polaire de ce matin de septembre. Les deux amis ne prononcèrent aucun mot, se contentant juste de respirer à pleins poumons et de remplir leurs yeux de ce moment unique. Après plus de dix minutes, Séfan brisa le silence :

— Théry aurait adoré voir ça.
— Tu penses qu'il serait là avec nous ou plutôt en bas à se battre à coups de boules de neige ?
— Oui tu as raison. Je me suis décidé à lui écrire une longue lettre pour lui raconter tout ce qu'il s'est passé depuis leur départ à lui et Lison.
— Tu lui as parlé de Julian Konda, évidemment ?
— Évidemment ! Je veux le faire enrager. Je pensais qu'on

ne rejouerait plus jamais au Circle Ball. Non seulement on va continuer mais en plus Julian Konda nous coache. Au fait, tu crois que nous aurons un professeur de sport ?
— Certainement, mais je doute fort que ce soit Konda, il est responsable des écuries de la garde Alpha.
— Tu n'en sais rien…
— Ne te monte pas trop la tête Séfan, tu risquerais d'être déçu. Ce que je sais c'est que l'académie nomade est protégée pendant toute la durée des études par dix soldats de la garde Alpha. Tu penses qu'on pourrait demander au capitaine Offens de le détacher en tant qu'escorte et professeur de sport ?
— Ah ! Toi aussi tu trouves que c'est une bonne idée, mais sans doute pas pour les mêmes raisons que moi ?
— Ne dis pas de bêtises ! C'est un bon soldat, un grand sportif et surtout il a vingt-deux ans. Bon, allez moi je rentre, je commence à avoir vraiment froid. Je file prendre mon petit-déjeuner.
— D'accord, je reste encore un peu et je te rejoins.
Séfan laissa son regard se perdre au loin. Il se sentait changé depuis leur arrivée à Everland, plus mûr. Ils avaient vécu tant de choses ! Il se demandait si ces terres désolées n'avaient pas le pouvoir de révéler la vraie nature des hommes. Ici, tout semblait différent, comme si le temps s'était arrêté en plein cœur du continent. Quelle civilisation y avait vécu ? D'où venaient les pouvoirs des runes ? Que représentaient les symboles qui y étaient gravés ? Peut-être une partie du mystère lui serait-elle accessible lorsqu'il ressortirait de la tour dans trois jours, doté du pouvoir de divination.

Son estomac gargouilla, lui rappelant qu'il n'avait pas pris

son petit déjeuner. Sans même s'en apercevoir il avait passé presqu'une heure perché en haut de la forteresse. Il devait redescendre, les mystères d'Everland attendraient encore un peu.
Il regagna le réfectoire peu avant sa fermeture et y trouva tous les apprentis attablés dans une ambiance chaleureuse. La lieutenante Pierce avait mis un terme à cette joyeuse pagaille dans la cour principale, en renvoyant tous les jeunes gens dans leur dortoir. Puis tout le monde s'était rendu dans la salle pour un petit-déjeuner réparateur après cette débauche d'énergie matinale dans la neige fraîche. Séfan posa son plateau en face d'Uther, en grande conversation avec Saulo. Décidément ces deux-là ne se quittaient plus.
— Uther prétend que la meilleure équipe de Circle Ball est celle de Drackerland. Et toi, qu'en penses-tu Séfan ?
— Il n'a pas tort. Elle a gagné de multiples coupes, mais disons que ces dernières années, elle n'a pas fait grand-chose.
— Ah ! Tu vois Ute, ton équipe fait partie du passé. Maintenant, il faut compter sur Aydenland et Konda. Je me demande pourquoi je parle de Circle Ball avec toi, tu n'y comprends rien !
Les deux garçons se chamaillèrent tout le reste du repas et il s'amusa de les voir faire. Doucement la vie reprenait un cours normal.
Tous les jeunes gens se retrouvèrent consignés dans leurs quartiers sur ordre de Pierce. Désœuvrés, ils attendaient avec impatience le match de Circle Ball de dix-sept heures qui constituerait l'attraction de cette fin de journée. Konda avait programmé un échauffement pour quinze heures, puis il laisserait les deux capitaines coacher eux-mêmes leur

équipe avant la rencontre.
Séfan avait déjà réfléchi à la manière dont il aborderait cette revanche. En une heure, il aurait à peine le temps de mettre en place une stratégie spéciale et de la travailler. Il allait donc utiliser une combinaison des Comètes. La dix lui semblait la plus rapide à assimiler mais aussi la plus difficile dans l'acte final. Celle-là même tentée par Petit Pas qui avait échoué lors de la finale contre les Aiglons cet été. Son meilleur meneur, en l'occurrence Ilbert, devrait se faire discret et se démarquer dans les dernières minutes pour ajuster un tir dans la zone la plus éloignée, soit un panier à neuf points.
Passé huit heures trente l'intendant du réfectoire mit tous les traînards dehors afin de préparer la salle pour le déjeuner. Cette matinée allait s'avérer ennuyeuse sans pouvoir sortir, il faudrait se contenter des salles communes, de la bibliothèque ou des dortoirs jusqu'au match tant attendu de l'après-midi.

47

À huit heures, les sept prélats et les trois ambassadeurs pénétrèrent dans la tour. La porte extérieure, gardée en permanence par deux soldats, s'ouvrit sur un hall pavé avec en son centre un escalier en colimaçon qui menait sur cinq étages à des pièces vides munies de minuscules fenestrons sans vitre qui laissaient passer si peu de lumière que l'obscurité y régnait. Dans ce froid intense, la tour n'était qu'un gigantesque courant d'air où le vent s'engouffrait de tous côtés en sifflant avec rage. Pour le commun des mortels, elle représentait un vestige d'une civilisation oubliée, pour les initiés, l'origine des pouvoirs de Land, enfouie dans les entrailles du bâtiment.

Luka s'arrêta devant l'escalier, face à une plaque de métal sertie dans la pierre sur laquelle il posa la rune de Rauckland. Aussitôt la tablette de verre s'illumina de symboles rouges. Dans un bruit de glissement, le sol se déroba, laissant apparaître des marches qui disparaissaient dans un puits noir.

Les prélats descendirent les uns derrière les autres vers l'étage inférieur en s'éclairant de leurs runes. Une dizaine de paliers avaient été creusés au cœur de la montagne mais, pour l'heure, seul le premier requérait leur attention. Un autre effleurement de la rune sur une plaque de métal et la salle dans laquelle ils venaient d'entrer s'éclaira d'une lumière blanche artificielle qui les aveugla un instant. Des sièges s'alignaient devant cinq écrans de verre, centre de commande de la procédure de transmission des pouvoirs de Land. En face, une vingtaine de portes vitrées laissaient

voir deux cabines en enfilade et se terminaient par une pièce tout en longueur contenant des sarcophages de verre. L'utilisation de cette technologie s'était transmise au fil des siècles sans que personne n'en connaisse l'origine.
— Commençons la procédure, ordonna Luka.
— Je programme le sarcophage un avec le pouvoir de Bizertland, le deux avec celui de Lemerland et le trois celui de Drackerland, énonça Méline en touchant sur son écran une série de symboles clignotants dans un ordre précis.
—À présent, chacun dans sa cabine, poursuivit Luka.
Greyje, Félicia et Diker répétèrent les gestes qu'ils avaient accomplis pour la première fois quinze ans plus tôt. Ils pénétrèrent chacun dans une cabine, sorte de vestiaire, où ils se dévêtirent entièrement avant de passer dans la deuxième où une douche vaporeuse les enveloppa, éliminant toute contamination. Enfin ils s'allongèrent chacun dans un sarcophage.
Méline suivait chaque étape du processus depuis la salle de contrôle.
— Est-ce que tout va bien mes amis ? On vous retrouve dans quatre heures. Je lance la procédure à… cinq, quatre, trois, deux, un. Procédure enclenchée !

Les sarcophages activés se fermèrent et les trois corps disparurent sous une brume rosée.
— Voilà, c'est parti, inutile de tous rester là, dit Luka. Méline, Zoëlle et moi pouvons assurer la permanence des deux prochaines heures et Carielle, Sigred, Véléa et Tristan les deux suivantes.
Zoëlle et Luka s'installèrent sur un siège pour surveiller sur les écrans les constantes médicales des trois ambassadeurs

en passe de recevoir leur nouveau pouvoir.
— Je ne pensais pas revenir ici pour autre chose que la cérémonie des apprentis, fit remarquer Zoëlle. À présent je n'ai plus de doute sur la cause réelle de la mort de Magnus. Luka et moi sommes partisans d'une guerre totale contre les Bannis. Comment peux-tu encore hésiter à prendre notre parti après l'assassinat de quatre de nos camarades ?
— Doit-on plonger Land dans une guerre civile au risque de faire des victimes innocentes ? Je ne crois pas. Ce qui me préoccupe c'est le sort des Landiens et leur avenir. Notre modèle sociétal est fragile. Il suffirait de peu de choses pour que le peuple se retourne contre nous et place sur le trône un nouvel empereur despotique. Qu'avons-nous mal géré pour en arriver là ?
— Ma chère Méline, tu es une idéaliste. Nous ne résoudrons rien sans la force et l'autorité. Nous en reparlerons dans quelques temps quand le chaos régnera dans nos districts. Je me plierai aux décisions du conseil, mais sache que si les résultats tardent à arriver, Zoëlle et moi sommes décidés à appliquer nos méthodes.
Méline aurait aimé leur dire que cet engrenage de violence et la naissance du mouvement contestataire mené par Zhardo Si l'avenir que prédisaient Luka et Zoëlle s'avérait, Land connaîtrait des jours sombres sous peu.

48

Le major Jona avait informé Offens que le prisonnier était à présent conscient. Pendant que l'infirmier en chef appliquait un baume cicatrisant sur la blessure de Kriff, le capitaine cherchait la meilleure stratégie pour le faire parler.
— Pourquoi suis-je ici ? Que m'est-il arrivé ?
— Vous ne vous souvenez pas de ce qu'il s'est passé sergent-chef ?
— Je me souviens que je rendais visite à la dame Véléa et puis plus rien, le trou noir.
— Vraiment ? Quel motif vous a conduit à sa chambre ?
— Je voulais m'enquérir de sa santé.
— Admettons. Alors pourquoi vous a-t-on retrouvé avec un couteau à la main ?
— Je l'ignore. Où sommes-nous ?
— Peu importe l'endroit. Vous allez devoir répondre d'une tentative d'assassinat sur une prélat commanditée par Zhardo.
— C'est impossible, je suis innocent capitaine.
— Très bien. Sachez Kriff que dès demain l'ambassadeur Diker sera le nouveau dirigeant de Drackerland. Nous viendrons vous rendre visite. Vous comprenez où je veux en venir ?
— Parfaitement. Pas de chance.
Kriff se mit alors à rire doucement en hoquetant de douleur.
— Oui pas de chance… pour vous ! Je reçois mes ordres de mon empereur uniquement par billet manuscrit que je

détruis aussitôt. Vous n'apprendrez rien de moi.
— Mais pourquoi ? Pourquoi rejoindre la cause de ce fou furieux ?
Le sergent-chef se redressa péniblement pour fixer Offens dans les yeux.
— Ce fou furieux, comme vous dites, va nous délivrer de ce système élitiste. Le pouvoir sera enfin réparti équitablement et les richesses partagées, Zhardo prône la justice sociale et l'équité. Sa cause est noble. Lui seul peut réunifier Land et lui rendre sa puissance.
— C'est du délire ! Que vous a-t-il promis d'autre ?
— Une place de choix dans son armée, à ses côtés.
— Je vois. Eh bien « général » Kriff, nous allons vous laisser méditer sur votre avenir en attendant votre rencontre avec Diker. Inutile d'appeler à l'aide ou de tenter quoi que ce soit, vous êtes complément isolé ici.
Jona et Offens regagnèrent le quartier de l'état-major. Arrivé à son bureau, on informa le capitaine que Séfan et Erié sollicitaient une entrevue. Qu'allaient-ils encore lui demander ?
Il soupira et se reprit. Ces enfants n'étaient pour rien dans sa frustration. Il ouvrit la porte d'un mouvement sec.
— Bonjour capitaine, commença Séfan.
Il s'était porté volontaire pour être le porte-parole du groupe pressentant qu'Offens serait sensible à son statut de champion junior de Circle Ball.
— Que puis-je pour vous jeunes gens ?
— Voilà, tout d'abord tous les apprentis tiennent à vous remercier d'avoir détaché le caporal pour nous coacher. C'est un sportif de haut niveau et tout le monde l'apprécie beaucoup. Et euh…

Offens haussa un sourcil :
— Et ? Poursuivez.
— Euh… eh bien… on se demandait si… euh… vous pourriez…Il ne trouvait plus ses mots.
— Vous pourriez faire d'une pierre deux coups, coupa Erié. Si je suis bien informée, l'académie nomade sera escortée de dix soldats de la garde Alpha pendant toute la période des études.
— C'est exact. Et ?
— Et parmi toutes les matières, nous aurons aussi des cours de sport. Donc on se demandait si…
Offens comprit.
— Si Konda ne serait pas escorte et professeur de sport à la fois, c'est ça ?
— Oui confirma Séfan en jetant un regard contrarié à Erié.
— Vous n'ignorez pas que la partie enseignement dépend du grand recteur Maximi. Je n'ai pas mon mot à dire sur un sujet qui n'est pas strictement militaire.
— Oui, mais c'est vous qui allez nommer les dix soldats qui nous accompagneront.
— En effet, mais cela ne garantit pas qu'il soit nommé professeur de sport.
— Sauf si vous appuyez notre requête auprès du grand recteur, répondit Erié avec un timide sourire en fixant le capitaine d'un air plein d'espoir.
— Bon, je vais voir ce que je peux faire, bougonna-t-il. Détacher Konda ne me posera aucun problème. J'aurais pu le faire sans votre intervention.
Il chassa les jeunes gens d'un geste de la main.
— Maintenant filez, j'ai des sujets autrement plus importants à régler.

Ils prirent congé et regagnèrent leur quartier en traversant la grande place. Celle-ci avait été partiellement déneigée par quelques soldats dès la fin de la matinée pour faciliter les déplacements. Le froid intense qui sévissait à Everland n'allait pas tarder à transformer le manteau neigeux en une épaisse couche de glace sur laquelle il serait difficile d'évoluer. Malgré la promesse du capitaine d'intervenir sur la nomination de Konda, Séfan semblait contrarié, Erié le remarqua rapidement.
— Mais enfin qu'est-ce que tu as ?
— Pourquoi es-tu intervenue quand je parlais au capitaine ? On s'était mis d'accord, c'est moi qui devais lui présenter notre demande.
—Désolée, mais tu hésitais, tu semblais mal à l'aise. Je voulais t'aider. On a obtenu son accord et rempli notre objectif.
Elle lui donna un léger coup de coudes.
—Eh ! On a joué collectif, la devise des Comètes, non !
Il se détendit.
— En réalité je suis furieux contre moi d'être encore aussi empoté quand il s'agit de parler à une haute autorité.
— Ne sois pas si dur envers toi-même. Tu as fait énormément de progrès ces derniers temps. L'ancien Séfan de Bizertland n'aurait même pas pu se présenter devant le capitaine.
— Tu sais toujours tirer le meilleur de toutes nos expériences. Comment fais-tu pour être aussi forte ?
— Je ne suis pas forte, je suis réaliste. J'analyse les situations et souvent, il se présente plusieurs solutions. J'essaie de choisir la meilleure… ou la moins pire. Moi c'est au Circle Ball que je me sens empotée !
— Tu crois que Trilh va encore te laisser sur la touche ?

— Ça ne m'étonnerait pas. Il sait que je ne l'apprécie pas et que toi et moi nous sommes très proches. Finalement ça ne me dérange pas de ne pas jouer, mais je détesterais que mon équipe l'emporte sur la tienne.
— Est-ce que tu crois que Konda acceptera cette double mission ? Nous ne lui avons même pas demandé son avis.
—Tu as raison, on s'est un peu emballés.
— Voyons, dame prélat Erié, tu n'as pas évalué toutes les possibilités cette fois-ci ?
— Le caporal sait qu'il a une chance sur cinq d'être nommé dans l'escorte de l'académie nomade. Si c'est le cas et qu'en plus il est nommé professeur de sport, il aura l'occasion de jouer tous les jours à son sport préféré. Je ne crois pas qu'il refusera.
— Donc tu avais déjà un coup d'avance, c'est ça ?
— On ne peut rien te cacher !
— Dépêchons-nous, il est bientôt quinze heures. L'entraînement va commencer, je ne veux pas être en retard.

49

La cérémonie d'investiture des trois nouveaux prélats venait de se terminer. Félicia, Greyje et Diker rejoignirent leurs appartements privés après le feu vert donné par le major Jona, confirmant que pour le moment la procédure n'avait affecté aucun de leurs signes vitaux. En général le pouvoir des runes renforçait les défenses immunitaires de leurs hôtes et les protégeaient des maladies et des infections. Jona devrait pendant encore quarante-huit heures surveiller leurs constantes médicales pour s'assurer qu'aucune complication ne viendrait perturber leur transformation.

Offens jugea le moment venu d'informer Diker de la détention du sergent-chef Kriff. Il ne pouvait plus se permettre d'attendre davantage pour l'interroger. Chaque minute comptait dans la traque des Bannis.

Il frappa doucement à sa porte.

— Entrez, répondit-il allongé sur son lit, les volets mi-clos.

— Comment vous sentez-vous prélat Diker ?

— Ah ! Capitaine. Plutôt bien, un peu engourdi après quatre heures passées dans ce caisson de verre. Je peux vous dire que leurs inventeurs ne se souciaient guère du confort des convertis. Vous vouliez me parler ?

— Oui, je dois vous informer d'un fait très grave.

— Vous m'inquiétez Offens.

— Vous pouvez l'être. Nous avons capturé un sympathisant de Zhardo.

Il joua la stupéfaction.

— Comment ? Ici dans la citadelle ?

— En effet, je vous raconterai tout en détail, mais le plus important est de le faire parler. Nous avons besoin de sa confession pour confondre ses complices. Nous n'avons rien pu obtenir de sa part pour l'instant, mais je compte bien le faire avouer avec votre aide.
—Cela me sera facile, évidemment. Pouvons- nous l'interroger demain matin ?
— J'espérais aujourd'hui même.
— Capitaine, il est encore trop tôt pour utiliser mon nouveau don. Laissez-moi une nuit de repos et demain vous aurez vos réponses, je vous le promets. Qui d'autre est au courant ?
— Le major Jona, Véléa et Sigred. J'ai tenu l'information secrète jusqu'à votre investiture. Je me méfie de tout le monde à présent. Il semblerait que Zhardo ait réussi à infiltrer nos plus hautes instances.

50

Julian Konda, secondé par Selen, Uther et Tao, avait organisé l'entraînement d'avant match en deux sessions. De quinze heures à quinze heures quarante-cinq, le terrain serait réservé à l'équipe de Séfan et de seize heures à seize heures quarante- cinq à celle de Trilh. Il leur avait donné carte blanche pour coacher eux-mêmes leurs joueurs avant la rencontre qui verrait sans doute quasiment toute la citadelle y assister. Les huit joueurs de l'équipe A pénétrèrent à quinze heures précises sur le terrain de Circle Ball.

L'air ambiant était glacé malgré un système de chauffage à air soufflé qui semblait insuffisant pour réchauffer un si grand volume. Tous avaient gardé leur chandail, et leurs chaussettes montantes jusqu'aux genoux protégeaient tant bien que mal leurs jambes nues. Konda en tenue militaire se tenait sur la petite tribune avec les membres de son staff emmitouflés dans leurs manteaux. Il interpella Séfan depuis sa place :

— Le terrain est à vous pour quarante-cinq minutes, tâchez d'en profiter.

Dans son club des Comètes, il avait suivi des centaines d'entraînements et secondait fréquemment le coach des cadets. L'entraînement en lui-même ne lui posait pas de problème. Ce qui le tracassait aujourd'hui c'était la stratégie à adopter pour battre l'équipe adverse tout à l'heure.

On ne pouvait pas réellement parler de véritables équipes d'ailleurs. Une séance d'entraînement et un match la veille n'y suffisaient pas. Après une quinzaine de minutes

d'échauffement intense, les joueurs transpiraient et quittèrent leur chandail. Il restait à Séfan une demi-heure pour travailler quelques combinaisons et tenter d'y inclure la fameuse numéro dix des Comètes.
Les membres de son équipe jouaient déjà dans le club de leur quartier et les cinq combinaisons de base faisaient partie du b.a.-ba du Circle Ball. Ils n'y consacreraient que quelques minutes pour les répéter afin que chacun trouve sa place sur le terrain.
Cette combinaison spéciale proposée par Théry et mise au point par le collectif des juniors des Comètes consistait à se désintéresser d'un de leurs meneurs, en l'occurrence Ilbert, pour que les défenseurs de l'équipe adverse se concentrent sur une autre cible. Solendra en tant que milieu devrait remonter en meneur pour faire croire à une défaillance temporaire d'Ilbert. Celui-ci se ferait oublier pendant quelques minutes pour ensuite intervenir peu avant le coup de sifflet final en tentant un panier à neuf points. La manœuvre s'avérait risquée et requérait une grande adresse du tireur. Séfan se rappela la finale perdue contre les Aiglons mais cela n'entama pas sa détermination car il mettait en Ilbert toute sa confiance. Après quelques répétitions et des tirs à neuf points, Konda interrompit la séance.

— On arrête. Votre temps d'entraînement est terminé. Rentrez vous reposer. Rendez-vous ici dix minutes avant le début du match.
Les deux équipes se croisèrent à l'entrée du terrain en s'échangeant quelques commentaires sarcastiques. Erié semblait résignée à son sort. Il lui adressa un clin d'œil d'encouragement et rejoignit son équipe dans la salle

commune. Ils allaient passer une petite heure tous ensemble. Révane et Ysiane proposèrent de faire du thé. Pier, Ilbert et Solendra répétaient à voix haute la combinaison numéro dix qu'ils venaient d'apprendre, dans une ambiance détendue et conviviale. Séfan était sur le point de réussir son pari de construire une équipe soudée comme celle des Comètes junior. Cette pensée nostalgique lui fit penser à Théry. Comment se passait la vie à Bizertland ? Il n'aurait pas de ses nouvelles avant plusieurs semaines et ne pouvait qu'imaginer son ami à l'école de police avec Lison ou à l'entraînement avec son nouveau club des Aiglons. Était-il heureux là-bas ? En tout cas, il avait tout pour l'être.
Trilh dirigeait l'entraînement de manière très classique. Après un bref échauffement, il entreprit de revoir les cinq combinaisons de base les unes après les autres. Il avait composé deux équipes et réduit le terrain aux deux premiers cercles pour simuler de réelles phases de jeu pendant lesquelles il annonçait la combinaison à exécuter. Erié suivait avec difficulté. Même si elle avait facilement assimilé la théorie, elle peinait à se positionner à la bonne place pour faire une passe ou réceptionner un ballon, ce qui faisait échouer la combinaison annoncée.
Elle désespérait car, hormis elle, ses coéquipiers maîtrisaient toutes les phases de jeu. Trilh ne la ménageait pas. Elle était la cible de ses railleries.
Elle comprit qu'elle ne ferait pas partie des huit joueurs alignés dès le départ de la rencontre. Il restait à peine dix minutes lorsque sur une phase de jeu un peu trop rude, Ophéus vint percuter violemment Elanor en défense. La jeune fille s'écroula en poussant un cri de douleur. Konda dévala les marches de la tribune et se précipita sur le

terrain :
— Faites de la place ! Où as-tu mal Elanor ?
— Ma cheville, je me la suis tordue. J'ai très mal.
— Uther apporte-moi la trousse de secours, celle dans le vestiaire des garçons. Selen, sort chercher de la neige. Tasse-la au maximum pour en faire un pain de glace.
— Vous pensez qu'elle pourra jouer ? Questionna Trilh.
— N'y compte pas, elle en a pour quelques jours, le choc a été rude.
Pour Erié, le cauchemar continuait. La blessure de sa camarade impliquait qu'elle participerait obligatoirement aux trois tiers-temps. Elle avait espéré rester sur la touche, cela ne l'aurait pas dérangée. Elle détestait jouer sous la direction de Trilh. Les prochaines heures lui seraient très pénibles, elle devrait serrer les dents et encaisser les humiliations de son coach arrogant.

Quand l'équipe de Séfan pénétra dans le gymnase, Elanor soutenue par Nans et Saulo gagnait les tribunes un bandage autour de la cheville. Il chercha Erié du regard et la trouva assise avec son équipe à même le sol autour de Trilh qui donnait les dernières consignes.
Dix membres des différentes HAM venaient de s'installer sur les rangées supérieures des tribunes exceptionnellement clairsemées. Avec l'état d'alerte maximum décrété par le capitaine, de très nombreux soldats n'assisteraient pas à la rencontre. Seule, une vingtaine d'entre eux avait été autorisée à suivre le match et complétait les dernières rangées des gradins. Peu de public ce soir pour les joueurs juniors habitués à une foule beaucoup plus nombreuse dans leurs quartiers. Mais peu importait, les occasions étaient

rares de jouer devant le chef de son district et ce soir-là il y en avait sept !
Le grand recteur Maximi fit son entrée, accompagné des prélats, suivi de près par la lieutenante Pierce et le major Jona.
Celui-ci s'approcha du capitaine Offens posté devant les tribunes.
— Capitaine, je profiterai de la pause du premier tiers-temps pour rendre visite à nos trois convalescents. Je dois vérifier que tout se passe bien.
— Entendu. Et pour notre autre affaire, nous verrons demain matin. Mesdames et Messieurs, je vous en prie, venez vous installer près de moi. Prélat Luka, j'ai entendu le plus grand bien du jeune Trilh. Konda m'a fait son éloge en mentionnant aussi son caractère plutôt bouillonnant.
— Que voulez-vous capitaine, Rauckland est une terre de combattants. Nous ne tolérons pas l'échec.
— Donc, vous supporterez les bleus. Moi, je resterai neutre ce soir, je veux juste voir un beau match.
Konda avait distribué des chasubles bleues à Trilh et des rouges à Séfan afin de différencier les équipes. Selen, Uther et Tao installés à la table arbitrale, auraient en charge le décompte des minutes à chaque tiers-temps et l'affichage des points sur un grand tableau visible de tous. Julian Konda arbitrait et, selon la situation, pourrait solliciter l'avis de ses trois suppléants. Le gymnase résonnait d'un bourdonnement confus de voix. Le caporal pria Séfan et Trilh de le rejoindre et il fut procédé au tirage au sort. Les bleus eurent l'avantage. L'équipe rouge positionna deux joueurs dans chaque angle du terrain. Les bleus firent de même et engagèrent la partie. Konda observa au bout de

quelques minutes que la rencontre démarrait mieux que celle de la veille avec les phases de jeu bien construites.
Il avait accepté cette mission et ne voulait pas décevoir ses supérieurs, encore moins son prélat Sigred qui, il le savait, le tenait en grande estime depuis qu'avec son équipe, il avait remporté par deux fois la coupe landienne. Considéré comme un héros à Aydenland, il ne restait ici qu'un simple soldat arbitrant une rencontre junior.
Le match, assez équilibré, laissait un léger avantage au score pour les rouges de Séfan. Ilbert enchaînait les paniers les uns après les autres et Ophéus et Hilia rendaient coup pour coup.
Le public semblait ravi de cette entame de match. Des clans de supporters s'étaient formés parmi les soldats. On pouvait entendre du haut de la tribune des encouragements tantôt pour les rouges tantôt pour les bleus. Les indécis ou les neutres se contentaient juste d'applaudir les belles actions de jeu. Séfan fut longuement acclamé après avoir dribblé deux défenseurs adverses et marqué six points dans la deuxième zone et sur le troisième panier, fait plutôt rare. En général les meneurs ou les milieux restaient dans les deux premières zones et visaient les deux premiers paniers pour assurer la marque.
Erié faisait de son mieux pour suivre le rythme mais elle se sentait dépassée techniquement. Elle voyait bien que son équipe jouait sans elle, de sorte qu'à la fin du premier tiers-temps les rouges menaient par dix points d'avance. Konda siffla la fin de la première manche et les deux formations regagnèrent les vestiaires pour une pause de dix minutes. Quelques spectateurs se levèrent pour se dégourdir les jambes et entamer des conversations sur le bord du terrain.

Sigred en profita pour aller saluer le caporal Konda.
— Caporal, vous nous offrez là un divertissement plutôt agréable.
— Merci prélat Sigred. Nous sommes loin des finales landiennes. L'ensemble est assez disparate.
— N'oublions pas que ces jeunes gens sont des juniors. Malgré tout j'ai remarqué quelques joueurs dignes d'intérêt, comme Trilh ou Séfan.
— Hélas pour eux, leur carrière va s'arrêter là. Leur future fonction est incompatible avec ce sport.
— Certes ! En notre temps Véléa et moi étions promis à un bel avenir. Elle en tant que pivot et moi en meneur, mais le destin en a décidé autrement.
— Je l'ignorais. Oserais-je vous proposer d'organiser une rencontre prélats /apprentis ?
Sigred eut une moue de regret.
— Dans des temps plus sereins, l'idée m'aurait séduit, mais la situation actuelle ne s'y prête pas. Il faut rester concentré sur la lutte contre les Bannis.
— Bien sûr. Excusez-moi, je vais devoir siffler la fin de la pause
— Faites, faites.

51

Le deuxième tiers-temps débuta sans changement notable dans les deux équipes si ce n'est que Trilh se montra plus agressif, délaissant son poste de pivot pour tirer très souvent au panier, déstabilisant la défense des rouges. Il avait profité du temps de pause pour changer de stratégie. En jouant à trois meneurs, il augmentait le pourcentage de points marqués. L'écart au score se réduisit à trois points. Séfan devait réagir pour ne pas perdre l'avantage. Après le dernier panier marqué par les bleus, il attira l'attention de ses coéquipiers en leur montrant sa main ouverte : cinq. La cinquième combinaison permettait de renforcer la défense. De fait, Révane passa de meneur à milieu et Hamber de milieu à défenseur, laissant Ilbert seul à l'attaque. Ainsi, avec quatre défenseurs, les déplacements de Trilh seraient entravés, mais le match risquait de devenir ennuyeux et le score de stagner sans tirs aux paniers, au grand désappointement des spectateurs. Véléa assise à la droite d'Offens fut la première à le constater :

— On dirait que les deux équipes se sont neutralisées.

— Il y a souvent des phases de jeu de la sorte, le temps que les pivots adaptent leur stratégie.

— Et c'est pour cela que le deuxième tiers-temps est appelé « la pause ». C'est là que les deux équipes s'observent et que le match s'équilibre en général. Gageons que le troisième sera plus dynamique. L'une ou l'autre des équipes va devoir prendre des risques pour remporter la partie.

— Exactement dame prélat.

Offens avisa le major Jona qui approchait :

— Comment se portent nos nouveaux détenteurs du don, major ?
— Bien capitaine. Greyje et Félicia ont insisté pour nous rejoindre mais je leur ai fortement déconseillé de quitter leurs quartiers. Les conditions ne sont pas idéales pour sortir. Le gymnase est glacé et la température extérieure est proche de zéro.
— C'est vous qui faites autorité en la matière major.
À cinq minutes de la fin du deuxième tiers-temps, le score n'avait pas beaucoup évolué. L'équipe A menait toujours de quelques points. Trilh se démenait sur le terrain pour rattraper le retard à la marque mais ses efforts se heurtaient à une solide défense des rouges.
Quelques conversations montaient des gradins, le public commençait visiblement à se lasser et regardait le match d'un œil distrait. À la dernière minute du tiers-temps, Séfan intercepta un ballon dirigé vers Trilh. D'un dribble il effaça Erié, puis Saulo par une feinte de corps et arma son tir dans la zone à six points. Il allait lancer le ballon quand, d'un violent coup d'épaule Trilh le déséquilibra. Surpris, il n'eut pas le temps d'amortir sa chute et sa tête percuta rudement le sol. Konda siffla la faute de jeu et se portant au-devant des deux joueurs signifia à Trilh son exclusion pour les cinq minutes suivantes.
Le caporal envoya Uther chercher la trousse de secours et fit appeler sur le terrain le major Jona. Séfan, la tête entre les mains et grimaçant de douleur, tentait de s'asseoir.
Déjà le major arrivait. Il se pencha vers lui.
— Comment te sens-tu ?
— J'ai la tête qui tourne.
— Allonge-toi.

Jona lui tâta délicatement le crâne et découvrit une petite plaie.
— Tu vas avoir une belle bosse à ce que je peux déjà sentir. Je vais t'appliquer un baume, te faire un bandage et tu pourras…
—Les soins doivent être apportés en dehors du terrain, coupa Konda.
—Très bien monsieur l'arbitre. Ilbert aide moi à soutenir ton camarade.

Le caporal ordonna la reprise du jeu. La dernière minute du tiers-temps allait donc se jouer à sept contre sept. Les rouges bénéficiaient d'une pénalité. Ils avaient le choix de la zone et du panier dans la limite de deux lancers francs. Ilbert récupéra le ballon. En tant que seul meneur, la tâche lui revenait. Il se passerait des conseils de Séfan cette fois-ci. Il se positionna dans le troisième cercle à la surprise générale.
La tentative audacieuse du meneur des rouges et la faute de Trilh n'étaient pas passées inaperçues auprès du public qui montrait à présent un regain d'intérêt pour la suite du match.
Konda siffla pour annoncer le premier lancer et le public fit silence. Ilbert fixait le panier. Après avoir fait rebondir plusieurs fois le ballon, il se cambra pour donner plus de puissance à son tir. Le ballon percuta le cercle métallique du panier et retomba à côté. Konda le lui rendit. Deuxième lancer franc. Ilbert inspira un grand coup, se concentra plus fort sur sa cible. Surtout, ne pas la manquer ! Il visait le panier le plus haut. D'une impulsion brutale du bras, il propulsa le ballon qui atterrit directement dans le cercle. Neuf points

supplémentaires aux rouges ! Ce fut une explosion de joie dans le public et parmi ses coéquipiers qui accouraient vers lui, lui sautaient au cou, lui tapaient sur l'épaule. C'est dans ce joyeux brouhaha que Konda siffla la fin du deuxième tiers-temps et que les équipes quittèrent le terrain.

— Tu as là un potentiel futur prélat qui mériterait sa place dans votre équipe nationale, mon cher Tristan. Cet Ilbert est très adroit.
— Merci Carielle, mais je t'avoue que ces questions sportives ne m'intéressent pas vraiment.
— Je me souviens que plus jeunes, jouer au Circle Ball était pour toi plus une punition qu'une récompense,
— En voyant Uther de Drackerland sur la touche, il me semble me revoir quinze ans plus tôt. Les choses ne changent guère.
En son temps, ce jeune homme frêle et un peu mélancolique n'avait pas gagné sa place d'apprenti grâce aux épreuves physique, mais en misant sur son intelligence hors du commun. Il avait obtenu le poste de prélat en démontrant de grandes qualités pendant ses cinq années d'études. Quinze ans plus tard, il affichait toujours la même tristesse vague dans le regard et la même démarche nonchalante.
Après la fin du deuxième tiers-temps, Erié vint prendre des nouvelles de son ami.
Le major Jona lui avait posé un bandage autour de la tête qui semblait disproportionné à Séfan par rapport à sa blessure.
— Comment te sens-tu ?
— Ridicule évidemment.
— Non, moi je trouve que cette coiffe te va à ravir, dit-elle en éclatant de rire. Oh ! Excuse-moi mais si tu voyais ta

tête !
— Ah non ! Ne me fais pas rire, j'ai l'impression que ça résonne dans mon crâne. Ce maudit Trilh, il va me le payer.
— Gagner ce match, ce sera là un bon moyen de l'humilier en public.
— Tu as raison. Encore faut-il que je puisse jouer le dernier tiers-temps. Cela risque d'être compliqué si l'équipe perd son pivot.
— Que dit le major Jona ?
— Rien pour l'instant, il attend de voir comment je me sens.
— Tu veux rejouer, c'est ça ?
— Bien sûr !
— Donc tu lui dis simplement que tu te sens mieux, voilà.
— C'est tellement simple ! Pourquoi je n'y ai pas pensé tout seul ! Tu sais Erié tu devrais profiter des dernières minutes de repos pour aller boire un peu. Ah, une chose : tu es trop statique sur le terrain. En tant que milieu, tu dois te déplacer sur toute ta zone. Là j'ai l'impression que tu restes cantonnée dans ton quart de terrain, du coup tu ne peux pas assurer la transmission des ballons entre le pivot et les meneurs, penses-y.
— Compris. Merci coach Séfan.
Il avait obtenu l'accord de Jona pour retourner sur le terrain. Conscient qu'il n'était pas à cent pour cent de ses capacités, il avait une fois de plus adapté sa stratégie à la situation. Pour s'économiser, il changerait de poste avec Solendra. Elle passerait pivot et lui milieu. Il ne voyait pas de meilleur candidat que la jeune fille d'Oberland. Vive et rapide, elle occupait déjà ce poste dans son équipe de quartier. Ils possédaient une confortable avance au score de douze points grâce notamment au formidable tir d'Ilbert. Ils devaient

faire en sorte de rester en tête pendant les vingt prochaines minutes. Au coup de sifflet de Konda, le match reprit. Les bleus furent d'abord surpris de voir Solendra évoluer au poste de pivot, mais ce changement parut finalement les arranger et les motiver davantage pour revenir au score. Forte du conseil de Séfan, Erié, plus mobile, participait davantage aux phases de jeu et les bleus retrouvèrent leur maillon manquant.

L'impact sur le score fut immédiat. En l'espace de dix minutes, ils réussirent à réduire l'écart de cinq points. Solendra employait toute son énergie à assurer de bons ballons à ses meneurs mais malgré une base solide, il lui manquait la vision globale du jeu pour pouvoir anticiper les déplacements de ses adversaires ou évaluer d'un seul coup d'œil la meilleure passe ou la fenêtre de tir idéale, qualités qui faisaient de Séfan un pivot hors pair.

À plusieurs reprises il tenta des tirs faciles à un point mais à chaque fois ses ballons touchaient le cercle métallique du panier, retombaient et étaient récupérés par les bleus qui se rapprochaient dangereusement au score. Que penserait Petit Pas de sa prestation ? Il l'accablerait sûrement de moqueries sur son habileté ou plutôt son manque d'habileté à tirer au panier. Cette idée le fit sourire malgré la tension du match.

À deux minutes de la fin de partie, le tableau d'affichage annonçait un match nul. N'étant plus le pivot, il ne pouvait plus lancer les combinaisons. Hors de question maintenant de mettre en pratique la dix puisque l'équipe de base avait été complètement chamboulée.

Il fallait malgré tout tenter quelque chose. Séfan ne pouvait se résoudre à un match nul, ou pire, à une nouvelle défaite contre Trilh et son équipe. Solendra restant muette, il prit les devants. Il réussit à récupérer le ballon, dribbla jusqu'à être en position de le passer à un de ses deux meneurs, sur lesquels la défense des bleus s'agglutina, puis d'une rotation rapide sur lui-même il assura une passe à ras de terre à Pier, seul au milieu de la deuxième zone. Celui-ci un peu surpris perçut le hochement de tête approbateur de Séfan et tenta sa chance. Il ajusta son tir et le ballon s'envola dans les airs pour atterrir en roulant sur le cercle de fer et finir sa course dans le panier. Fou de joie, le colosse blond de Lemerland se précipita vers lui et l'étreignit en le soulevant de terre. Ces six points supplémentaires les rapprochaient de la victoire à une minute de la fin de la rencontre. Le ballon fut rendu aux bleus. Trilh, c'était certain, n'allait pas en rester là. Séfan à sa place tenterait le tout pour le tout avec un tir à neuf points. Alors qu'il aurait fallu annoncer une combinaison de défense, Solendra, confiante, se contenta de poursuivre l'attaque. Grave erreur, car Trilh naviguait déjà seul dans le troisième cercle, prêt à réceptionner le premier ballon qu'on lui passerait. Le règlement ne lui interdisant pas de parler sur le terrain, Séfan annonça d'une voix forte :

— Cinq, cinq !

En général le pivot communiquait les combinaisons par un signe discret de la main pour ne pas attirer l'attention des adversaires, mais là, tout de suite, cela n'avait plus d'importance. Ce qui comptait avant tout était de cadenasser toutes les zones. D'abord un peu surpris en le voyant changer de position, ses coéquipiers comprirent qu'ils devaient empêcher quiconque de tenter un tir à neuf points. Trop tard ! Hilia parvint à transmettre le ballon à Trilh par une passe en cloche. Celui-ci ne prit pas le temps d'ajuster son tir et le lança aussitôt en direction du panier le plus

haut. Le ballon n'atteignit même pas la hauteur du cercle et retomba au moment où le coup de sifflet final retentissait. Les rouges de Séfan tenaient leur revanche !
Leurs adversaires, comme la tradition le voulait, vinrent les féliciter. Trilh s'avança vers lui avec un air hypocrite.
— Bien joué Séfan. Je suis vraiment désolé pour cette charge un peu rude tout à l'heure. Comment te sens-tu ?
— Je dirais même plus que rude ! J'imagine que cette jolie bosse sur mon crâne est là pour me rappeler notre victoire.
— Vous avez simplement eu plus de chance que nous et surtout une vraie équipe sans débutant !
— Si tu le dis ! Excuse-moi, je dois aller m'asseoir, ma tête me fait mal, abrégea Séfan qui ne se sentait ni la force ni l'envie de refaire le match avec un Trilh qui malgré les apparences avait la défaite amère.
— Que voulait-il ? Demanda Erié. Tu as l'air agacé.
— Oh ! Juste me féliciter –faussement-, me dire que la chance était de notre côté ce soir et surtout que vous ne méritiez pas d'avoir dans votre équipe un joueur tel que lui !
— Quelle arrogance ! Ce garçon est détestable ! J'espère de tout cœur qu'il ne sera pas le prochain prélat de Rauckland. À croire que c'est la marque de fabrique de ce district, Luka en modèle.
— Rentrons dit Séfan. J'ai besoin de prendre un peu de repos avant le dîner.
Ils allaient partir quand ils aperçurent Offens, Maximi et Konda en grande conversation et leur jetant des regards.
— Tu crois qu'ils discutent de notre demande ?
— On va bientôt être fixés, ils nous font signe de les rejoindre.

— Ah ! Jeunes gens, le capitaine m'a soumis une proposition dont vous êtes à l'origine je crois ?
— C'est exact monsieur le grand recteur, répondit Erié. Nous sommes désolés de cette sollicitation détournée mais nous ne savions pas comment vous présenter notre requête, ni comment elle serait reçue. J'avoue que nous avons agi égoïstement en imaginant que le principal intéressé y serait favorable.
— Je vous laisse répondre caporal.
— J'ai donné mon accord au capitaine et au grand recteur.
— Voici qui règle mon problème de recrutement. À vrai dire je n'avais encore aucun candidat pour ce poste. Finalement je vous remercie pour votre initiative. Bon je dois vous laisser j'ai mille choses à faire.
— Erié, Séfan, vous pouvez disposer.
Les deux apprentis prirent la direction de leur quartier. Konda les rattrapa sur la grande place.
— Une petite minute vous deux !
Ils stoppèrent net et se retournèrent, pas très rassurés. Le ton sévère du caporal et sa carrure d'athlète leur en imposaient. Ils firent le dos rond.
— Je n'apprécie pas que deux adolescents me forcent la main. Vous avez beau être des futurs prélats ou ambassadeurs, cela ne change rien. Qu'est-ce qui vous fait croire que ce poste de professeur m'intéresse ?
Erié si prompte à la répartie en temps normal resta muette. Très mal à l'aise, Séfan répondit.
— Vous avez raison caporal, nous aurions dû vous en parler d'abord, mais toute la promotion était tellement contente de vous avoir comme coach. Tout le monde vous vénère, vous savez ? Vous ne pouvez pas imaginer ! Après ce qu'il s'est

passé dans le canyon, le stress de ces dernières semaines et les jours incertains qui s'annoncent, nous avons pensé que votre présence parmi nous nous rassurerait.

— Nous sommes tellement, tellement désolés, rajouta Erié la mine confuse. Nous pouvons retourner voir le capitaine si cela vous contrarie.

— Je me suis engagé envers le grand recteur et le capitaine. Je ne reviendrai pas là-dessus. J'espère seulement que vous n'allez pas regretter de m'avoir désigné comme professeur de sport, conclut-il.

Et avec un petit sourire narquois, il les planta là. Ils se regardèrent, un peu inquiets.

— Tu penses qu'il va nous en faire baver ? Interrogea Erié.

— Aucun doute là-dessus ! Ce n'est pas un tendre. Il va certainement nous réserver un traitement spécial à toi et à moi !

La nuit tombait. Ils regagnèrent chacun leur dortoir. Elanor et Révane félicitèrent Erié pour sa fin de match. La novice en appliquant les conseils de Séfan avait eu le déclic lui permettant de mieux appréhender la vision du jeu. Certes, elle n'était pas encore aussi adroite que la plupart des joueurs, mais dans peu de temps elle rattraperait son retard. Quand il entra dans sa chambrée, certains de ses camarades commentaient encore sa blessure, le match et la victoire de leur équipe. Il ressentait une grande fatigue et sa tête l'élançait un peu. Il aurait aimé se débarrasser de sa tenue humide et prendre une douche chaude, mais toutes les cabines étaient occupées. Il ôta ses chaussures et s'affala sur son lit en attendant son tour mais s'endormit aussitôt.

52

Diker se réveilla aux premières lueurs de l'aube avec une légère migraine due à un passage de quatre heures dans un sarcophage inconfortable. Pour autant, il se sentait différent, comme galvanisé par la nouvelle énergie qui coulait en lui. Le pouvoir des runes conférait à son porteur une nouvelle capacité et renforçait ses défenses immunitaires. Il n'aurait à se soucier d'aucune maladie ou blessure pendant les années à venir.

En finissant de s'habiller, il s'observait dans le miroir en souriant, plus précisément c'est Zhardo qui souriait.

— Une étape de plus a été franchie. Je ne remercierai jamais assez le major Jona de m'avoir rendu visite hier soir. Reste à savoir si j'ai pu le contraindre suffisamment pour qu'il accomplisse sa mission. Nous serons fixés ce matin. Dans tous les cas ce pauvre Kriff ne constitue pas une réelle menace.

Il fut interrompu dans son monologue par des coups frappés à sa porte qui s'ouvrit sur le prélat Sigred.

— Sigred ! Comment vas-tu mon cher ami ?

— Très bien Diker. Tu as l'air en forme. Pas d'effet secondaire ?

— Aucun, je me sens un nouvel homme.

— Fort bien. Offens nous attend dans son bureau. Tu connais la situation et le rôle que tu vas devoir jouer pour faire parler Kriff.

— Bien entendu. Je te promets que ce fichu Banni va tout nous avouer. Espérons que les informations recueillies nous permettront de démasquer Zhardo.

— Si tu es prêt, passons récupérer Véléa. Elle va se joindre à nous pendant l'interrogatoire.
Offens avait convoqué Véléa, Sigred, Diker et Jona très tôt le matin. Ils ne devaient pas éveiller les soupçons lorsqu'ils se rendraient dans l'aile désaffectée du quartier militaire où était détenu le sergent-chef. Ils marchaient d'un pas rapide vers cette partie déserte de la citadelle que Diker découvrait à présent. Le capitaine déverrouilla la porte principale du bâtiment et, après que Jona eut allumé des lampes à huile, entraîna le cortège à sa suite jusque dans un long couloir où se trouvaient cinq cellules de part et d'autre. Sigred ouvrit la dernière.
— L'heure est venue de te confesser traitre !
Le prisonnier, allongé sur le ventre sur sa paillasse, la tête tournée vers le mur, ne bougea pas.
À la lueur de la lampe qui éclairait faiblement la cellule, ils découvrirent que ses pansements étaient maculés de sang et de fluide jaunâtre. Offens approcha sa lampe du visage de Kriff. Celui-ci avait les yeux grands ouverts et le regard vide.
— Major ?
— Il est mort !
— Pourtant hier il semblait aller mieux !
— Sa plaie s'est infectée. Vu la rigidité de son corps, il a dû succomber à ses blessures cette nuit.
— Tu as eu la main lourde ma chère. Après toutes ces années, tu n'arrives toujours pas à contrôler ton don ? Ne put s'empêcher de jeter Diker d'une voix fielleuse.
Il gardait une rancune tenace envers Véléa depuis leurs années d'apprentissage et la blessure qu'elle lui avait infligée.

— Inutile de jeter de l'huile sur le feu, nous avons davantage besoin de soutien que de division, intervint Sigred.
— Certes ! Comme je ne pourrai pas faire parler un mort, ma présence s'avère donc inutile. Nous en sommes au même point c'est-à-dire nulle part ! Le grand conseil était-il au courant de la capture de Kriff, capitaine ?
— J'ai tenu l'information secrète pour éviter les fuites. Vous avez pu constater que les disciples de Zhardo sont partout.
— À présent il va falloir en rendre compte aux prélats. Cette information me semble cruciale pour établir une nouvelle stratégie de défense contre les Bannis, intervint Sigred. Il faut réunir de nouveau un conseil extraordinaire.
— Et que va-t-on se dire de plus ? Entre les extrémistes et les indécis, je doute que la situation évolue beaucoup.
— Tu as tort Diker, coupa Véléa. Nous devons les informer que des agents de Zhardo ont infiltré nos plus hautes instances. Je ne suis pas sûre que tout le monde en ait pris conscience. L'exemple du sergent-chef Kriff nous le démontre de façon flagrante. N'était-il pas l'un de vos meilleurs sous-officiers, capitaine ?
— En effet, je le connaissais depuis de nombreuses années. C'est moi qui l'avais recruté dans la garde Alpha. Je lui accordais toute ma confiance, et pourtant…
— Pourtant il s'est retourné contre le pouvoir landien. Qui sait combien d'autres ont pu le faire ? C'est pour cela que nous devons alerter au plus vite tous nos camarades. Nous serons accaparés par la cérémonie des runes après-demain, il n'y a donc guère qu'aujourd'hui pour réunir le grand conseil, conclut Véléa.

53

Depuis leur retour à Bizertland, fin août, les événements s'étaient enchaînés pour Lison et Théry. Ils avaient retrouvé leur famille et leurs amis et ne se lassaient pas de raconter leurs aventures à qui voulait les entendre. Un calme relatif régnait et les jeunes gens en profitaient pour passer des moments de complicité ensemble, se rendant très souvent au lac de Min. Installés à l'écart des nombreuses familles bruyantes, ils discutaient pendant des heures, se remémoraient ces deux mois d'été passés ou des détails oubliés, tantôt riant, tantôt émus en évoquant Séfan et Erié. Le constat demeurait le même à chaque fois : leurs deux amis leur manquaient. Leur absence laissait un grand vide et les savoir en danger les angoissait. Après la mort d'Hanaé, tout avait dégénéré sur Land. Deux autres prélats avaient trouvé la mort au fond d'un canyon d'Everland en même temps que de nombreux policiers et soldats. Toutes les régions étaient en état d'alerte maximum. Un climat de suspicion empoisonnait l'ambiance parmi la population. Les pros Zhardo se cachaient à peine, réclamant davantage de justice sociale. En l'absence de l'ambassadeur Greyje parti à la citadelle de la monotonie pour être nommé nouveau chef de Bizertland, la HAM gérait le district. Celle-ci multipliait discrètement les arrestations et les interrogatoires. La fin de l'été, habituellement si propice à la détente et à la nonchalance se révélait anxiogène. L'arrivée de l'automne avec la rentrée scolaire et universitaire ne laissait pas présager de jours meilleurs. Le premier lundi de septembre, Lison et Théry, vêtus de leur uniforme bleu marine de cadets, avaient fièrement fait leurs premiers pas à l'école de police dans le quartier historique du huitième. S'ils ne ménageaient pas leurs efforts, ils en ressortiraient trois ans plus tard diplômés et peut-être gradés. Les deux premières semaines, ils firent connaissance de leurs différents professeurs et on leur communiqua le programme de leurs études. Théry resta effaré par la multitude des matières théoriques : du droit, de la morale, des mathématiques, de la littérature, de la géographie, de l'histoire et en matière principale de l'instruction militaire. Fort heureusement, -et c'était pour cette raison qu'il avait choisi cette voie-, ces études faisaient la part belle aux activités physiques de toutes sortes, essentiellement sportives mais aussi militaires. Des marches avec bivouac, des parcours et des exercices de tirs à balles réelles rythmeraient leur premier trimestre. Lison et Théry commençaient à s'habituer à cette nouvelle vie. Ils s'étaient fait de nouveaux amis parmi les vingt élèves de leur promotion. Tous venaient d'horizons et de quartiers différents avec comme point commun, le goût de l'effort physique. Les enfants de Land se soumettaient dès leur plus jeune âge à une discipline stricte. L'académie de police n'imposait pas de règles supplémentaires hormis celles militaires. Tous avaient assimilé la base de la morale landienne et le fameux Égalité Civisme Obéissance qui résonnait sur le continent entier, même si ces derniers temps il était chahuté par le mouvement contestataire des Bannis. La rentrée sportive, celle de la reprise du Circle Ball, se ferait à la fin septembre. Tous les joueurs s'y préparaient déjà en renouvelant leur licence auprès de leur club de quartier. Théry était passé dans sa nouvelle équipe, les Aiglons du dix-neuvième, pour officialiser son inscription. Le coach

Miller lui avait remis sa tenue officielle, débardeur rouge barré de noir, short noir, chaussettes et chaussures noires, autrement plus sobre que le maillot violet et jaune des Comètes du cinquième. Il l'avait également mis en garde. Il devrait gagner sa place dans l'équipe qui comptait déjà trois meneurs pour seulement deux postes attribués lors des matchs. Le premier entraînement aurait lieu le dernier mercredi de septembre. D'ici là, les occasions de jouer ne manqueraient pas car le professeur de sport de l'académie de police, un ancien pivot de l'équipe de Bizertland, privilégiait son sport préféré au détriment du tir à l'arc ou des épreuves d'endurance. De plus, Théry avait prévu quelques séances de « décrassage » avec Lison dans le vieux stade du quinzième comme il le faisait au bon vieux temps avec Erié et Séfan. Pour le jeune apprenti policier, les choses se mettaient peu à peu en place. Si ce n'était l'absence de son meilleur ami, qu'il ne reverrait pas avant des années et la menace d'une guerre civile, la vie aurait pu être douce en cette fin d'été. Sa relation avec Lison lui apportait stabilité et sérénité. Les deux jeunes gens pratiquaient les mêmes activités sportives et se voyaient également les jours de repos. Après les cours, avant de regagner chacun son foyer, ils s'embrassaient tendrement en se disant qu'ils allaient se manquer d'ici le lendemain. Séfan l'aurait sûrement traité de cœur d'artichaut. Théry était si sensible et émotif. Sa nonchalance, son visage juvénile et ses longs cheveux blonds dénotaient avec son physique d'homme dans son monde d'adolescent.

Comme tous les matins, Théry passa prendre Lison à son domicile pour faire le trajet ensemble jusqu'à l'académie de police. Il avait fait connaissance avec les parents de la jeune fille. Les Aterman étaient des gens charmants et attentionnés. Sa mère tenait un poste de secrétaire à l'assemblée bizertlandienne et son père enseignait l'histoire et la géographie dans l'école secondaire de son quartier. Il se promit de l'interroger un de ces jours sur la fameuse mission d'exploration des trois « E ». Confirmerait-il la version du professeur Vork ?

— Tu te souviens qu'aujourd'hui la conseillère Maxell de la HAM intervient pendant le cours de morale landienne de madame Badone ? Rappela Lison.
— Oh non ! J'avais complètement oublié ! Ça promet deux heures d'un ennui mortel ! Qu'est-ce qu'elle va bien pouvoir nous raconter ?
— Sûrement nous rappeler nos devoirs et obligations et le rôle que nous aurons à jouer en tant que policiers dans notre district.
— Depuis quinze jours j'ai l'impression de n'entendre que ça. Heureusement, cet après-midi on pourra se défouler au stade de Circle Ball.
Théry adorait le trajet jusqu'à l'école de police. Ils traversaient différents quartiers en tenue de cadet, fiers de porter cet uniforme et encore davantage quand ils croisaient le regard bienveillant des passants.
— Avant le cours je dois demander à la professeure Badone la permission de m'absenter une demi-heure la semaine prochaine pour répondre à une convocation médicale.
— Tu es malade ?
— Mais non, le coach Miller des Aiglons demande une visite médicale pour intégrer l'équipe et jouer en sénior.
— Tu es en pleine forme, ça se voit !

Ils arrivèrent devant les grilles de l'école à sept heures quarante-cinq, suffisamment en avance pour lui permettre d'aller parler à madame Badone dans sa salle de classe. La porte était à peine entrouverte. Théry allait frapper quand il entendit une conversation à voix basse sans voir qui parlait. Il avança une oreille prudente dans l'entrebâillement.

— Zhardo est enfin à la citadelle. D'ici peu il sera de retour dans son district et nous recevrons de nouvelles directives.

— La situation évolue en notre faveur, je n'aurais jamais cru que cela aille si vite… Attends ne dis plus un mot.

Badone s'approcha sans bruit de la porte et l'ouvrit d'un coup sec. Le couloir était vide.

— Personne. Il faut se montrer prudentes, ce n'est pas le moment d'être démasquées, nous touchons presque au but.

Théry, sous le choc et le cœur battant, avait détalé à toutes jambes dans les couloirs de l'école avant d'être surpris à espionner. Il déboula dans la cour, essoufflé, le sang au visage et rejoignit Lison qui discutait avec d'autres élèves.

— Que t'arrive-t-il ? Demanda-t-elle surprise en voyant son air bouleversé.

Il l'entraîna à part et lui raconta en chuchotant ce qu'il venait d'entendre.

— Tu as clairement reconnu la voix de madame Badone ? Et l'autre personne ?

— Oui, oui, je te certifie que c'était bien elle. Quant à la deuxième femme, je ne la connais pas, mais elles ont parlé de Zhardo comme si elles le connaissaient intimement. Que va-t-on faire ?

— Si Erié était là, elle saurait quoi faire, elle.

— C'est ça, il faut le lui dire ! En ce moment elle est à la citadelle avec la garde Alpha et tous les prélats. Qui mieux

que le capitaine Offens pour gérer la situation ?
— Ça va prendre du temps, il faut lui écrire et on ne sait pas quand le courrier lui parviendra.
— De toute façon, on ne peut en parler à personne ici, tu es d'accord ?
— Oui mais en attendant il faut aller en cours et se comporter normalement pour ne pas éveiller les soupçons. On ignore qui se cache parmi les Bannis.
La cloche de huit heures sonna le début des premiers cours. Les élèves s'installèrent dans la salle de morale landienne de Madame Badone. Elle se tenait debout devant son bureau, une femme d'une quarantaine d'années à ses côtés vêtue de manière sobre mais élégante et coiffée avec soin.
— Asseyez-vous en silence. Je vous présente la conseillère Maxell, membre imminente de notre Haute Autorité Morale. Conseillère…
— Bonjour à vous chers élèves de l'académie de police. Je tiens avant tout à souhaiter la bienvenue à cette nouvelle promotion dont vous faites à présent partie.
Théry se figea sur place. Cette voix ! Aucun doute, la même qu'entendue quinze minutes plus tôt dans cette classe. La situation devenait bien plus grave que ce qu'ils avaient imaginé. La garde rapprochée du prélat de Bizertland était vérolée de l'intérieur !
Il tenta d'attirer discrètement l'attention de Lison assise deux rangs devant lui en vain.De toute façon, elle ne se serait jamais retournée en pleine intervention de Maxell. Il lui faudrait donc attendre deux interminables heures !
Théry n'écouta pas un seul mot du long monologue de la conseillère. Fébrile, il se creusait la tête à chercher une personne fiable et suffisamment haut placée à qui confier sa

terrible découverte. Il avait pensé au père de Séfan. Après tout monsieur Kerry était aussi un membre de la HAM. Mais pouvait-il lui faire vraiment confiance et ce dernier lui prêterait-il attention ?
La cloche de dix heures mit fin au cours. Les élèves disposaient d'une pause de vingt minutes avant le prochain. À peine sorti de la classe, Théry attrapa Lison par le bras et à l'écart lui souffla :
—Tu ne vas jamais me croire ! Je sais qui est la deuxième voix dans le bureau de madame Badone.
— Qui ?
— La conseillère Maxell.
— Plutôt logique. Quand nous sommes arrivés en classe, elle était déjà là. Tu te rends compte que depuis que le mouvement des Bannis existe, c'est la première fois que quelqu'un démasque un de ses membres. Ta carrière de policier démarre plutôt bien.
— La belle affaire ! On ne peut rien faire de cette information.
— Au contraire ! Si on arrive à alerter le capitaine Offens en passant par Erié et Séfan, peut-être pourront-ils décider de ne pas la confondre et l'utiliser à son insu en lui communiquant de fausses informations.
— Lison Aterman, tu es diabolique ! Hé ! Tu n'es pas une Bannie au moins ?
Elle l'attira à elle et déposa un baiser sur ses lèvres.
— Hum ! Si tu essaies de me convaincre du contraire, je veux bien te croire.
— Théry, écoute-moi, retrouvons-nous après les cours chez moi. Mes parents ne seront pas rentrés et nous pourrons rédiger ensemble la lettre pour Erié.
— On annule le Circle Ball ?

— On annule !
— D'accord. De toute façon après ce que je viens d'apprendre, je n'ai pas la tête à ça.
— Allez, retournons en cours, la journée est loin d'être terminée.

54

Bizertland le 15 septembre.

Chère Erié, Cher Séfan,

Avec Théry, nous vous écrivons à deux mains. Il me laisse la plume car d'après lui j'écris mieux. Nous espérons que vous êtes sains et saufs et en sécurité à la citadelle. À l'heure qu'il est, vous avez certainement dû recevoir chacun le pouvoir de Bizertland.Si seulement vous pouviez deviner ce qu'il se passe ici ! Théry a fait par hasard une terrible découverte. Inutile de savoir comment, ce serait trop long à expliquer, mais le fait est qu'à présent, nous connaissons l'identité de deux membres des Bannis. L'une d'elles est notre professeure de morale landienne, madame Badone et l'autre vous n'allez pas le croire... la conseillère Maxell. Théry les a surprises en pleine conversation évoquant leur dévouement à Zhardo.
Cela peut paraître incroyable, mais c'est la stricte vérité. Vous devez en informer le capitaine Offens pour qu'il décide quoi faire et qui alerter. Erié, tu dois réussir à le convaincre, il le faut. Je pense qu'il vous fait confiance. Hélas, nous n'avons aucune preuve, juste une courte conversation incriminant les deux femmes. En substance, elles disaient que Zhardo était à la citadelle et que dès son retour dans son district, il donnerait à ses fidèles de nouvelles instructions. Sans le savoir, vous le côtoyez là-bas à *la forteresse. C'est tout simplement effrayant. Ne faites confiance à personne ! Qui aurait pu croire qu'une*

conseillère de la HAM lui prête allégeance?
Nous avons appris la mort des prélats et l'attaque du canyon, mais depuis les nouvelles en provenance d'Everland sont court-circuitées par la HAM qui assure l'intérim en l'absence de Greyje. La situation à Bizertland est inquiétante et l'ambiance détestable. Tout le monde soupçonne tout le monde d'être un Banni. Même si notre rentrée à l'académie se passe bien, il est difficile dans ces conditions de se concentrer sur nos études. Nous sommes allés quasiment tous les après-midis de cette fin d'été au lac. Sans vous ce n'est pas pareil et vous nous manquez beaucoup. Théry est inscrit officiellement aux Aiglons du dix-neuvième quartier, moi je continue avec les Météores. La reprise de l'entraînement se fera dans deux semaines. Entre-temps nous nous défoulons après les cours au vieux stade comme nous le faisions tous les quatre l'été dernier. Je ne sais pas si vous serez toujours à la citadelle quand cette lettre vous parviendra. J'espère que oui. Dans le cas contraire, elle vous sera transmise par la garde Alpha à votre prochaine étape, j'imagine.
Prenez soin de vous comme nous prenons soin l'un de l'autre, vos amis,

Lison et Théry.

55

À la veille de la cérémonie des runes, alors que tous les élèves apprentis prenaient leur petit-déjeuner dans le réfectoire, la lieutenante Pierce vint les informer qu'ils étaient convoqués à neuf heures dans la grande salle de réunion du troisième étage. L'annonce provoqua un certain émoi et un murmure monta du groupe. Certains, comme Uther, avançaient l'hypothèse d'une nouvelle importante concernant les Bannis, d'autres comme Erié ou Trilh que cela avait un rapport avec la cérémonie du lendemain. À neuf heures précises, le caporal Konda introduisit les vingt jeunes gens dans la salle où ils découvrirent assis derrière deux bureaux alignés, Luka, Méline et Tristan. Pas de représentant de la garde Alpha ni de l'éducation. L'hypothèse d'Erié et de Trilh semblait se confirmer.

— Jeunes gens, prenez place rapidement. Pour ceux qui ne me connaissent pas, je suis le prélat Luka de Rauckland. Voici la dame Méline de Nansland et le prélat Tristan d'Oberland. Maintenant que les présentations sont faites, je vous laisse la place mes chers amis.

Méline prit la parole :

— Inutile de vous présenter, nous savons exactement qui vous êtes et d'où vous venez. Comme vous le savez, la cérémonie des runes aura lieu demain matin. Vous serez investis du pouvoir de votre district comme nous le fûmes quinze ans avant vous et nos ancêtres avant nous et ce depuis des siècles. Vous connaissez la situation actuelle et les heures sombres que nous traversons sous la menace

des Bannis. Certains d'entre vous ont frôlé la mort de près dans ce fameux canyon. Je pense notamment au jeune Tao. Notre modèle social et économique est remis en cause par ce mouvement contestataire qui prend sa source dans la grogne populaire. Nôtre rôle s'avère déterminant dans la bonne gestion de notre continent. Vous serez les garants des traditions et des règles édictées par les sages après la chute de l'empire landien et c'est pour cela que vous prêterez serment. Je veux qu'il ne subsiste aucun doute quant à votre détermination à poursuivre et à pérenniser notre système. Si parmi vous quelqu'un a la moindre interrogation, c'est maintenant qu'il faut l'exprimer.
Méline se tut et attendit, mais l'assistance demeura silencieuse. Aucun candidat ne se risqua à un quelconque commentaire, il aurait pu être mal interprété dans le climat de suspicion actuel.
— Bien, dans ce cas, le prélat Tristan va vous expliquer en détail le rituel de la cérémonie. Tristan, si tu veux bien…
Celui-ci se racla la gorge et déroula d'une voix monocorde la procédure :
— Cette cérémonie d'investiture existe depuis des siècles. Elle est empreinte d'un certain mystère et de nombreux rituels que l'on pourrait aujourd'hui qualifier de folkloriques. Pour autant, nous continuons de perpétuer la tradition. Demain, lorsque vous pénétrerez dans la tour de la citadelle vous subirez un choc digne d'un raz de marée. Vous serez certainement déboussolés et vos croyances ou vos connaissances personnelles seront remises en question devant cette technologie dont nous ignorons l'origine. Une chose est sûre, nos ancêtres n'étaient pas assez évolués pour l'avoir inventée. Partant de là, toutes les hypothèses sont

envisageables, mais aucune n'a été démontrée.
Il fit une courte pause pour saisir la tasse de thé devant lui et en but une gorgée.
— Je poursuis. Après cette réunion, vous passerez au magasin général du quartier militaire pour récupérer votre tenue de cérémonie, une grande cape rouge à capuche. Ce sera votre tenue rituelle. Vous devrez la revêtir demain matin avant de quitter vos quartiers. Je viendrai personnellement vous chercher à huit heures pour vous conduire à la tour, puis nous accéderons au complexe par un escalier souterrain.
Luka lui coupa la parole pour préciser :
— Excuse-moi Tristan, Vous vous demandez certainement pourquoi le prélat Tristan vous donne autant de détails ? Croyez-moi, il vaut mieux que vous en sachiez un maximum aujourd'hui car demain vous n'aurez pas le temps d'assimiler davantage d'informations ou d'être surpris tant le choc technologique sera violent. Je te laisse poursuivre mon ami.
— Les dix prélats habillés eux d'une cape noire vous guideront vers vos chambres capacitaires. C'est ainsi que l'on nomme l'endroit où vous serez investis de votre pouvoir. Ces chambres de verre sont individuelles et se composent de trois cabines. Vous laisserez tous vos vêtements dans la première. C'est en quelque sorte un vestiaire. Vous pénétrerez ensuite à notre signal dans la deuxième, qu'on peut assimiler à une douche de vapeur décontaminante et enfin la troisième et ultime étape, le sarcophage ou plus simplement un caisson de verre. Il sera ouvert. Vous vous y allongerez sur le dos en gardant vos bras le long du corps. Je dois vous avouer que ce n'est pas très confortable, mais peu importe. Ensuite il se refermera et une brume rosée

sera soufflée à l'intérieur. Vous plongerez alors pendant six heures dans un profond sommeil. Après quoi, la brume sera aspirée et le sarcophage s'ouvrira de lui-même. À ce moment-là, vous détiendrez votre nouveau pouvoir. Vous ferez le chemin inverse en respectant les mêmes étapes et ressortirez revêtus de votre cape par la cabine vestiaire. Voilà, je pense n'avoir rien oublié. Des questions ?
Selen se risqua à poser celle qui brûlait certainement les lèvres de tous les apprentis.
— Y a-t-il des effets secondaires ?
— Peut-être des courbatures ou des migraines dues à l'inconfort du caisson, mais, que nous sachions, rien de plus. Vous constaterez avec le temps que votre pouvoir vous immunise contre toutes les maladies et virus. Vous sentirez votre organisme plus fort et plus vigoureux qu'avant. À votre âge cela n'a pas encore d'importance, mais plus tard vous apprécierez ce petit privilège. Autre chose ?
Trilh leva la main.
— Quand nos pouvoirs seront-ils effectifs et quand pourrons-nous nous en servir ?
— Je reconnais bien là l'ardeur et l'impatience d'un Raucklandien, intervint Luka.
— Vos pouvoirs seront effectifs dès lors que vous sortirez de la tour, mais encore vous faudra-t-il savoir comment les invoquer, comment s'en servir et comment les contrôler. C'est là, entre autres, le rôle de vos professeurs durant ces cinq années d'études.
— Pour votre sécurité et celle de votre entourage, poursuivit Méline, n'essayez pas de les utiliser sans la supervision d'un professeur ou d'un prélat. Vous risqueriez de blesser ou même de tuer quelqu'un et vous seriez alors renvoyés

sur-le-champ, voire pire. Ce n'est jamais arrivé dans le passé. Je ne pense pas que votre promotion soit plus stupide qu'une autre, alors respectez les consignes.
Luka reprit la parole pour conclure.
— Nous allons en rester là pour aujourd'hui. Le caporal Konda va vous conduire au magasin général pour récupérer vos tenues et demain matin à huit heures, Tristan viendra vous chercher dans vos quartiers. Soyez prêts et à l'heure.
Konda attendait les élèves à la porte de la salle de réunion. Quand tous l'eurent rejoint, ils prirent la direction des quartiers militaires et entrèrent dans ce qui semblait être un bâtiment administratif. Au rez-de-chaussée, il les fit patienter dans un couloir. Un guichet s'ouvrit et un soldat apparut derrière le comptoir.
— Les filles d'abord, avancez une par une.
D'un œil expert il détermina pour chacune la taille de la robe de cérémonie qu'il leur remit dans un sac de toile. Puis ce fut le tour des garçons. L'opération ne prit que quelques minutes et le caporal raccompagna les jeunes gens à leurs quartiers, en leur rappelant les consignes données par Tristan pour le lendemain matin. Du début de la réunion jusqu'à leur retour dans leur dortoir respectif, personne n'avait prononcé un mot, comme abasourdis par ce qu'ils venaient d'entendre. Les apprentis connaissaient enfin le rituel de la cérémonie des runes, sujet qui alimentait bien des conversations et des hypothèses dans tous les districts de Land depuis des générations. Et aujourd'hui son mystère leur avait été révélé. Bien sûr, cela n'expliquait pas l'origine du pouvoir des runes, mais au moins, demain, sans surprise, ils seraient confrontés directement à cette technologie venue d'on ne sait où. Peut-être plus tard après leur nomination,

d'autres secrets leur seraient-ils dévoilés ?
Dans leur chambrée, les garçons commentaient les événements de la matinée en donnant leur avis sur la fameuse tour ou sur le complexe souterrain qui abritait le secret des origines de Land. Certains ne mirent pas longtemps à déballer la cape de leur sac pour la porter fièrement en simulant une cérémonie rituelle. Saulo et Uther, l'air rieur, avaient rabattu leur capuche et marchaient lentement de long en large devant la cheminée où un feu brûlait donnant à la scène un caractère mystique.
Séfan trouva leur petit jeu puéril, mais ne s'en offusqua pas au contraire de Trilh qui invectiva les deux compères.
— Vous n'avez pas l'air de prendre la cérémonie très au sérieux vous deux ! Si la fonction ne vous intéresse pas, vous pouvez y renoncer dès aujourd'hui !
— Si nous changeons d'avis tu seras le premier informé rassure-toi, répondit Uther. Ça va ! Nous ne faisons rien de mal. On a bien mérité un peu de détente après cette matinée bizarre !
— Tu insultes nos institutions Uther et tu ne t'en rends même pas compte. C'est indigne d'un futur prélat !
La tension commençait à monter entre les trois adolescents autour desquels leurs camarades s'étaient rassemblés. Séfan craignant une confrontation physique s'interposa d'une voix apaisante :
— Je crois que tout le monde devrait se calmer. Nous sommes tous à cran depuis notre arrivée à la citadelle et ce que nous venons d'apprendre ce matin rajoute au stress de la cérémonie. S'il vous plaît, cessez de vous quereller. Nous devons rester solidaires.
— On est désolés, répondit Uther en donnant une tape

dans le dos de Saulo comme pour lui dire : la récréation est terminée.
Trilh tourna son regard vers Séfan et fit un bref signe de la tête.
Il était près de midi à présent. La pause déjeuner allait permettre d'oublier l'incident. Les conversations tourneraient certainement toutes autour du même sujet : la cérémonie du lendemain et le changement physique associé aux pouvoirs des runes. Séfan, arrivé dans les premiers au réfectoire, se servit une part de tarte chaude au potiron, un bol de soupe et quelques fruits secs. Il s'installa à une table en réservant une place à Erié. Il avait besoin de lui parler pour connaître son ressenti sur les révélations de la matinée. Quand il l'aperçut à la porte du réfectoire, il lui fit un signe de la main en désignant la place vide à sa droite. Elle le rejoignit quelques minutes plus tard après avoir rempli un plateau.
— Puisque tu es debout, pourrais-tu me ramener une tranche de pain ?
— C'est pour ça que tu m'as gardé une place ?
— Évidemment !
Elle posa son plateau et revint avec le pain.
— Merci. Ça te dirait après le repas d'aller flâner sur le chemin de ronde ?
— Pourquoi pas ? De toute façon, nous n'aurons rien de mieux à faire cet après-midi en attendant cette fameuse cérémonie où tout va commencer pour nous.
— Nous y sommes enfin. Depuis le temps qu'on s'y prépare, qu'on en parle et voilà, on nous le dit tout tranquillement ce matin, sans prévenir.
— Finalement je préfère ça. Au moins on n'a pas eu trop le

temps d'imaginer des choses tordues.
— Quand tout était encore abstrait je n'avais pas peur, mais maintenant que je sais, ça m'angoisse beaucoup. On va passer six heures dans un sarcophage de verre quand même !
— Ne t'inquiète pas, des centaines d'apprentis y sont passés avant nous.
Dans peu de temps, ils débuteraient officiellement leur cycle d'études. Si pour Erié cela demeurait une évidence et une voie qu'elle avait elle-même choisie, pour Séfan le doute subsistait toujours. Tout ce qu'il savait c'est qu'Everland l'avait déjà changé à tout jamais.

56

Après la fin du conseil extraordinaire provoqué par Luka, Diker avait regagné ses appartements pour être seul et se réjouir. Enfin les choses tournaient en sa faveur ! Comme il s'y attendait, les prélats et les membres des HAM n'avaient pu se mettre d'accord sur la stratégie à adopter pour combattre les Bannis. Bien que la nouvelle de la trahison du sergent-chef Kriff ait surpris toute l'assemblée, cela n'avait rien changé. Les deux camps, celui des extrémistes et celui des modérés, ne se départagèrent pas. Il s'installa sur le confortable fauteuil de son salon privé et dégusta le délicieux thé importé des hauts plateaux d'Eckerland qu'il avait emporté dans sa malle. Mis à part ce service à thé des plus vulgaires, tout était parfait. Dans cette citadelle antique, il fallait se contenter du peu de luxe offert. À ce moment précis, cela lui suffisait. Il savourait son premier fait d'armes en tant que nouveau dirigeant de Drackerland, à savoir l'élimination d'un témoin gênant. Kriff, cet idiot, s'était laissé prendre en tentant de tuer Véléa. Quel dommage que sa tentative ait échoué, il aurait tellement aimé se débarrasser de cette mégère qu'il détestait. Fort de son nouveau don, il trouverait bien une autre occasion de retenter sa chance. Avant-hier soir, lorsque le major Jona était passé prendre de ses nouvelles pendant la pause du match de Circle Ball, il avait voulu tester sur lui ses nouvelles capacités. D'abord juste comme un jeu, pour se prouver que dix ans après les avoir perdus, il les maîtrisait encore. Puis voyant que Jona réagissait bien, il l'avait manipulé pour éliminer Kriff. Le lendemain matin lorsqu'avec Sigred, Véléa et Offens, ils découvrirent le corps froid et inanimé de son disciple, il dut fournir un énorme effort pour cacher sa joie. Jona avait précipité la fin du pauvre bougre. Comment ? Peu importait. L'essentiel demeurait qu'il soit mort avant que Diker en tant que prélat de Drackerland n'ait eu à utiliser ses pouvoirs. En la présence des autres, il aurait dû poser des questions délicates qui pouvaient le trahir. Kriff ne connaissait de la hiérarchie des Bannis qu'un échelon au-dessus de lui et un échelon en dessous, ce qui garantissait plus ou moins l'anonymat de ses disciples.

La cérémonie des runes se tiendrait demain matin. Cela n'inquiétait pas Zhardo.Vingt jeunes gens dotés d'un pouvoir qu'ils ne maîtriseraient pas avant des années ne seraient pas un obstacle à sa destinée d'empereur de Land. Il laisserait la cérémonie se dérouler normalement sans tenter de la saboter ou de tuer qui que ce soit. Ces pauvres apprentis, au fond n'étaient que des gosses dans lesquels il se reconnaissait quinze ans auparavant. Zhardo dans sa grande clémence les épargnerait.

Il lui paraissait difficile de construire un plan d'action pour les semaines à venir tant les événements pouvaient changer du jour au lendemain. Malgré tout, il se devait d'établir les grandes lignes de la stratégie qui le mènerait à régner. Son objectif prioritaire demeurait la soumission ou la disparition des prélats pour s'adjuger leurs pouvoirs. Pour cela, il devrait en déposséder leurs propriétaires ou les convaincre de s'allier à lui. La partie purement technique lui posait aussi des problèmes. Il connaissait parfaitement la procédure pour acquérir un don, mais comment en concentrer dix dans le même corps ? Bien avant lui, les empereurs landiens jouissaient de toutes ces capacités, mais depuis leur chute, ce processus n'avait jamais été reproduit. Était-il définitivement perdu ? Persuadé du contraire, il lui faudrait chercher la solution au cœur même du complexe, que personne n'avait jamais entièrement exploré. Que cachaient les neufs autres niveaux inaccessibles ? Les connaissances landiennes ne permettaient pas de comprendre ou d'utiliser la technologie abandonnée là par une civilisation disparue depuis des millénaires.

Bientôt il serait de retour dans son district avec le titre de prélat, mais cela lui importait peu, car de Drackerland, il lui serait difficile de manipuler à distance les esprits de ses homologues ou des membres de leur HAM. Il lui restait quelques jours pour agir et semer les graines de sa future récolte. Il devait étendre son réseau en recrutant davantage de disciples, soit par conviction, soit par contrainte. Les dirigeants en place jugeaient la situation suffisamment inquiétante pour convoquer sous peu un nouveau grand conseil extraordinaire, l'occasion idéale de continuer le recrutement et d'ajuster sa stratégie. Ici dans la citadelle, il pouvait compter sur quelques fidèles qui ignoraient tout de sa véritable identité. Jona en faisait partie désormais. En quelque sorte, il venait de rejoindre les Bannis malgré lui. Un doute subsistait sur ses capacités à convertir ses homologues. Peut-être leur propre pouvoir les immunisait-il de toute tentative d'influence ? Il l'ignorait, mais devrait s'en assurer rapidement, car cela pourrait le contraindre à changer de tactique et retarder son avènement sur le trône.

57

Le jour de la cérémonie des runes arriva enfin. Dans les deux dortoirs, le branle-bas de combat débuta dès six heures du matin. Aucun des vingt apprentis n'avait vraiment bien dormi. Chez les filles, Hodélia, qui n'avait toujours pas fermé l'œil à cinq heures passées, voulut relancer le feu qui mourait dans les deux cheminées. Elle se leva discrètement dans le noir et remit une grosse bûche sur les cendres encore rouges du premier foyer. Pour alimenter le deuxième, elle alla chercher dans la réserve à bois deux imposants morceaux de chêne qui maintiendraient le dortoir au chaud jusqu'au réveil de ses camarades. Son pied nu heurta durement l'angle de la cheminée. Avec un cri de douleur, elle lâcha les deux bûches qui s'écrasèrent avec un bruit sourd.

La chambrée s'éclaira presque aussitôt et des visages effrayés émergèrent des alcôves pour découvrir, avec soulagement, Hodélia grimaçante se tenant le pied et des bûches au sol.

Les actes meurtriers des Bannis continuaient de les traumatiser. Même à l'intérieur de la forteresse, certaines ne se sentaient toujours pas en sécurité. Après ce réveil en sursaut, personne ne put se rendormir. Quelques filles se regroupèrent devant les cheminées pour revoir encore le détail de la procédure, pour se rassurer une dernière fois avant la cérémonie. La salle des sarcophages constituait la partie la plus effrayante du processus. Passer six heures dans un caisson les inquiétait beaucoup malgré le discours rassurant de la dame Méline sur l'absence d'effets secondaires. À sept heures, elles descendirent ensemble à la salle à manger pour le petit-déjeuner. Quelques militaires, les traits tirés par une nuit de garde, étaient déjà attablés. Les garçons les rejoignirent peu après, y compris ceux qui d'habitude préféraient se passer de ce premier repas pour profiter plus longtemps du confort tiède de leur lit. Les consignes de Luka seraient sans conteste respectées. Quand Tristan viendrait les chercher à huit heures précises, il trouverait face à lui vingt apprentis prêts en tenue de cérémonie.

Dans le réfectoire, la plupart semblaient soucieux, mal réveillés, le nez dans leur tasse ou le regard dans le vide. Les rares conversations se limitaient à quelques mots échangés sur des banalités. La salle se vida rapidement, laissant la place aux soldats qui arrivaient par petits groupes.

Les jeunes gens utilisèrent leur dernière demi-heure pour finir de se préparer et revêtir la fameuse cape rouge dans une atmosphère pesante. Finies les facéties et les plaisanteries. Plus l'heure de la cérémonie approchait, plus la pression montait dans les dortoirs.

Après tous ces mois de préparation, d'examens, d'attente, le destin de chacun basculerait lorsqu'ils pénétreraient dans la tour millénaire. Land avait choisi de faire confiance à ses jeunes. Par une formation longue de cinq années et adaptée à la gestion d'un district, le continent solitaire formatait ses dirigeants pour répondre à la vie en autarcie. Les premiers signes d'un malaise populaire étaient apparus quelques années auparavant, révélant que les rouages de la doctrine landienne se rouillaient lentement mais inexorablement. C'est dans ce contexte que la nouvelle promotion allait débuter son apprentissage, sans être certaine au final de

pouvoir un jour gérer un territoire si la situation tournait à l'avantage de Zhardo. Les conditions actuelles étaient loin d'être favorables. Le grand conseil ne l'ignorait pas, mais il fallait coûte que coûte poursuivre la procédure de renouvellement et surtout s'assurer de la dévotion des jeunes gens à leur cause.
À sept heures cinquante-cinq, la lieutenante Pierce se présenta à la porte du dortoir des garçons. Après un coup d'œil à leur tenue vestimentaire, elle les rassembla derrière elle et ils descendirent jusqu'à la chambrée des filles un étage plus bas. Le groupe déboucha sur la cour où attendait Tristan dans sa cape noire, la capuche relevée sur la tête.
— Prélat Tristan, tous les apprentis sont rassemblés et à votre disposition.
— Je vous remercie lieutenante. Jeunes gens, placez-vous derrière moi capuche sur la tête, par binôme, du numéro un Bizertland au numéro dix Drackerland.
La curieuse procession se mit en marche vers la tour dans la lumière blafarde de cette froide matinée de septembre, sous les yeux médusés des quelques soldats qui traversaient eux aussi la grande place de la citadelle. Bien sûr, il n'était pas question à ce moment de parler, mais Séfan éprouva le besoin d'un regard amical et tourna la tête vers Erié qui lui adressa un sourire d'encouragement. Rien ne comptait plus au monde pour elle que cette cérémonie à laquelle elle se préparait si durement depuis des années. Une étape de plus qui la mènerait vers son destin de prélat de Bizertland, Séfan le savait au plus profond de lui. De son côté, il n'avait pas autant de détermination qu'elle à occuper cette fonction. Les soldats en faction devant la tour ouvrirent les deux battants de la porte et le groupe pénétra dans le hall. Ils

aperçurent étonnés une grande pièce vide, froide, des murs et un sol de pierre grise avec, en plein centre, un escalier menant aux étages supérieurs. Les binômes échangèrent des regards sceptiques et déçus. Là où ils s'attendaient à découvrir une technologie supérieure, il n'y avait que des vestiges lugubres d'une civilisation oubliée. Tristan s'immobilisa pour fouiller dans les grandes poches de sa cape et en ressortit un morceau de verre plat et épais d'environ dix centimètres sur cinq qu'il approcha d'une plaque métallique incrustée dans la colonne de l'escalier. À son contact la plaque de verre s'illumina de symboles rouges et le sol se déroba laissant apparaitre des marches. Uther et Sethe, en fin de cortège, ne voyaient rien de tout ça, mais à entendre les expressions de stupeur de leurs camarades, quelque chose d'extraordinaire venait d'arriver.
—Soyez prudents, le passage est étroit et nous allons descendre dans le noir.

La descente vers un premier palier ne prit que quelques secondes. Tristan répéta la même opération devant une porte métallique qui s'ouvrit au contact de sa rune. Les vingt apprentis découvrirent stupéfaits le complexe : une vaste salle fortement éclairée d'une lumière blanche presque naturelle, des écrans de verre posés sur des consoles, une multitude de pièces, sorte de cabines. L'ensemble des équipements, cloisons, meubles et autres étant en verre, on voyait distinctement dans les pièces du fond les fameux sarcophages, étape ultime de la transformation. Les dix prélats apparurent tous vêtus de leur cape noire, la capuche abaissée.
Luka prit la parole.

— Bien. À présent nous voici tous réunis pour exécuter le cérémonial qui vous donnera accès aux pouvoirs de Land. Ce que vous découvrez là va certainement au-delà de ce que vous pouviez imaginer. Je peux le concevoir car nous fûmes nous-mêmes confrontés à la même réalité il y a de nombreuses années. Vous devrez vous aussi préserver ce secret. Seuls nous et les ambassadeurs avons accès à ces connaissances. Elles ne doivent en aucun cas tomber entre de mauvaises mains. Pour cela, vous allez vous engager et prêter serment pour défendre ce lieu et ne jamais le divulguer. Carielle, c'est à toi.
— Approchez et mettez-vous en cercle autour de moi, votre capuche sur la tête. Mesdames et messieurs, en ligne derrière les apprentis, couvrez vos têtes. Sigred passe en éclairage de cérémonie.
Après une courte manipulation sur un écran de verre, la lumière blanche laissa la place à une faible lueur rouge dans le complexe. Puis un trait blanc lumineux projeté du plafond vint éclairer Carielle debout au centre du cercle que formaient les élèves. Cette mise en scène semblait surréaliste aux vingt jeunes gens et conférait à l'ensemble une atmosphère mystique qui accentuait l'importance de la cérémonie et qui resterait gravée à jamais dans leurs mémoires.
— Nous allons à présent réciter le serment des runes. Vous devrez répéter chaque phrase. Je les validerai et vous serez alors liés sur vos vies à ces dix promesses inviolables.
Les prélats égrenèrent un à un les dix serments, repris à l'unisson par les vingt apprentis. Il y était question de loyauté, de confiance, d'engagement et finalement de protéger le secret millénaire de Land. La longue litanie se poursuivit

pendant une heure, mais le temps n'avait plus cours ici dans les profondeurs de la tour. Le caractère hypnotique de la cérémonie avait plongé les jeunes gens dans un état de transe. Puis la lumière rouge disparut et la pièce s'éclaira de nouveau. Peu à peu, les apprentis semblaient émerger d'un profond sommeil et reprendre pied avec la réalité.
Sigred poursuivit.
— Vous pouvez baisser vos capuches. Nous allons à présent entrer dans le vif du sujet. Cela va être la partie la moins agréable pour vous. Vous allez être plongés dans une sorte de stase. Le réveil risque d'être plutôt douloureux. L'avantage de cette conception du complexe en verre est que tout est visible.Vous avez remarqué les vingt pièces en enfilade avec leurs trois salles attenantes. Tristan vous a déjà expliqué la procédure. Nous allons vous guider pas à pas de la première cabine jusqu'au sarcophage en vous dirigeant par la voix. Je laisse à présent la dame Méline débuter le processus.
Les apprentis se tenaient alignés devant elle pendant que cinq prélats s'affairaient devant les écrans de verre qui clignotaient en tous sens.
— Les cabines numérotées de un à dix sont dédiées aux garçons et celles de onze à vingt aux filles. Positionnez-vous devant, dans l'ordre de vos districts. Donc en numéro un Séfan. Ta place est ici.
Celui-ci s'avança nerveusement devant la porte numéro un suivi par Trilh et Ilbert en numéros deux et trois, jusqu'à ce que Uther se place à la dix. Puis ce fut le tour des filles. Une fois que Sethe eut regagné la porte vingt, Méline reprit la parole.
—Vous connaissez les consignes inhérentes à chaque

cabine. Si le moindre doute subsiste n'hésitez pas à poser vos questions maintenant ou à nous solliciter à l'intérieur des pièces. Nous vous entendrons et pourrons vous répondre, donc pas d'inquiétude. Vous ne serez pas seuls. Voilà, nous vous donnons rendez-vous dans six heures. Restez calmes et tout se passera bien. Maintenant, que chacun démarre son processus.

58

Erié pénétra la première dans sa cabine, bien déterminée à franchir la nouvelle étape qui lui conférerait le pouvoir de divination. Elle se débarrassa de ses vêtements et pénétra aussitôt dans la deuxième cabine sans se soucier de ses camarades à droite et à gauche. Dans la neuf, Ophéus mettait un temps fou à suivre les consignes. La voix de Méline résonna dans la petite pièce.

— Ophéus, d'ordinaire tu prends une douche en sous-vêtements ? Laisse tous tes effets dans le vestiaire, c'est clair ? Ne te soucie pas du regard des autres. Crois-moi tout le monde est trop occupé pour s'intéresser à toi.

L'apprenti de Nansland obtempéra et entra dans la seconde cabine. Aussitôt la porte refermée, une vapeur bleutée l'enveloppa pendant une minute puis la troisième porte s'ouvrit sur la pièce suivante contenant le fameux sarcophage.

Séfan de son côté grelottait une fois sorti de la brume. En entrant dans la dernière cabine, il tourna la tête vers Trilh qui se tenait debout devant son caisson de verre, indécis. Ils échangèrent un regard comme pour se motiver puis pénétrèrent en même temps dans le sarcophage. Ils s'allongèrent sur le fond qui épousait la forme du corps et le couvercle se referma sans bruit quelques secondes plus tard. Séfan avait l'impression de pénétrer dans une baignoire remplie d'eau glacée, tant le froid le tétanisait. Tous les muscles contractés, il était loin d'être serein. La voix de son prélat se fit entendre dans son caisson.

— Séfan, relâche-toi, détends-toi et tu cesseras de grelotter.

À présent une brume rosée va être soufflée dans le sarcophage. Respire-la profondément sans crainte.
La brume envahit complètement le caisson qui se mit à clignoter d'étranges symboles rouges.
Dès la deuxième bouffée, tout son corps se détendit et il sombra dans un profond sommeil.
Il se réveilla allongé sur une paillasse dans une cellule obscure et puante. En se relevant précipitamment, il s'aperçut avec dégoût de sa triste allure, pieds nus, un pantalon de toile marron crasseux et une tunique trouée. À présent, il se souvenait de tout. Zhardo avait renversé le pouvoir landien en s'autoproclamant empereur. Ceux qui s'étaient ralliés à sa cause furent graciés, les autres dont il faisait partie attendaient en prison d'être jugés. Deux soldats se présentèrent devant la porte de sa cellule.
— Traître Kerry, l'heure est venue de faire face à ton jury.
Après lui avoir enchaîné les pieds et les poings, ils le conduisirent dans une salle où d'autres prisonniers le rejoignirent. Le cœur serré, il vit entrer Erié dans un état pitoyable, mais aussi Hamber, Pier, Ilbert et un grand nombre de ses camarades apprentis. Impossible pour lui de dire où ils se trouvaient, mais dès qu'ils franchirent les portes de la prison, il reconnut le palais d'une assemblée. Mais laquelle ? Peu importait car pour l'heure, ils allaient comparaître devant le tribunal des Bannis. Leurs vies, c'était certain, ne vaudraient pas chères. Séfan compta avec lui-même douze apprentis. Malgré tous ses efforts de concentration, il n'arrivait pas à déterminer exactement les absents, à l'exception de Trilh. Avaient-ils péri lors des combats à la citadelle ou avaient-ils rejoint Zhardo ?
Il eut la réponse en pénétrant dans la salle d'audience. Il

l'aperçut assis sur un banc dans le public, le sourire aux lèvres, l'air triomphant. Il découvrit aussi avec peine Ophéus, Ysiane, Révane et Selen sur le même banc, derrière celui des quelques prélats qui avaient renié Land comme Luka, Zoëlle et Félicia.
Zhardo, installé sur une estrade surélevée, présidait en juge suprême. Séfan n'arrivait pas à distinguer son visage qui restait dans le brouillard. Alors qu'il faisait face au pire ennemi de Land, il était incapable de le reconnaître. Furieux, il se frotta les yeux et au prix d'un énorme effort se concentra sur le visage flou qui commença lentement à se matérialiser. Ses traits devinrent plus nets et sa chevelure apparut clairement puis, tout à coup, la pièce fut plongée dans le noir et Séfan sombra dans les ténèbres.
Cela faisait maintenant presque trois heures que les vingt apprentis dormaient dans les sarcophages de verre. Le capitaine Offens avait fait déposer une collation dans le hall de la tour. Coincés dans le complexe souterrain pour au moins encore quatre heures, les représentants des districts auraient besoin de s'alimenter. Le processus de transformation se déroulait sans accroc et, passée la première heure, la lassitude s'empara des maîtres de cérémonie. Toutes et tous avaient délaissé leur cape noire. Certains surveillaient sur les écrans de contrôle les constantes des jeunes gens pendant que d'autres assis dans un salon dans un coin de la grande salle buvaient et se restauraient.
— On voit nettement se détacher des candidats à fort potentiel, déclara Luka.
— À qui penses-tu ? Interrogea Carielle.
— Tout d'abord à Trilh.
— En le voyant, j'ai l'impression de faire un bond dans le

passé tellement il te ressemble, plus par son caractère que par son physique.
— Tu as remarqué ! Oui, il semble tellement déterminé. Ensuite cette Erié de Bizertland, elle a vraiment la tête sur les épaules, elle m'impressionne.
— D'après Offens, elle a déjà été confrontée à de terribles situations dont elle s'est sortie grâce à son esprit d'analyse. Elle me fait penser à cette pauvre Hanaé. Le chemin est encore long jusqu'au choix final de nos successeurs.
Assis devant un écran de verre, Greyje écoutait d'une oreille distraite la conversation entre Luka et Carielle. Il les interrompit :
— Justement, je perçois une activité cérébrale intense chez ma jeune condisciple. Je me demande à quoi elle rêve ?
Erié portait la tenue officielle d'été : veste verte en tissu léger, pantalon assorti et chemise blanche à col rond. Elle ressemblait beaucoup à la défunte Hanaé avec ses cheveux bruns noués en une tresse enroulée autour de la tête. Assise seule dans un compartiment, elle voyait le paysage de Land défiler sous ses yeux. La matinée était radieuse, le soleil brillait, le ciel d'un bleu azur très pur contrastait avec les vertes prairies que le convoyeur spécial traversait à vive allure. Un début de journée parfait pour se rendre à l'assemblée des prélats. Le commandant Hex, chef de sa police secrète, avait succédé à Offens à la tête de la garde Alpha. Elle avait hâte de retrouver la citadelle après une absence d'un an. Nul doute qu'Everland l'accueillerait sous un ciel gris, mais peu lui importait, ce retour aux sources de son pouvoir la rendait joyeuse ce matin de juillet. La lutte contre les Bannis s'était conclue par la victoire des districts et le démantèlement du groupuscule dissident. Zhardo

capturé et jugé, fut condamné à mort. La sentence avait été exécutée au sein même de la citadelle. Fusillé, un froid matin d'hiver sur la grande place enneigée de la forteresse, puis incinéré conformément à la coutume landienne. Depuis presque un an la paix régnait sur Land. Les prélats avaient changé les règles de gestion afin de supprimer les inégalités sociales. Le peuple retrouvait à nouveau la confiance perdue auprès de leurs dirigeants. La dame Erié avait promu Théry Ashmor et Lison Aterman sergents-chefs de sa police et Séfan, en tant qu'ambassadeur, arpentait tout le continent pour signer des accords commerciaux avec les autres régions. Oui vraiment tout était parfait à une chose près. Bien qu'elle assistât à l'arrestation de Zhardo, à son procès et à son exécution, elle demeurait incapable de se rappeler son visage et pire encore, son identité. Qui était Zhardo ? Cette question l'obsédait encore.

— Dans une heure, les premiers sarcophages s'ouvriront, déclara Véléa en contrôlant l'évolution de la procédure sur son écran.

—Erié en sortira la première et nous finirons par Ophéus qui s'est montré le plus réticent à y entrer, répondit Méline. En tant que cheffe de son district, je devrais peut-être lui parler pour comprendre son attitude. Ce garçon semble vraiment perturbé. Je me demande s'il va aller au bout de la formation.

— Nous étions avec lui dans ce canyon. Ces heures de terreur et d'angoisse l'ont certainement traumatisé.

— Je suis d'accord avec toi, mais tout le monde n'a pas réagi comme lui. Il y a forcément autre chose et j'aimerais savoir quoi.

La dernière heure s'écoula dans un grand silence.

Une certaine tension montait dans l'assemblée. Après pratiquement sept heures consécutives dans la lumière artificielle du complexe souterrain, tout le monde aspirait à retrouver l'air pur et revigorant de la citadelle.
Le premier sarcophage s'ouvrirait dans moins de quinze minutes. Sigred donna le signal de la reprise :
— Chers amis, nous allons nous préparer. Tout le monde à son poste en tenue de cérémonie pour passer en revue les procédures.
Tous les prélats revêtirent leur cape noire. La lumière fut considérablement baissée pour ne pas heurter les jeunes gens à leur réveil.
— Chacun gère ses candidats. Ils vont paraître désorientés. Souvenez-vous, ils ne doivent en aucun cas quitter leur sarcophage sitôt réveillés. Ils auront besoin de quelques minutes pour retrouver leurs esprits et sortir puis faire le cheminement inverse et revenir par la cabine vestiaire.
— Caisson numéro onze en décompression, la brume s'évacue, lança Greyje. Ouverture du couvercle en cours. Erié, Erié, tu m'entends ? Réveille-toi, Erié ! Elle ouvre les yeux.
— Caisson numéro six en décompression, la brume s'évacue.
— Numéro dix-sept en décompression, la brume s'évacue.
En l'espace de quelques minutes, tous les sarcophages s'ouvrirent. Entre le premier, celui d'Erié, et le dernier, celui d'Ophéus, un quart d'heure s'était écoulé.
Erié suivit les consignes et se redressa en position assise quelques minutes avant de s'extraire de son caisson, guidée par la voix rassurante de Greyje. La lumière douce du complexe lui faisait penser à son réveil un matin de

printemps lorsque le soleil filtrait doucement entre les lamelles du volet de sa chambre. C'était une sensation familière, agréable, comme si elle se réveillait après une longue nuit, se douchait et s'habillait pour sortir rejoindre ses amis.
Séfan s'assit dans son caisson. Sa tête tournait et une affreuse douleur lui labourait la nuque. Du coin de l'œil, il aperçut Trilh, debout, se dirigeant vers la cabine de décontamination. Il aurait voulu lui aussi sortir, mais il lui semblait que son cœur battait à tout rompre dans sa tête. Il resta donc assis. Après plus de dix minutes, Greyje l'interpella :
— Séfan, comment te sens-tu ?
— J'ai l'impression que ma tête va éclater. J'ai terriblement mal, gémit-il.
— Calme-toi, respire profondément et expire par la bouche. Nous ne pouvons pas intervenir dans la salle où tu te trouves car elle est stérile. Tu dois ressortir par la première cabine pour que nous puissions te conduire à l'infirmerie. Ensuite le major Jona s'occupera de toi. Ne t'inquiète pas.
Ophéus sorti, il ne restait que Séfan dans son sarcophage. Les apprentis, encore un peu amorphes, furent rassemblés et installés dans le salon du complexe.
Les prélats inquiets supervisaient sa sortie. Tout le monde avait les yeux braqués sur lui au travers des parois de verre.
— Si la situation ne s'arrange pas, je vais devoir aller le chercher, déclara Greyje.
— Donnons-lui encore quelques minutes, proposa Méline.
— Séfan, écoute-moi.Si tu sens incapable de sortir je vais venir t'aider.Mais pour cela je dois moi aussi suivre tout le processus de décontamination, tu comprends ?

— Oui, je comprends prélat Greyje. Je pense que ça va aller, je vais y arriver.
Au prix d'un terrible effort, Séfan passa une première jambe hors du caisson, posa son pied nu sur la dalle froide et se mit debout en se tenant d'une main au couvercle du sarcophage. Au ralenti, il se dirigea vers la cabine douche. À chaque fois qu'il posait le pied par terre, une onde de choc se répercutait dans sa nuque, à tel point qu'il faillit s'évanouir quand il franchit la porte de verre. Chancelant, il se tint aux parois pendant que la brume vaporeuse l'enveloppait.
À sa sortie de la première cabine, il n'avait pu revêtir que l'essentiel, son pantalon et son tricot de coton. Quand Greyje vint le récupérer, il perdit connaissance.
Des cris s'élevèrent du salon alors qu'il s'écroulait, retenu par son prélat. Erié bondit de son fauteuil. Zoëlle l'intercepta pour lui signifier de rester à sa place et que dix adultes expérimentés pouvaient gérer la situation.
Malgré la centaine de mètres les séparant de leur quartier, le retour leur parut interminable. Pour une fois, le groupe apprécia le froid vif d'Everland qui les sortait progressivement de leur léthargie. Erié s'inquiétait pour Séfan que deux soldats avaient transporté à l'infirmerie sur un brancard. Plus tard après la collation préparée pour eux au réfectoire, elle demanderait la permission au capitaine Offens de rendre visite à son ami. Les dix prélats et les dix-neuf apprentis en capuche traversaient la grande place escortés par dix hommes de la garde Alpha. Quelques membres des différentes HAM qui circulaient dans l'enceinte de la citadelle, s'arrêtèrent intrigués par ce curieux cortège. Sous la surveillance des militaires, les apprentis entrèrent dans la salle à manger ouverte spécialement pour l'occasion

où des plateaux de fromage, des corbeilles de pain et de fruits secs, des pots de thé chaud et des carafes d'eau les attendaient sur les tables.
Le processus de transformation les avait vidés de leur énergie. Le petit-déjeuner leur semblait déjà loin. Ils s'installèrent en silence et mangèrent de bon appétit.
Une fois rassasié, Tao fit remarquer :
— J'ai l'impression que la douleur à ma jambe a quasiment disparu. J'ai pu marcher presque normalement au retour, alors qu'à l'aller ma cicatrice me tiraillait.
— Certainement une manifestation positive du pouvoir des runes. Comme nous l'a dit Tristan, notre capacité de guérison devrait être accrue. C'est plutôt une bonne chose, fit remarquer Selen.
— Est-ce que quelqu'un se sent différent, d'une manière ou d'une autre ? Demanda Uther.
— Il faudrait demander ça à Séfan, plaisanta Trilh, il n'avait vraiment pas l'air dans son assiette.
Erié allait répliquer par une remarque cinglante, mais Pierce lui coupa la parole.
— À présent tout le monde regagne son dortoir avec interdiction de sortir pendant quarante-huit heures. Vous pouvez seulement vous déplacer à l'intérieur de votre bâtiment, y compris la bibliothèque et les salons communs. Je ne veux voir personne dehors.
Erié rattrapa la lieutenante avant qu'elle ne quittât le réfectoire.
— Lieutenante, quand pourrais-je voir Séfan ? Comment va-t-il ?
— Aucune idée. Tu as entendu les consignes ?
— Mais lieutenante, j'ai besoin de savoir s'il va bien !

— J’en parlerai au capitaine Offens. Maintenant regagne tes quartiers.
Manifestement Pierce ne voulait pas s’engager sur la validation d’une quelconque visite à l’infirmerie, ce qui la laissa perplexe. S’il allait mieux pourquoi lui interdirait-on de le voir ? Cela ne pouvait signifier qu’une seule chose, l’état de santé de son ami s’était dégradé. Pour en avoir le cœur net, elle devrait lui rendre visite malgré le confinement et les ordres de la lieutenante. L’infirmerie serait certainement gardée par un soldat. Depuis leur retour à la citadelle, le capitaine Offens avait renforcé la garde dans tous les endroits sensibles. Erié se sentait tenaillée entre le désir de voir Séfan et ses convictions landiennes qui lui imposaient de respecter l’ECO. En étudiant les différentes possibilités, elle renonça à transgresser les règles. Elle tenterait d’obtenir des informations directement par d’autres sources. Elle pouvait aussi bien solliciter son prélat ou le caporal Konda qui semblait apprécier le jeune homme.

59

Il semble être plongé dans un rêve. Je l'observe depuis plus d'une heure et j'ai l'impression qu'il est en train de vivre une situation angoissante.

— Vous êtes sûr major ?

— Quasiment capitaine. À la manière dont il s'agite et vu l'activité cérébrale intense, j'écarte la thèse du coma. Quand j'ai pris mes fonctions à la citadelle l'année dernière, je crois avoir lu quelque chose à ce sujet dans les archives de l'infirmerie.

— Pensez-vous pouvoir retrouver ce document ?

— Cela risque de prendre du temps. Il y a des centaines de rapports et de comptes rendus sur la cérémonie des runes au fil des siècles. Il va me falloir de l'aide.

— Compte tenu du caractère confidentiel, nous ne pouvons pas solliciter n'importe qui. Avec un renfort de dix personnes nous devrions trouver à quoi vous faites allusion.

— Il faut faire vite alors, son pouls est très rapide et ses fonctions cardiaques s'emballent. Il ne supportera pas longtemps un tel régime.

— Faites le maximum pour stabiliser son état, je vais immédiatement réunir le grand conseil.

Offens sortit précipitamment de l'infirmerie. Les deux soldats en faction devant la chambre de Séfan le saluèrent au passage, se demandant si d'autres événements imprévus allaient encore perturber le séjour des délégations. Décidément rien ne se passait comme prévu cette année de cérémonie des runes. La trahison du sergent-chef Kriff avait jeté un froid sur l'ambiance à la garnison et semé le

doute sur la loyauté des hommes du capitaine.
Après pratiquement huit heures passées dans les entrailles de la citadelle, les prélats devaient tous à présent prendre un peu de repos dans leur quartier. Dans un salon, il avisa quelques membres des différentes HAM en train de discuter et les pria d'informer leur chef respectif qu'une réunion extraordinaire allait se tenir dans trente minutes dans la grande salle du quartier militaire. Cette nouvelle ne sembla pas les surprendre. Depuis quelques jours, les assemblées extraordinaires succédaient aux réunions spéciales.
Après avoir donné quelques consignes, il regagna d'un pas rapide l'infirmerie. Jona avait administré des calmants à Séfan pour faire redescendre son rythme cardiaque. Le jeune homme semblait plus apaisé, mais de temps à autre, s'agitait quelques secondes en émettant de petits gémissements.
— Son état est stable. Nous sommes tranquilles pour quelques heures.
— Très bien. Venez avec moi, vous allez nous expliquer ce que nous devons chercher dans les archives.
Les deux hommes rejoignirent la grande salle où Sigred et Véléa attendaient installés autour de la table.
— Que se passe-t-il capitaine ? Allez-vous encore nous annoncer une catastrophe ? Demanda Sigred.
— Je crains que oui, mais cette fois, cela ne concerne pas les Bannis. Le major Jona vous donnera les détails dès que nous serons au complet.
Une demi-heure après, seuls Zoëlle et Diker manquaient à l'appel. Le reste des prélats commençait à s'impatienter. Ils voulaient connaître la raison de leur présence ici. Ils arrivèrent enfin avec une heure de retard.

— Capitaine, à présent que nous sommes tous là, pouvez-vous nous expliquer ce qu'il se passe ? S'inquiéta Sigred.
— Je vais laisser la parole au major Jona.
— Cela concerne Séfan, l'apprenti de Bizertland. Depuis qu'il a perdu connaissance à la sortie de sa cabine, il semble être plongé dans un sommeil paradoxal en lien avec son nouveau pouvoir. Il y a quelques temps en feuilletant les archives médicales, je suis tombé sur un rapport vieux d'une centaine d'années qui mentionnait ce fait rare.
— De quoi s'agit-il exactement ? Interrogea Diker.
— Le pouvoir de divination le retient dans un rêve, ou devrais-je dire, un cauchemar. Il est en train de vivre un futur alternatif que son don lui a dévoilé.
— Mais enfin, c'est impossible, il ne maîtrise pas son nouveau pouvoir.
— Justement, c'est bien là le problème. Son esprit n'arrive pas à faire la différence entre le réel et l'illusion et de ce fait, il ne peut en sortir.
— Qu'attendez-vous de nous ?
— Nous devons retrouver dans les archives de l'infirmerie le compte-rendu qui mentionne cet incident pour savoir comment nos prédécesseurs l'ont réglé.
— Alors ne perdons pas une seule minute, je vous y conduis, conclut Offens.
Au bout d'une heure de recherches, la salle des archives se trouva sens dessus dessous. Située au sous-sol, cette immense pièce poussiéreuse comptait des centaines de rayonnages sur lesquels étaient entreposés, en plus d'une multitude d'ouvrages médicaux, des boîtes en carton contenant les rapports des cérémonies des runes rédigés par les prélats successifs.

— Je me souviens à peu près de la période. Concentrons nos recherches sur cette étagère, précisa Jona en la montrant du doigt.
Après deux heures, les chercheurs commençaient à se décourager, lorsque Méline s'écria :
— Je crois que je tiens quelque chose ! Major lisez ça.
— Oui, c'est ça ! Je me souviens du compte-rendu rédigé par la prélat de l'époque la dame Janteaux. Voyons… tout y est clairement expliqué. Nous avons besoin de l'intervention des pouvoirs de Bizertland et de Drackerland, autrement dit de Greyje et Diker. Il faut agir rapidement.
— Dans ce cas, prenons ce rapport et rendons-nous immédiatement à l'infirmerie, proposa Greyje, très soucieux du sort de son apprenti.
— Hormis Greyje et Diker, la présence des autres n'est pas requise.
— Très bien major. Dans ce cas, nous nous retirons. Capitaine nous attendons votre rapport au plus vite, conclut Sigred.
Les quatre hommes étaient à présent au chevet de Séfan qui recommençait à s'agiter dans son lit. Jona consulta le document.
— D'après ce qu'il est écrit là, il va falloir entrer en contact avec lui et le convaincre que la situation qu'il vit n'est pas réelle.
— Et comment ? Interrogea Diker.
— Si j'en crois ce qu'indique Janteaux, Greyje va devoir se connecter à son esprit pour le rejoindre dans son rêve. Une fois qu'il aura admis la vérité, Diker devra l'influencer en lui demandant de se réveiller.
— Tout ça me semble bien hypothétique ! Vous êtes sûr de

vous major ?
— Absolument Diker. Je ne pense pas qu'à l'époque, ils consignaient des fadaises dans leurs écrits.
— Nous avons perdu assez de temps. Commençons maintenant, s'impatienta Greyje, que dois-je faire ?
— Posez vos mains sur ses tempes et concentrez-vous. Laissez votre pouvoir s'exprimer.
Greyje prit une grande inspiration et fit le vide dans son esprit. Appliquant ses mains de part et d'autre de la tête du jeune apprenti, il ferma les paupières. Il se retrouva aussitôt plongé dans le noir total. Il ressentit un profond malaise et de la peur mais aucune image ou son ne lui parvenait. Après plusieurs minutes ainsi, il se décida à l'appeler mentalement.
— Séfan, Séfan, tu m'entends ? C'est ton prélat qui te parle, Séfan…
Il répéta son appel plusieurs fois jusqu'à ce qu'il perçoive une voix lointaine qui lui répondit :
— Prélat Greyje, c'est vous ?
— Oui Séfan. Dis-moi où tu es, je vais te rejoindre.
— Aidez-moi s'il vous plaît !
Peu à peu, l'obscurité s'estompa et Greyje se retrouva projeté dans une salle d'audience bondée où se tenait un procès. Sur le banc des accusés, il reconnut Séfan avec d'autres apprentis comme Erié sa condisciple de Bizertland. Sa présence dans ce tribunal ne semblait surprendre personne. Greyje finit par comprendre qu'on ne le voyait pas puisqu'il ne faisait pas partie du rêve, il s'y était juste invité. Pendant ses années d'études prélastiques, Greyje avait eu maintes fois l'occasion de vivre en spectateur dans ses divinations. Pour lui, impossible de se faire piéger à l'intérieur, certains détails ne trompaient pas.

— Prélat Greyje, que se passe-t-il ?
— Séfan, écoute-moi, tout ceci n'est pas la réalité. Ton pouvoir a pris le contrôle de ton esprit et te fait vivre une version d'une réalité probable, mais loin d'être la définitive. Ce n'est qu'une branche parmi d'autres. Il faut croire que tes convictions personnelles ou tes peurs t'ont conduit vers cette réalité alternative où Zhardo nous a vaincus.
— Comment savez-vous que nous ne vivons pas vraiment cet instant ?
— Parce qu'à l'heure où je te parle tu es allongé sur un lit à l'infirmerie de la citadelle !
— Tout ça a l'air tellement vrai !
— Oui, je sais bien et c'est pour cela que tu n'arrives pas à te réveiller. Je t'assure que tu rêves. D'ailleurs regarde bien Zhardo et décris-le moi.
— Impossible ! Son visage est flou, je ne peux pas apercevoir ses traits.
— Et tu trouves ça normal ? Et moi ? Personne ne me prête attention. Pourquoi ?
— Tout se passe dans ma tête… oui c'est ça !
— SÉFAN, RÉVEILLE-TOI À PRÉSENT !
Sur un signe de Greyje, Diker avait usé de son pouvoir pour contraindre le jeune homme à reprendre conscience.
— Le voilà qui ouvre les yeux, se félicita le prélat de Bizertland.
— Enfin, tu es revenu mon garçon, dit Jona en lui prenant le pouls. Hum, hum un peu rapide mais à présent cela devrait aller mieux. Il faut te reposer.
Séfan semblait émerger d'un profond sommeil. Il découvrit avec étonnement qu'il se trouvait à l'infirmerie avec deux prélats et deux officiers de la garde Alpha à son chevet.

Il souleva le drap pour vérifier qu'il ne portait plus cette infâme tenue de prisonnier et qu'il était vraiment de retour dans la réalité.

— Major, la cérémonie…

— Repose-toi, nous en parlerons plus tard. Sache juste que tu as complété tout le processus et qu'après une bonne nuit de sommeil tu pourras rejoindre tes camarades.

Il faisait nuit depuis longtemps quand les quatre hommes quittèrent l'infirmerie, laissant Séfan endormi paisiblement sous la garde des deux soldats en faction devant sa porte.

60

Chez les apprentis, personne n'avait réellement bien dormi. Aussi bien chez les filles que chez les garçons la nuit parut interminable, entrecoupée d'un sommeil agité peuplé de rêves étranges. Erié ouvrit un œil au petit matin pour découvrir Ysiane et Hamber qui conversaient à voix basse assises devant la cheminée. Elle se leva sans bruit pour les rejoindre.

— Vous non plus vous n'arrivez pas à vous rendormir ?

— C'est la pire nuit de ma vie, déclara Ysiane en chuchotant, à part peut-être celle de la veille des résultats du concours prélastique.

— Pareil pour moi. J'ai l'impression que mon pouvoir de super mémoire s'est déjà activé. J'ai revécu la cérémonie des dizaines de fois avec tous les détails, même les plus futiles. Et toi Erié ?

— Comme vous j'ai très mal dormi, mais pas à cause de mon pouvoir de divination, plutôt parce que je m'inquiète beaucoup pour Séfan. La lieutenante Pierce n'a rien voulu me dire. Je sens que cela ne présage rien de bon.

— Tu connais Pierce, ce n'est pas la personne la plus empathique de la citadelle.

— Tu as raison Hamber, aussi je compte bien aller voir directement le capitaine Offens ce matin.

— Tu te souviens que nous sommes confinées pendant quarante- huit heures avec interdiction de sortir de nos quartiers ? Précisa Ysiane.

—Je prendrai ce risque, il le faut. Je dois savoir comment va Séfan.

Le jour commençait à filtrer à travers les volets mi-clos et le dortoir s'éveilla peu à peu. Après s'être habillées, elles descendirent par petits groupes prendre leur petit-déjeuner en se racontant avec animation leur expérience de la cérémonie, depuis le moment où elles avaient revêtu leur cape rouge jusqu'à la sortie de la cabine vestiaire.
Deux soldats gardaient l'entrée de leur quartier, leur interdisant par la même occasion d'en sortir. Erié en fut très contrariée. Elle devait trouver un autre stratagème pour s'enquérir de la santé de son ami. Le regard dans le vide, elle mâchonnait un morceau de pain recouvert de confiture, lorsque dans la salle montèrent des murmures. En tournant la tête vers la porte, elle aperçut Séfan y pénétrer l'air plutôt abattu. Abandonnant sa tartine, elle se précipita à sa rencontre et se jeta dans ses bras.
— Doucement dame Erié, j'ai encore des centaines de tambours qui résonnent dans ma tête.
— Désolée, mais je m'inquiétais tellement ! Que s'est-il passé ?
— Je vais tout te raconter, mais avant je dois manger quelque chose, je meurs de faim. Je n'ai rien avalé depuis hier matin.
— Va t'asseoir, je m'en occupe.
Erié saisit un plateau, le garnit de deux grosses tranches de pain frais, d'un petit pot de confiture d'orange, d'un morceau de fromage et de quelques fruits secs. Elle vérifia que le pot de thé était encore plein et chaud et déposa le tout sur la table.
— Mange tranquillement, et après je veux tout savoir.
Son arrivée inattendue causa une certaine agitation dans le réfectoire. Ilbert et Pier changèrent de table pour venir

s'asseoir à côté de lui et entendre son récit. Pour tout le monde, il avait juste perdu connaissance la veille lorsqu'il avait quitté la dernière cabine. Sûrement un effet secondaire après sa sortie du sarcophage numéro un. Après une nuit à l'infirmerie, il semblait évident qu'il ne s'agissait pas d'un simple évanouissement et cela intrigua la promotion. N'y tenant plus, Ilbert demanda :
— Comment te sens-tu ?
— Toujours cette migraine qui me vrille la tête. Mais hier c'était pire. En sortant du sarcophage je ne pouvais même pas poser un pied au sol.
— Tu avais l'air de tituber à chaque pas.
— Il m'a fallu un énorme effort pour regagner la première cabine et me rhabiller. C'est à ce moment-là que la douleur a été si forte que je crois que mon cerveau s'est mis en veille et que j'ai perdu connaissance.
— Grâce à ces parois de verre, nous avons pu suivre tout ton parcours, ricana Hilia d'un sous-entendu malicieux.
— Pourquoi es-tu resté à l'infirmerie toute la nuit ? Interrogea Pier.
Séfan dut faire le récit de son aventure virtuelle. Volontairement il omit quelques détails de sa prémonition comme le fait que certains de ses camarades avaient rejoint le camp de Zhardo. De toute façon ce n'était qu'une branche d'un avenir potentiel et certainement pas le futur qui se dessinait. Inutile de créer la polémique en citant les noms des traîtres qu'il avait aperçus au tribunal.
Les apprentis passèrent la moitié de la matinée au réfectoire. Sur ordre du capitaine Offens, celui-ci resta ouvert jusqu'à dix heures au grand mécontentement des commis de cuisine qui devaient préparer le service de midi. Voyant

l'heure tourner sans qu'aucun ne fasse mine de partir, ils se décidèrent à mettre tout le monde à la porte. Pendant que les jeunes gens s'éparpillaient dans les salles communes, à la bibliothèque ou dans leur dortoir, Séfan regagna son alcôve. Il avait besoin de se sentir propre. Il se revoyait allongé sur la paillasse de la prison, les vêtements crasseux. Cette vision le dégoûta. Il lui fallait une bonne douche ! Il se précipita à la salle de bains où il trouva Trilh, de la mousse dans les cheveux, qui terminait de se rincer.
— Séfan, tu es sorti ! Tu nous as fait une de ces peurs ! Comment vas-tu ?

Trilh était bien la dernière personne qu'il aurait voulu voir à cet instant et encore moins à cet endroit. Il s'obligea à l'amabilité.
— Ça va beaucoup mieux. Le major Jona prétend que c'est une réaction assez classique du pouvoir de Bizertland.
Inutile d'entrer dans les détails et de lui raconter qu'il l'avait vu prêter allégeance à Zhardo dans sa prémonition.
— Tant mieux. Tu ferais mieux de te dépêcher, il n'y a quasiment plus d'eau chaude, tu sais qu'à cette heure-ci ça devient une denrée rare.
Décidément ! Il avait certainement vécu la pire cérémonie des runes de toute l'histoire de Land et ne trouverait pas le réconfort d'une douche chaude comme il l'avait espéré. Il se contenta donc d'une eau à peine tiède. Cela lui rappela sa finale perdue lorsqu'il avait volontairement coupé l'eau chaude et qu'il avait pleuré dans les vestiaires du grand stade de Bizertland. Cette fois pas question de se laisser aller. Son séjour à Everland l'avait rendu plus fort. Land comptait sur lui pour écarter la menace des Bannis.

Il se disait qu'après tout, le don de divination se révélerait très utile. Dans d'autres circonstances pouvoir évoluer dans un rêve constituait un moyen plutôt amusant de s'échapper de la réalité. Encore fallait-il évidemment provoquer les rêves et les contrôler pour y vivre des situations plaisantes. Après seulement cinq minutes sous la douche, les réserves d'eau chaude s'épuisèrent complètement. Séfan ferma les robinets en grelottant, s'enroula dans sa serviette et s'installa devant la cheminée près de son alcôve. Ophéus, seul avec lui dans le dortoir, rajouta une grosse bûche qui s'enflamma en crépitant. À part Trilh qui n'était pas descendu au réfectoire, tous ses camarades rassemblés autour de sa table avaient suivi son récit avec intérêt. Ophéus, d'habitude si réservé, avait posé beaucoup de questions sur la prémonition de Séfan. Il revint sur le sujet.

— Tu penses que tes rêves contiennent une part de réalité ou de vérité ?

— Je ne sais pas. D'après ce que l'on m'a dit, mon don me laisse entrevoir un futur possible en fonction du cours des événements actuels.

— Cela signifie que rien n'est écrit et que nos actes peuvent influencer l'avenir au jour le jour ?

— Oui c'est ça. Une prémonition aujourd'hui peut très bien ne pas se réaliser demain si un événement majeur lui a fait prendre une autre branche. Ça semble beaucoup t'intéresser. Pourquoi ? Tu aurais préféré avoir ce don plutôt que la projection astrale de Nansland ?

— Non, bien sûr, mais je trouve ça tellement étrange de voir l'avenir.

— Ou alors, tu crains que quelqu'un découvre ton secret ?

À la façon dont il blêmit, Séfan sut qu'il avait mis le doigt sur quelque chose de sensible. En voulant simplement taquiner son camarade, il l'avait embarrassé et même paniqué. C'était peut-être là l'occasion de le faire parler et de savoir enfin ce qui le perturbait tant depuis son arrivée à la citadelle. Certes, la bataille du canyon avait été d'une rare violence, mais cela n'expliquait pas tout. D'après Révane sa binôme, Ophéus s'était complètement replié sur lui-même lorsqu'il avait validé son billet pour l'académie prélastique. Après ça, son comportement avait radicalement changé, faisant de lui un garçon craintif et asocial.

Séfan se lança.

— Ophéus, je dois t'avouer quelque chose te concernant.

— Tu m'as vu dans ta prémonition, c'est ça ? J'en étais sûr ! Promets-moi que tu ne vas rien dire !

— Calme-toi. Ne t'inquiète pas. J'ai juste besoin de savoir le comment et le pourquoi.

Séfan restait volontairement vague, car il ignorait tout de ce qu'Ophéus voulait lui révéler. Il poursuivit puisque son camarade avait mordu à l'hameçon.

— Tu sais que l'avenir n'est pas complètement écrit. Mes prémonitions sont en quelque sorte un brouillon que l'on peut modifier à volonté, alors toi et moi pouvons changer l'avenir si tu le souhaites. Dis-moi.

— J'ai tellement honte, si tu savais.

— N'aie crainte, je vais t'aider. Tout va s'arranger. Raconte-moi.

— D'accord. Après la fin des épreuves sportives du brevet, je me sentais confiant. Les écrits s'étaient très bien passés et la partie sportive aussi. Je pensais honnêtement que je serais classé parmi les dix candidats finaux. Le soir même je me suis couché épuisé par cette semaine d'épreuves. J'ai

eu du mal à trouver le sommeil. Je dormais par à-coups. À environ deux heures du matin, je me suis réveillé. J'avais la gorge sèche. Je me suis levé discrètement pour ne pas réveiller mes parents et je suis allé à la cuisine pour boire un verre d'eau. Manifestement je n'étais pas le seul éveillé. J'ai vu de la lumière sous la porte et j'ai entendu mes parents qui se querellaient à voix basse. Cela m'a surpris car cela n'arrive jamais, ils sont toujours en parfait accord sur tout. Quand j'ai compris le sujet de leur dispute, j'ai eu un choc.
Ophéus hésita.
— Vas-y continue, l'encouragea Séfan.
— Mes parents se disputaient pour savoir comment ils allaient m'annoncer qu'ils étaient des membres actifs des Bannis et me demander de les rejoindre. À ce moment-là, j'ai eu une exclamation de surprise et mon père m'a découvert derrière la porte. J'ai dû leur promettre de garder leur secret et d'agir en leurs noms le moment venu. Que pouvais-je faire d'autre ? Ce sont mes parents ! Je ne veux pas qu'ils soient condamnés à mort !
— T'ont-ils demandé d'exécuter un ordre pour Zhardo ?
— Non, je dois être un espion dormant jusqu'à ce qu'ils m'activent. Je ne peux pas vous trahir. Je ne sais plus quoi faire. Aide-moi je t'en supplie !
— Pour l'instant tu n'as trahi personne et ils ne t'ont rien demandé encore. Le moment venu tu ne seras pas obligé d'accepter leurs missions, mais tu devras tout me dire de leurs projets.
— Oui mais toi, tu vas en informer le capitaine Offens et il voudra savoir d'où tu tiens tes informations et mes parents seront arrêtés !
— Nous n'en sommes pas encore là. L'avenir s'écrit au

jour le jour je te l'ai dit. Si tes parents n'ont commis aucun acte malveillant, ils ne seront pas inquiétés. Depuis la mort récente des prélats, de nombreux Landiens affichent leur sympathie pour Zhardo sans pour autant être emprisonnés. Tes parents ont-ils évoqué son identité ? Que sais-tu des Bannis ?

— Ils n'en savent rien, comme la plupart de ses disciples. Leur hiérarchie est construite de telle façon que chaque membre ne connaît que son supérieur et son subalterne, ce qui rend difficile le fait de remonter tout l'organigramme.

— Écoute, pour l'instant tu n'as rien fait de mal. Continue je t'en conjure. Ne prends pas la mauvaise direction, le retour serait impossible.

— Tu ne diras rien à personne ? Promets-le-moi.

— Je te le promets et si jamais tu recevais des Bannis l'ordre d'agir, je pourrais toujours prétexter une prémonition pour alerter Offens. Allez, n'y pense plus. Va rejoindre les autres et tâche d'être plus sociable, tu te feras moins remarquer.

Séfan regagna son alcôve et s'habilla pour rejoindre Erié. Il venait de découvrir le terrible secret d'Ophéus et ne savait pas du tout comment gérer ce problème. Il avait promis à son camarade de n'en parler à personne, mais devait-il tenir sa promesse au risque de prendre la mauvaise décision ? Erié serait certainement de bon conseil. Tant pis s'il reniait sa parole. Les enjeux étaient beaucoup trop importants pour ne pas bafouer son code de l'honneur.

Il trouva Erié à la bibliothèque assise confortablement en compagnie de Révane, feuilletant un gros manuscrit illustré sur la forteresse à travers les siècles. Dès qu'elle l'aperçut, elle abandonna le livre sur la table basse.

— Tu as meilleure mine et tu sens bon !

— Merci. Je sentais si mauvais que ça ? Euh ! Oui certainement et encore tu ne m'as pas vu dans ma tenue de prisonnier.
— Pardon ?
— Laisse tomber.
Séfan prit le pot de thé sur la table et constata qu'il était vide.
— Tu voudrais du thé ?
— Oui merci Révane. J'ai vraiment besoin de quelque chose de chaud, je grelotte encore après cette douche froide.
— Je m'en occupe.
Leur camarade quitta la bibliothèque pour la salle commune qui disposait d'un coin cuisine. Ils se retrouvèrent seuls sur le canapé. Quelques élèves lisaient à part dans le plus grand silence, installés sur des petits fauteuils ou à la grande table de lecture. Il se rapprocha de son amie pour lui chuchoter à l'oreille.
— Il faut que je t'annonce quelque chose de grave.
— Ça te concerne ?
— Non pas directement, cela concerne Ophéus.
— Justement nous étions en train d'en parler avec Révane. Elle le trouve changé depuis qu'ils ont quitté Nansland.
— Et je sais pourquoi !
— Tu vas me le dire ?
— Évidemment même si je lui ai promis de garder son secret, mais j'ai vraiment besoin de ton avis.
Séfan lui rapporta la conversation qu'ils venaient d'avoir dans leur dortoir.
— Je n'arrive pas à y croire ! Tu imagines, il pourrait potentiellement être le futur prélat de Nansland.
— Nous n'en sommes pas encore là. N'oublie pas nos cinq

ans d'études et surtout l'avenir incertain qui s'annonce. Maintenant qu'il m'a avoué que ses parents avaient rejoint les Bannis et qu'il était impliqué aussi malgré lui, que dois-je faire ?
— Si tu me dis que pour l'instant ils n'ont commis aucun acte malveillant, on peut considérer qu'ils n'ont rien à se reprocher et qu'ils pourraient revenir du côté des districts si Zhardo était défait.
— Rien n'est moins sûr, vu la tournure des événements.
— Ce qui m'inquiète c'est l'utilisation qu'ils pourraient faire d'Ophéus. Il vit parmi nous vingt-quatre heures sur vingt-quatre, entouré de personnes haut placées. S'ils le manipulent pour servir leur cause, quelque chose de terrible pourrait arriver.
— Oui j'y ai pensé. C'est pour ça que je dois le convaincre de n'accepter aucun ordre de ses parents qui viendrait des Bannis. D'après ce qu'il m'a dit, ils vont utiliser la correspondance familiale pour lui envoyer des messages codés ou peut-être en recevoir directement de complices ici même.
— Nous ne sommes plus vraiment en sécurité à la citadelle, même coupés du monde. Jusqu'à notre départ pour Casteland à la fin du mois, nous devons nous tenir sur nos gardes.
— Ce qui nous laisse quelques jours pour le rassurer et l'empêcher de commettre l'irréparable.
— Maintenant tu vas me raconter les détails de ton rêve que tu as omis dans le réfectoire ce matin.
— Tu es perspicace comme d'habitude ! Mais tu vas devoir encore attendre, Révane revient avec le thé.

61

L'investiture des nouveaux prélats et la cérémonie des runes terminées, les différentes délégations organisèrent leur retour vers leur district respectif. Offens ne se tracassait pas réellement du voyage retour. Il détacherait seulement dix hommes de la garde Alpha pour les escorter. Après leur défaite cinglante dans le canyon avec seulement l'aide de quelques détenteurs du don, les Bannis ne se risqueraient certainement pas à en affronter dix dotés de pouvoirs redoutables, sans compter les soldats et les membres des différentes HAM, même si dans les faits ils ne restaient que des conseillers. Le convoi prendrait la route pour la gare de Casteland dès lundi matin, puis chacun rentrerait dans sa région pour reprendre une vie presque normale, puisqu'à présent la guerre contre Zhardo était officiellement déclarée. Le grand conseil réuni à la citadelle avait tranché, chacun pourrait mener les actions nécessaires pour traquer les traîtres, sans pour autant conduire Land à la guerre civile. La frontière entre la répression et la fermeté demeurait pour le moins très ténue. Ce langage subtil donnait libre cours aux interprétations. Les dix prélats n'avaient pas réussi à se départager sur la politique à tenir envers les dissidents et la décision finale les laissait dans le flou. Les plus revendicatifs comme Luka et Zoëlle ne se contenteraient pas de simples interrogatoires sur des citoyens dénoncés par le peuple. Ils comptaient bien donner un coup de pied dans la fourmilière et voir ce qui en ressortirait, quitte à mettre le feu aux poudres et provoquer la grogne populaire. Les plus modérés comme Méline ou

Tristan privilégieraient les pistes fournies par leur police secrète pour procéder à des arrestations discrètes dans le but de conserver un semblant de paix sociale.
Assis à son bureau Offens faisait le bilan de ces dernières semaines. Par la fenêtre, il apercevait quelques flocons qui voletaient dans la grisaille de cette fin d'après-midi. Las d'être enfermé, il décida de faire un tour sur le chemin de ronde, histoire de se changer les idées. Emmitouflé dans son manteau militaire, il gravit les marches menant en haut des remparts, croisant au passage les gardes de faction qui le saluèrent. Il lisait dans leur regard une profonde lassitude. Appartenir à la garde Alpha était certes un honneur mais aussi le sacrifice de trois ans de leur vie isolés dans la forteresse millénaire d'Everland. Depuis des siècles, ces soldats gardaient une citadelle vide et voilà qu'en l'espace de quelques semaines, ils jouaient pleinement leur rôle de défenseurs de Land. Leurs frères d'armes tombés au combat en attestaient leur rappelant l'importance de leur mission. Offens contemplait l'horizon crépusculaire où tout se fondait en une masse blême saupoudrée d'une fine couche de neige. Everland ne savait pas se faire aimer, comme si ce district faisait tout son possible pour dissuader les visiteurs d'y revenir jamais. Après deux années passées ici, il avait appris à apprécier ce paysage lugubre et son climat rigoureux, sûrement parce que c'était dans sa nature à lui aussi. Il n'avait jamais été un garçon enjoué et heureux chez lui à Nansland. Après l'âge de dix ans, il vécut seul avec sa mère quand son père fut emporté par la maladie. Plus tard, il avait rejoint l'école de police, d'où il ressortit major de sa promotion.
Avec le recul, il constata que seul son métier de militaire

lui importait. Il ne s'accordait aucun plaisir ou loisir. En ce sens, ce territoire sauvage lui convenait bien. La solitude et le calme demeuraient ses fidèles alliés. Pendant plus d'une heure, debout sur le plus haut sommet d'Everland il laissa son esprit repasser le fil de sa vie, de son enfance morose à Nansland jusqu'aux évènements présents. Un frisson lui parcourut la nuque et il revint à la réalité. Il devait encore faire des choix et prendre des décisions qui impacteraient certainement sa carrière. Aucun autre capitaine de la garde Alpha depuis des siècles n'avait été confronté à une telle menace. Comment serait-il jugé par le grand conseil après son bilan catastrophique ? Cinq hommes perdus dans la bataille et un sous-officier, mort lui aussi, qui avait rejoint Zhardo, sans compter deux prélats tués au combat. Qui sait ce qu'il allait encore découvrir ? Pour l'heure il devait s'inquiéter de recruter. Avec six soldats morts et dix de plus réquisitionnés pour accompagner l'académie nomade, dont le caporal Konda, ses troupes se retrouveraient en sous-effectif lorsque les apprentis quitteraient la forteresse dès la fin du mois. Sur validation du grand conseil, seize nouveaux soldats rejoindraient la garnison d'ici deux semaines. Issues d'une réserve que chaque district tenait à disposition de la garde Alpha, ces nouvelles recrues viendraient renforcer le contingent de la citadelle considérée comme le point névralgique du continent d'où Land tirait son pouvoir caché dans les entrailles de la montagne.

62

L'aube se levait à peine et déjà la grande cour de la citadelle s'animait. Les mules chargées de malles semblaient encore somnoler debout, impassibles au froid mordant du petit matin, rejetant par leurs naseaux une buée blanche. Pour une fois, un pâle soleil matinal colorait de rose le ciel dégagé. Le bruit confus d'un va-et-vient incessant d'hommes et de chevaux résonnait sur les pavés et remontait jusque dans les dortoirs réveillant quelques élèves.

Ceux-ci, curieux, avaient ouvert les volets pour regarder le convoi partir. Ils n'auraient pas l'occasion de revoir de sitôt une telle expédition. Après le départ de quarante personnes de la citadelle, ces prochains jours sembleraient sinistres et annonceraient la fin de l'aventure à Everland.

La lieutenante s'affairait autour de ses hommes, donnant des ordres, vérifiant l'armement de chacun. Même si son capitaine estimait le retour vers Casteland sans risque, elle se méfiait toujours de la fourberie des Bannis depuis qu'elle connaissait la trahison du sergent-chef Kriff. De qui d'autre fallait-il encore se méfier ? Elle était entrée dans la garde Alpha en même temps que Kriff, tous deux recrutés par Offens, d'abord sur dossier, transmis par les HAM, puis lors d'un face-à-face avec le capitaine. Bien après cet entretien, une fois devenus plus proches, ce dernier avoua à Pierce que son profil l'avait fortement impressionné. Cette jeune femme grande, élancée, aux cheveux blonds coupés très court s'était présentée à lui avec une telle détermination qu'il n'avait pas mis longtemps à en faire son

second. De son côté, elle lui cacha qu'elle avait accepté ce poste n'étant pas insensible à sa personnalité taciturne et à son physique. Il restait son officier hiérarchique. Jamais elle n'aurait osé lui montrer une quelconque faiblesse sentimentale. Une promotion à la garde Alpha signifiait faire abstraction pendant trois ans de toute vie privée et exigeait un dévouement total envers Land. On étudiait en priorité les candidatures des célibataires, car une séparation de son conjoint ou de son enfant tout ce temps pouvait mettre en péril leur vie de famille et perturber leur mission.
Pierce constata une fois de plus que le respect des horaires n'était pas dans les gènes des prélats et de leurs conseillers. En tant que commandante du convoi, elle se montrerait ferme sur l'heure de départ. Des convoyeurs spéciaux attendaient à Casteland les différentes délégations et ils devraient eux aussi partir à l'heure pour ne pas retarder le trafic habituel sur le réseau ferré. Excédée, elle avisa le caporal Konda qui faisait partie lui aussi du voyage.
— Caporal, allez me chercher les retardataires. Vous les trouverez certainement au réfectoire.
— À vos ordres lieutenante.
— Surtout ne prenez pas de gants avec eux. Je les veux en selle dans dix minutes.

Konda se faisait à l'avance un plaisir de pouvoir bousculer un peu ces politiciens qui se croyaient au-dessus du commun des mortels. Même s'ils se comportaient toujours avec déférence, il voyait sur leurs visages un soupçon d'arrogance et de supériorité qui l'exaspérait.
Cette dernière réflexion provoqua en lui un déclic. Il s'interrogea. Cette attitude hautaine venait-elle alimenter

la grogne populaire ? Se sentir méprisé pouvait à coup sûr provoquer une réaction de rejet et une volonté de changement.
Il pénétra d'un pas décidé dans le réfectoire où une dizaine de conseillers discutaient tranquillement devant une tasse de thé.
— Bien le bonjour mesdames et messieurs les conseillers. La lieutenante Pierce vous fait dire que le convoi prendra la route dans dix minutes… avec ou sans vous.

Les retardataires connaissaient le caractère plutôt irascible de Pierce et personne ne voulait se confronter à elle. En l'espace de deux minutes, le réfectoire se vida et chacun regagna la grande cour. Si la lieutenante pouvait tancer un tant soit peu les membres de la HAM, elle ne se risqua pas à faire de même avec leurs supérieurs. Cette prérogative relevait de son capitaine. Offens apparut pour donner le signal du départ. Il manquait encore à l'appel Diker et Zoëlle. Il se chargea lui-même de monter dans leur appartement pour les rappeler à l'ordre. Dix minutes plus tard tout le monde était en selle et prêt à partir sous la lueur d'un pâle soleil d'automne. Les lourdes portes s'ouvrirent difficilement. Les gonds pris par le gel grinçaient dans un craquement de ferraille et de glace. La longue caravane se mit en branle en direction de Casteland. Pierce y passerait la nuit et reviendrait le lendemain avec les mules chargées de ravitaillement, ce qui allait grandement changer les menus du réfectoire. La citadelle allait retrouver un semblant de quiétude et sa population habituelle, vingt apprentis en plus. Ces grands rassemblements généraient à chaque fois un grand stress chez les équipes d'intendance.

Il fallait nourrir les prélats et leur HAM, s'occuper de leur appartement, satisfaire leur moindre désir. Entre soldats, ces préoccupations n'avaient pas cours, ils étaient tous des militaires, habitués à un confort sommaire et une nourriture simple. Quand les portes se refermèrent, un silence lourd retomba sur la citadelle. Le pouvoir millénaire de Land pouvait se rendormir. Sauf cas exceptionnel, personne ne remettrait plus les pieds dans les sous-sols de la tour avant cinq ans, à l'issue desquels les dix jeunes gens exclus de la fonction se verraient démis de leur pouvoir en séjournant de nouveau dans un sarcophage, tout comme ce fut le cas de Greyje en son temps. Dix ans après, il n'aurait jamais imaginé récupérer le pouvoir de divination de Bizertland et encore moins à cause de la mort de la dame Hanaé son amie. Il y songeait encore quarante-huit heures plus tôt, lorsque Diker était venu frapper à la porte de ses appartements. En y repensant, il ne se souvenait pas de la conversation qu'ils avaient eu ce soir-là. D'abord intrigué, il n'y pensa bientôt plus.

63

Une semaine s'était écoulée depuis le départ des prélats et de leur délégation. Aucun élève ne se plaignit d'effets secondaires et le confinement fut levé. Séfan avait retrouvé tous ses moyens et Tao la pleine mobilité de sa jambe. Il s'entraînait régulièrement avec les autres au Circle Ball. Soucieux du bien-être des apprentis durant les quelques jours qu'il leur restait à vivre dans la forteresse, Offens les avait autorisés à utiliser le terrain à loisir, même sans la présence de Konda. Celui-ci, trop occupé à d'autres tâches militaires, les supervisait de loin, leur rendant visite à l'improviste pour vérifier que tout se passait bien. Le grand recteur Maximi, superintendant de l'académie nomade prélastique avait préconisé à Konda d'obliger les jeunes gens à changer régulièrement d'équipe pour favoriser les liens d'amitié. Maximi croyait dur comme fer que la pratique d'un sport en équipe renforçait les liens et permettait de mieux se connaître. C'est effectivement ce qu'il advint, à tel point que la citadelle finit par ressembler à une colonie de vacances. Aucun conflit ne perturba l'ambiance paisible qui régnait parmi le groupe d'élèves. Les quelques rivalités et différences d'opinions semblaient apaisées. Le grand recteur avait établi un programme spécial jusqu'à leur départ. Le matin, il les réunissait en salle de cours pour les familiariser avec le programme académique, les matières enseignées, les étapes de leur long périple et tout un tas de recommandations qui ennuyaient profondément les jeunes gens, juste pressés de se mesurer au Circle Ball. Après la pause-déjeuner, un temps de repos était instauré

jusqu'à quinze heures. Puis tous se retrouvaient dans le gymnase pour s'affronter dans une sorte de coupe organisée et arbitrée par Selen et Uther qui avaient définitivement renoncé à pratiquer ce « sport idiot » comme ils disaient.
Cet après-midi-là, Séfan jouait enfin dans la même équipe que son amie. Erié progressait de jour en jour et se montrait digne d'un milieu convenable. Ayant assimilé un peu mieux les subtilités du jeu, elle participait davantage au collectif. Tao l'avait beaucoup encouragée lorsqu'ils jouaient ensemble. Lui aussi débordait d'énergie. Après tous ces jours passés à l'infirmerie puis à traîner sa jambe douloureuse, il se défoulait sur le terrain et finissait tous ses matchs épuisé. Il occupait le poste de milieu et Erié avait apprécié l'attention qu'il lui portait davantage que ses conseils. Il lui faisait penser au double optimiste de Séfan. Brun comme lui, même taille, allure sportive, traits fins et yeux noirs. On aurait facilement pu les prendre pour des frères. Leur personnalité et leur caractère les différenciaient pourtant. Lui le taciturne, le rêveur et l'énergique Tao, optimiste et enjoué. Séfan avait le sentiment que son amie se détachait de lui petit à petit. Alors qu'il désirait son amitié exclusive, Erié de son côté nouait de nouvelles relations et apprenait à connaître les autres apprentis. Sa sociabilité facilitait grandement les choses. Elle pouvait aborder n'importe quel sujet avec n'importe qui, à l'exception peut-être de Trilh qu'elle considérait toujours comme un garçon arrogant et imbu de sa personne. Les deux jeunes gens se contentaient juste de relations diplomatiques sans chercher de contact direct. Erié passait de plus en plus de temps avec Tao. Ils s'étaient découvert de nombreux points communs et discutaient pendant des heures dans la salle commune

de l'avenir de Land et des mesures qu'ils prendraient s'ils avaient la chance de devenir le prochain prélat de leur district. L'ambiance générale au beau fixe, n'empêchait pas pour autant la formation naturelle de groupes. D'abord la bande de l'Ouest composée de Trilh, Nans, Isak, Elanor et Hilia, puis celle de Séfan avec Ophéus, Révane, Pier, Ilbert, Uther et Saulo. Erié et Tao traînaient souvent ensemble en duo.Tous les autres gravitaient autour d'eux comme des électrons libres.

La vie avait repris son cours à la citadelle, rythmée par les cours du matin et les activités physiques de l'après-midi. Une certaine routine s'était installée et plus personne ne parlait de la menace des Bannis, comme si la forteresse vivait dans une bulle hermétique à tous les événements extérieurs. Un matin, Maximi annonça le jour exact du départ, provoquant un mini-séisme dans le groupe. Dans quarante-huit heures, ils quitteraient définitivement la citadelle et son cocon pour se lancer dans la grande aventure de l'académie prélastique avec toutes les incertitudes que cela supposait. Chacun prenait conscience que la fin des vacances avait sonné et que leur destin s'écrirait dès qu'ils franchiraient les portes de la forteresse pour rejoindre leur première étape de six mois à Casteland. Le dernier match de Circle Ball fut assez terne. Les joueurs avaient perdu leur bel enthousiasme. À l'issue de la partie, Selen et Uther déclarèrent Trilh grand vainqueur du tournoi d'Everland et même lui, sembla se désintéresser du trophée remis par le caporal Konda.

Depuis le retour de Pierce et de ses hommes, les cuisiniers servaient de nouveau des produits frais et plus variés que d'ordinaire. Les apprentis eurent même droit à un repas spécial pour leur dernier déjeuner avec une tourte de légumes

de saison, des filets de poissons grillés accompagnés d'un gratin de potiron et en guise de dessert un gâteau aux noix et au chocolat, qui remonta le moral de tous. La veille du départ, le dernier dîner fut le plus sinistre de tous jamais pris à la citadelle. Les jeunes gens n'eurent guère d'appétit ce soir-là et le réfectoire, si bruyant d'habitude, resta dans un silence inhabituel. Pour une fois on entendait davantage les conversations des quelques soldats que celles des apprentis. Offens avait ordonné que chacun boucle sa malle le soir même et que celles-ci soient descendues dans la grande cour afin de gagner du temps le lendemain matin. Par expérience, il connaissait l'inertie d'un groupe de voyageurs. Coordonner vingt jeunes gens et dix soldats resterait malgré tout plus facile que de contraindre dix prélats à respecter l'heure de départ. Cette fois, ce serait le dernier convoi avant longtemps, sans doute même le dernier de sa fonction de capitaine de la garde Alpha.
Il venait de passer deux années à la citadelle. Dans un an son contrat prendrait fin et il laisserait la place à son successeur. D'ici là, il aurait l'occasion de mener encore quelques missions si le grand conseil prélastique ne le démettait pas de ses fonctions pour incompétence.
Dans les deux dortoirs les jeunes gens s'affairaient à remplir leur malle et remettre de l'ordre dans leur alcôve avec plus ou moins de motivation selon les individus. Chez les garçons, Uther, fidèle à lui-même, papillonnait d'alcôve en alcôve discutant avec ses camarades. Il fut sèchement rappelé à l'ordre par le caporal Konda qui veillait au respect des consignes dictées par son supérieur. Séfan rangea ses derniers livres de poésie dans sa malle qu'il déposa, aidé de Pier, dans la grande cour où déjà une dizaine d'autres

attendaient sous un auvent. Il croisa Erié qui venait d'y porter la sienne accompagnée par Selen.
— Ah ! Séfan, ça y est tu as réussi à tout ranger ?
— Ça n'a pas été simple. C'est ma mère qui l'avait préparée au départ du district et je n'ai pas sa maîtrise.
— Oui c'est vrai. Tu te souviens, nous étions à l'assemblée et la dame Hanaé nous avait annoncé notre départ pour la citadelle. J'ai l'impression que cela fait des siècles.
— J'aimerais te parler. Tu as le temps de venir à la bibliothèque ?
— Maintenant ? Oui d'accord. Je te retrouve au dortoir Selen.
Ils prirent tous les trois les escaliers, Séfan et Erié bifurquèrent vers la bibliothèque et Selen continua vers son dortoir en jetant un coup d'œil par-dessus son épaule.
La salle était plongée dans le noir. Il tâtonna un peu et alluma une petite lampe posée entre deux fauteuils de lecture qui éclaira à peine ce coin-ci de la bibliothèque.
— On se croirait à une veillée mortuaire. Que voulais-tu me dire ? Tout va bien Séfan ?
— Justement c'est la question que je voulais moi aussi te poser.
— Comment ça ? Je ne comprends pas. Pourquoi ça n'irait pas ? Nous partons demain à Casteland pour notre premier semestre d'études.
— Oui, ça. Je faisais plutôt allusion à toi et à moi. À nos relations.
— Nous sommes amis non ? Sois plus clair, je t'en prie.
— Voilà. Je trouve que ces derniers temps, tu te détaches de moi. Nous ne partageons pratiquement plus aucun moment ensemble et je me demandais si tu me reprochais quelque

chose.
— Absolument pas ! Séfan, nous sommes amis pour la vie ! On a connu tellement de choses fortes ensemble. Tu sais, on va vivre pendant cinq ans avec dix-huit autres élèves. Je me dis qu'on ne pourra pas les ignorer.Toi tu es trop possessif. Moi j'ai besoin de connaître les autres, de tisser de nouvelles amitiés. Après tout, elles et ils seront toutes et tous de futurs dirigeants. On se doit d'établir dès maintenant de bonnes relations. Avant de me connaître, tu avais Théry et puis je suis arrivée et après moi Lison. Et pourtant rien n'a changé entre toi et lui.
— Oui c'est vrai. Mais en ce moment tu traînes souvent avec Tao. Tu veux dire qu'une fois que tu seras intime avec lui, tu passeras à quelqu'un d'autre ?
— Ne sois pas ridicule, je n'ai pas planifié un ordre de passage ! Je discute avec tout le monde et il se trouve que Tao et moi avons pas mal de points communs. Serais-tu jaloux par hasard ?
— En quelque sorte oui ! Je suis jaloux de l'attention que tu lui portes. Depuis que Théry est parti, tu es mon seul lien avec notre district. Je me sens tellement seul et perdu. Si tu m'abandonnes, je ne pourrai pas continuer.
— Il n'est pas question que je t'abandonne Séfan Kerry, tu dis n'importe quoi ! Allez viens.
Dans un élan sentimental plutôt inhabituel, elle l'attrapa par les épaules et se serra contre lui. Les bras ballants, d'abord surpris, il l'étreignit à son tour. Le visage dans ses cheveux qui exhalaient des notes florales, il s'abandonna. Après des mois de tensions, de menaces et d'incertitudes, un flot de sentiments confus le submergea et il se mit à sangloter sur l'épaule de son amie.

— Si on nous trouve en train de pleurer là dans la bibliothèque à cette heure-ci dans la pénombre tu peux dire adieu à notre réputation de durs à cuire.
— Deux potentiels prélats en train de pleurnicher. Merci d'être mon amie Erié.
— Allez viens remontons, il est tard et demain un long voyage nous attend.

64

Le caporal Konda déboula dans les dortoirs des apprentis à cinq heures trente en tapant aux portes et en allumant toutes les lumières, provoquant des grognements et des protestations dans les alcôves. Pas question que les jeunes gens lambinent au lit. Le départ était prévu à sept heures précises, au lever du jour. En général, les filles se montraient plus promptes à se préparer. Les premières levées s'activaient déjà dans la salle de bains. Chez les garçons, les plus vaillants avaient monopolisé les douches pour bénéficier d'une eau chaude qui se raréfierait au fil du temps. Comme à chaque départ, le réfectoire ouvrait dès six heures pour servir le petit-déjeuner qui aujourd'hui serait le dernier à la citadelle. Les jeunes gens arrivaient par petits groupes dans la grande salle suivis de près par les soldats qui constitueraient l'escorte de l'académie nomade, six hommes et trois femmes sous les ordres du caporal Konda. Ce dernier avait été également promu professeur de sport sur les recommandations d'Erié et Séfan. S'il n'avait pas apprécié d'abord que ces deux-là lui forcent en quelque sorte la main, il se félicitait en réalité de cette mission. Il pourrait ainsi voyager de district en district et pratiquer son sport préféré. Après deux ans monotones passés à la citadelle, un peu d'aventure lui ferait le plus grand bien. Il séjournerait confortablement dans les différentes assemblées et porterait aussi bien l'uniforme que sa tenue de Circle Ball. Il n'oubliait pas bien sûr, que son objectif premier restait de protéger les apprentis et que cela s'avérerait une tâche dangereuse face à la menace des

Bannis. Pour asseoir son autorité auprès des jeunes gens, il avait prétendu qu'on lui imposait cette mission et que cela ne lui convenait pas forcément.
À six heures quinze, il fit le tour des dortoirs, y délogea les retardataires et les envoya au réfectoire prendre leur petit-déjeuner. Trop habitué à la discipline militaire, il oubliait souvent qu'il avait encore à faire à des enfants et cela le perturbait dans son attitude. Il allait côtoyer pendant des mois les futurs prélats de Land. Pour autant cela ne devait pas changer son comportement. Les jeunes gens ne bénéficieraient d'aucun privilège ni d'aucun passe-droit.
Les premières lueurs du jour filtraient à peine sous l'épaisse couche de nuages qui tapissait le ciel d'Everland. Une brise glacée balayait la grande cour de la forteresse déjà saturée de chevaux, de cavaliers et de mules chargées de toutes les malles.
À six heures quarante-cinq, tous les apprentis et soldats réunis sur le parvis, attendaient le signal du départ, prêts à monter en selle, grelottant sous le froid mordant de ce petit matin d'automne. On entendait le hennissement de quelques montures, le cliquetis des harnais et le sifflement du vent dans les contreforts mais personne ne parlait. Chacun était conscient de vivre ses derniers instants en ces lieux. Ils les quittaient pour commencer un long périple à travers tout le pays au terme duquel ils verraient leur nomination au poste de chef de district, pour les plus méritants ou d'ambassadeur pour les autres, sans doute déçus.
Le grand recteur Maximi s'entretenait avec le capitaine Offens, la lieutenante Pierce et le caporal Konda. Il leur serra la main vigoureusement et monta en selle, annonçant ainsi un départ imminent. Après un signe de tête à Konda,

Offens tourna les talons sans un mot à l'attention des apprentis et rentra dans ses quartiers.
—Tout le monde en selle. Ouvrez les portes ! Lança le caporal.
Les lourdes portes de la citadelle bardées de cuivre vert s'ouvrirent sur l'image figée d'un Everland morose. Konda à sa tête, la caravane se mit en marche pour la première étape de la grande aventure de l'académie prélastique.

***

Espoir fut le premier navire à quitter le port de Drackerland en direction du sud un matin d'avril. Après plusieurs tentatives, les capitaines des trois vaisseaux avaient jugé le temps idéal pour se lancer dans la grande exploration qui devrait démontrer ou pas que Land demeurait le seul continent sur la planète. Peu de temps après, Etoile largua les amarres et mit le cap vers le Nord. Exploreur attendait toujours son dernier homme d'équipage, le docteur Karlson. Celui-ci avait été appelé en urgence à l'hôpital du district pour seconder le chirurgien dans une opération de dernière minute. Quand il arriva au port vers midi, la capitaine Myriel l'interpella :

— Docteur, nous avons pris trois heures de retard sur notre feuille de route !

— Désolé capitaine, nous avons dû amputer un pauvre paysan dont la jambe s'est coincée dans une machine agricole. Croyez-moi, j'aurais préféré être parmi vous et à l'heure.

— Lieutenant Berny, nous levons l'ancre.

Le second lança quelques ordres et le petit foc fut hissé. La girouette du grand mât tournait à toute vitesse. Le vent avait forci depuis le départ des deux autres bateaux et la manœuvre de dégagement allait s'avérer délicate. Enfin le navire s'éloigna du quai toutes voiles dehors. Quelques heures de retard n'affecteraient pas cette mission, la capitaine le savait. Elle voulait simplement profiter des vents favorables qui la mettraient sur le bon cap : de l'est vers l'ouest. Autrement dit, ils devraient faire le tour de la

planète ! Autant profiter des meilleures conditions possibles dès le départ.
Constituer un équipage n'avait pas été chose facile. Généralement les déplacements en bateaux se limitaient à une rotation autour du continent, soit dans le pire des cas quelques semaines de navigation mais jamais un voyage de plusieurs mois comme celui qu'ils entreprenaient maintenant. Cette expédition nécessitait d'enrôler un grand nombre de marins. Avec trois vaisseaux d'exploration à pourvoir et la marine marchande régulière qui recrutait constamment, les candidatures n'avaient pas été nombreuses. Le district savait malgré tout se montrer persuasif : les soldes seraient doublées et à leur retour ils bénéficieraient de deux mois de repos. Lors des entretiens de recrutements, Myriel avait dû faire des concessions et se contenter du niveau de ses candidats expérimentés ou non. Sans cela, elle n'aurait jamais complété son équipe. Celle-ci se composait d'un second, d'un médecin, d'une scientifique, d'un cartographe et de dix marins hommes et femmes : soit au total quinze personnes. Cet équipage réduit devait permettre de naviguer avec ses propres réserves d'eau et de nourriture pour au moins six mois. Bien sûr, ils pourraient toujours pêcher une fois en mer et récolter l'eau de pluie à l'occasion pour leur permettre de prolonger un peu plus le voyage. Le prélat en place et sa HAM avaient défini la mission. Parcourir le globe et tenter de découvrir de nouvelles terres. Un objectif assez simple, mais qui pouvait s'avérer très frustrant. Naviguer pendant des mois sans apercevoir quoi que ce soit à l'horizon risquait vite de lasser l'équipage. Jamais aucun navire ne s'était engagé aussi loin sur des mers inconnues. Tout bon marin landien connaissait parfaitement

les conditions de navigation locales, mais qu'en serait-il sur le reste de la planète ?
Bien qu'ils ne soient que des explorateurs, les trois navires n'excluaient pas une mauvaise rencontre. Des armes et des canons avaient complété la cargaison. Les hommes d'équipage demeuraient sceptiques. Pour eux Land restait le seul continent connu. C'est ce qu'on leur avait enseigné dès leur plus jeune âge. Si une autre civilisation existait, pourquoi ne s'était-elle pas manifestée ? Certains avançaient l'hypothèse de peuples sauvages pas assez évolués pour construire des bateaux et naviguer sur les océans.
La capitaine Myriel et son second le lieutenant Berny, eux, y croyaient dur comme fer. Quelque part au milieu de mers inconnues, il devait bien exister des terres inexplorées, c'était certain. Il fallait juste les découvrir. Quant à savoir si elles seraient habitées, mystère… Les deux officiers avaient été recrutés par la HAM de Drackerland selon un processus long et rigoureux. Lors des entretiens, tous deux firent preuve d'une grande curiosité et d'une détermination sans faille quant à la mission proposée. Alors que Land se croyait seul au monde, pouvoir se vanter d'avoir découvert de nouveaux territoires leur apporterait gloire et reconnaissance. Et qui sait, peut-être les missionnerait-on pour établir de nouvelles colonies ? Pour l'heure, leur voyage ne faisait que commencer. Ils ne connaîtraient le frisson de l'exploration que lorsqu'ils quitteraient les mers connues d'ici quelques jours.
Le navire s'éloignait peu à peu des côtes du dixième district. Drackerland se situait le plus à l'est du continent. Il aurait vite fait de gagner la haute mer. Le ciel était d'un bleu azur sans aucun nuage. Quand enfin le dernier morceau de terre

disparut à sa vue, Myriel donna ordre de mettre le cap à l'ouest et regagna sa cabine. Assise à son bureau, elle consigna son premier rapport sur le journal de bord.
Ils avaient quitté les zones répertoriées par les cartes landiennes et découvraient de nouvelles mers. Pour l'instant, cela ne changeait rien, l'eau restait de l'eau, bleue ou cuivrée selon la luminosité. Aucun obstacle ne venait heurter la vue d'aussi loin que portait le regard. Jour après jour, l'infini de l'horizon finissait par effrayer les marins et le sentiment d'être seuls au monde, perdus au milieu d'un océan immense les perturbait grandement.

Trois mois s'étaient écoulés depuis le départ d'Exploreur sans qu'aucune terre ne fût aperçue. Certains se réjouissaient d'avoir parcouru la moitié du chemin et espéraient un retour à Drackerland au sixième mois. D'autres avaient déjà capitulé et souhaitaient maintenant rentrer à leur port d'attache. À quoi bon continuer, ils en avaient déjà bien assez vu ! Land resterait à jamais l'unique continent de la planète. C'est du moins ce que pensait le matelot Guiler. Allongé sur son hamac, il argumentait pour convaincre ses camarades de l'inutilité de cette mission.
— La capitaine s'entête. Nous n'avons jamais navigué aussi loin et aussi longtemps. Et pourquoi ? Pas le moindre bout de terre à l'horizon. Nous perdons notre temps, je vous le dis. Déjà le second a demandé au coq de réduire nos rations. Non seulement on ne va rien découvrir mais en plus on va mourir de faim et de soif ! C'est ce que vous voulez ?
Il obtint de vigoureux « non » de la part des cinq marins qui se partageaient les couchettes.
— Il faut rebrousser chemin maintenant ! Conclut-il, je me

charge de le lui faire entendre…

Journal de bord du capitaine, mercredi 20 août.

La mer est agitée et le ciel chargé de nuages, le vent de force quatre. Nous naviguons toujours vers l'ouest. Nos dernières coordonnées relevées sont : Latitude : 35.6894, Longitude : 139.692 35° 41' 22" Nord, 139° 41' 31" Est. Après cinq mois d'exploration nous n'avons pas aperçu la moindre terre, ni croisé d'autres navires. J'espère qu'Espoir et Etoile auront plus de chance que nous. Depuis quelques jours, je dois faire face au mécontentement de l'équipage. Le matelot Guiler s'est fait leur porte-parole. Ils me demandent d'abandonner la mission qu'ils jugent sans fondement. Ces cinq mois passés sans résultat peuvent leur donner raison. Mais je poursuis les recherches, appuyée par mon second et toute l'équipe scientifique. Pour prévenir un début de pénurie j'ai donné ordre de rationner la nourriture et de doubler les temps de pêche. Nous avons découvert une nouvelle espèce de poissons inconnus sur Land. Leur chair d'un rouge sang s'apparente à celle du bœuf. Cela a permis de calmer les esprits pour un temps. Il semble que nous ayons franchi un nouveau cap car la mer et le temps ont radicalement changé, comme si nous entrions dans une autre saison. Grâce à çà, nous avons pu renouveler nos réserves d'eau potable. Ce qui laisse présager une prolongation de notre périple de deux mois minimums. Je dois l'annoncer à l'équipage. Cependant les conditions climatiques se dégradent et la navigation devient périlleuse. Nous tentons d'esquiver les tempêtes qui se profilent mais cela nous dévie de notre route et nous fait perdre un temps précieux.

— Lieutenant Berny, rassemblez les hommes, je vous prie.
— À vos ordres capitaine.
Après un coup de sifflet prolongé du second, tout l'équipage se regroupa sur le pont devant leur commandante.
— Nous voici au cinquième mois de notre mission d'exploration sans aucun résultat. Cela ne veut pas dire que d'autres terres n'existent pas mais simplement que nous ne les avons pas encore trouvées. Je sais que certains d'entre vous n'y croient plus, mais pour en être sûrs à cent pour cent nous devons continuer, sinon cela n'aura servi à rien. Une fois que les trois navires seront de retour à Drackerland, nous pourrons alors affirmer que nous vivons seuls sur cette planète.
— C'est évident que nous sommes seuls ! Pourquoi nous obstiner ? Cela fait une semaine que nous naviguons sur une mer démontée. Tout ce qu'on va y gagner c'est de couler à pic au milieu de nulle part. Vous voulez notre mort c'est ça ?
— Surveillez votre langage matelot Guiler !
— Laissez lieutenant. Je vais être claire. Vous avez tous signé un contrat pour une durée minimum de six mois. Pour cela vous avez reçu une avance sur solde et vous bénéficierez à votre retour de larges compensations, ne l'oubliez pas !
— À quoi bon puisque nous ne serons plus là pour en profiter !
— Auriez-vous peur d'affronter une tempête Guiler ? Il me semble que les côtes de notre district sont tout autant tumultueuses qu'ici. Quoiqu'il en soit, la mission continue, je la prolonge d'au moins deux mois. Je vous engage tous à

respecter votre contrat sous peine d'être mis aux fers pour le restant du voyage !
— Vous avez entendu ? Tout le monde à son poste ! ordonna le second.
Guiler ravala sa colère et regagna la cambuse où il était affecté ce jour à l'inventaire des réserves de nourriture. Quand tous eurent repris leur activité, Myriel convoqua son état-major dans la pièce qui servait de bureau et de salle à manger aux officiers. Elle avait prolongé d'autorité le voyage de deux mois supplémentaires sans les consulter. Elle s'interrogea sur la pertinence de cette décision prise sur un coup de sang contre son matelot. Elle fut vite rassurée, tous la suivaient !

Au sixième mois, le navire s'engagea dans des mers de plus en plus déchaînées. Ils avaient beau tenter de les éviter en changeant de cap, à chaque fois une tempête ou un violent orage les rattrapait. Le moral des hommes au plus bas, la révolte grondait attisée par un Guiler de plus en plus menaçant et revendicatif. Un soir alors que la quasi-totalité de l'équipage se démenait sur le pont pour manœuvrer le navire malmené par une forte houle, un matelot força la porte de l'armurerie et s'empara de fusils. Il les distribua discrètement aux huit mutins qui surgirent sur le pont pour prendre le commandement de l'Exploreur.
— Guiler, c'est de la folie !
— Lâchez la barre lieutenant, nous allons changer de cap. Vous deux, allez déloger tous les grattes papier de leurs cabines.
— Je ne vous laisserai pas faire, croyez-moi.
— Si vous tenez à la vie, je vous conseille d'obéir.

La capitaine Myriel et son état-major furent rassemblés à la poupe du navire. La mer poussée par le vent violent, grossissait de minute en minute. Des éclairs déchiraient un ciel obscurci et le tonnerre roulait avec un bruit fracassant. Des vagues de plusieurs mètres de haut commençaient à submerger le pont, balayant tout sur leur passage. Berny s'accrochait à la barre pour tenter de redresser le navire qui s'enfonçait dangereusement dans des creux terrifiants.
— Il faut affaler les voiles et ne garder que le génois, hurla le second.
— Ecartez-vous, je ne vous le répéterai plus !
— Dites à vos hommes de manœuvrer où nous allons briser le navire !
Guiler pointa son fusil vers le lieutenant et fit feu, l'abattant d'une seule balle. Libérée de son entrave, la barre devenue incontrôlable se mit à tourner en tous sens. Les hommes restés sur le pont n'étaient plus que des marionnettes bousculées par les violentes bourrasques, à moitié noyées par les vagues immenses. Plusieurs d'entre basculèrent par-dessus bord et disparurent dans une mer noire. Un mur d'eau haut de plusieurs mètres frappa le navire alors que celui-ci s'était couché sur le flanc. Dans un craquement sinistre il se brisa en son milieu. Le grand mât se détacha et vint se fracasser sur un marin harnaché à un cordage. Son corps démantibulé, resta accroché au lien, se balançant furieusement sous les assauts du vent. Puis en l'espace de quelques minutes, le bateau coula à pic ne laissant à la surface que des débris de bois et de voilure. L'équipage entier venait de payer un lourd tribut à la mission d'exploration commanditée par Land. La tempête une fois rassasiée, s'éloigna, tel un prédateur à la recherche de nouvelles proies. Dans cette

nuit des plus sombres, au milieu de ce vaste océan inconnu, c'était comme si Exploreur n'avait jamais existé.
Myriel reprit connaissance, accrochée à une moitié de mât, apparemment le haut, puisqu'elle pouvait apercevoir la girouette à demi immergée. La mer était relativement calme et le ciel gris sans nuage. Elle n'aurait pu dire combien de temps elle avait dérivé inconsciente. Autour d'elle, aucune trace de son bateau ni du moindre corps. Avaient-ils tous disparus, engloutis ou certains comme elle, flottaient-ils accrochés à des débris ?
Elle évalua ses chances de survie – minces voire nulles -sans eau douce et sans nourriture, dans une mer relativement froide. Aucun espoir que l'on vienne la secourir. En six mois d'exploration ils n'avaient croisé âme qui vive. Résignée, elle fit le bilan de sa courte vie. De son enfance heureuse à Drackerland, à ses études dans la marine landienne, ses rêves d'aventure sur des mers inconnues avaient été exhaussés. À quel prix ! À présent, elle allait mourir seule dans l'immensité de l'océan. Son plus grand regret resterait de ne pas être rentrée au district pour faire son rapport. Que penseraient le prélat et sa HAM ? Elle avait failli à sa mission et tout serait à refaire. Espoir et Etoile s'en étaient-ils mieux sortis ? Epuisée, elle sombra doucement dans les ténèbres sur cette dernière pensée.
Sa tête lui faisait un mal de chien, comme si on lui martelait les tempes en continu. Elle ne ressentait plus le froid ni la sensation d'être immergée. Quittait-elle lentement le monde des vivants ? Mais alors pourquoi cette migraine ? Les morts ne souffraient plus. Non, elle vivait ! Elle ouvrit les yeux. Elle était allongée sur un petit lit dans une pièce obscure à peine éclairée par une lampe à huile sur une

table. En marin aguerri, elle perçut le roulis et l'environnement familier d'un navire. Quand ses yeux s'habituèrent enfin à la faible lumière, elle passa en revue la chambre : pas de hublot, une paillasse inconfortable sur un lit en bois, une table avec une bassine et un broc d'eau, un seau et une chaise avec ses effets personnels posés. Elle souleva le drap qui la recouvrait. Elle était nue, le corps bleui par de nombreuses ecchymoses. À en juger par l'ameublement sommaire et la structure primitive du bateau, il ne s'agissait pas d'un vaisseau landien. Un peuple inconnu l'avait-il recueillie à bord ? Elle n'en revenait pas ! Après presque six mois d'exploration sans rien trouver, le hasard ou plutôt la chance pour ce qui la concernait l'avait amenée là. Une autre civilisation vivait sur la planète ! Certainement moins évoluée qu'eux à en croire ce qu'elle voyait. Peu importait, elle vivait et c'était déjà là un miracle. À qui le devait-elle ? Elle ne pouvait pas s'en réjouir au vu des conditions tragiques de sa découverte. Elle voulait savoir sans plus attendre. Elle se leva trop vite et, prise de vertige dut s'assoir aussitôt. Elle se força à respirer et expirer doucement pour faire redescendre la pression. Il fallait qu'elle sorte, qu'elle rencontre ses sauveurs, qu'elle leur parle. Qui étaient-ils ? Des hommes et des femmes comme elles ? Elle tourna la poignée. Fermée. Pour les prévenir de son réveil, elle frappa quelques coups à la porte et y colla son oreille. Rien. Ils devaient certainement manœuvrer sur le pont. Elle jurait percevoir l'amorce d'un accostage sur un quai, à la façon dont le bateau se déplaçait. Elle se rassit sur le lit et s'habilla. Ses vêtements semblaient à peu près propres, ses chaussures avaient disparu. Une clé tourna dans la serrure, elle n'allait pas tarder à savoir. La porte s'ouvrit lentement comme si la ou le visiteur prenait soin de ne pas la réveiller. Quand enfin elle fut grande ouverte, Myriel découvrit stupéfaite l'être qui lui faisait face…

à paraître :

LAND

2. CASTELAND

Contacter l'auteur : groehe.kaci@outlook.com
Facebook, Instagram, Tik Tok, LinkedIn : Groëhe Kaci